转基因农食产品
技术性贸易措施指南

Zhuanjiyin Nongshi Chanpin Jishuxing Maoyi Cuoshi Zhinan

主编◎李志勇　魏　霜

·广州·

图书在版编目（CIP）数据

转基因农食产品技术性贸易措施指南/李志勇，魏霜主编．—广州：华南理工大学出版社，2019.1
　ISBN 978-7-5623-5198-6

　Ⅰ．①转…　Ⅱ．①李…②魏…　Ⅲ．①转基因食品-国际贸易-技术贸易-指南　Ⅳ．①F746.2-62

中国版本图书馆CIP数据核字（2018）第271776号

转基因农食产品技术性贸易措施指南

李志勇　魏霜　主编

出 版 人：卢家明
出版发行：华南理工大学出版社
　　　　　（广州五山华南理工大学17号楼，邮编510640）
　　　　　http://www.scutpress.com.cn　E-mail: scutc13@scut.edu.cn
　　　　　营销部电话：020-87113487　87111048（传真）
责任编辑：张　楚　陈　蓉
印 刷 者：广州一龙印刷有限公司
开　　本：787mm×960mm　1/16　印张：16.75　字数：423千
版　　次：2019年1月第1版　2019年1月第1次印刷
定　　价：98.00元

版权所有　盗版必究　　印装差错　负责调换

《转基因农食产品技术性贸易措施指南》
编委会

技术顾问：刘中勇　胡学难　陈文锐　何日荣　谢　力
　　　　　武目涛　焦　悦
主　　编：李志勇　魏　霜
副 主 编：宦　萍　李建军　高东微　刘　津　聂丹丹
执行副主编：席　静　付　伟　朱鹏宇　吴西源　王晨光
　　　　　周广彪　卢　丽　安文佳　易　蓉　任　娇
　　　　　袁俊杰　陈　文　龙　阳　林　雯　刘金华
　　　　　罗雁非　林志涵　王小玉　蔡教英　王　钰
　　　　　李冠斯　沈家丞　庄濠宇　林春贵　谭　艳
　　　　　关丽军　白庆华
参编人员：吴建丽　石璐璐　袁吉泽　黄　帅　管海君
　　　　　刘婧文　杨　光　杨　杰　冯黎霞　王卫芳
　　　　　赵立荣　于　璇　何瑞芳　马新华　丁　宁
　　　　　易安妮　林　革　姜佳颖

前言

近二十年来，转基因技术在医药、工业、农业、环保、能源、材料科学等领域取得了举世瞩目的成就，尤其是在现代农业领域，利用转基因技术进行农作物改良，使得农作物拥有抗病虫害、抗除草剂、抗干旱等性状，也能改良农作物的内在品质，提高营养价值和经济附加值。全球转基因农作物种植面积持续增长，2017年全球转基因农作物种植面积1.898亿公顷，转基因产品已经渗透到人们日常生活的方方面面。

与转基因技术及其产业快速发展相伴而生的，是人们对于转基因生物及其产品安全性的持续关注和广泛质疑。近年来，公众对于转基因产品知情权的诉求也越来越强烈。目前，我国已经建立了从田间到餐桌的转基因产品全程管理体系，涉及转基因作物的种植，转基因产品的生产、销售和进口监管等多个环节，设立了由农业、卫生、工商、质监等多个部门组成的部级联席会议制度，各部门依据各自职责管理转基因食品安全相关事务。

放眼全球，各国在确保安全的前提下，为了满足不同层面的政治、经济、社会、文化、生态等方面的需求，不同国家和地区相继建立了基于不同策略的转基因生物安全管理制度。全方位地了解不同国家和地区的转基因管理制度，有利于公众了解全球转基因监管态度，有助于管理部门理解不同转基因监管体系的内涵，助推我国转基因领域的发展。

转基因监管法规和制度的有效实施，离不开对转基因产品的检测鉴定和监测监控，做好检测监测工作的前提是要有完善的检测技术标准体系。我国转基因产品检测技术标准始于21世纪初，十余年来，经历了普通PCR、荧光定量PCR、数字PCR等技术革新，逐步建立了一套比较系统的转基因检测技术标准体系，在转基因生物安全评价、市场监管和依法行政等方面发挥了重大技术支撑作用。

本书共分成5章，第一章简要介绍了国内外转基因发展概况，以及因转基因问题而遭遇到的贸易受阻情况；第二章和第三章从技术性贸易措施体系包含的法律法规、安全评估体系、监管机制这三大块出发，系统性介绍世界上主要国家/地区转基因农食产品技术性贸易措施体系；第四章着重介绍了我国及世界主要国家转基因农食产品检测技术标准体系；第五章针对我国转基因农食产品安全管理的现状提出建议。附录列出了全球转基因农作物品系研发及批准情况。

本书出版得到广东省公益研究与能力建设专项资金项目（2017B020207008）和广州市产学研协同创新重大专项项目（201704030125）的支持。

希望本书的出版，能为转基因监管部门、科研人员、社会公众等提供借鉴和参考。由于时间有限，书中难免有疏漏或错误之处，敬请广大读者批评指正。

编　者

目 录

第一章 转基因农食产品的发展及其安全监管概况 ·············· 1
1.1 转基因技术和转基因农作物发展概况 ·············· 1
- 1.1.1 转基因技术简介 ·············· 1
- 1.1.2 转基因农作物发展情况 ·············· 3
- 1.1.3 国内外转基因农作物批准与种植情况 ·············· 6

1.2 我国转基因农食产品发展概况 ·············· 11
- 1.2.1 转基因农作物的种植情况 ·············· 11
- 1.2.2 转基因农食产品进口批准情况 ·············· 12
- 1.2.3 转基因农食产品的研发情况 ·············· 15

1.3 转基因农食产品安全风险及其管理 ·············· 18
- 1.3.1 转基因农食产品可能存在的安全风险 ·············· 18
- 1.3.2 转基因农食产品安全风险的管理 ·············· 19
- 1.3.3 区域及国际组织对转基因农食产品安全风险管理的影响 ·············· 26
- 1.3.4 基因编辑技术在植物中的应用 ·············· 26
- 1.3.5 各国对基因编辑作物的监管态度 ·············· 32

1.4 中国和欧盟因转基因问题退运进口农食产品情况 ·············· 34
- 1.4.1 中国大陆因转基因问题退运进口农食产品情况 ·············· 34
- 1.4.2 欧盟因转基因问题退运进口农食产品情况 ·············· 36

第二章 中国转基因农食产品技术性贸易措施体系 ·············· 39
2.1 大陆地区转基因农食产品技术性贸易措施体系 ·············· 39
- 2.1.1 监管机构 ·············· 39
- 2.1.2 法律法规 ·············· 45
- 2.1.3 安全评估体系 ·············· 54
- 2.1.4 监管机制 ·············· 63

2.2 台湾地区转基因农食产品技术性贸易措施体系 ·············· 68
- 2.2.1 监管机构 ·············· 68
- 2.2.2 相关规定 ·············· 69
- 2.2.3 安全评估体系 ·············· 71
- 2.2.4 监管机制 ·············· 73

2.3 香港地区转基因农食产品技术性贸易措施体系 ··· 75
2.3.1 监管机构 ··· 75
2.3.2 相关规定 ··· 76
2.3.3 安全评估体系 ··· 78
2.3.4 监管机制 ··· 79

第三章 国外转基因农食产品技术性贸易措施体系 ··· 81
3.1 美国转基因农食产品技术性贸易措施体系 ··· 81
3.1.1 监管机构 ··· 81
3.1.2 法律法规 ··· 83
3.1.3 安全评估体系 ··· 85
3.1.4 监管机制 ··· 87
3.2 欧盟转基因农食产品技术性贸易措施体系 ··· 92
3.2.1 监管机构 ··· 93
3.2.2 法律法规 ··· 93
3.2.3 安全评估体系 ··· 97
3.2.4 监管机制 ··· 98
3.3 加拿大转基因农食产品技术性贸易措施体系 ··· 100
3.3.1 监管机构 ··· 100
3.3.2 法律法规 ··· 101
3.3.3 安全评估体系 ··· 101
3.3.4 监管机制 ··· 102
3.4 澳大利亚和新西兰转基因农食产品技术性贸易措施体系 ··· 105
3.4.1 监管机构 ··· 105
3.4.2 法律法规 ··· 107
3.4.3 安全评估体系 ··· 108
3.4.4 监管机制 ··· 108
3.5 日本转基因农食产品技术性贸易措施体系 ··· 112
3.5.1 监管机构 ··· 112
3.5.2 法律法规 ··· 114
3.5.3 安全评估体系 ··· 116
3.5.4 监管机制 ··· 117
3.6 韩国转基因农食产品技术性贸易措施体系 ··· 120
3.6.1 监管机构 ··· 120
3.6.2 法律法规 ··· 122

  3.6.3 安全评估体系 ……………………………………………………………… 122
  3.6.4 监管机制 …………………………………………………………………… 123
3.7 巴西转基因农食产品技术性贸易措施体系 ……………………………………… 126
  3.7.1 监管机构 …………………………………………………………………… 127
  3.7.2 法律法规 …………………………………………………………………… 128
  3.7.3 安全评估体系 ……………………………………………………………… 129
  3.7.4 监管机制 …………………………………………………………………… 130
3.8 阿根廷转基因农食产品技术性贸易措施体系 …………………………………… 131
  3.8.1 监管机构 …………………………………………………………………… 131
  3.8.2 法律法规 …………………………………………………………………… 133
  3.8.3 安全评估体系 ……………………………………………………………… 134
  3.8.4 监管机制 …………………………………………………………………… 135
3.9 印度转基因农食产品技术性贸易措施体系 ……………………………………… 136
  3.9.1 监管机构 …………………………………………………………………… 137
  3.9.2 法律法规 …………………………………………………………………… 139
  3.9.3 安全评估体系 ……………………………………………………………… 142
  3.9.4 监管机制 …………………………………………………………………… 142
3.10 巴拉圭转基因农食产品技术性贸易措施体系 …………………………………… 143
  3.10.1 监管机构 ………………………………………………………………… 144
  3.10.2 法律法规 ………………………………………………………………… 145
  3.10.3 安全评估体系 …………………………………………………………… 145
  3.10.4 监管机制 ………………………………………………………………… 145
3.11 乌拉圭转基因农食产品技术性贸易措施体系 …………………………………… 146
  3.11.1 监管机构 ………………………………………………………………… 146
  3.11.2 法律法规 ………………………………………………………………… 147
  3.11.3 安全评估体系 …………………………………………………………… 147
  3.11.4 监管机制 ………………………………………………………………… 147

第四章 国内外转基因农食产品安全检测技术标准体系 ……………………………… 149
4.1 我国转基因生物安全检测监测技术及标准 ……………………………………… 149
  4.1.1 我国转基因生物安全检测技术方法标准类别 …………………………… 149
  4.1.2 我国转基因生物安全检测抽样与制样 …………………………………… 172
  4.1.3 我国转基因生物安全检测标准化程序 …………………………………… 177
4.2 国外转基因生物安全检测监测技术及其标准化的介绍 ………………………… 180
  4.2.1 国外转基因生物检测技术的标准化 ……………………………………… 180

4.2.2 主要国家和地区、国际组织的标准化体系 ·················· 180
　4.3 转基因生物安全检测技术及其标准化的发展趋势 ·················· 191
　　4.3.1 转基因生物安全检测技术的发展 ·················· 191
　　4.3.2 转基因生物安全检测技术标准化的发展 ·················· 193
　　4.3.3 目前转基因生物安全检测技术标准化中存在的问题及其对策 ·················· 194

第五章　我国转基因农食产品安全管理的现状及建议 ·················· 196
　5.1 我国转基因农食产品安全管理现状 ·················· 196
　5.2 对我国转基因农食产品安全管理的建议 ·················· 197
　　5.2.1 进一步完善相关法律建设 ·················· 197
　　5.2.2 进一步完善转基因农产品标识制度 ·················· 198
　　5.2.3 进一步完善检测技术体系建设 ·················· 202

附录　全球转基因农作物品系研发及批准情况 ·················· 204

参考文献 ·················· 253

第一章 转基因农食产品的发展及其安全监管概况

1.1 转基因技术和转基因农作物发展概况

1.1.1 转基因技术简介

1.1.1.1 转基因技术的定义

转基因技术（transgene technology）是通过基因工程的手段，将人工分离和修饰过的基因导入生物体基因组中，借助导入基因的表达，引起生物体性状可遗传变化的一项技术。该技术可以使重组生物体增加人们所期望的新性状，培育出新品种，经转基因技术修饰的生物体在媒体上常被称为"遗传修饰过的生物体"（genetically modified organism，GMO）。

自然界里也存在动物、植物或微生物自主形成的转基因现象，例如慢性病毒载体里的乙型肝炎病毒；DNA 整合到人精子细胞染色体上；噬菌体将自己的 DNA 插入到溶源细胞 DNA 上等。人工转基因也是借鉴自然转基因而来，一般认为经典转基因技术的实现，需要经过获取目的基因、将目的基因与运载体结合、导入受体细胞、筛选及表达五个实验阶段来完成，最终使得分离或合成的外源目的基因，能在大量增殖的重组细胞内表达出需要的功能蛋白，或让动植物受体表现出所需的目的性状。

当下时兴的基因编辑技术也逐渐应用于转基因研究领域，可在不导入外源基因的前提下，通过特定核苷酸的定点修饰让受体表达出需要的目的性状。可以说，转基因技术是现代生命科学发展产生的突破性成果，是推动现代社会发展的颠覆性技术之一。从根源上讲，转基因技术与传统育种技术是一脉相承的，其本质都是利用优良基因进行遗传改良，但和传统育种技术相比，转基因技术不受生物物种间亲缘关系的限制，可以实现优良基因的跨物种利用，解决了制约育种技术进一步发展的难题。

1.1.1.2 转基因技术的起源与发展

转基因技术在农业领域的研究和应用最为广泛深入，这可以说是人类文明发展的必然结果。据了解，人类祖先大约出现于 700 万年前，当时自然环境恶劣，解决和维持基本生存的饮食穿衣都是个难题，所以在之后很长的一段时间内，全球的人口都不足百万。大约在 1 万年前，亚洲、中东地区的人类开始尝试将野生的羊、狗、小麦、水稻等动植物进行驯化，以解决吃饭穿衣的难题，这一举措是后来种植业和养殖业兴起的源头，也是人类文明的起源。

解决了吃饭和穿衣问题以后，人类迅速繁衍，2000 年前全球人口已超过 1 亿，100 年前超过 10 亿，现在全球人口已超过 75 亿。地球人口的日益增加，人类对粮食、衣物的需求量越来越大，仅靠增加种植面积和养殖密度来提高产量仍难以满足，于是人们便借助于科学技术来解决这一难题。传统筛选育种以及杂交育种的长足发展、化肥农药的发明及使用，一方面使产品的优良性状得以稳定遗传，另一方面也让作物有了抵御病虫害的能力，显著提高了农作物的产量，在一定程度上缓解了产出不足的难题。但庞大的人口数量仍给能源、资源和环境带来了极大的压力，土地沙漠化、化肥农药滥用、生物灾害等问题越发突出，迫切需要人类提供更好的解决方案，在这种情况下传统农业育种技术难以为继，农业转基因技术便应运而生。

转基因技术的发展更是人类科技进步的一大体现。1974 年，美国科学家科恩（Cohen）将金黄色葡萄球菌质粒上的抗青霉素基因转到大肠杆菌体内，拉开了转基因技术应用的序幕；1982 年，美国 Lilly 公司首先实现利用大肠杆菌生产重组胰岛素，标志着世界上第一个基因工程药物的诞生；1988 年，美国科学家 Hinchee 等人通过农杆菌载体转化的方式得到了第一株转基因大豆品系，开启了转基因主粮作物研发的先例；1992 年，荷兰培育出植入了人促红细胞生成素基因的转基因牛，这是转基因动物研究的一个里程碑；1994 年，美国农业部（USDA）、美国食品药品管理局（FDA）批准名为 FlavrSavr 延熟保鲜西红柿的商品化生产，这是第一个批准用于商业用途的转基因农作物。1997 年，英国罗斯林研究所基于基因重组技术的羊"多莉"诞生，标志着转基因动物的研究也开启了新的篇章。2006 年，欧盟药品质量管理局（EDQM）批准由转基因山羊乳汁产生的商品，名为 Atryn 的人类抗凝血因子在欧盟上市，这是第一个获得批准上市的转基因动物产品。2009 年，我国原农业部批准了抗虫水稻华恢 1 号、抗虫水稻 Bt 汕优 63 和转植酸酶基因玉米 BVLA430101 的安全证书，这是中国首次为转基因水稻颁发安全证书，也是全球首次为转基因主粮发放安全证书。2015 年，美国 FDA 批准转基因三文鱼 AquAdvantage（大西洋鲑鱼）可作食用，这是首个转基因动物的食用商品化许可。

1.1.1.3 转基因技术的应用

据国际农业生物技术应用服务组织（International Service for the Acquisition of Agri-biotech Applications，ISAAA）官方数据显示，截至 2017 年 7 月，全球各国共研发了 29 个物种 495 个品系（转化体）的转基因农作物，其中转基因玉米的品系最多，有 233 个（约占 47.1%），棉花和马铃薯分别以 58 个（约占 11.7%）、47 个（约占 9%）的数量位居第二、三位，其余作物的品系数量详见图 1-1。

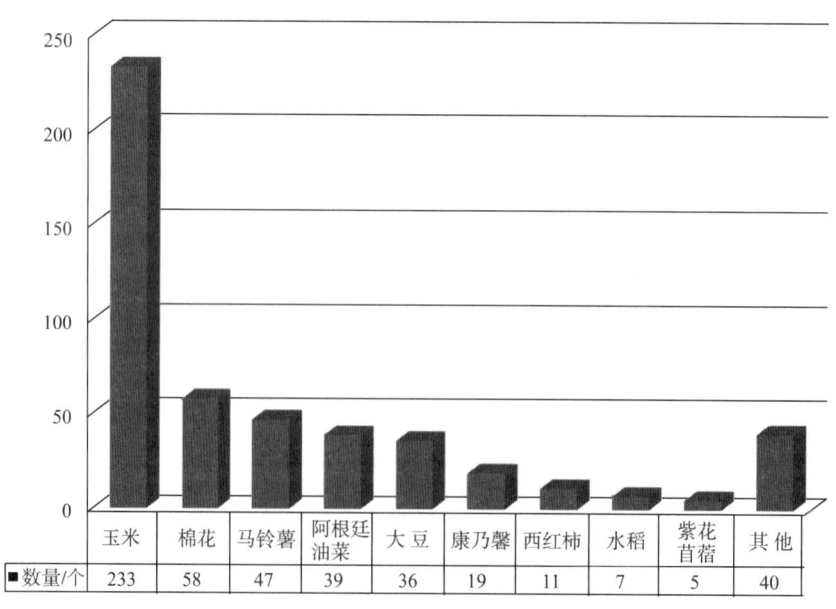

图 1-1　主要转基因农作物类别与品系研发情况

相较于植物而言，到目前为止，大部分的转基因动物产品仍处在研发阶段。一般按照用途划分，转基因动物主要有以下几类：利用生物乳腺反应器进行生物制药；利用转基因动物构建人类疾病动物模型；利用转基因动物生产人类器官，用于异种器官移植；用于提高家畜产品品质和提升产量；用于动物的抗病育种；用于减少畜牧业污染以及生产观赏动物；等等。主要转基因动物的研究信息见表1-1。

表1-1 主要转基因动物研究信息

转基因动物	相关基因	目的/性状
牛	β-酪蛋白及κ-酪蛋白基因、肌肉生长抑制素基因、线虫fat-1基因、人乳铁蛋白基因等	提高牛奶中两种酪蛋白的含量、提高营养价值，提高产肉量，提升肉质，提高多不饱和脂肪酸含量，提供药用蛋白
羊	生长激素基因、乳铁蛋白和蛋白酶抑制基因、大鼠硬脂酰辅酶A去饱和酶基因、人凝血因子基因、纤维蛋白原基因、人抗胰蛋白酶基因等	提高生长速度和羊毛产量，提高羊奶营养价值，提高羊奶中单不饱和脂肪酸和共轭亚油酸含量，提供药用蛋白
猪	线虫fat-1基因（ω-3去饱和酶基因）、肌肉生长抑素（MSTN）基因敲除、卵泡抑素基因、人血红蛋白基因等	提高ω-3系脂肪酸含量，提升猪肉营养价值，提高瘦肉率，促进肌肉生长发育，提高产肉率，提供药用蛋白
鸡	禽流感基因、抗稀液病毒基因、绿色荧光蛋白基因、人促红细胞生成素基因、敲除视黄酸合成酶Raldh2基因、人体干扰素基因等	抗禽流感病毒，抗黏液病毒，提供药用蛋白，构建基因生物敲除模型
兔	人生长激素基因、人促红细胞生成素基因、乙肝病毒表面抗原基因等	提供药用蛋白，研究乙肝病毒表达及致病机制
鱼	美洲拟蝶的抗冻蛋白（AFP）基因、生长激素基因、溶菌酶基因等	提高抗寒能力，加快生长速度，提升个体大小，提高抗病力，改良外观色泽

1.1.2 转基因农作物发展情况

1.1.2.1 发展现状

前述ISAAA官方数据中的29个物种495个品系（转化体）的转基因农作物主要由国际知名种子公司研发，如孟山都公司（Monsanto）、杜邦先锋公司（Dupont Pioneer）、拜耳公司（Bayer）、先正达公司（Syngenta）等。其中十大作物公司累计研究开发品系415个，约占全部品系的83.84%，主要公司具体研发作物的种类及品系数量详见表1-2。

表1-2 全球主要农作物开发商转基因品系研发情况

排名	单位名称	研发作物	品系数量/个
1	孟山都公司	玉米	48
		土豆	28
		棉花	26
		大豆	15
		阿根廷油菜	6
		西红柿	3
		紫花苜蓿	1
		甜菜	1
		小麦	1
2	先正达公司	玉米	96
		棉花	3
3	拜耳公司	阿根廷油菜	25
		棉花	12
		大豆	8
		玉米	5
		水稻	3
		波兰油菜	1
		甜菜	1
4	杜邦先锋公司	玉米	33
		大豆	4
		阿根廷油菜	3
		棉花	1
5	陶氏益农公司	玉米	22
		棉花	6
		大豆	5
6	Florigene 有限公司	康乃馨	15
7	J. R. Simplot 有限公司	马铃薯	14
8	孟山都公司和陶氏益农公司	玉米	10
		棉花	2
9	陶氏益农公司和杜邦先锋公司	玉米	9
10	巴斯夫	阿根廷油菜	5
		马铃薯	2
		大豆	1

续上表

排名	单位名称	研发作物	品系数量/个
11	三得利有限公司	康乃馨 玫瑰	4 2
12	孟山都公司	紫花苜蓿	4
13	佛罗里达大学	波兰油菜 木瓜	3 1
14	Agritope 公司	甜瓜 西红柿	2 1
15	北京大学	白杨 甜椒 西红柿	1 1 1
16	Bejo Zaden BV	菊苣	3
17	华中农业大学	水稻 西红柿	2 1
18	Okanagan 专业水果公司	苹果	3
19	PT Perkebunan Nusantara XI	甘蔗	3
20	泽纳卡植物科学与培托种子公司	烟草	3
21	俄罗斯科学院生物工程中心	马铃薯	2
22	中国农业科学院	棉花	2
23	康奈尔大学和夏威夷大学	木瓜	2
24	中国林业研究所	白杨	2
25	Seminis 蔬菜种子和孟山都公司	南瓜	2
26	先正达公司和孟山都公司	棉花 玉米	1 1

孟山都公司成立于1901年，是全球规模最大的农业生物技术公司之一，主要业务包括大田作物种子、蔬菜种子、农化产品等，全球获准大规模商业化应用的转基因大豆 GTS40-3-2 便为该公司研发。2017 年孟山都公司实现了将 6 个单独的转基因品系聚合成 1 个转基因新品系（MON87427 × MON89034 × TC1507 × MON87411 × 59122 ×

DAS40278），使得该品系聚合了 10 个具有不同功能的外源基因，在农业生产上表现出抗多种害虫、耐受多种除草剂的优异性状。

排名第二的先正达公司在转基因玉米开发方面具有显著优势，已研发近百个品系且过半品系已经成功实现了商业化，Btll、MIR604 等更是备受青睐的明星产品。2016 年 2 月，中国化工集团公司与先正达公司达成收购协议，同意通过公开要约收购先正达公司 100% 股权。该笔收购协议的达成，也使中国化工一跃成为全球极具竞争力的转基因产品研发企业。

1.1.2.2　发展趋势

一般认为，农业转基因技术的发展经历了三个阶段。最初研发的转基因作物多以耐除草剂、抗虫、抗病、抗菌等单一性状改变为主，作物主要集中于大豆、玉米、棉花、油菜等几种大宗农作物，目的是为了提高农作物产量，增强农作物抗性，从而降低农民种植成本，减轻农民负担，减少农药使用，降低环境污染，解决全世界人民粮食短缺问题。在随后的一段时间内，转基因作物的开发性状趋于多样化和复杂化，一般包括了上述性状与抗旱性状的复合或上述两种性状的复合，进一步增强作物的抗性，以应对严峻气候变化导致的问题。新型的转基因作物以多基因聚合的复合性状为技术研究与应用的重点，关注质量和成分得以改良的输出性状，同时也多兼具除草剂耐性、病虫害抗性以及干旱、盐碱等恶劣环境耐受性，这一代转基因作物满足了消费者的偏好和营养，它们一般是用于新颖用途的材料，不以食用为主要目的，而是以提高作物附加值为主，如用于植物制药、植物制造工业产品（如生物燃料），还可用作环保（如生物降解）和工业原料制备等领域，从而大幅度增加农副产品的附加值，并使消费者直接或间接受益。

在前述 495 个品系的转基因作物中，复合性状的品系有 324 个，约占 65.45%，而且从种植面积的增比来看，人们也更青睐于种植具有两种及其以上复合性状的转基因农作物，比如同时具备耐除草剂、抗虫、抗旱性状的转基因玉米，同时具备抗虫、抗病性状的转基因西红柿，同时具备耐除草剂、品质改良提升的转基因大豆等。一些针对生物制药、生物燃料等特殊用途新研发品系，将产品的质量和成分进行提升改良，这些新品系一般也兼具耐除草剂、抗虫/病等性状，发展前景非常好。

1.1.3　国内外转基因农作物批准与种植情况

1.1.3.1　批准情况

从 1994—2016 年，共计 40 个国家/地区/组织（39 个国家/地区＋欧盟）的监管机构批准转基因作物用作粮食和/或饲料以及释放到环境中，这涉及 29 种转基因作物和 489 个转基因品系的 4009 项监管审批，其中，1903 项涉及粮食用途（直接用途或加工用途），1267 项涉及饲料用途（直接用途或加工用途），839 项涉及环境释放或者培育（具体详见附录）。排名前十的国家和地区的监管审批组成情况见图 1－2。

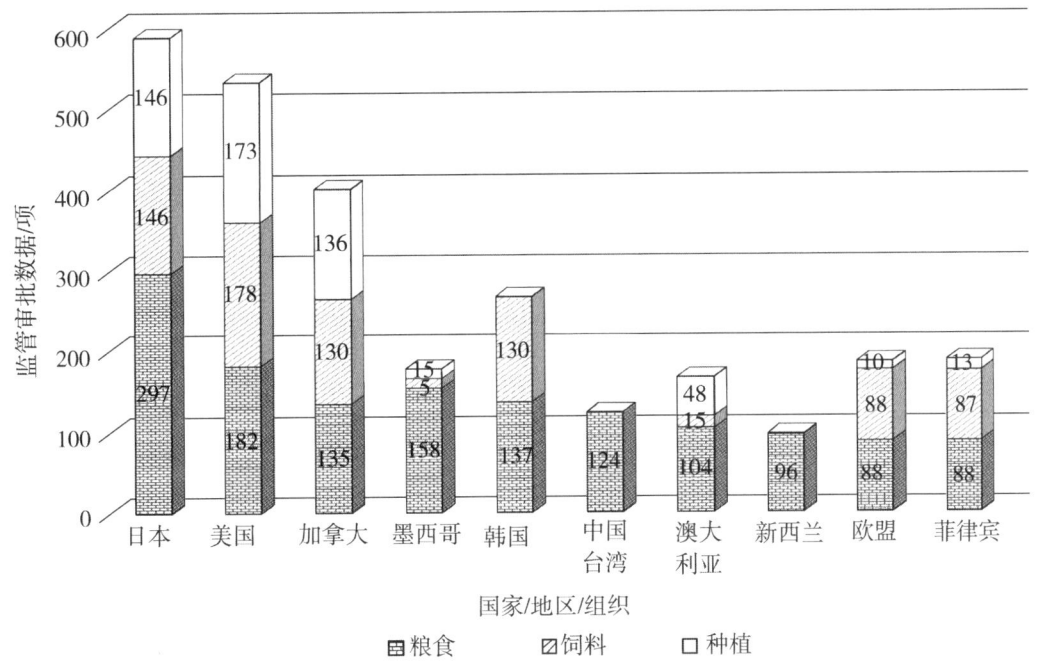

图 1-2 十大转基因国家和地区的转基因农作物批准和种植情况监管审批情况

从图 1-2 来看转基因作物事件的监管审批数量，日本最多，总数达到了 589 项，覆盖 310 个品系，其次为美国、加拿大、韩国等，我国大陆地区共批准 63 个转基因品系，位列第 14 位；就农作物品系来讲，玉米批准的品系最多，有 29 个国家/地区共批准了 231 个品系，其次是棉花（在 22 个国家/地区中有 58 个品系）、马铃薯（在 11 个国家/地区中有 47 个品系）、油菜（在 14 个国家/地区中有 39 个品系）和大豆（在 28 个国家/地区中有 36 个品系）。

就单一品系而言，耐除草剂玉米品系 NK603 获得的批文最多（获得 26 个国家/地区和欧盟的 54 个批文），其次分别是耐除草剂大豆 GTS40-3-2（获得 27 个国家/地区和欧盟 28 国的 53 个批文）、抗虫玉米 MON810（获得 26 个国家/地区和欧盟 28 国的 52 个批文）、抗虫玉米 Bt11（获得 24 个国家/地区和欧盟 28 国的 50 个批文）、抗虫玉米 TC1507（获得 24 个国家/地区和欧盟 28 国的 50 个批文）、耐除草剂玉米 GA21（获得 23 个国家/地区和欧盟 28 国的 49 个批文）、抗虫玉米 MON89034（获得 24 个国家/地区和欧盟 28 国的 48 个批文）、耐除草剂大豆 A2704-12（获得 23 个国家/地区和欧盟 28 国的 42 个批文）、抗虫玉米 MON88017（获得 22 个国家/地区和欧盟 28 国的 41 个批文）、抗虫棉花 MON531（获得 21 个国家/地区和欧盟 28 国的 41 个批文）、耐除草剂玉米 T25（获得 20 个国家/地区和欧盟 28 国的 40 个批文）和抗虫玉米 MIR162（获得 21 个国家/地区和欧盟 28 国的 40 个批文）。

1.1.3.2 种植情况

2017 年是转基因农作物商业化的第 22 年，24 个国家种植了 1.898 亿公顷转基因农作物，比 2016 年的 1.851 亿公顷增加了 470 万公顷（约 1160 万英亩），除 2015 年以外，这是第 21 个增长年份。

24个国家/地区种植了1.898亿公顷转基因农作物，其中19个为发展中国家，5个为发达国家。发展中国家的种植面积为1.006亿公顷（约占53%），发达国家的种植面积约占47%。另外43个国家/地区（17个国家/地区和欧盟26国）进口转基因农作物用于粮食、饲料和加工，因此，共有67个国家/地区应用了转基因农作物。

四大主要转基因农作物大豆、玉米、棉花和油菜的种植面积下滑，但仍然是24个国家中种植最多的转基因农作物。转基因大豆的种植面积最大，约为9410万公顷，约占全球转基因农作物总种植面积的一半，比2016年增加了3%；其次是玉米（5970万公顷）、棉花（2421万公顷）和油菜（1020万公顷）。从全球单个农作物的种植面积来看，2017年转基因大豆的应用率为77%，转基因棉花的应用率为80%，转基因玉米的应用率为32%，转基因油菜的应用率为30%。此外，转基因农作物也已经扩展到了四大农作物以外，即苜蓿、甜菜、木瓜、南瓜、茄子、马铃薯和苹果，这些转基因农作物均已上市，为全球消费者提供了更多选择，具有防挫伤、防褐变、丙烯酰胺含量低、抗晚疫病等性状的先后两代Innate®马铃薯，以及防褐变的Arctic®苹果已经开始在美国和加拿大种植。孟加拉国对Bt茄子的种植在其商业化的第4年增加到了2400公顷。哥斯达黎加的转基因粉色菠萝增加到25公顷，还有穗粒生物量增加并且直链淀粉含量高的玉米，以及油含量改良的大豆。巴西批准了一种抗虫甘蔗于2018年进行商业化。另外，公共研究机构进行的转基因农作物研究（包括具有各种经济重要性和营养价值性状的水稻、香蕉、马铃薯、小麦、鹰嘴豆、木豆、芥菜、木薯、豇豆、甘薯）使发展中国家的粮食生产者和消费者受益。

美国是全球转基因农作物种植的领先者。2017年美国转基因农作物的种植面积达到7500万公顷，其次为巴西（5020万公顷）、阿根廷（2360万公顷）、加拿大（1310万公顷）和印度（1140万公顷），总种植面积为1.733亿公顷，约占全球种植面积的91.3%。

美国2017年仍然保持全球最大的转基因农作物种植面积，其中包括3405万公顷大豆、3384万公顷玉米、458万公顷棉花、122万公顷苜蓿、87.6万公顷油菜、45.8万公顷甜菜、3000公顷马铃薯，以及转基因苹果、南瓜和木瓜各1000公顷。总之，除玉米和甜菜外的其他转基因农作物的种植面积在美国都有所增加。全美大豆、棉花和油菜种植地区少干旱、少暴风雨以及令人欣喜的获利性价格刺激农民们增加了以上三种农作物的种植面积。三种主要农作物玉米、大豆和棉花的平均应用率达到94.5%，已经接近饱和，这意味着未来它们的应用率提高空间很小。因此，转基因农作物种植面积的增加将依赖其他转基因农作物：油菜、苜蓿、甜菜、马铃薯和苹果。美国是转基因农作物发现、开发和商业化领域的引领者，其三大政府监管机构对转基因农作物监管政策的不断更新反映出该国在促进对这项技术的接纳和认识方面的领导能力，迅速而有效地批准农业生物技术新产品不仅惠及美国，更使全球社区受益。

巴西是2017年全球第二大转基因农作物种植国，种植面积为5020万公顷，比2016年增加了2%，即110万公顷，约占全球转基因农作物种植面积的26%。该国种植的转基因农作物中包括了3370万公顷大豆、1560万公顷玉米（冬玉米和夏玉米），以及15万公顷棉花。由于收益率增加、较高的价格、大量的国内外市场需求，2017年大豆和棉花的种植面积比2016年显著增加。由于当前的低价和大豆种植面积的扩大，该国玉米种植面积稍有减少。未来这三种转基因农作物的种植面积会随着国内和全球粮食、饲料和生物燃料（生物柴油需要大豆、乙醇需要玉米）领域对蛋白质和未加工的棉花原料不断增加的需求而扩大。

阿根廷是全球最大的转基因大豆、棉花和玉米出口国之一，2017年共种植了2360万公顷转基因农作物（约占全球种植面积的12%），与2016年的2382万公顷相比稍有减少，其中转基因大豆种植面积减少了3%（从2016年的1870万公顷减少到2017年的1810万公顷），转基因棉花的种植面积减少了34%（从2016年的38万公顷减少到2017年的25万公顷），转基因玉米的种植面积增加了11%（从2016年的470万公顷增加到2017年的520万公顷）。三种转基因农作物的平均应用率接近100%，表明该国经济发展对技术的依赖。2017年阿根廷在大豆、玉米和棉花种植季里遭遇了气候问题，影响了该国转基因农作物的总种植面积，这与2016年的情况相似。随着政府改革农业的计划、随后的出口税减少以及当地和国际对粮食和饲料蛋白质需求的不断增长，不久的将来大豆和玉米的种植面积有望增加。棉花种植面积连续两年减少，但是全球对棉花的需求不断增加将使该国的棉花生产得以恢复。

加拿大2017年转基因农作物的种植面积增加到1312万公顷，达到18%的空前增长率。该国的转基因农作物包括250万公顷大豆、178万公顷玉米、883万公顷油菜、15000公顷甜菜、3000公顷苜蓿和40公顷马铃薯。四大转基因农作物大豆、玉米、油菜和甜菜的平均应用率与2016年相似，为95%。由于木质素更少的苜蓿、耐除草剂大豆和耐除草剂甜菜的种植，该国转基因农作物的种植面积大幅增加。转基因/遗传工程鲑鱼（三文鱼）也在2017年8月与加拿大消费者见面，而转基因苹果也将在不久的将来走进消费市场和果园。随着全球对粮食、饲料以及乙醇和生物燃料的需求不断增长，以及鉴于该国强大的研发实力、公众对生物技术的良好的接受程度、政府对转基因农作物的典范性支持，加拿大转基因农作物的应用率有望进一步提高。

印度在棉花生产方面取得了巨大进展，2017年占全球棉花生产市场份额的四分之一。转基因棉花的种植面积从2016年的1080万公顷增加到2017年的1140万公顷，约增加了6%，约相当于棉花总种植面积1224万公顷的93%。棉花杂交方面的抗虫技术带来了广泛的益处，减少了棉铃虫造成的损失，将棉花产量提高到每公顷500公斤棉绒。然而如果不引入新一代生物技术性状（包括复合性状、智慧农业和高产棉花栽培品种），下一个棉花产量目标即达到每公顷700公斤以上棉绒的全球平均棉花产量水平就无法实现。要保持现有抗虫棉花杂交品种当前的产量水平就需要实施严格的人员管理和抗性管理策略，限制非法种植未经批准的抗虫-耐除草剂棉花品种，并对感染棉铃虫的农田进行正确的管理。

拉美10国2017年转基因农作物总种植面积约为7940万公顷，约占全球总种植面积的42%，分别是巴西5020万公顷、阿根廷2360万公顷、巴拉圭296万公顷、乌拉圭114万公顷、玻利维亚130万公顷、墨西哥11万公顷、哥伦比亚95000公顷、洪都拉斯32000公顷、智利13000公顷、哥斯达黎加275公顷，比2016年约减少了11万公顷，这是由于受来自干旱和洪灾的压力、特定商品的低价以及当地和国际贸易问题的影响，其中，巴拉圭减少了16%、乌拉圭减少了13%、阿根廷减少了3%、玻利维亚减少了1%。转基因农作物种植比例大幅增加的国家为智利（23%）、哥斯达黎加（22%）、墨西哥（13%）、哥伦比亚（7%）、洪都拉斯（3%）和巴西（2%），这些国家转基因农作物种植面积增加是由于收益率增加、较高的价格、国内和国际需求的增长以及该国出现了可获得的种子技术。未来三种主要转基因农作物大豆、玉米和棉花在拉美国家的面积增长将源于国内外粮食、饲料和生物燃料（生物柴油需要大豆、乙醇需要玉米）领域对蛋白质和未加工的棉花原料不断增加的需求。未来会应用新转基因农作物的国家为：玻利维亚（玉米和甘蔗）、墨西哥（玉米、恢复种植大豆）、洪都拉斯（大豆）。

亚太地区种植转基因农作物面积最大的国家是印度（1140万公顷棉花）、其次是巴基斯坦（300万公顷棉花）、中国（278万公顷棉花）、澳大利亚（92.4万公顷棉花和油菜）、菲律宾（64.2万公顷玉米）、缅甸（32万公顷棉花）、越南（4.5万公顷玉米）和孟加拉国（2400公顷茄子）。亚太地区转基因农作物的种植面积占全球的10%，比2016年增加了3.34%，这主要是因为以下国家转基因农作物种植面积的增加：印度（6%）、巴基斯坦（3.4%）和缅甸（1.5%）转基因棉花种植面积的增加，澳大利亚（8%）转基因棉花和油菜种植面积的增加，越南（29%）转基因玉米种植面积的增加，以及孟加拉国（242%）转基因茄子种植面积的显著增加。菲律宾转基因玉米种植面积减少了21%，是因为该国的假冒种子问题（假冒种子占10%的市场份额）。中国的转基因棉花种植面积保持在278万公顷，因为中国的高库存还在继续满足国内市场对棉花的需求。转基因农作物在亚太地区的扩大取决于每个种植国的诸多因素，印度、巴基斯坦、中国和缅甸具有各种处于产品线中的转基因棉花新品种以及各种农作物/性状等待各自监管部门的批准；在缅甸，转基因农作物管理条例有待落实到位以便促进新的转基因棉花品种和其他农作物/性状的审批和商业化；中国的生物技术研究已经获得了多种具有重要农业性状的转基因农作物，如抗虫水稻、植酸酶玉米、耐除草剂棉花、耐除草剂大豆等等。

非洲继续推进转基因农作物的商业化，南非和苏丹共种植了290万公顷转基因农作物，比2016年增加了4%。由于活跃的科研以及商业化前期的多点试验不断被推进，非洲大陆未来几年随时准备向全球市场交付新的转基因农作物，尤其是起到保障粮食安全作用的农作物如香蕉、木薯和豇豆等。目前非洲有13个国家的12种转基因农作物以及14个性状正处于种植、实验和研究的不同阶段。各国政府通过表达更强的政治意愿和给予更多的预算分配，来表明对这项技术效益的强烈认可。复合性状正越来越受到欢迎，有更多的国家甚至包括莫桑比克和坦桑尼亚这样的新加入国家选择引入复合性状。重要的是，南非正在成为非洲大陆的引领者，为新的育种技术提供监管手段以扩大创新平台，使非洲迅速受益于这些精准的工具。不断涌现的南南合作和技术供应者的多样化将进一步增强决策信心，使政策制定者为了非洲的经济收益鼓起勇气，加快针对技术的科学决策。

两个欧盟国家西班牙和葡萄牙继续种植转基因抗虫玉米品系MON810（欧盟唯一批准种植的转基因品系）。转基因农作物的总种植面积为131535公顷，比2016年136363公顷的种植面积减少了约4%，西班牙种植面积为124227公顷，葡萄牙为7308公顷。捷克共和国和斯洛伐克2017年停止了转基因玉米的种植，因为难以将其销售给饲料加工厂（饲料加工厂要求使用非转基因玉米）。因此，未来欧盟国家应用转基因农作物的前途暗淡，但是农民、消费者、研究人员和监管部门的动向表明不久的将来对转基因农作物的接受和认识可能会发生改变。

1.2 我国转基因农食产品发展概况

中国是世界上粮食产量最大的国家,同时也是人口最多的国家,虽然全国耕地总面积居世界前列,但人均耕地面积仅 1.43 亩,还不足世界人均耕地面积的半数。世界排名 126 位,根据全国耕地质量等别年度更新评价成果显示,2014 年全国耕地平均质量等别为 9.97 等,总体偏低。优质耕地资源较少,耕地面积小而分散。这些因素都是我国农业生产过程中面临的重要挑战。

近年来,转基因技术的发展对农业生产的促进作用日渐明显。尤其是对单产的提高、农药化肥的节约、品种品质的改良、抗病抗虫抗逆性的提高等方面显示出得天独厚的优势。我国对转基因农食产品的研究利用以及管理方面也十分重视,在对转基因农食产品的种植、安全管理、新品种的研发等各个方面都给予了非常大的支持,甚至将其列为我国优先发展的战略性新兴产业。历经 20 多年的发展,我国已初步建成了世界上为数不多的转基因育种科技创新和产业发展体系。一方面在转基因技术的改善、新品种的研发方面,我国的科研人员紧随世界的先进步伐,发展出了各类符合我国农业生产特点的转基因农食产品品种品系,并掌握了很多相关重要关键技术和知识产权,甚至很多方面还领先于世界水平;另一方面,出于对转基因农食产品安全性可能存在的风险的考虑,对转基因安全评价体系的研究和建立也进行了充分的研究,根据不同的应用目的,分环节、分目标地对转基因农食产品进行符合相应风险控制的严格考察和审核,对转基因农食产品的研发、进口、种植等环节都进行行之有效的控制。

1.2.1 转基因农作物的种植情况

2016 年,中国成为世界第八大转基因农作物种植国。目前我国进行商业化种植的农作物仅有棉花、番木瓜、杨树三类,主要以种植转基因抗虫棉为主。我国转基因作物的种植面积(图 1-3),随国际农食产品价格的浮动不断变化,在 2016 年已减少至 280 万公顷。

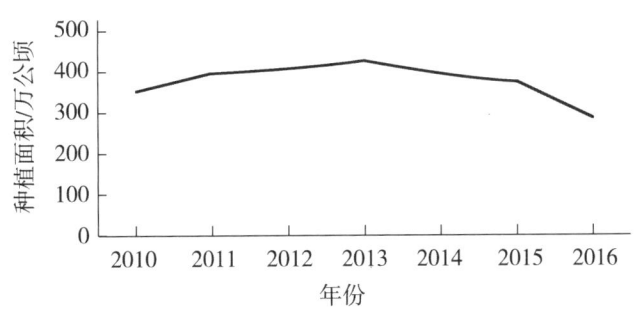

图 1-3 我国转基因作物种植面积统计表

1.2.1.1 转基因棉花种植情况

转基因抗虫棉是我国研究开发最为成功、目前唯一实现大规模产业化的转基因作物,我国是继美国之后第二个拥有抗虫棉自主知识产权的国家。2016 年我国转 Bt 基因抗虫棉花的种植面积达 280 万公顷，占棉花种植总面积的 75%，转基因棉花的普及率由 2013 年的 90% 提高到 92%，在解决中国棉铃虫危害问题上做出了突出贡献。棉农由于农药和用工减少、产量增加，累计增收节支约 166 亿元人民币。棉田剧毒农药的使用量减少 75%～80%。按调查数据估算，全国农药使用量至少减少 48 万吨，从而大大减少了对土壤、水体、饮用水的污染和农药中毒事故的发生。据原农业部最新统计，河北、山东、河南、安徽等棉花主产省的抗虫棉种植率几乎达到 100%。近 5 年，我国转基因抗虫棉的面积基本保持在 300 万～400 万公顷，不同年份面积的增加或减少多与全国棉花总种植面积的变化相一致，如我国棉花的总种植面积从 2013 年的 460 万公顷下降到 2014 年的 420 万公顷，转基因棉花种植面积从 420 万公顷下降到 390 万公顷。转基因抗虫棉主要用于工业生产，不进入食物链。

1.2.1.2　转基因番木瓜种植情况

我国也种植少量的转基因番木瓜。我国的抗番木瓜环斑病毒的转基因番木瓜由华南农业大学研发并取得成功，于 2006 年首先在广东省获准商业化种植。其推广种植后，产生了极大的经济、社会、环境效益，从根本上解决了番木瓜生产上受番木瓜环斑病毒威胁的问题，从而恢复了番木瓜"岭南佳果"的美誉，并供应国内外市场，满足了食品工业、医药和保健领域等开发的需要。2014 年，广东、海南和广西壮族自治区种植了 8500 公顷的转基因抗环斑病毒番木瓜，种植面积较 2013 年大幅提高了 50%。

1.2.1.3　转基因杨树种植情况

中国还种植了 543 公顷转 Bt 基因杨树。病虫害对杨树的危害非常严重，杨树的主要害虫包括天牛、杨尺蠖、舞毒蛾和舟蛾类等。当前，被人们称为"绿色长城"的"三北"防护林年均受害面积达 10 多万公顷，危害严重的面积高达 5.33 万公顷以上。直接造成的经济损失达 1 亿元之多，对生态造成的损失更是无法估量。中国科研工作者利用农杆菌介导法将 cryIAC 杀虫基因导入阿塞拜疆共和国巴库地区的欧洲黑杨中，1994—1997 年的田间试验结果证明，在田间，转基因欧洲黑杨能明显抗虫。1998 年，转 Bt 基因抗虫欧洲黑杨获得原农业部生物工程安全委员会批准，开始在新疆玛纳斯进行环境释放；1999 年北京、吉林、山东、江苏、河南、陕西等 6 省市批准进行环境释放；2002 年经国家林业局基因安全委员会审定批准，允许进行商业化种植。这使中国成为世界上第一个商业化种植转基因林木的国家。

1.2.2　转基因农食产品进口批准情况

我国市场上的转基因食品主要有两种，一种是转基因食用油，主要包括转基因大豆油和玉米油，是通过进口转基因大豆、玉米和油菜籽生产出来的。转基因大豆油主要是从美洲，尤其是美国、阿根廷、巴西等国家进口的大豆生产出来的食用油。转基因玉米及其产品大多来源于美国、加拿大等国。另外一种就是我国种植的转基因抗环斑病毒番木瓜。除此之外，我国市场上很少能够见到转基因食品。

自 2004 年起，我国相继批准了转基因大豆、玉米、油菜、棉花及棉籽、甜菜 5 种农作物的 69 个转化体安全证书。除了我国种植的转基因棉花和番木瓜，其余均仅许可进口用作生产及加工原料，涉及 40 多个转基因作物品系，这些转基因农产品主要来自美国、巴西、阿根廷和加拿大等国。表 1-3 是我国转基因农食产品进口批准情况。

表1-3 我国转基因农食产品进口批准情况

作物	转基因作物	性状	中国初次批准时间	最早批准种植的国家	国际上最早批准时间
大豆	GTS40-3-2	耐除草剂	2004	美国	1995
	A2704-12	耐除草剂	2007	美国	1998
	MON89788	耐除草剂	2008	美国	2007
	356043	耐除草剂	2010	加拿大	2009
	305423	品质改良	2011	美国	2009
	MON87701	抗虫	2013	加拿大	2010
	MON87701×MON89788	抗虫、耐除草剂	2013	巴西	2010
	CV127	耐除草剂	2013	巴西	2009
	305423×GTS40-3-2	品质改良、耐除草剂	2014	加拿大	2009
	A5547-127	耐除草剂	2014	美国	1998
	MON87708	耐除草剂	2015	加拿大	2012
	MON87769	品质改良	2015	加拿大	2011
	FG72	抗除草剂	2016	美国	2012
	MON87705	品质性状改良、耐除草剂	2017	美国	2011
玉米	Bt176	抗虫	2004	美国	1995
	T25	耐除草剂	2004	美国	1995
	Bt11	抗虫	2004	加拿大	1996
	MON810	抗虫	2004	美国	1996
	GA21	耐除草剂	2004	美国	1997
	MON863	抗虫	2004	美国	2003
	TC1507	抗虫	2004	美国	2001
	NK603	耐除草剂	2005	美国	2000
	59122	抗虫	2006	加拿大	2005
	MON88017	抗虫、耐除草剂	2007	美国	1996
	MIR604	抗虫	2008	美国	2007
	MON89034	抗虫	2010	美国	2008
	Bt11×GA21	抗虫、耐除草剂	2011	加拿大	2005
	3272	品质改良	2013	加拿大	2008
	MON87460	耐旱	2013	加拿大	2010
	MIR162	抗虫	2014	巴西	2009
	DAS40278	品质改良	2017	美国	2011

续上表

作物	转基因作物	性状	中国初次批准时间	最早批准种植的国家	国际上最早批准时间
棉花	1445	耐除草剂	2004	美国	1995
	531	抗虫	2004	美国	1995
	15985	抗虫	2006	美国	2002
	MON88913	耐除草剂	2007	美国	2005
	LLCotton25	耐除草剂	2006	美国	2003
	GHB614	耐除草剂	2010	美国	2009
	GHB119	抗虫、耐除草剂	2014	美国	2011
	T304-40	抗虫、耐除草剂	2014	美国	2011
	COT102	抗虫	2015	美国	2005
油菜籽	GT73	耐除草剂	2004	加拿大	1995
	Ms8Rf3	耐除草剂	2004	加拿大	1997
	Ms1Rf1	耐除草剂	2004	加拿大	1995
	Ms1Rf2	耐除草剂	2004	加拿大	1995
	Topas19/2	耐除草剂	2004	美国	1995
	Oxy-235	耐除草剂	2004	加拿大	1997
	T45	耐除草剂	2004	加拿大	1997
甜菜	H7-1	耐除草剂	2009	美国	2005

数据来源：国际农业生物技术应用服务组织（ISAAA）。

我国是农产品进口大国，2014年我国进口大豆及其加工产品已达7140万吨，转基因大豆占90%以上，主要用于生产食用大豆油；2014年我国进口玉米及其加工产品262.9万吨，70%以上为转基因玉米；2014年我国进口油菜籽量达到创纪录的508万吨；2014年前8个月我国进口棉籽6.89万吨。转基因大豆、玉米、菜籽和棉籽多用于生产食用油和工业用油。现在我国的油脂缺口已达到1900多万吨，每年有超过70%的油脂需求依靠国外供给。伴随着国内对油脂的需求进一步增加，国内油脂供应缺口将持续上升。由于我国人口众多，可供耕作的土地又有限，单靠国内是难以保障的，因此，我国油脂的供应将长期依赖进口。

另外，我国每年还进口玉米酒糟粕、豆粕、菜粕、棉籽粕等作物种子提炼油脂或生产乙醇后的植物残渣。2014年1—12月我国进口玉米酒糟粕总量为540万吨，绝大部分从美国进口，均为转基因玉米酒糟粕；进口菜粕253万吨，来自巴基斯坦、加拿大等国，超过50%含有转基因成分。进口的玉米酒糟粕、豆粕、菜粕、棉籽粕等主要作为原料用于生产养殖饲料。

1.2.3 转基因农食产品的研发情况

1.2.3.1 研发机构

与国外转基因农食产品的研发以企业为主体不同的是，我国转基因农食产品的研发主要依托于高等院校和科研院所，这与我国将转基因技术和转基因农食产品的研发提升到了国家发展战略的高度是分不开的。在国家的高度重视和大力支持下，近 20 年来，我国在转基因产品自主研发方面取得了突破性的进展，以抗虫转基因棉花为例，20 世纪 90 年代中期，我国种植的转基因抗虫棉以国外品种为主，而现在由中国农业科学院自主研发的转基因抗虫棉品种已占绝对多数。

除了科研事业单位，一些涉农企业也意识到了转基因生物产业的潜力，开始大举进军转基因农食产品的研发领域，创世纪种业有限公司、大北农集团、中国种子集团有限公司、北京奥瑞金种业股份有限公司等企业都有专门的转基因研发部门，目前已经有一些具有产业化前景的转基因产品雏形。尽管目前国内转基因产品还是以国外研发的商品化转基因品种为主，但不久的将来，必定会有越来越多我们国家自主研发的转基因产品面世。

1.2.3.2 研发项目支持

在科技研发方面，我国政府一直高度重视转基因技术的研究和应用，确定了"加快研究、推进应用、规范管理、科学发展"的方针。从 20 世纪 80 年代开始，"863""973"等国家科技计划就将转基因技术研究列为重大项目予以支持。2008 年国家启动实施"转基因生物新品种培育重大专项"，累计有万余名科学家参与，投资约 200 亿元。2009 年生物育种列入"战略性新兴产业规划"。

我国转基因生物研发组织实施方案如图 1-4 所示，其新品种培育重大专项的总体思路是：突破基因克隆与验证、规模化转基因操作、生物安全评价等三大核心技术，获得一批具有重要应用价值、拥有自主知识产权的基因，构建优异种质创新、新品种培育、规模化制种三大技术平台，以水稻、小麦、玉米、棉花、大豆五大作物和猪、牛、羊三类动物为重点，培育一批重大转基因新品种，以保障国家粮食安全，培植生物技术战略产业。

转基因生物新品种培育重大专项的总体目标是：①以水稻、小麦、玉米、棉花、大豆五大作物和猪、牛、羊三类动物为重点，以培育抗病虫、抗逆、高产、优质、高效的转基因新品种为中心，重点突破基因克隆与验证、规模化转基因操作、生物安全评价三大核心技术；②与常规技术紧密结合，建立和完善优异种质创新、新品种培育和规模化制种三大技术平台；③获得一批具有重要应用价值和自主知识产权的基因，培育和大面积推广一批抗病虫、抗逆、优质、高产等重大转基因生物新品种；④建设一批国家转基因生物研究中心以及中试和产业化基地，建立转基因育种技术体系和生物安全评价体系，培养一支具有创新能力的研究队伍；⑤培植一批具有国际竞争力的农业生物技术企业集团，壮大新兴生物技术产业，促进带动现代种业的发展，使我国农业转基因生物研究及产业化整体水平跃居世界前列，为我国食物安全、生态安全和农业可持续发展提供强有力的科技支撑。

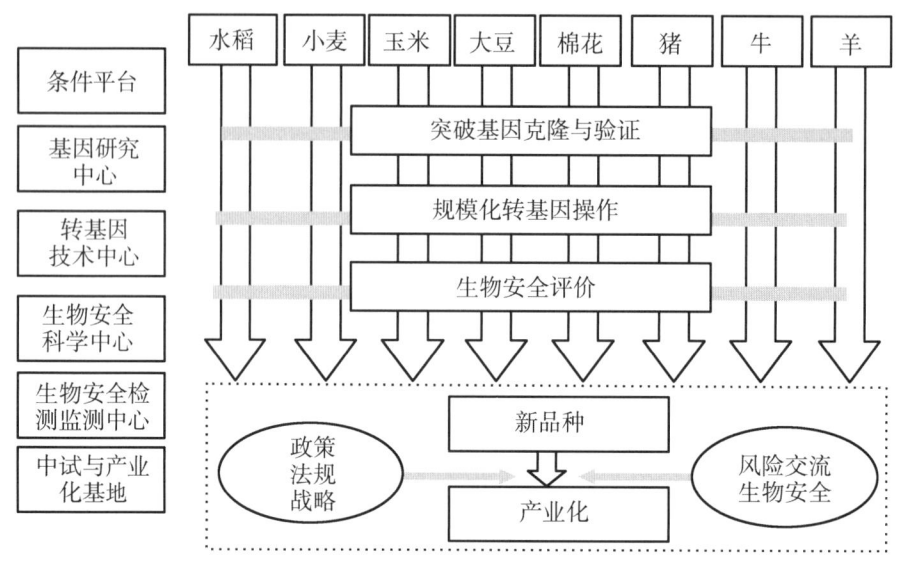

图1-4 我国转基因生物研发组织实施方案

按照转基因动植物研发及产业化的完整链条（基因克隆—转基因—新品种培育—安全评价—中试与产业化）统筹规划，部署5大优先领域的重点任务：①转基因动植物新品种培育；②功能基因克隆验证与规模化转基因操作技术；③转基因生物安全技术；④转基因生物新品种中试、推广及产业化；⑤条件能力建设。

转基因新品种培育的研发流程主要分为实验研究、中间试验、环境释放和生产性试验四大阶段，这期间要对新培育的转基因品种进行食用安全、分子特征和环境安全三大方面的评价，确保转基因新品种的安全性。新品种在经过所有研发过程后还要经过我国政府审核才能获得安全证书，从而获得推广种植的机会。整个过程需要8～10年甚至更长时间（图1-5）。

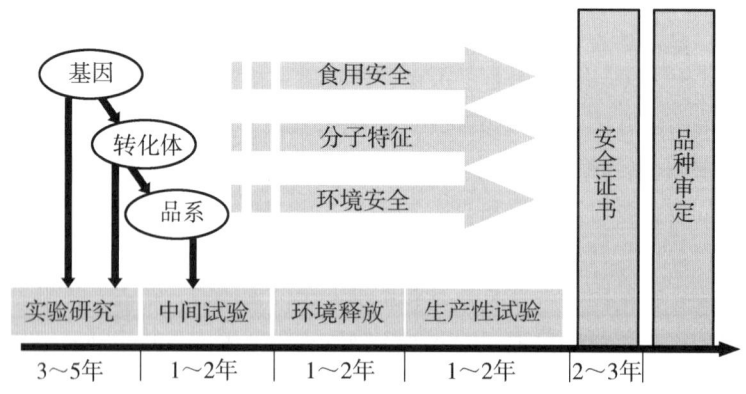

图1-5 我国转基因新品种研发时间表

"十三五"期间，转基因重大专项进一步聚焦战略重点，一是以核心技术为主的抢占科技制高点战略，要瞄准国际前沿和重大需求，克隆具有自主知识产权和"育种价值"的新基因。二是以经济作物和原料作物为主的产业化战略，加强棉花、玉米品种研发力度，推进新型转基因抗虫棉、抗虫玉米等重大产品的产业化进程。三是以口粮作物为主的技术储备战略，要保持抗虫水稻、抗旱小麦等粮食作物转基因品种的研发力度，保持转基因水稻新品种研发的国际领先地位。

重大专项的实施对提高我国农业转基因生物研究和产业化整体水平，为我国农业可持续发展提供强有力的科技支撑。实施转基因生物新品种培育重大专项，对于增强农业科技自主创新能力，提升我国生物育种水平，促进农业增效和农民增收，提高我国农业国际竞争力，具有重大战略意义。

1.2.3.3 研发现状

目前，我国转基因农食产品的研发主要依托重大专项，以水稻、小麦、玉米、大豆、棉花五大作物和猪、牛、羊三类动物为对象，重点突破基因克隆与验证、规模化转基因操作和生物安全评价三大核心技术的总体规划目标，按照产品研发与产业化的完整链条，在转基因新品种培育、基因克隆与转基因操作技术、生物安全技术、中试及产业化、条件能力建设等五大领域进行任务部署，建成独立完整的转基因育种研发体系，形成一批标志性成果，明显缩短与发达国家差距，提升了国际竞争力。其中，转基因棉花相关研究及成果转化最为显著。我国也成为继美国之后，第二个拥有自主知识产权转基因抗虫棉品种国家，近年来，第二代转基因棉花纤维品质改良取得重大突破，实现品质和产量同步改良。目前，我国转基因棉花研发与产业化处于国际先进水平。

水稻作为最重要的粮食作物之一，全球超过一半的人口以其为主食。稻谷是我国的第二大主粮，我国常年水稻种植面积约3000万公顷以上（占世界总种植面积的20%）。水稻具有基因组小、重复序列少、遗传图谱较为饱和等优势，这些特点使水稻已成为禾谷类作物中开展分子生物学研究的模式植物。我国部分水稻转基因技术已经处于世界领先水平，如水稻矮化育种、杂交水稻育种、超级稻育种等技术，同时，我国科学家在水稻基因组结构和功能研究方面也获得了突出进展，并于2001年完成并公布了世界上第一张籼稻全基因物理图谱，为世界水稻研究和生产做出了重要贡献。目前，中国已经有抗虫、抗病、抗除草剂等多项转基因水稻进入田间试验，尤其是转基因抗虫水稻研究处于世界领先水平。2009年12月，原农业部批准了2个抗虫转基因水稻品系（转基因水稻品种"华恢1号"和"Bt 汕优63"）的安全证书，并在2014年失效后再次获得证书，是目前我国进展最快的转基因水稻。但是这两个转基因水稻尚未获得商业化许可证书，尚未准许其商业化种植。相继培育的"两优78"等8个新品系进入生产性试验，品质优良，产量比区试对照品种增产5%以上，具备产业化条件，达到国际领先水平。

近年来，我国转基因玉米研究进展较快，转基因抗虫、抗除草剂玉米的商业化蓄势待发。新培育的多个抗虫转基因玉米新品系已完成生产性试验，配制的杂交组合比区试对照品种增产8%以上。培育抗草甘膦转基因玉米新品种，对控制田间杂草和促进作物生产、提高产量及经济效益都具有重要意义，现已有品系进入生产性试验，具有产业化应用前景。我国对于抗逆转基因玉米研究方面也取得了一定的进展，2009年我国培育的转植酸酶基因玉米已获得原农业部批准的生产应用安全证书，这是世界首例获得生产应用许可的转植酸酶基因玉米，目前尚未进入商业化生产阶段。

早在1988年，中国科研人员就采用子房微注射的方法获得大豆转基因植株，开创了中国利用转基因技术进行大豆遗传改良的新纪元。由于难以突破转化效率和再生技术两大技术瓶颈，大豆转基因仍然未能成为被大多数实验室掌握的常规技术。现有的转基因技术体系依然存在转化效率低、稳定性差、理想受体基因型少、实验室间重复性较差等突出问题，与水稻等作物相比，在转化效率和规模化水平上均存在很大差距。中国农业科学院科研人员获得了具有耐除草剂、耐旱、高蛋氨酸含量等性状的转基因大豆材料；北京大北农生物技术中心通过优化遗传转化相关环节，建立了高效的大豆遗传转化平台，研制出一系列抗虫、抗除草剂、抗旱的转基因材料。我国新培育的抗除草剂大豆新品系高抗草甘膦适应性强，品质好，产量超过国家区试对照品种5%以上。

小麦虽然是我国的主粮作物，但因为其基因组尚未完全解析，基因组结构极其复杂，对转基因小麦的研发工作造成极大困难。目前，我国新培育的抗旱节水小麦品系进入环境释放阶段，水分利用效率提高15%以上、产量比对照增加10%以上。

转基因动物方面目前主要集中于两个方向，第一是医学研究中的动物病理模型制备和异种器官移植动物的开发。第二在农业生产上主要是以动物产品品质改良和抗病品系研发为主，此外依靠牛羊乳腺作为生物反应器分泌外源基因编码蛋白的研究方向也具有广阔的应用前景。在国家的大力支持以及科研工作人员的努力下，我国转基因动物方面的研究已经达到了国际先进水平，并取得了重大进展。1997年体细胞克隆技术发展起来以后，给转基因技术带来了低投入、高效率的转变。目前，我国已成功获得了转基因小鼠、转基因大鼠、转基因兔、转基因鱼、转基因猪、转基因羊、转基因牛和转基因猕猴等；已有多种功能基因成功转入不同的动物，例如提高动物生长速度的IGF-1、改善动物肉品质的ω-3以及各种具有医疗保健功能的基因如人乳铁蛋白、人α-乳清白蛋白、人溶菌酶以及重组单克隆抗体等；部分转基因动物已进入研发高级阶段，如中国农业大学已形成了转基因奶牛和转基因猪群体，其中3种转基因奶牛已经进入生产性试验阶段，2种转基因猪也已完成环境释放相关试验，拥有15项授权发明专利。

在五大作物基因功能基因组学方向上，我国科研工作者已经取得了显著的成绩，尤其是水稻功能基因组学及基因克隆研究国际领先。目前国际上发表水稻高水平论文（IF>9）2008—2012年79篇，其中中国28篇，约占35.4%；2012—2013年25篇，其中中国17篇，占68%。在小麦、玉米、大豆、棉花功能基因组学及基因克隆研究成果方面开始步入世界前列。

在所获得基因上，我国已获得一批具有重要育种应用价值的基因，打破了发达国家的基因专利垄断，自主创新能力显著增强。例如水稻广谱抗稻瘟病基因OsBBI1、玉米ABA合成关键基因LOS5、棉花高光效基因GhPPD1、棉花优质基因RRM2、磷高效基因AtPAP10等。其中一些基因已广泛应用于转基因新品种材料的创制工作，包括水稻、玉米、大豆、棉花等。

1.3 转基因农食产品安全风险及其管理

1.3.1 转基因农食产品可能存在的安全风险

1.3.1.1 提出背景

在生物技术发展早期，由于认识上及其他方面的种种原因，生物安全的研究和实践远远落后于生物技术的发展,人们更多地只是关注生物技术及其产品的发展,而忽视了由于现代生物技术特别是基因工程技术带来的潜在生物安全问题。

虽然目前世界范围内尚未发生由于转基因农食产品造成的生物安全、人身健康问题的安全事件,但出于对转基因农食产品安全的担忧和其他社会因素,世界各地与转基因农食产品相关的社会事件时有发生。

20世纪70年代中期,在美国加利福尼亚州举办的Asilomar会议上第一次正式提出了转基因生物安全性问题,标志着人们开始正式关注转基因生物安全性,一些国家在该会议后纷纷加强了对转基因生物及其产品的安全性研究和监督管理,并开始着手制订有关转基因生物安全性的管理条例和法规。

1.3.1.2 可能产生安全风险的因素

目前人们对于转基因农食产品的担忧主要体现在两个方面,即对人类健康的影响和对生态环境的影响。

对人类健康的影响上,转基因农食产品在人体内是否会危害人体健康,是人们对转基因农食产品安全性产生怀疑的主要原因,这主要涉及以下几个方面:①转基因农食产品的直接影响,包括营养成分、毒性或增加食物过敏物质的可能;②转基因农食产品的间接影响,例如经遗传工程修饰的基因片段导入后,引发基因突变或改变代谢途径,致使其最终产物可能含有新的成分或改变现有成分的含量所造成的间接影响;③植物里导入了具有抗除草剂或毒杀虫功能的基因后,是否会像其他有害物质那样能通过食物链进入人体;④转基因农食产品经由胃肠道的吸收而将基因转移至肠道微生物中,从而对人体健康造成影响。

对生态环境的影响主要是指转基因植物释放到田间后,存在将基因转移到野生植物中、破坏自然生态环境的风险,打破原有生物种群的动态平衡。环境安全性问题包括:①转基因生物对农业和生态环境的影响;②产生超级杂草的可能;③种植抗虫转基因植物后,可能使害虫产生免疫并遗传,从而产生更加难以消灭的"超级害虫";④转基因向非目标生物转移的可能性;⑤其他生物吃了转基因食品后是否会畸变或灭绝;⑥转基因生物是否会破坏生物的多样性。

1.3.2 转基因农食产品安全风险的管理

1.3.2.1 管理理念的差异

由于世界各国政治理念、宗教文化、经济状况、人口组成、技术实力等多方面条件均不相同,不同国家和地区对于转基因生物的栽培及贸易需求也不尽相同,从而影响到各个国家对于转基因生物的安全风险管理理念存在较大的差异。其中美国和欧盟是管理理念上两个较为突出的典型代表。

美国主张遵循"可靠科学原则"(sound science principle),其主旨是科学是法律管制体制的基石,只有可靠的科学证据证明存在风险并可能导致损害时,政府才能采取管制措施。因此美国形成了以"可靠科学原则"为法理基础的对转基因生物较为宽松的管理体系,其国内对转基因产品奉行自律管制、在国际上推行转基因产品自由贸易、对抗他国技术贸易"壁垒"。美国认为,转基因产品和常规产品没有本质区别,监控管理的对象是生物技术产品,而不是生物技术本身。从实施情况看,美国实现了依靠转基因技术保持世界农业强国和世界头号农产品出口国的战略目标。

欧盟采用"预防原则"（precautionary principle），即科学认识有局限性，对科学评估转基因产品所需的完整数据要等到许多年后才能获得；无论研究方法多么严格，结论总会具有某些不确定性，而政府不能等到最坏的结果发生后才采取行动。这大大增加了决策的不确定性，为以预防风险为借口干涉贸易自由、保护欧盟市场留下了很大余地。欧盟认为，转基因技术有潜在危险，只要是通过转基因技术得到的转基因生物都要进行安全评价和监控。目前，欧盟成为世界上转基因产品管理最严格的地区。

1.3.2.2 管理环节和要素的显著差异

不同国家和地区尽管所采取的管理理念不同，但管理差异大都体现在以下一些重要的环节和管理要素。

立法：该国家或地区的立法机构对于涉及转基因农食产品的管理相关法律条款是整合于现有农食产品管理的法律框架下，还是与传统农食产品区别开单独立法。

管理部门：该国家或地区是选择单独成立与转基因农食产品管理相应的机构或部门统一管理转基因农食产品相关事务，还是以原有职权部门根据自身职责划分多部门协作监管。

上市前的管理审批：该国家和地区对于转基因食品销售前的安全评价和审批类型是强制的还是自愿的；是否设立单独的经营许可制度；如何实施相关企业备案管理；其他风险评估等材料的上报；监管方案及应急预案的提出等。

流通销售过程中的管理：对在该国家和地区内销售的含有转基因成分的食品是否需要进行强制标识的制度；标识制度的管理方式是否严格；制度覆盖范围宽泛还是狭窄；如何标识所规定的定量阈值。

上市后的管理：在销售后产品的信息追溯的管理制度要求，包含追溯中的关键环节信息要求、可追溯的时限流程、追溯的方式、负责人制度等。

1.3.2.3 世界上经典的管理模式

按转基因生物安全管理形式，世界主要的国家和地区大致分为三种管理模式，即产品管理模式、技术管理模式和中间国家的管理模式。

1. 以美国为代表的产品管理模式

产品管理模式是以生物技术产品为基础的生物安全管理模式，遵循可靠科学原则，即科学是法律管制体制的基石。这种模式以美国为代表，认为转基因生物和非转基因生物没有本质的区别，风险分析中应用实质等同性原则，不单独立法，多部门分工协作管理。

在标签方面，由美国食品药品管理局根据《联邦食品、药品与化妆品法》负责对转基因食品进行标签管理，并出台转基因食品自愿标签的指南，分为转基因食品自愿标签和非转基因食品自愿标签，只有在转基因产品的营养成分明显不同于传统产品或存在引起过敏的可能性时，才有必要对其特殊性或致敏特性进行标签，而对于一般的转基因产品，厂商或制造商可以自愿选择是否加贴标签。

但在2016年7月，时任美国总统奥巴马签署了名为《国家生物工程食品披露标准》的法案，该法案授权联邦政府农业部长就生物工程食品确立强制性披露标准及实施方法和规程。新法要求食品生产商自主选择在包装上标注转基因成分的形式，包括文字、符号或由智能手机读取的二维码，满足消费者对食品属性的知情权及选择权。但法案内容中关于生物工程食品的定义较为严格，法案适用的范围相对较窄。该法案目前尚在过渡期内，未正式实施。

同样美国对转基因食品的审批环节也加强了监管，按照1992年美国食品药品监督管理局公布了转基因作物作为食物的政策并规定：一项新开发的转基因作物及其产品，只要其与传统产品实质等同且不会引发新的安全性问题，则不需要作上市前评价。但在2001年，星联玉米事件爆发后，美国政府对转基因作物及其产品逐渐转为较为谨慎的态度，并出台《转基因食品管理草案》对转基因技术及相关产品实行备案制度，规定"来源于转基因作物且被食用的转基因食品在正式上市前，生产商必须提前提出申请并提交此类食品的相关资料，以确保该类食品与其相应的传统食品具有实质等同性。在经过安全评价后，被视为安全的转基因食品将不再需要受政府监控，达到要求即可上市销售，且不要求将转基因食品和传统产品分开处理。"

根据美国的转基因农食产品安全管理策略，其在转基因农食产品的贸易政策方面，对常规食品采用自律管理制度，即由食品制造商自行确保食品安全。因此，并不要求对转基因农食产品进行强制性的国家审批。同时，美国强烈反对其他国家对转基因农食产品施加的各种限制措施并将其视为贸易保护和技术性壁垒，美国农业部和贸易发展署还制定了以建立促进转基因农食产品贸易的国际同盟和解决市场准入问题为目标的规划，并努力影响国际社会对相关政策的制定。

2. 以欧盟为代表的技术管理模式

技术管理模式是以技术为基础的生物安全管理模式，遵循预防原则，进行全程监控。这种模式以欧盟为代表，认为重组DNA技术有潜在风险，无论是何种基因和生物，只要通过重组DNA技术获得的转基因生物均需要接受严格的安全性评价和监控，风险分析中应用预防原则，单独立法，统一管理。

2003年欧盟议会通过的1829/2003和1830/2003项法规要求对转基因成分超过0.9%的所有转基因食品实行强制性的标签管理，并将覆盖范围扩展到动物饲料、饭店销售的食物、含有转基因配料的食物以及深加工后不含有转基因成分的最终商品，并要求将转基因农产品和传统农产品进行分离处理，且严格限制混入传统进口农产品的转基因农产品的比例，同时明确规定了对转基因食品"从农场到餐桌"的可追溯要求制度，要求经营者必须建立相应的体系及标准化程序，确保转基因食品从生产到流通的各个阶段都具有可以进行追溯的能力，并保证都能随时追溯到产品信息，如不能提供则禁止上市销售。2004年欧盟在1830/2003项法规的基础上制定第65/2004/EC法规，并规定每个上市的转基因产品都必须含有一个唯一标识码。

欧盟90/220/EEC法规规定，转基因作物及其产品的进口商在上市前必须向欲上市的成员国有关当局递交申请，并于2004年起，开始执行2004/41/EC规定和882/2004/EC规定中新的审批程序，对新的转基因生物进行风险评估，如果成员国有科学依据证明某种转基因生物不安全，可以要求发布禁令。2006年1月1日，欧盟实施新的《欧盟食品及饲料安全管理法规》，特别要求进入欧盟的食品和饲料等从生产的初始阶段就要严格遵守其各项标准。

3. 中间国家的管理模式

其他国家的管理模式介于产品管理模式和技术管理模式之间，既兼顾产品管理又兼顾过程管理。这种模式根据本国国情制定出相应的法律法规以及管理体系，既促进生物技术产业的发展，又保护传统种植业，风险分析中应用实质等同性原则和预防原则。世界上大多数国家都属于此类，但其根据各个国家自身情况分别具有或严格或宽松倾向的管理策略。

（1）日本。

日本作为主要的转基因粮食进口国家，其对转基因食品既依赖又害怕，因此对之坚持"不鼓励，不抵制，适当发展"的原则。日本对转基因食品的安全管理倾向于欧盟模式，主要坚持以生产过程为基础对转基因食品进行管理。其立法、审批、管理机构是由文部科学省、通产省、农林水产省和厚生劳动省四个部门对转基因农食产品进行联合管理。

日本对转基因农食产品的国际贸易管理主要包括强制性的安全审批和强制性的标签制度，其中，安全审批主要针对转基因产品的生产过程，而标签制度则主要针对最终产品进行。标识制度是根据修改后的《日本农业标准法》对转基因农食产品采取强制标识和自愿标识并存的制度，食品主要原料中批准的转基因成分达到5%，只要是食品中包含重组后的，或者可以检测到转基因成分以及转基因成分是构成产品的三种主要成分之一或包含超过以上的新蛋白质成分的转基因农食产品，就必须遵守强制性标签要求，而非转基因农食产品及其加工食品则进行自愿标识。

日本对进口的转基因食品的检验非常严格，厚生劳动省在《食品环境卫生法》（FSL）的指导下，要求所有进口的转基因食品必须通过食品检疫所的检疫并办齐全部海关手续后方能进入日本国内市场上市销售，并在港口对那些在国外获审批而不是在日本获批的转基因食品进行样本采集和检测，没有通过审批的转基因食品则禁止进口。除此之外，针对来自特定国家和地区的特定食品，在抽查中发现最新检验的60个进口食品样品中不合格率超过5%，或存在可能引发食品安全事件的风险或存在食品成分变异可能的转基因食品，实行禁止进口的规定。

（2）韩国。

2001年，韩国工商业与能源部发布《转基因生物越境转移法典》，明确了韩国转基因生物安全管理框架，由农林部、健康与福利部、工商业与能源部、科技部、海事与水产部、环境部等6个部门管理。农林部制定《与农业研究相关的转基因生物的测试和处理管理办法》《转基因农产品的环境风险评估指南》《转基因农产品和转基因食品的强制标识制度》等，由其下属的农村振兴厅负责转基因生物的环境风险评估，国家农产品质量管理局负责制定认证标准，实施审查认证以及事后跟踪管理；健康与福利部制定《遗传重组试验管理办法》《转基因食品标识基准》《转基因食品和添加剂的风险评估资料的检查指导方针》，由其下属的食药厅负责食品、食品添加剂和药品的转基因农食产品安全评估与管理；工商业与能源部负责制定生物技术发展规划及国际贸易政策；海事与水产部负责转基因水产品风险评估和标识制度管理；环境部负责监管用于环境净化的转基因生物安全；科技部实施生物技术促进法及其相关条例。

作为农产品进口大国，韩国建立了一整套转基因生物安全检测和标识法规体系对转基因产品进行管理，其有关转基因农食产品的标识管理办法主要包括两种：一种是根据《转基因农产品标识办法》，规定从2001年3月1日起，对转基因成分超过3%的所有转基因产品实行强制性的标签管理，标签类型包括"转基因产品""含有转基因产品"和

"可能含有转基因产品"三种;另一种是《转基因食品标识办法》规定"从 2001 年 7 月起,凡是使用了转基因原料的加工食品,必须明确加贴"转基因食品"或"含转基因食品"的标签才被允许在其国内销售。"

(3) 澳大利亚、新西兰。

澳大利亚和新西兰对两国内的转基因事务进行统一协同管理,其建立了一套针对基因技术国内统一的法规体系。法规框架分为法律、法规和技术指南 3 个层次。《基因技术法 2000》于 2001 年 6 月 21 日起生效,管理范围涵盖任何对基因或其他遗传材料进行修饰的技术(不包括有性繁殖和同源重组)。为实施该法案,两国制定了《基因技术法规 2001》、澳大利亚联邦政府和各州各地区间的《基因技术政府间协议 2001》以及各州或地区的相关法规,在法规之下制定了 10 余个技术指南。2007 年,两国对法律法规进行了微调,《基因技术法修正案 2007》和《基因技术法规修正案 2007》于 2007 年 7 月 1 日起施行。该法规规定了在两国内销售的转基因食品实行强制性标签制度。

澳大利亚和新西兰对转基因生物按生物和产品两类进行管理。转基因生物的研究、试验、生产、加工和进口等活动,由隶属于健康和老年部的基因技术管理办公室在基因技术执行长官的领导下按照《基因技术法》管理,基因技术执行长官由总督任命。转基因产品根据用途由相关部门注册或管理,澳大利亚农药和兽药管理局、全国工业化学品通告和评价局、治疗产品管理局和澳新食品标准局分别负责源于转基因生物的化学农药和兽药、工业用化学品、治疗产品以及转基因食品的注册或管理。

(4) 加拿大。

加拿大对转基因产品的态度与美国类似,也是以实质等同性原则作为其管理原则,并只针对转基因产品的最终产品进行管理。加拿大有关转基因产品的管理机构为加拿大农业部食品检验局,加拿大卫生部和环境部门。根据加拿大食品和药品法,加拿大对上市销售的转基因食品实行自愿性的标签制度,只有当基因突变可能会对部分消费者造成健康安全风险时,才会要求转基因食品进行强制性标识,标签政策由加拿大食品检验局和加拿大卫生部共同执行。

(5) 南非。

南非在农业生物技术领域发展迅速,截止到 2006 年,南非农业部共颁发了以转基因玉米为主的 20 个转基因农作物的田间试验许可证。对于转基因产品的管理,南非遵循实质等同性原则,只要转基因产品与传统产品实质等同,生产商就可以自愿选择加贴标签或不贴标签。1999 年,南非制定《转基因生物法》并将该法作为其国内最主要的转基因安全管理法规来对转基因作物人类健康、环境安全及进口进行管理,该法规主要包括转基因生物的申报制度、进出口的"事前知情同意"制度以及对执行理事会的申诉制度,同时该法规定,转基因产品的开发必须经过风险评估和技术管理,其安全管理体制为:由 6 个政府部门的代表组成独立的决策机构——执行理事会负责对所有转基因生物的申请进行审批;科学咨询委员会则负责对转基因生物给人类和环境带来的安全性进行评估,并向执行理事会提出咨询意见;登记和检查局则代表农业部执行《转基因生物法》,遵照执行理事会的要求发放许可证。

(6) 巴西。

巴西由国家生物安全理事会、国家生物安全技术委员会及政府相关部门对转基因生物实行联合管理。巴西作为主要的粮食生产大国，其商业化种植的申请程序十分复杂，需要获得生物安全、环境、卫生、食品等多个部门的审批通过才可颁发种植许可证。2000年8月，巴西政府下达对所有转基因食品生产和进口的禁令，直到2002年该项禁令才被解除，并以强制性标签制度来代替，要求含有4%以上转基因成分的食品必须加贴标签，同时需对其销售及食用的整个过程进行管理性跟踪调查。对于转基因食品的监管，巴西以生产过程为基础对转基因产品进行管理。同时，巴西实行强制性的政府安全审批制度，只有通过国家的安全审批才能进入巴西境内进行销售。

（7）阿根廷。

阿根廷积极支持转基因技术在其国家的应用，同时也十分重视转基因食品的安全问题，并制定了一些专门的转基因技术和产品法规对之进行管理。在其现有的法规体系中，国家农业生物技术管理委员会（CONABIA）依据2003年7月生效的39号法案对转基因释放进行环境安全评估，国家卫生和农产品质量管理局（SENASA）则遵循2002年5月制定的412号法案负责进行食品和饲料的食用安全评估，国家农业商业指导部门（DNMA）负责分析转基因作物对国内及国外的贸易影响，而农、畜、渔和食品部（SAGPyA）则依照这些法规进行具体的实施工作，包括转基因产品田间释放的批准工作和在食物和饲料方面使用的管理。阿根廷对转基因产品的管理遵循实质等同性原则，要求对所有符合《卡塔赫拉生物安全议定书》定义的转基因产品进行科学的风险评估，并以最终产品作为其管理的对象，实行个案管理。

根据最新的最小危险政策，转基因作物在进行商业化生产时，必须要阿根廷管理当局提交申请，并提交有关转基因产品的环境安全、食品安全评估及其对国际贸易影响的评估报告。在阿根廷，一种转基因作物从环境释放到商业化生产，至少需要5～6年的时间。而对于进口的转基因食品，阿根廷规定转基因食品必须通过国家安全审批才能进入国内市场，并实行自愿性的标签制度。

（8）泰国。

泰国政府十分重视转基因食品和转基因农作物的研究与发展，并于1992年和1994年分别出台了《国家生物安全指导方针》及《转基因农作物田间试验指导方针》，对实验室和释放试验进行管理。不过，作为世界上主要的农产品出口国家，为了维护其在国际粮食市场上的巨大份额，泰国政府规定，无论是实验室的封闭试验还是小规模的田间释放试验，都必须向国家农合部生物安全委员会提交申请，经审核同意后方可进行。同时，泰国政府严格执行其对转基因作物商业化的禁令，并极度限制任何转基因农产品的进口。1990年，泰国国际经济政策委员会起草转基因作物的指导政策，对所有用于商业用途的转基因作物实行禁止引进或进口管理，随后，泰国农合部又于2000年3月和2003年10月相继颁布通告，宣布对89种转基因农作物实行进口禁令。2001年，泰国又出台了转基因食品安全评估指导方针。不过，迄今为止，泰国尚未正式出台涉及生物技术和转基因技术安全性的国家性法律。

（9）印度。

印度高度重视国内转基因技术的研究与发展，并把生物技术作为其未来国家经济增长的关键领域之一。但是，印度在转基因技术的生物安全管理方面却表现得非常谨慎，其法规体系结构比较完整。印度转基因生物安全管理体系由各级别六部分机构组成，对于任何与基因工程生物体或细胞的环境释放、实验与生产，都必须获得基因工程审批委员会的批准。2006年印度制定了两项规则草案来对原有食品安全相关法规进行修改，并制定了对转基因食品及制成品的强制性标签和审批要求。转基因食品的标签法规一草案要求所有与转基因食品相关的初级的和加工的食品、食品原料或食品添加剂都要进行标记，进口的转基因食品要注明国家审批的状态，不过，其强制性标签政策却没有得到有效实行。该国对转基因食品的安全审批十分严格，并禁止任何含有转基因成分的转基因食品上市销售和进口。

（10）中国。

我国的转基因生物安全研究及立法工作始于20世纪90年代初期。随着基因工程技术的蓬勃发展，生物安全问题逐渐成为全球社会普遍关注的热点，我国的科学家和管理者也认识到制定生物技术管理法规，对于促进我国生物技术研究和产业化健康发展具有十分重要的作用，并积极开展了转基因生物管理体系和模式的探索。

进入21世纪以来，我国政府更加重视转基因生物安全管理工作，坚持立法先行、依法监管的原则，采取全程监控、重点监管的方式，以保障人类健康和生态环境安全、促进生物技术健康发展、维护国家经贸利益为目标，制定了配套法律法规，建立了管理和技术保障体系，基本形成了符合我国国情并与国际接轨的管理模式。我国的管理模式充分吸收了以美国为代表的产品管理型模式和以欧盟为代表的技术管理型模式的优点，兼顾产品管理和过程管理，既促进了我国转基因生物的研究、试验、生产、加工、经营和进出口活动，推动我国转基因生物产业的跨越式发展，又保护了我国农业安全和技术竞争力，在转基因生物产业化安全管理方面取得了显著的成效。

中国香港地区2001年2月制定转基因食品标识管理制度，要求对转基因食品实施基于实质等同性原则的自愿性标识管理政策，只有当转基因食品的组成成分、营养价值、用途、过敏性等与传统食品不具有实质等同性时，才建议对之加贴标签并标明其差异。

中国台湾地区遵循实质等同性原则对转基因食品进行管理，并以最终产品作为其管理的基础。台湾由省卫生局负责对转基因食品的安全和标签进行管理。1998年，台湾安全委员会颁布针对DNA重组实验的指导方针，明确规定DNA重组实验必须对人体和生物安全采取必要的保护措施。同年，台湾鉴定委员会（COA）颁布转基因作物的田间试验指导方针，要求台湾地区的转基因作物的田间试验都必须经过COA的批准。为了保护消费者的健康与安全，中国台湾卫生部门（DOH）依据《食品安全卫生管理规定》对转基因食品进行管理，并发布了"DNA衍生食品安全评估办法"及"转基因食品贴加标签的详细规定"两项指导方针，要求所有转基因农产品必须符合政府制定的安全标准，并由DOH对转基因食品的生产过程及转基因农本身同时进行安全评估。转基因食品必须通过食品安全审批，才可以最终上市进行销售。同时，指导方针还对转基因食品的查验登记及标识管理进行了规范，要求自2001年起，必须对所有由转基因作物加工而来的食品加贴标签。

除此之外，台湾每年都要进口大量的粮食作物。其中，原产于美国的转基因大豆和玉米是台湾进口的两种最主要的粮食。因此，隶属于卫生部门的食品卫生局发布了针对含有大豆和玉米原材料的食品的强制性的标签法规，只要最终商品中含有这两种原料的转基因成分超过5%，就必须明确标明"转基因"或"含有转基因成分"等字样，而不含有转基因大豆和玉米成分的食品，则可以自愿加注"非转基因"或"没有转基因"等字样。

1.3.3 区域及国际组织对转基因农食产品安全风险管理的影响

一些国际组织也对转基因农食产品安全制定了相应的管理措施，其中就包括世界卫生组织（World Health Organization，WHO）、联合国粮食及农业组织（Food and Agriculture Organization of the United Nations，FAO）以及国际食品法典委员会（Codex Alimentarius Commission，CAC）。WHO是联合国系统内国际卫生问题的指导和协调机构，基于公共卫生可从生物技术的潜力及避免公众可能由于通过基因改良生产的食品对人类健康的潜在负面影响这两方面因素，WHO一直在转基因食品方面持续关注并发挥积极作用。FAO是各成员国间讨论粮食和农业问题的国际组织，是联合国的专门机构之一，其宗旨是提高人民的营养水平和生活标准，改进农产品的生产和分配，改善农村和农民的经济状况，促进世界经济的发展并保证人类免于饥饿。FAO认为生物技术及转基因食品的应用对世界粮食问题提供了新的机会和潜在的好处，但也对消费者保护方面提出了相应的挑战。CAC是由FAO和WHO于1963年联合设立的政府间国际组织，专门负责协调政府间的食品标准，建立一套完整的食品国际标准体系。其制定的标准致力于保护各国消费者的健康安全，维护国际公平的食品贸易，为各国食品标准的制订提供重要的科学参考依据。

WHO同FAO一道就评价转基因食品的安全和营养频繁召集若干专家进行了一系列的磋商会议，这些技术性磋商是完全独立于政府间的贸易谈判，仅仅从科学角度对于问题的讨论，其讨论结果为CAC的工作提供了科学依据和技术建议，这些建议已被纳入关于转基因食品安全性评估的法典指南。

CAC于2003年对转基因食品的人类健康风险分析制定了《对源自现代生物技术的食品进行风险分析的原则》（Principles for the Risk Analysis of Foods Derived from Modern Biotechnology）。以这些原则的前提强制规定在逐案基础上开展上市销售前评估，其中包括评价（插入基因的）直接影响和（由于新基因的插入可能产生的）非预期影响。

CAC也制定了三项指南：
① 《对重组DNA植物衍生食品进行食品安全评估的指南》；
② 《对使用重组DNA微生物生产的食品进行食品安全评估的指南》；
③ 《对重组DNA动物衍生食品进行食品安全评估的指南》。

CAC原则对国家法律不具约束力，但在世界贸易组织的《实施卫生与植物卫生措施协定》中被特别提及，并鼓励世贸组织会员国将各自的国家标准与CAC标准协调一致。如果贸易伙伴在转基因食品安全性评估方面有相同或类似的机制，则可减少一个国家批准的产品在另一个国家遭到拒绝的可能性。

1.3.4 基因编辑技术在植物中的应用

近年来植物转基因技术研究发展迅速，大量基因修饰生物（Genetically modified organism，GMO）品种问世。目前，常用转基因作物构建方法主要采用的是农杆菌介导法和基因枪法。但是这些技术转化效率较低，而且为随机插入，需要大量的筛选工作，耗时耗力。以小麦为例，采用基因枪法和农杆菌介导法的转基因小麦分别占68.8%和15.9%，在转化效率方面，基因枪报道为0.1%～16.7%，农杆菌介导报道为0.7%～44.8%，变化幅度较大。而近几年兴起的基因编辑技术则为基因修饰作物的构建提供了更为准确、便利的方法，基因编辑技术不但能为了解某一特定基因的功能提供新方法，也能作为新型育种技术（New breeding techniques，NBT）对基因修饰作物产生重大影响。

基因编辑技术主要包括锌指核酸酶（Zinc-finger nucleases，ZFN）、转录激活子效应蛋白核酸酶（Transcription activator-like effector nucleases，TALEN）和规律成簇间隔短回文重复序列/Cas（Clustered regularly interspaced short palindromic repeat，CRISPR/Cas）技术。这些技术的主要原理通过人工核酸酶在 DNA 靶位点产生 DNA 双链断裂，并通过控制 DNA 的修复途径，以非同源重组或同源重组的机制对损伤的 DNA 进行修复，从而实现对基因的定向编辑。目前，这些方法已经被广泛用于植物的定向基因编辑中。2012 年，Science 将基因编辑技术列入年度十大科学进展，以 TALEN 为代表的基因编辑技术被誉为"基因组巡航导弹"；2013 年 Science 将 CRISPR/Cas9 列入年度十大科学进展；2014 年 Nature Methods 将基因编辑技术评为过去十年间对生物学研究最有影响力的十项研究方法之一。

基因编辑作物是否按照转基因作物的监管要求进行监管成为一个有争议的问题。随着以基因编辑技术为代表的 NBT 的发展，一些基于该技术的 GMO 已经问世。基因编辑技术由于直接在作物自身基因组上进行定向编辑，培育出来的作物不同于转基因作物，那么对基因编辑作物的监管和检测则成为一个新问题。

1.3.4.1 ZFN 技术

1. ZFN 技术原理

ZFN 是一种人工嵌合酶，1996 年由 Kim 等第一次提出，ZFN 是由锌指蛋白（Zinc finger protein，ZFP）和非特异性的核酸酶结构域（如 Fok I）两部分组成的融合蛋白（Kim Y G，Cha J，Chandraseyaran S，1996）。其中，ZFP 是 DNA 结合结构域，负责特定核苷酸序列的识别与结合，通常由 3～4 个 Cys2-His2 锌指蛋白串联而成，每个锌指蛋白识别并结合一个特异的碱基三联体，因此每个 ZFP 结合域能识别一段 9～12 bp 的碱基序列。Fok I 是来自海床黄杆菌的一种非特异性的限制性内切酶，对切割位点不具识别特异性，并且仅在二聚体状态下才具备核酸酶活性，所以，针对每一个靶位点需要设计一对 ZFN（这对 ZFN 的具体作用原理如图 1-6 所示）。以 Fok I 作为核酸酶结构域，每个 Fok I 与 3 个锌指蛋白单元相连，构成一个 ZFN 单体，识别特定的核酸位点，当这两个 ZFN 单体识别位点间隔区域通常保持在 5～7 bp 时，可以确保 Fok I 二聚体的形成，两个 ZFN 单体也即形成二聚体，这样一对 ZFNs 可对靶序列进行特异切割并产生 DNA 双链断裂，从而达到 DNA 定点剪切的目的。图 1-6a 中，每个锌指蛋白能够特异性识别 3 个核苷酸碱基，3 个串联的锌指蛋白能够特异性识别 9 个核苷酸碱基；Fok I 二聚体形成后，ZFNs 能够特异性识别 18 个碱基序列。图 1-6b 中，两个 ZFN 单体识别位点间隔区域保持在 5～7 bp 时，Fok I 单体形成二聚体，核酸内切酶活性将结合位点的 DNA 切开。

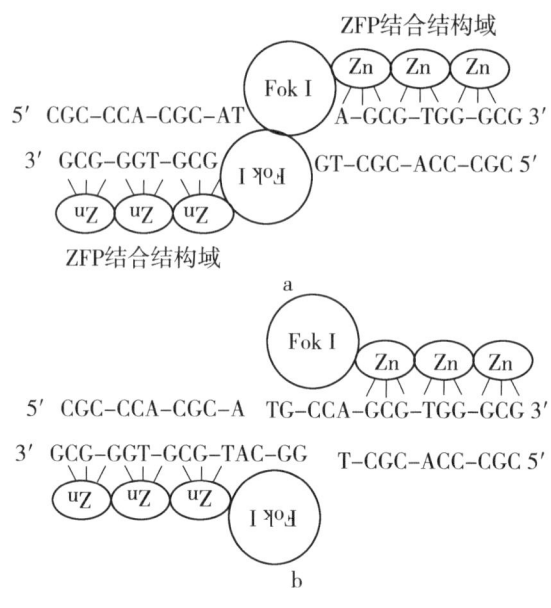

图 1-6 ZFN 的作用原理

2. ZFN 技术在植物中的应用

ZFN 技术在植物中的应用非常广泛，目前已有报道指出 ZFN 技术在拟兰芥、烟草、矮牵牛、玉米、大豆、衣藻等植物中均有运用。Zhang 等（2011）利用 CODA 方法构建 ZFN，以 16% 的效率敲掉了拟兰芥的内源基因。Weinthal 等（2013）用 NHEJ 实现了拟兰芥的基因替换，即供体 DNA 与 ZFN 靶序列没有同源序列。Townsend 等（2009）利用 ZFN 技术，定点替换了烟草乙酰乳酸合成酶基因（SurA、SurB）的 3 个关键核苷酸位点，得到了抗除草剂的烟草。Cai 等（2009）则用 ZFN 在烟草内源基因上精准插入报告基因，效率为 10%。Marton 等（2010）以矮牵牛为研究对象，用病毒表达载体 TRV 瞬时表达 ZFN 基因来代替稳定整合。Shukla 等（2009）利用 ZFN 技术，把抗除草剂基因 PAT 插入到了玉米的肌醇六磷酸生物合成最后一步的关键酶肌醇 -1,3,4,5,6-戊基磷酸酶基因 IPK1，使得玉米抗除草剂同时减少了玉米种肌醇六磷酸的含量，营养品质得到改良，且减少了有机磷对环境的污染。Curtin 等（2011）首次在大豆上用 ZFN 敲除重复基因，并且用发根农杆菌快速检测 ZFN 切割活性。Sizovo 等（2012）则在衣藻中实现了用 ZFN 敲除内源基因。

虽然 ZFN 技术在不同植物中得到了成功运用，但由于锌指蛋白对 DNA 识别特异性不是太高，在不同的锌指串联中识别的序列差异较大，因此，ZFN 常常表现高频率的脱靶效应。此外，构建 ZFN 过程比较烦琐，这也限制了其进一步广泛使用。

1.3.4.2 TALEN 技术

1. TALEN 技术原理

TALEN 技术也是一种核酸酶介导的基因编辑技术。TALEN 是由来源于 TALE 的 DNA 结合域与非特异性核酸内切酶 FokⅠ融合而成，能够在特定位点产生双链断裂（DSB）的嵌合酶。TALE 结构特征包括：N 端分泌信号、中央的 DNA 结合域、核定位信号和 C 端的激活域，其中 DNA 结合域是由 15~20 个由 33~35 个氨基酸的重复序列组成的多肽串联组成,每个重复序列识别一个碱基。这些重复单元的氨基酸中只有第12和13位氨基酸是可变的,因此它们也被称为重复序列可变的双氨基酸残基(RVD)。与ZFN技术相似,根据靶位点两侧的序列设计一对TALEN,结合到对应的识别位点后,两个Fok I单体相互作用形成二聚体,对靶基因检测切合,实现基因编辑的目的。TALE识别DNA的机制在于不同的RVD能特异性识别A、T、C、G 4种碱基中的一种。其具体作用原理如图1-7所示:TALEN蛋白的RVD中的Asn/Asn(NN)、His/Asp(HD)、Asn/Ile(NI)、Asn/Gly(NG)可以特异识别G/A、C、A、T碱基,具有特异性的TALE蛋白和Fok I核酸内切酶组成TALEN后可以特异识别DNA序列并有效进行切割,断裂后的DNA序列可以启动细胞的修复机制,一种是不依赖同源片段的非同源末端连接机制(NHEJ),另一种是依赖同源片段的同源修复机制(HDR)(Boch J,2011)。

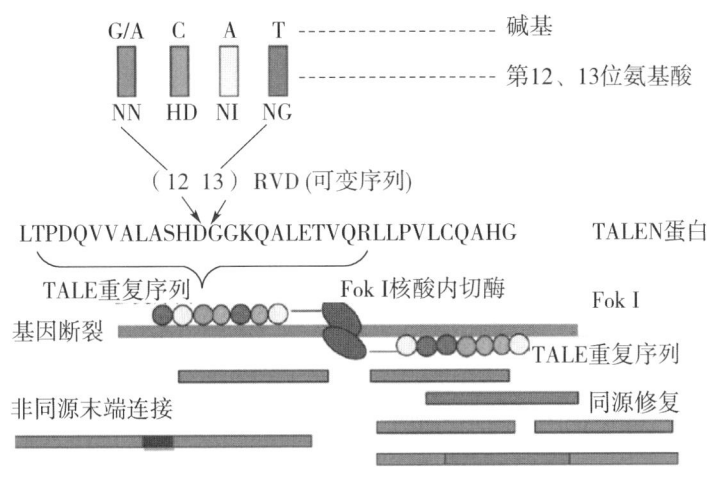

图1-7 TALEN的作用原理

2. TALEN技术在植物中的应用

TALEN技术也已经被成功运用于多种植物中,如水稻、大豆、拟南芥、小麦、烟草、短柄草等。Li等(2012)利用TALEN技术,突变了水稻蔗糖外排转运基因(OsSWEET14)启动子区域,破坏细菌性病原菌分泌的效应蛋白在水稻基因组上的结合位点,从而提高了水稻对白叶枯病的抗性。Shan等(2015)利用TALEN技术,消除了水稻甜菜碱乙醛脱氢酶基因(OsBADH2),提高了水稻的香味品质。Haun等(2014)利用TALEN技术,同时消除了大豆脂肪脱氢酶基因家族两个成员FAD2-1A和FAD2-1B,从而使油酸含量从20%提高到80%,亚油酸含量从50%降低到4%,改善了大豆的品质。陈荣荣(2014)选择拟南芥内源EPSPS为靶基因设计打靶位点,运用TALEN技术,试图改造内源EPSPS基因使其蛋白的178位和182位氨基酸残基突变,以获得具有草甘膦抗性植物,但由于17β-雌二醇诱导表达结果与预期不相同,还需要进一步实验以获得抗草甘膦拟南芥。Cermak等(2011)利用Golden Gate反应拼接TALEN模块,并从拟南芥原生质体中测试敲除ADH1基因(2014)。小麦是六倍体植物,基因组庞大且重复序列较高,对其进行遗传育种比较困难,Wang等(2014)利用TALEN技术,同时消除了白粉病菌侵染所需的MLO基因在小麦A、B和D基因组上的3个拷贝,获得对白粉病具有广谱和持久抗性的小麦，这一成果通过传统育种手段很难达到。Mahfouz 等（2011）把天然的 TALE-Hax3 与 Fok I 切割域融合，在烟草叶片中能检测到 NHEJ 变异。Zhang 等（2013）把 TALEN 转化烟草原生质体，基因同源重组效率高达 4%。Shan 等（2013）则用 Golden Gate 构建 TALEN 高效消除了一系列短柄草和水稻中的基因。

1.3.4.3 CRISPR/Cas9 技术

1. CRISPR/Cas9 技术原理

CRISPR/Cas9 免疫系统是继 ZFN 技术和 TALEN 技术之后出现的基因组定点编辑新技术。CRISPR 是一种 RNA 诱导的获得性免疫系统，发现于细菌和古生菌中，用来抵抗外源 DNA 的入侵。根据 Cas 基因核心元件序列的不同，CRISPR/Cas 免疫系统被分为 Ⅰ 型、Ⅱ 型、Ⅲ 型 3 种类型，其中 Ⅱ 型系统最简单。人们改造了 Ⅱ 型 CRISPR/Cas 系统成为序列特异性核酸酶，使其能够像 ZFN 技术和 TALEN 技术那样对 DNA 进行靶向切割，称为 CRISPR/Cas9 系统。CRISPR/Cas9 系统特点是含有 Cas9 基因，其编码的 Cas9 蛋白包含 HNH 核酸酶结构域，有丰富的限制性内切酶活性，主要参与 CRISPR 系统中 RNA 的加工和外源基因的剪切过程。CRISPR/Cas9 系统作用原理如图 1-8 所示，具体为：CRISPR/Cas9 系统的 2 个非编码 RNA—pre-crRNA 和 trans-activating crRNA（tracrRNA）从 CRISPR 位点上转录。

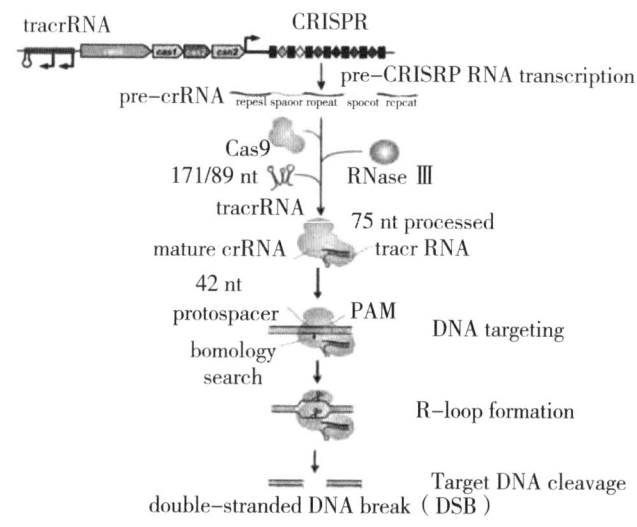

图 1-8 CRISPR/Cas9 系统的作用原理

pre-crRNA 通过其含有的重复序列和 tracrRNA 碱基互补配对形成 RNA 异二聚体，共同结合到 Cas9 蛋白上，Cas9 蛋白再依据入侵 DNA，引导 Cas9 内切酶对互补的序列进行双链切割。相比 ZFN 技术和 TALEN 技术的操作复杂性，CRISPR/Cas9 技术只需要依靠人工合成的 sgRNA 即可发挥作用，因此 CRISPR/Cas9 技术正快速成为定向基因编辑的主要方法。

2. CRISPR/Cas9 技术在植物中的应用

目前，CRISPR/Cas9 技术已经被成功运用于水稻、玉米、小麦、大豆、高粱、烟草、甜橙、拟南芥、棉花等植物中，这些研究证实了 CRISPR/Cas9 技术可被广泛运用于多种作物中，具有广阔的应用前景。Feng 等（2014）利用 sgRNA 和 hSpCAS9 亚克隆到同一个表达载体中，选取水稻 ROC5、SPP 和 YSA 三个易于观察表型的基因进行研究，在获得的 T1 代转基因株系中 ROC5、YSA 基因突变效率高达 26%～84%，且大约 10% 的 T1 代 YSA 是纯合突变株系。Liang 等（2014）针对玉米中植酸合成的关键酶基因 ZmIPK 构建了 CRISPR/Cas9 载体，采用 PEG 介导的方法转化玉米原生质体，测序分析表明发生了不同程度的插入与缺失，这一研究说明 CRISPR/Cas9 在改良玉米品质方面可能起到重要作用。Shan 等（2013）以小麦原生质体为材料，针对小麦 Ta MLO 基因，采用编辑水稻基因组的载体构建策略，表明小麦原生质体突变效率在 30% 左右。Sun 等（2015）针对大豆内源基因构建了 9 个 CRISPR/Cas9 载体，用毛根农杆菌转化法介导获得毛状根，发现有 7 个基因的平均插入缺失频率达到 70% 以上。Jiang 等（2013）构建了 Y158 农杆菌双元表达载体，用农杆菌介导法转化高粱未成熟胚，发现 Cas9 系统在高粱胚中的编辑效率较高。Jia 和 Wang（2014）针对 Cs PDS 基因的 sgRNA 与 Cas9 共同亚克隆于植物表达载体中，采用农杆菌注射法将构建的载体导入甜橙叶片中，表明突变频率在 3.2%～3.9% 之间，说明 CRISPR/Cas9 技术在甜橙中也能应用。孟志刚等（2015）利用 CRISPR/Cas9 系统定向诱变陆地棉（AADD）品系 R18 精氨酸酶基因，培育精氨酸酶基因棉花突变体。Schiml 等（2014）将 sgRNA、Cas9 蛋白以及两端含有与 spacer 相同序列的模板 DNA 构建到同一个 T-DNA 中转化拟南芥，在 AtADH1 基因的靶标位点精确插入卡那霉素的抗性基因 NPTII，该项发现证实了 CRISPR/Cas 系统在植物中定点引入外源片段的可行性。因此，在农业生产中，利用 CRISPR/Cas 系统进行有针对性的优良基因的定点整合和多个优良农业性状的聚合将成为提高作物产量、抗性和品质的一个重要契机。

1.3.4.4 ZFN 技术、TALEN 技术和 CRISPR/Cas9 技术的对比

3 种基因编辑技术相比，在简便性、效率、特异性等方面各有不同（表 1-4）。ZFN 技术出现最早，但其特异性较差，表现出较明显的脱靶效应，而且其构建过程烦琐，这大大限制了该方法的广泛应用。TALEN 和 CRISPR/Cas9 是后来发展起来的基因编辑技术，相比 ZFN 技术而言各方面都表现出较大的优势，因此目前 ZFN 技术完全被这两种技术所替代。TALEN 技术的优势主要是特异性高、脱靶效率低；CRISPR/Cas9 技术的优势是构建过程简单、成本低。虽然 CRISPR/Cas9 技术的特异性较 TALEN 技术稍差，但由于其成本较低、构建过程简单，而且据报道 CRISPR/Cas9 技术在植物中没有严重的脱靶效应，因此目前 CRISPR/Cas9 技术被认为是最有前景的基因编辑技术。

表 1-4 基因编辑技术的比较

比较项目	ZFN	TALEN	CRISPR/Cas9
结合原则	蛋白-DNA	蛋白-DNA	RNA-DNA
核心元件	ZFA-Fok I	TALE-Fok I	sgRNA，Cas9
成本	高	中	低
构建载体时间	>7d	5～7d	3d
识别靶位点长度（bp）	(3～6)×3×2	(12～20)×2	20
对靶位点限制	富含 G 区域	以 T 开始 A 结束	以 NGG 或 NAG 序列结束
靶位点密度	每 100bp 一个靶位点	很高	每 8bp 一个靶位点

续上表

比较项目	ZFN	TALEN	CRISPR/Cas9
成功率	低	高	高
脱靶频率	高	低	变异较大
多基因编辑	困难	困难	容易
细胞毒性	高	低	低

1.3.5 各国对基因编辑作物的监管态度

由于 ZFN 技术出现最早，对该类技术编辑的基因编辑作物的监管态度已有一些国家和国际组织有报道或意向明确，主要包括美国、欧盟、澳大利亚、阿根廷、新西兰等。基因编辑技术可以对作物基因组进行插入、突变、修饰等操作，从而获得不同类型的基因编辑作物。例如以 ZFN 为技术手段对某一作物进行编辑主要分为 3 类：点突变或少量碱基突变，而且不引入任何外源基因，我们将这一类基因编辑作物定为 ZFN1；基因突变或修复，而且引入了少量的外源基因，我们将这一类基因编辑作物定为 ZFN2；引入了较多的外源基因，我们将这一类基因编辑作物定为 ZFN3。那么，针对 ZFN1、ZFN2 和 ZFN3 这 3 种类型的基因编辑作物的监管态度也不太一致。

美国在转基因作物上的态度则相对宽松。美国在 2010 年宣布由陶氏益农公司运用 ZFN 技术培育成的一种基因编辑玉米不受法律的监管；2012 年再次批准了一种运用基因编辑技术的抗除草剂转基因油菜。美国认为如果最终产品不含有任何其他物种外源的遗传物质，那么美国农业部对转基因作物的管理条例不再适用，因此不受《生物技术产品监管协调框架》管理，也就是 ZFN1 类基因编辑作物不受法律的监管。

欧盟的转基因食品安全监管制度的形成受到科技、政治、经济、宗教伦理等社会因素的影响，对待转基因作物的态度较为谨慎，规定食品中某一成分的转基因含量达到该成分的 0.9% 时须标识。而对基因编辑作物和传统转基因作物的态度一致，需要进行严格的法律程序审批才能形成对基因编辑作物的监管态度。2012 年，欧洲食品安全部门发布一项调查报告，称 ZFN3 类转基因作物相比传统同源转基因作物和异源转基因作物而言，能最低程度地减少其对食用或饲用产品的风险，但 ZFN3 类基因编辑作物仍然受欧盟相关法律的监管。到目前为止，欧盟没有表明关于 ZFN1 和 ZFN2 类基因编辑作物的监管态度。

阿根廷 2011 年的一项规范标准表明，ZFN1 类的基因编辑作物将不受现有的阿根廷转基因法律框架的监管，但是 ZFN3 类基因编辑作物依然受监管，而 ZFN2 类基因编辑作物则需要根据具体的产品进行分析。

澳大利亚和新西兰转基因食品标准工作组在 2012 年宣布 ZFN3 类基因编辑作物应当受到法规的监管，而 ZFN1 和 ZFN2 类的基因编辑作物不受法规的监管。2013 年，新西兰环境保护部门称由 ZFN1 和 TALEN 技术培育而成的作物不应被称为转基因作物，因此也不受转基因法规的监管，但是 2014 年 5 月，新西兰最高法院却驳回了新西兰环境保护部门的这项决议。

中国国务院颁发的《农业转基因生物安全管理条例》中明确规定，农业转基因生物是指利用基因工程技术改变基因组构成，用于农业生产或者农产品加工的动植物、微生物及其产品。在这个定义下,即使运用基因编辑技术对作物进行改造并且不引入其他物种外源基因,但依然还是通过基因工程技术进行的改造,应该还是归于转基因生物。但目前没有相关报道中国对该类转基因作物的监管态度。

Araki 等(2014)将这些国家对 ZFN1、ZFN2 和 ZFN3 的监管态度进行了归纳(图 1 - 9)。由图 1 - 9 可以看出,虽然在过程管理模式和产品监管模式这两种不同的管理模式下,监管态度不太一致,但可以看出对待 ZFN1 类基因编辑作物接受程度较高,甚至在产品监管模式下 ZFN1 类基因编辑作物不被认为是转基因作物。对不同类别的 ZFN 基因编辑作物监管态度差异较大,但关键在于是否有外源基因的插入,因此已有学者以转基因监管问题为切入点,希望通过改进基因编辑技术尽可能避免外源基因的插入,来规避目前的转基因监管法规对基因编辑作物的监管。Woo 等(2015)改进了 CRISPR/Cas9 技术,该技术可在植物外组装 Cas9 酶和导向 RNA 序列,让生成的蛋白质复合物进入植物中,并将该技术运用到敲除烟草、水稻、莴苣和拟南芥中的所选基因。该项技术能够在不引入任何外源 DNA 的情况下删除掉植物某一特定基因,构建出"有可能规避当前转基因法规"的基因编辑作物,可能具有巨大的应用前景。2016 年 4 月,美国农业部回信称将不会对采用基因编辑工作 CRISPR-Cas9 进行遗传工程改造的一种蘑菇实施管控,这种蘑菇使用 CRISPR-Cas9 技术敲除掉了 6 个多酚氧化酶基因其中的 1 个,使得该种蘑菇具备了抵抗褐变的能力,这是从美国政府得到绿色通行证的第一个 CRISPR 编辑生物。

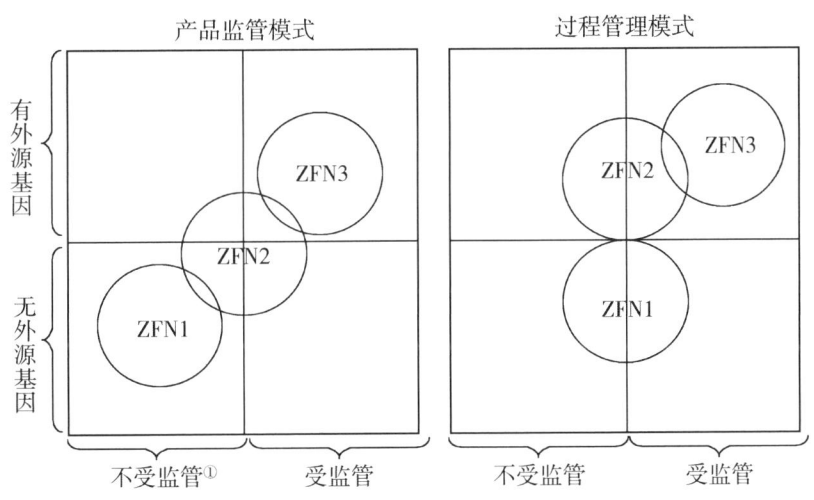

图 1 - 9 对基因编辑作物的监管态度

除此之外,许多学者也对基因编辑作物的监管态度表示了自己的看法。Araki 等(2015)认为 20 世纪 90 年代初开始,很多国家开始对转基因进行监管,已经有了丰富的经验,因此对转基因的监管是时候从过程管理模式向产品监管模式转变了,而对于基因编辑作物应该以产品监管模式为主。Camacho 等(2014)认为是时候重新考虑修改目前的转基因监管法规框架了,并且应该允许一些小型公司、公共社会组织等参与进行共同探讨,重新构建更富有弹性、能紧跟科学技术发展(比如基因编辑技术)的 GMO 监管法律框架。

---

① 不被认为是转基因作物,是可在自然状态下产生的作物。

总的来说，目前对基因编辑作物的监管态度不太明确，但是为了应对未来基因编辑作物的不断涌现这一可能现象，已有国家计划开始调整转基因监管法律框架，例如美国的三家政府机构美国食品药品监督管理局（FDA）、美国环境保护署（EPA）、美国农业部（USDA）计划更新《生物技术产品监管协调框架》，并制定长期战略，确保监管系统对新兴生物技术产品发展做好应对。我国科学家已利用基因编辑技术开始了基因修饰作物的研究，例如中国科学院高彩霞课题组率先利用基因编辑技术首创抗白粉病小麦新材料和改良水稻的香味品质，但我国在基因编辑作物监管法律问题的反应上显得滞后，建议应加紧研究建立相关法律监管框架，确保我国在由基因编辑技术推动下的新一轮GMO研究浪潮中占有一席之地。

1.4 中国和欧盟因转基因问题退运进口农食产品情况

根据国家质量监督检验检疫总局进出口食品安全局、欧盟食品和饲料类快速预警系统公布的数据，统计分析了2006—2017年间中国和欧盟因转基因问题退运的进口农食产品，主要从来源国和地区、退运国和地区、进境时间、进境口岸等方面进行了分析。

1.4.1 中国大陆因转基因问题退运进口农食产品情况

1.4.1.1 按来源国和地区统计

2006—2017年间，中国大陆因转基因问题退运进口农食产品共176批次，最多的来自于中国台湾地区和美国，占全部总数的71%以上，随后主要是泰国、巴基斯坦、日本等，因转基因问题退运进口农食产品按来源国/地区统计情况如表1-5所示。

表1-5 中国大陆因转基因问题退运进口农食产品按来源国/地区统计情况

来源国/地区	批次
埃及	4
澳大利亚	1
巴基斯坦	11
菲律宾	1
韩国	2
荷兰	2
马来西亚	6
美国	53
日本	7
泰国	12
土耳其	1
印度	1
英国	1
中国台湾	72
中国香港	2

1.4.1.2 按进境时间统计

从进境时间上看，近12年每年都有退运，每年数量在10～30批次上下浮动。2014年退运24批次，主要是中国从进口美国玉米中检出当时还未经批准的MIR162品系，从而退运多批美国玉米，因转基因问题退运进口农食产品按进境时间统计情况如表1-6所示。

表1-6 中国大陆因转基因问题退运进口农食产品按进境时间统计情况

进境时间	批次
2017年	14
2016年	19
2015年	17
2014年	24
2013年	5
2012年	27
2011年	10
2010年	9
2009年	18
2008年	15
2007年	21
2006年	1

1.4.1.3 按进境口岸统计

从退运口岸来看，福建口岸的退运较为集中，多为来自我国台湾的货物，其他退运大都分布在深圳、上海等规模较大的口岸，因转基因问题退运进口农食产品按进境口岸统计情况如表1-7所示。

表1-7 中国大陆因转基因问题退运进口农食产品按进境口岸统计情况

进境口岸	批次
北京	5
北京朝阳	1
福建	42
广东	5
广州黄埔	1
广州口岸	3
黄埔	4
江苏	8
昆山	1
马江	2
南通	1

续上表

进境口岸	批次
青岛	1
厦门	7
山东	13
汕头	2
上海	16
深圳	19
天津	9
天津转港至北京朝阳口岸	10
湾仔	1
新风	4
烟台	1
盐城	1
盐田	2
中山	13
珠海	7

1.4.2 欧盟因转基因问题退运进口农食产品情况

1.4.2.1 按退运国和地区统计

从欧盟内部看，2006—2017年间因转基因问题共发起退运671批次，最多的是德国，占总数的26%，其他较多的国家有奥地利、英国、法国、荷兰、意大利、瑞典等，都是欧盟内经济发展较好的国家，因转基因问题退运进口农食产品按退运国/地区统计情况如表1-8所示。

表1-8 欧盟国家因转基因问题退运进口农食产品按退运国/地区统计情况

退运国/地区	批次
爱尔兰	10
奥地利	70
保加利亚	4
比利时	28
波兰	8
丹麦	8
德国	175
法国	46

续上表

退运国/地区	批次
芬兰	33
荷兰	45
捷克	6
卢森堡	13
罗马尼亚	2
马耳他	6
挪威	16
葡萄牙	5
瑞典	32
瑞士	6
塞浦路斯	13
斯洛伐克	4
斯洛文尼亚	11
西班牙	19
希腊	20
匈牙利	1
意大利	39
英国	51

1.4.2.2 按来源国和地区统计

从退运货物来源国看，中国和美国首当其冲，两国退运数量占总数71.7%，其次主要涉及加拿大、泰国、德国等国，因转基因问题退运进口农食产品按来源国/地区统计情况如表1-9所示。

表1-9 欧盟国家因转基因问题退运进口农食产品按来源国/地区统计情况

来源国	批次
中国	251
美国	196
加拿大	81
泰国	48
德国	13
比利时	11
意大利、巴基斯坦	7
哥伦比亚、科特迪瓦	6
以色列、阿根廷、法国、捷克	4

续上表

来源国	批次
荷兰、巴西、奥地利、越南	3
罗马尼亚、乌克兰、俄罗斯	2
日本、埃及、摩尔多瓦、立陶宛、匈牙利、丹麦、马来西亚、柬埔寨、菲律宾、波兰、瑞典	1

1.4.2.3 按进境时间统计

从进境时间上看，欧盟国家因转基因问题退运进口农食产品呈逐渐减少的态势，尤其是 2015 年之后大幅降低，因转基因问题退运进口农食产品按进境时间统计情况如表 1-10 所示。

表 1-10 欧盟国家因转基因问题退运进口农食产品按进境时间统计情况

进境时间	批次
2017 年	9
2016 年	16
2015 年	9
2014 年	40
2013 年	58
2012 年	61
2011 年	33
2010 年	78
2009 年	146
2008 年	36
2007 年	46
2006 年	132

第二章　中国转基因农食产品技术性贸易措施体系

2.1　大陆地区转基因农食产品技术性贸易措施体系

在2017年，我国是第八大转基因作物种植国，主要以种植转基因抗虫棉为主，在解决中国棉铃虫危害问题上做出了突出贡献。近5年，我国转基因抗虫棉的种植面积基本保持在350万~400万公顷，不同年份面积的增加或减少多与全国棉花总种植面积的变化相一致。

大陆地区批准商业化种植的转基因产品有棉花、番木瓜和杨树。大陆地区已批准发放农业转基因生物安全证书的转基因植物产品有：1997年发放的抗虫棉花等，1999年发放的抗病甜椒等，2006年发放的转基因抗病番木瓜，2009年发放的转基因抗虫水稻和转植酸酶玉米等。虽然我国在2009年对转Bt基因水稻TT51品系和转植酸酶玉米颁发了生物安全证书，但并未批准大面积商业化种植。

目前，国家农业转基因生物安全委员会已先后批准了多个品系的转基因棉花、转基因大豆、转基因玉米、转基因油菜的进口安全证书。除批准了转基因棉花的种植外，进口的转基因大豆、转基因玉米、转基因油菜仅限于用作加工原料。我国法律规定，进口用作加工原料的农业转基因生物，不得改变用途，即不得在国内种植。

2.1.1　监管机构

转基因食品安全监管机构是根据法律的规定对一国的转基因食品进行监督管理的机构。其职责包括按照规定监督转基因食品的安全评估、环境释放、准入上市、强制标识以及进出口活动；发布有关转基因食品安全监督管理的命令和规章；监督管理转基因食品安全监管组织的合法合规的运作等。

大陆地区要求对转基因产品实施从田间到餐桌全程管理，所以转基因作物的种植，转基因产品的生产、销售和进口监管涉及农业、卫生、工商、质监等多个部门，各部门依据各自职责管理转基因食品安全相关事务。

我国的转基因食品安全监管机构大致可以分为两种类型，一类是国家级监管机构，以国家各部委以及专门针对转基因食品安全监管而设置的监管组织和技术委员会；另一类是省部级监管机构，各省在其农业行政管理部门中设置农业转基因生物安全管理办公室或领导小组，在国家级监管组织的管理和监督下，领导本辖区的转基因食品安全的监管工作。

2.1.1.1　部际联席会议

2007年我国由国务院批准建立了农业转基因生物安全管理部际联席会议制度，以保证转基因生物安全管理的统一性和高效性。

部际联席会议成员单位包括农业农村部（原农业部）、发展和改革委员会、教育部、科学技术部、财政部、商务部、生态环境部（原环境保护部）、国家卫生健康委员会（原卫计委）、国家市场监督管理总局（原国家工商行政管理总局）、海关总署（负责原国家质量监督检验检疫总局的出入境检验检疫职责）、自然资源部（原林业局），共 11 个部委，其主要职责包括：贯彻落实国务院关于农业转基因生物安全管理的决策和部署；研究农业转基因生物安全管理工作的重大政策，提出有关政策建议；修订和完善《农业转基因生物安全管理条例》（以下简称《条例》）及配套规章；研究协调部门间联合执法与行政监管等重大事项；研究协调农业转基因生物安全管理能力建设事项；研究协调应对农业转基因生物安全重大突发事件；制定、调整农业转基因生物标识目录；完成国务院交办的其他事项。

部际联席会议办公室设在农业农村部，承担日常工作。部际联席会议原则上每年举行一次，根据工作需要可临时召开全体会议或部分成员会议。各成员单位提出的议题，提前报部际联席会议办公室。部际联席会议以会议纪要形式明确议定事项，经与会单位同意后印发有关方面，同时抄报国务院。各成员单位按照职责分工，研究农业转基因生物安全管理问题，积极参加联席会议，认真落实联席会议议定的事项。互通信息、互相配合、互相支持、形成合力，充分发挥联席会议的作用。

2.1.1.2 农业农村部

根据《条例》规定，农业农村部负责全国农业转基因生物安全的监督管理工作，是我国农业转基因生物安全管理的具体主管部门，在维护转基因生物安全方面扮演着主导性的角色。为此，农业农村部成立了由主管部长为组长、有关司局负责人组成的农业转基因生物安全管理领导小组，并设立了农业转基因生物安全管理办公室。领导小组主要负责：①研究农业转基因生物安全管理工作的重大问题；②审议草拟或修订的农业转基因生物安全管理方面的法律法规；③研究重要农业转基因生物安全审批、生产与经营许可、进出口政策；④审议实施标识管理的农业转基因生物目录；⑤指导农业转基因生物安全管理办公室的工作。

农业转基因生物安全管理办公室作为全国农业转基因生物安全管理的日常行政机构，主要负责：①组织拟定和实施农业生物技术与安全管理的政策、法规、规划、计划和技术规范；②组织全国农业转基因生物安全的监督管理；③统一受理农业转基因生物的安全评价申请、标识审查认可申请和进口申请，审批与发放有关证书、批件；④负责国家农业转基因生物安全评价与检测机构的认证、管理和安全监测体系建设；⑤负责农业转基因生物安全管理的信息发布、宣传报道、资料统计和对外合作交流；⑥负责农业生物技术与安全管理重大项目的遴选及组织实施；⑦协调、落实国务院农业转基因生物安全管理部际联席会议决定事项；⑧承办农业农村部农业转基因生物安全管理领导小组、国家农业转基因生物安全委员会的日常工作。

各省、自治区和直辖市农业行政主管部门也相应成立了农业转基因生物安全管理领导小组和办公室，负责本行政区域内的农业转基因生物安全监督管理工作；部分市（区、县）农业行政主管部门在农业执法大队里增加了农业转基因生物安全管理执法职能。

为保障《条例》和配套管理办法及其管理制度的顺利实施，原农业部还牵头成立了国家农业转基因生物安全委员会和全国农业转基因生物安全管理标准化技术委员会，作为转基因生物安全管理的专家决策系统。农业转基因生物安全委员会由各部门和科研教学单位从事农业转基因生物研究、生产、加工、检验检疫、卫生、环境保护等方面的专家组成，负责农业转基因生物的安全评价工作，为我国农业转基因生物的研究、试验、生产、加工、经营、进出口等管理事务提供科学决策依据。全国农业转基因生物安全管理标准化技术委员会主要负责转基因生物及其产品的研究、试验、生产、加工、经营、进出口及与安全管理方面相关的国家标准制订和修订工作，对国际食品法典委员会的政府间特设生物技术食品工作组等技术组织与农业转基因生物安全管理有关的标准制定工作，为我国农业转基因生物安全管理标准化工作提供政策建议和支撑。

此外，农业农村部还依托中国农科院、省级农科院、高等院校、省级农业行政主管部门等单位，按照农业转基因植物、动物、微生物及其产品的成分、食用安全和环境安全检测与鉴定三类规划。据最新数据统计，已有 42 个农业转基因生物安全监督检验测试机构（表 2-1）可进行计量认证、原农业部审查认可和农产品质量安全检测机构考核，包括食用安全检测机构 2 个、环境安全检测机构 16 个、产品成分检测机构 24 个，分布于全国 22 个省（直辖市、自治区），初步形成了以国家级检测机构为龙头的农业转基因生物安全监督检验测试机构网络体系，成为我国农业转基因生物安全管理的重要技术依托单位，这些检测机构的建成及高效运转为我国农业转基因生物安全管理工作提供了完善的检测和监测平台以及重要的科学数据支撑。

表 2-1　农业转基因生物安全监督检验测试机构清单

序号	机构名称	性质	依托单位
1	原农业部转基因生物食用安全监督检验测试中心（北京）	食用安全	中国农业大学
2	原农业部转基因生物食用安全监督检验测试中心（天津）	食用安全	天津市疾病预防控制中心
3	原农业部转基因植物环境安全监督检验测试中心（北京）	环境安全	中国农业科学院植物保护研究所
4	原农业部转基因植物用微生物环境安全监督检验测试中心（北京）	环境安全	中国农业科学院生物技术研究所
5	原农业部转基因兽用微生物环境安全监督检验测试中心（北京）	环境安全	中国兽医药品监察所
6	原农业部转基因动物及饲料安全监督检验测试中心（北京）	环境安全	中国农科院北京畜牧兽医研究所
7	原农业部转基因生物生态环境安全监督检验测试中心（天津）	环境安全	原农业部环境保护科研监测所
8	原农业部转基因植物环境安全监督检验测试中心（长春）	环境安全	吉林省农业科学院

续上表

序号	机构名称	性质	依托单位
9	原农业部转基因植物环境安全监督检验测试中心（上海）	环境安全	上海市农业科学院
10	原农业部转基因植物环境安全监督检验测试中心（杭州）	环境安全	中国农业科学院中国水稻研究所
11	原农业部转基因植物环境安全监督检验测试中心（济南）	环境安全	山东省农业科学院
12	原农业部转基因植物环境安全监督检验测试中心（安阳）	环境安全	中国农业科学院棉花研究所
13	原农业部转基因植物环境安全监督检验测试中心（武汉）	环境安全	中国农业科学院油料作物研究所
14	原农业部转基因植物及植物用微生物环境安全监督检验测试中心（广州）	环境安全	华南农业大学
15	原农业部转基因植物及植物用微生物环境安全监督检验测试中心（海口）	环境安全	中国热带农业科学院生物技术研究所
16	原农业部转基因植物环境安全监督检验测试中心（成都）	环境安全	四川省农业科学院分析测试中心
17	原农业部转基因烟草环境安全监督检验测试中心（青岛）	环境安全	中国农业科学院烟草研究所
18	原农业部食品质量监督检验测试中心（武汉）	环境安全	湖北省农业科学院
19	原农业部种子及转基因生物产品成分监督检验测试中心（北京）	产品成分	北京市种子管理站
20	原农业部转基因生物产品成分监督检验测试中心（合肥）	产品成分	安徽省农业科学院水稻研究所
21	原农业部转基因生物产品成分监督检验测试中心（太原）	产品成分	山西农业大学
22	原农业部转基因生物产品成分监督检验测试中心（哈尔滨）	产品成分	东北农业大学
23	原农业部转基因生物产品成分监督检验测试中心（重庆）	产品成分	重庆大学基因研究中心

续上表

序号	机构名称	性质	依托单位
24	原农业部转基因生物产品成分监督检验测试中心（天津）	产品成分	天津市农业科学院
25	原农业部农产品质量安全监督检验测试中心（石家庄）	产品成分	河北省农业环保监测站
26	原农业部甘蔗及制品质量监督检验测试中心（厦门）	产品成分	福建农林大学
27	原农业部小麦玉米种子质量监督检验测试中心（郑州）	产品成分	河南省种子管理站
28	原农业部农业环境质量监督检验测试中心（武汉）	产品成分	湖北省农业生态环保站
29	原农业部农作物种子质量监督检验测试中心（西安）	产品成分	陕西省种子管理站
30	原农业部农产品质量安全监督检验测试中心（呼和浩特）	产品成分	内蒙古农业科学院测试分析中心
31	原农业部农产品质量安全监督检验测试中心（南京）	产品成分	江苏省农产品质量检验中心
32	原农业部农产品质量安全监督检验测试中心（南昌）	产品成分	江西省农产品质量安全检测中心
33	原农业部农产品质量安全监督检验测试中心（长沙）	产品成分	湖南省农产品质量检验中心
34	原农业部农产品及转基因产品质量安全监督检验测试中心（杭州）	产品成分	浙江省农业科学院质标所
35	原农业部农作物种子质量监督检验测试中心（深圳）	产品成分	深圳市种子管理站
36	原农业部农产品质量监督检验测试中心（沈阳）	产品成分	辽宁省农科院开放实验室
37	原农业部谷物及制品质量监督检验测试中心（哈尔滨）	产品成分	黑龙江省农科院 农产品质量安全检测中心
38	原农业部农产品质量监督检验测试中心（郑州）	产品成分	河南省农科院

续上表

序号	机构名称	性质	依托单位
39	原农业部玉米种子质量监督检验测试中心（兰州）	产品成分	甘肃省种子管理总站
40	原农业部转基因生物产品成分监督检验测试中心（上海）	产品成分	上海交通大学
41	原农业部农产加工品监督检验测试中心（南京）	产品成分	江苏省农科院
42	原农业部种羊及羊毛羊绒质量监督检验测试中心（乌鲁木齐）	产品成分	新疆畜牧科学院

2.1.1.3　海关总署

原国家质量监督检验检疫总局于 2004 年 5 月发布实施了《进出境转基因产品检验检疫管理办法》，对通过贸易、科研等各种方式进出境的转基因产品进行检验检疫管理。根据该办法的规定，海关总署负责全国进出境转基因产品的检验检疫管理工作，设在各地的出入境检验检疫机构负责所辖地区进出境转基因产品的检验检疫以及监督管理工作。

海关总署依托各地出入境检验检疫机构，在全国组织建设了由 1 个国家转基因产品检测实验室、7 个转基因产品检测重点实验室以及 15 个转基因产品检测常规实验室组成的"转基因产品检测实验室体系"，作为进出境转基因产品检验检疫管理的技术支撑单位，为《进出境转基因产品检验检疫管理办法》的顺利实施提供科学技术支撑。

2.1.1.4　国家卫生健康委员会

根据《中华人民共和国食品安全法》和《条例》的规定，国家卫生健康委员会（简称卫健委）承担转基因食品安全综合协调职责，负责转基因食品安全风险评估、食品安全标准制定、食品检验机构的资质认定条件和检验规范的制定，组织查处转基因食品安全重大事故；县级以上各级人民政府卫生行政主管部门依照《中华人民共和国食品安全法》的有关规定，负责本区域内的转基因食品安全监督管理工作。在《条例》实施之后，为更好地履行条例赋予的权利和责任，原卫生部于 2002 年 4 月发布了《转基因食品卫生管理办法》，规定对转基因食品进行食用安全性评价和营养质量评价，并实行审批制管理和转基因食品标识制度，以保护消费者的健康权和知情权，随后将这部分管理内容修订到《新资源食品管理办法》。《新食品原料安全性审查管理办法》于 2013 年 10 月 1 日起施行后，《新资源食品管理办法》同时废止。

2.1.1.5　农业转基因生物安全委员会

农业转基因生物安全委员会（下称安委会）是由部际联席会议负责成员推荐，原农业部邀请成立的。安委会成员任期为三年。2012 年产生的第四届安委会成员包括 64 名专家，其中包括 25 位农业领域的专家；19 位环境领域的专家；11 位质检领域的专家和 18 位食品安全领域的专家（其中一些专家为跨领域）。安委会负责在全国范围内，以科学的手段，系统全面地进行转基因生物的安全评价管理。

2.1.1.6 农业转基因生物安全管理标准化技术委员会

全国农业转基因生物安全管理标准化技术委员会（下称标委会）是在国家标准化管理委员会的领导下，由原农业部负责管理的专业性技术组织。标委会的成立标志着我国农业转基因生物安全管理的技术体系建设进入了一个新的发展阶段，为加快建立起与国际接轨的植物新品种保护和转基因生物安全管理技术体系提供了基础保障。第一届标委会成员由 41 位专家组成。截至 2014 年，标委会已经在转基因生物检测领域发布了 108 项国家或行业标准。

2.1.2 法律法规

2.1.2.1 法律法规

1993 年 12 月 24 日，原国家科委发布《基因工程安全管理办法》，用于指导全国的基因工程研究和开发工作，规定从事基因工程实验研究的同时，还应当进行安全性评价。这一办法为我国转基因生物安全管理提供了基本框架。根据这一基本框架，原农业部于 1996 年颁布《农业生物基因工程安全管理实施办法》，对农业生物基因工程项目的审批程序、安全评价系统以及法律责任等做出了原则性规定，确定了归口管理的原则，具体实施细则由有关主管部门负责制定；1997 年，原农业部又发布了《关于贯彻执行〈农业生物基因工程安全管理实施办法〉的通知》，并于同年成立了"农业生物基因工程安全委员会"和"农业生物基因工程安全管理办公室"，正式开始受理农业生物遗传工程及其产品安全性评价申报书。

2001 年 5 月 23 日，国务院颁布实施《条例》，其目的是加强农业转基因生物安全管理，保障人体健康和动植物、微生物安全，保护生态环境，促进农业转基因生物技术研究。《条例》规定对农业转基因生物实行分级安全评价制度、标识管理制度、生产许可制度、经营许可制度、加工审批制度和进口安全审批制度，将农业转基因生物安全管理延伸到研究、试验、生产、加工、经营和进出口活动的全过程。2002 年 1 月 5 日，原农业部分别以第 8、9、10 号令发布了《农业转基因生物安全评价管理办法》《农业转基因生物进口安全管理办法》和《农业转基因生物标识管理办法》三个配套规章。2004 年 5 月 24 日，原国家质量监督检验检疫总局 62 号令发布并实施《进出境转基因产品检验检疫管理办法》。2006 年 1 月 27 日，原农业部发布了《农业转基因生物加工审批办法》。原农业部与原国家工商行政管理总局还制定并发布了《转基因植物种子广告审查办法》。

1. 《条例》

《条例》（即前文所指《农业转基因生物安全管理条例》）明确规定农业转基因生物实行安全评价制度、标识管理制度、生产许可制度、经营许可制度和进口安全审批制度，提高了条例的可操作性。《条例》规定由国务院建立农业转基因生物安全管理部际联席会议制度。农业转基因生物安全管理部际联席会议由农业、科技、环境保护、卫生、外经贸、检验检疫等有关部门的负责人组成，负责研究、协调农业转基因生物安全管理工作中的重大问题。2017 年 10 月 7 日，国务院发布《国务院关于修改部分行政法规的决定》，对《条例》进行了修改。《条例》主要内容如下。

（1）立法目的。

为了加强农业转基因生物安全管理，保障人体健康和动植物、微生物安全，保护生态环境，促进农业转基因生物技术研究。

(2) 管理范围。

在中华人民共和国境内从事农业转基因生物的研究、试验、生产、加工、经营和进口、出口活动，必须遵守本条例。

(3) 管理对象。

本条例所称农业转基因生物，是指利用基因工程技术改变基因组构成，用于农业生产或者农产品加工的动植物、微生物及其产品，主要包括：转基因动植物（含种子、种畜禽、水产苗种）和微生物；转基因动植物、微生物产品；转基因农产品的直接加工品；含有转基因动植物、微生物或者其产品成分的种子、种畜禽、水产苗种、农药、兽药、肥料和添加剂等产品。本条例所称农业转基因生物安全，是指防范农业转基因生物对人类、动植物、微生物和生态环境构成的危险或者潜在风险。该法规第三条规定了大陆地区转基因生物的范围，不仅包括原材料，而且包括以这些原材料加工而成的终产品。需要说明的是，日常生活中已经使用的利用转基因微生物产生的生物制剂也属于《条例》规定的范畴。

(4) 管理部门。

国务院建立农业转基因生物安全管理部际联席会议制度。农业转基因生物安全管理部际联席会议由农业、科技、环境保护、卫生、外经贸、检验检疫等有关部门的负责人组成，负责研究、协调农业转基因生物安全管理工作中的重大问题。

(5) 基本制度。

国家对农业转基因生物安全实行分级管理评价制度。农业转基因生物按照其对人类、动植物、微生物和生态环境的危险程度，分为Ⅰ、Ⅱ、Ⅲ、Ⅳ四个等级；国家建立农业转基因生物安全评价制度；国家对农业转基因生物实行标识制度，实施标识管理的农业转基因生物目录，由国务院农业行政主管部门商国务院有关部门制定、调整并公布；国家对农业转基因生物实行生产许可证制度；国家对农业转基因生物实行经营许可证制度；国家对农业转基因生物实行加工审批制度。

(6) 研究与试验。

①国务院农业行政主管部门应当加强农业转基因生物研究与试验的安全评价管理工作，并设立农业转基因生物安全委员会，负责农业转基因生物的安全评价工作。农业转基因生物安全委员会由从事农业转基因生物研究、生产、加工、检验检疫以及卫生、环境保护等方面的专家组成。

②检验检测。国务院农业行政主管部门根据农业转基因生物安全评价工作的需要，可以委托具备检测条件和能力的技术检测机构对农业转基因生物进行检测。

③研发单位农业转基因生物安全小组。从事农业转基因生物研究与试验的单位，应当具备与安全等级相适应的安全设施和措施，确保农业转基因生物研究与试验的安全，并成立农业转基因生物安全小组，负责本单位农业转基因生物研究与试验的安全工作。

④从事Ⅲ、Ⅳ级农业转基因生物研究的，应当在研究开始前向国务院农业行政主管部门报告。

⑤试验分类。农业转基因生物试验，一般应当经过中间试验、环境释放和生产性试验三个阶段。中间试验，是指在控制系统内或者控制条件下进行的小规模试验。环境释放，

是指在自然条件下采取相应安全措施所进行的中规模的试验。生产性试验，是指在生产和应用前进行的较大规模的试验。

⑥研究和中间试验报告。农业转基因生物在实验室研究结束后，需要转入中间试验的，试验单位应当向国务院农业行政主管部门报告。中外合作、合资或者外方独资在中华人民共和国境内从事农业转基因生物研究与试验的，应当经国务院农业行政主管部门批准。

⑦环境释放与生产性试验审批。农业转基因生物试验需要从上一试验阶段转入下一试验阶段的，试验单位应当向国务院农业行政主管部门提出申请；经农业转基因生物安全委员会进行安全评价合格的，由国务院农业行政主管部门批准转入下一试验阶段。

试验单位提出前款申请，应当提供下列材料：

a. 农业转基因生物的安全等级和确定安全等级的依据；
b. 农业转基因生物技术检测机构出具的检测报告；
c. 相应的安全管理、防范措施；
d. 上一试验阶段的试验报告。

⑧安全证书。从事农业转基因生物试验的单位在生产性试验结束后，可以向国务院农业行政主管部门申请领取农业转基因生物安全证书。国务院农业行政主管部门收到申请后，应当组织农业转基因生物安全委员会进行安全评价；安全评价合格的，方可颁发农业转基因生物安全证书。

试验单位提出前款申请，应当提供下列材料：

a. 农业转基因生物的安全等级和确定安全等级的依据；
b. 农业转基因生物技术检测机构出具的检测报告；
c. 生产性试验的总结报告；
d. 国务院农业行政主管部门规定的其他材料。

⑨与相关法规衔接。转基因植物种子、种畜禽、水产苗种，利用农业转基因生物生产的或者含有农业转基因生物成分的种子、种畜禽、水产苗种、农药、兽药、肥料和添加剂等，在依照有关法律、行政法规的规定进行审定、登记或者评价、审批前，应当依照上文⑧安全证书的规定取得农业转基因生物安全证书。

（7）生产与加工。

①生产许可制度。生产转基因植物种子、种畜禽、水产苗种，应当取得国务院农业行政主管部门颁发的种子、种畜禽、水产苗种生产许可证。

②生产许可申请条件。生产单位和个人申请转基因植物种子、种畜禽、水产苗种生产许可证，除应当符合有关法律、行政法规规定的条件外，还应当符合下列条件：

a. 取得农业转基因生物安全证书并通过品种审定；
b. 在指定的区域种植或者养殖；
c. 有相应的安全管理、防范措施；
d. 国务院农业行政主管部门规定的其他条件。

③建立生产档案。生产转基因植物种子、种畜禽、水产苗种的单位和个人，应当建立生产档案，载明生产地点、基因及其来源、转基因的方法以及种子、种畜禽、水产苗种流向等内容。

④加工许可。单位和个人从事农业转基因生物生产、加工的，应当由国务院农业行政主管部门或者省、自治区、直辖市人民政府农业行政主管部门批准。具体办法由国务院农业行政主管部门制定。

⑤运输储藏。农民养殖、种植转基因动植物的，由种子、种畜禽、水产苗种销售单位依照④加工许可的规定代办审批手续。审批部门和代办单位不得向农民收取审批、代办费用。

⑥批准和报告。从事农业转基因生物生产、加工的单位和个人，应当按照批准的品种、范围、安全管理要求和相应的技术标准组织生产、加工，并定期向所在地县级人民政府农业行政主管部门提供生产、加工、安全管理情况和产品流向的报告。

⑦安全措施。农业转基因生物在生产、加工过程中发生基因安全事故时，生产、加工单位和个人应当立即采取安全补救措施，并向所在地县级人民政府农业行政主管部门报告。从事农业转基因生物运输、贮存的单位和个人，应当采取与农业转基因生物安全等级相适应的安全控制措施，确保农业转基因生物运输、贮存的安全。

（8）经营。

①经营许可证。经营转基因植物种子、种畜禽、水产苗种的单位和个人，应当取得国务院农业行政主管部门颁发的种子、种畜禽、水产苗种经营许可证。

②经营申请条件。经营单位和个人申请转基因植物种子、种畜禽、水产苗种经营许可证，除应当符合有关法律、行政法规规定的条件外，还应当符合下列条件：

a. 有专门的管理人员和经营档案；

b. 有相应的安全管理、防范措施；

c. 国务院农业行政主管部门规定的其他条件。

③建立经营档案。经营转基因植物种子、种畜禽、水产苗种的单位和个人，应当建立经营档案，载明种子、种畜禽、水产苗种的来源、贮存，运输和销售去向等内容。

④生物标识。在中华人民共和国境内销售列入农业转基因生物目录的农业转基因生物，应当有明显的标识。列入农业转基因生物目录的农业转基因生物，由生产、分装单位和个人负责标识；未标识的，不得销售。经营单位和个人在进货时，应当对货物和标识进行核对。经营单位和个人拆开原包装进行销售的，应当重新标识。农业转基因生物标识应当载明产品中含有转基因成分的主要原料名称；有特殊销售范围要求的，还应当载明销售范围，并在指定范围内销售。

⑤广告。农业转基因生物的广告，应当经国务院农业行政主管部门审查批准后，方可刊登、播放、设置和张贴。

（9）进口与出口。

①研究用生物。从中华人民共和国境外引进农业转基因生物用于研究、试验的，引进单位应当向国务院农业行政主管部门提出申请；符合下列条件的，国务院农业行政主管部门方可批准：

a. 具有国务院农业行政主管部门规定的申请资格；

b. 引进的农业转基因生物在国（境）外已经进行了相应的研究、试验；

c. 有相应的安全管理、防范措施；

②生产用生物。境外公司向中华人民共和国出口转基因植物种子、种畜禽、水产苗种

和利用农业转基因生物生产的或者含有农业转基因生物成分的植物种子、种畜禽、水产苗种、农药、兽药、肥料和添加剂的，应当向国务院农业行政主管部门提出申请；符合下列条件的，国务院农业行政主管部门方可批准试验材料入境并依照本条例的规定进行中间试验、环境释放和生产性试验：

a. 输出国家或者地区已经允许作为相应用途并投放市场；

b. 输出国家或者地区经过科学试验证明对人类、动植物、微生物和生态环境无害；

c. 有相应的安全管理、防范措施。

d. 生产性试验结束后，经安全评价合格，并取得农业转基因生物安全证书后，方可依照有关法律、行政法规的规定办理审定、登记或者评价、审批手续。

③加工原料用生物。境外公司向中华人民共和国出口农业转基因生物用作加工原料的，应当向国务院农业行政主管部门提出申请；符合下列条件，并经安全评价合格的，由国务院农业行政主管部门颁发农业转基因生物安全证书：

a. 输出国家或者地区已经允许作为相应用途并投放市场；

b. 输出国家或者地区经过科学试验证明对人类、动植物、微生物和生态环境无害；

c. 经农业转基因生物技术检测机构检测，确认对人类、动植物、微生物和生态环境不存在危险；

d. 有相应的安全管理、防范措施。

④报检手续。从中华人民共和国境外引进农业转基因生物的，或者向中华人民共和国出口农业转基因生物的，引进单位或者境外公司应当凭国务院农业行政主管部门颁发的农业转基因生物安全证书和相关批准文件，向口岸出入境检验检疫机构报检；经检疫合格后，方可向海关申请办理有关手续。

⑤过境转移。农业转基因生物在中华人民共和国过境转移的，货主应当事先向国家出入境检验检疫部门提出申请；经批准方可过境转移，并遵守中华人民共和国有关法律、行政法规的规定。

⑥批准规定。国务院农业行政主管部门、国家出入境检验检疫部门应当自收到申请人申请之日起 270 日内作出批准或者不批准的决定，并通知申请人。进口农业转基因生物，没有国务院农业行政主管部门颁发的农业转基因生物安全证书和相关批准文件的，或者与证书、批准文件不符的，作退货或者销毁处理。进口农业转基因生物不按照规定标识的，重新标识后方可入境。

⑦出口非转基因农产品证明。向中华人民共和国境外出口农产品，外方要求提供非转基因农产品证明的，由口岸出入境检验检疫机构根据国务院农业行政主管部门发布的转基因农产品信息，进行检测并出具非转基因农产品证明。

（10）监督检查。

①监督检查措施。农业行政主管部门履行监督检查职责时，有权采取下列措施：

a. 询问被检查的研究、试验、生产、加工、经营或者进口、出口的单位和个人、利害关系人、证明人，并要求其提供与农业转基因生物安全有关的证明材料或者其他资料；

b. 查阅或者复制农业转基因生物研究、试验、生产、加工、经营或者进口、出口的有关档案、账册和资料等；

c. 要求有关单位和个人就有关农业转基因生物安全的问题作出说明；

d. 责令违反农业转基因生物安全管理的单位和个人停止违法行为;

e. 在紧急情况下,对非法研究、试验、生产、加工、经营或者进口、出口的农业转基因生物实施封存或者扣押。

②执法证件。农业行政主管部门工作人员在监督检查时,应当出示执法证件。

③监督检查处理。发现农业转基因生物对人类、动植物和生态环境存在危险时,国务院农业行政主管部门有权宣布禁止生产、加工、经营和进口,收回农业转基因生物安全证书,销毁有关存在危险的农业转基因生物。

(11) 罚则。

①试验研究。从事Ⅲ、Ⅳ级农业转基因生物研究或者进行中间试验,未向国务院农业行政主管部门报告的,由国务院农业行政主管部门责令暂停研究或者中间试验,限期改正。未经批准擅自从事环境释放、生产性试验的,已获批准但未按照规定采取安全管理、防范措施的,或者超过批准范围进行试验的,由国务院农业行政主管部门或者省、自治区、直辖市人民政府农业行政主管部门依据职权,责令停止试验,并处1万元以上5万元以下的罚款。未经国务院农业行政主管部门批准,从事农业转基因生物研究与试验的,由国务院农业行政主管部门责令立即停止研究与试验,限期补办审批手续。

②生产。违反本条例规定,在生产性试验结束后,未取得农业转基因生物安全证书,擅自将农业转基因生物投入生产和应用的,由国务院农业行政主管部门责令停止生产和应用,并处2万元以上10万元以下的罚款。未经批准生产、加工农业转基因生物或者未按照批准的品种、范围、安全管理要求和技术标准生产、加工的,由国务院农业行政主管部门或者省、自治区、直辖市人民政府农业行政主管部门依据职权,责令停止生产或者加工,没收违法生产或者加工的产品及违法所得;违法所得10万元以上的,并处违法所得1倍以上5倍以下的罚款;没有违法所得或者违法所得不足10万元的,并处10万元以上20万元以下的罚款。

③经营。转基因植物种子、种畜禽、水产苗种的生产、经营单位和个人,未按照规定制作、保存生产、经营档案的,由县级以上人民政府农业行政主管部门依据职权,责令改正,处1000元以上1万元以下的罚款。转基因植物种子、种畜禽、水产苗种的销售单位,不履行审批手续代办义务或者在代办过程中收取代办费用的,由国务院农业行政主管部门责令改正,处2万元以下的罚款。

④进口。未经国务院农业行政主管部门批准,擅自进口农业转基因生物的,由国务院农业行政主管部门责令停止进口,没收已进口的产品和违法所得;违法所得10万元以上的,并处违法所得1倍以上5倍以下的罚款;没有违法所得或者违法所得不足10万元的,并处10万元以上20万元以下的罚款。进口、携带、邮寄农业转基因生物未向口岸出入境检验检疫机构报检的,或者未经国家出入境检验检疫部门批准过境转移农业转基因生物的,由口岸出入境检验检疫机构或者国家出入境检验检疫部门比照进出境动植物检疫法的有关规定处罚。

⑤标识。关于农业转基因生物标识管理规定的,由县级以上人民政府农业行政主管部门依据职权,责令限期改正,可以没收非法销售的产品和违法所得,并可以处1万元以上5万元以下的罚款。

⑥证书。假冒、伪造、转让或者买卖农业转基因生物有关证明文书的,由县级以上人

民政府农业行政主管部门依据职权，收缴相应的证明文书，并处 2 万元以上 10 万元以下的罚款；构成犯罪的，依法追究刑事责任。

⑦安全事故。在研究、试验、生产、加工、贮存、运输、销售或者进口、出口农业转基因生物过程中发生基因安全事故，造成损害的，依法承担赔偿责任。

⑧监督管理。国务院农业行政主管部门或者省、自治区、直辖市人民政府农业行政主管部门违反本条例规定核发许可证、农业转基因生物安全证书以及其他批准文件的，或者核发许可证、农业转基因生物安全证书以及其他批准文件后不履行监督管理职责的，对直接负责的主管人员和其他直接责任人员依法给予行政处分；构成犯罪的，依法追究刑事责任。

2. 《农业转基因生物安全评价管理办法》

2002 年 1 月 5 日，原农业部公布了《条例》的三个配套文件，分别是《农业转基因生物安全评价管理办法》《农业转基因生物进口安全管理办法》《农业转基因生物标识管理办法》。其中《农业转基因生物安全评价管理办法》是在 1996 年实施的《农业生物基因工程安全管理实施办法》的基础上修改完善而成的，该办法对农业转基因生物的安全等级和安全评价、申报及审批流程、技术检测管理、监督管理与安全监控等方面进行规定，并按照转基因植物、转基因动物、转基因微生物三种类型，详细描述了安全性评价、试验方案、各阶段安全性评价申报的具体要求。《农业转基因生物安全评价管理办法》生效后，《农业生物基因工程安全管理实施办法》即告废止。2016 年 5 月 4 日，原农业部第 4 次常务会议审议通过《原农业部关于修改〈农业转基因生物安全评价管理办法〉的决定》，该决议自 2016 年 10 月 1 日起施行，主要修改内容如下。

将第五条第一款修改为："根据《条例》第九条的规定设立国家农业转基因生物安全委员会，负责农业转基因生物的安全评价工作。国家农业转基因生物安全委员会由从事农业转基因生物研究、生产、加工、检验检疫、卫生、环境保护等方面的专家组成，每届任期五年。"

将第六条修改为："从事农业转基因生物研究与试验的单位是农业转基因生物安全管理的第一责任人，应当成立由单位法定代表人负责的农业转基因生物安全小组，负责本单位农业转基因生物的安全管理及安全评价申报的审查工作。"增加一款作为第二款："从事农业转基因生物研究与试验的单位，应当制定农业转基因生物试验操作规程，加强农业转基因生物试验的可追溯管理。"

将第十六条修改为："原农业部依法受理农业转基因生物安全评价申请。申请被受理的，应当交由国家农业转基因生物安全委员会进行安全评价。国家农业转基因生物安全委员会每年至少开展两次农业转基因生物安全评审。原农业部收到安全评价结果后按照《中华人民共和国行政许可法》和《条例》的规定作出批复。"

删除第十七条第三项，将第四项修改为第三项。

将第二十二条第二款的"试验单位提出前款申请时，应当提供下列材料"修改为："试验单位提出前款申请时，应当按照相关安全评价指南的要求提供下列材料"。增加一款作为第三款："申请生产性试验的，还应当按要求提交农业转基因生物样品、对照样品及检测方法。"

在第二十二条后增加一条："在农业转基因生物安全审批书有效期内，试验单位需要改变试验地点的，应当向农业转基因生物安全管理办公室报告。"

将第二十三条第一款修改为："在农业转基因生物试验结束后拟申请安全证书的，试验单位应当向农业转基因生物安全管理办公室提出申请，经国家农业转基因生物安全委员会安全评价合格并由原农业部批准后，方可颁发农业转基因生物安全证书。"将第二款"试验单位提出前款申请时，应当提供下列材料"修改为："试验单位提出前款申请时，应当按照相关安全评价指南的要求提供下列材料"，增加一项作为第五项："按要求提交农业转基因生物样品、对照样品及检测方法，但按照本办法第二十二条规定已经提交的除外。"

将第二十五条修改为："从中华人民共和国境外引进农业转基因生物，或者向中华人民共和国出口农业转基因生物的，应当按照《农业转基因生物进口安全管理办法》的规定提供相应的安全评价材料，并在申请安全证书时按要求提交农业转基因生物样品、对照样品及检测方法。"

将第二十六条修改为："申请农业转基因生物安全评价，应当按照财政部、国家发展改革委的有关规定交纳评价费和检测费。"

将第三十四条修改为："从事农业转基因生物试验、生产的单位，应当接受农业行政主管部门的监督检查，并在每年3月31日前，向试验、生产所在地省级和县级人民政府农业行政主管部门提交上一年度试验、生产总结报告。"

2017年11月30日颁布原农业部令2017年第8号，对该办法再次进行了修订。

将第二十二条第二款第三项修改为："有检测条件和能力的技术检测机构出具的检测报告"。

第二十四条第一款修改为："在农业转基因生物试验结束后拟申请安全证书的，试验单位应当向农业转基因生物安全管理办公室提出申请。"删去第二款第三项，将第二款第五项改为第四项，修改为："按要求提交农业转基因生物样品、对照样品及检测所需的试验材料、检测方法，但按照本办法第二十二条规定已经提交的除外"。增加一款作为第三款："农业部收到申请后，应当组织农业转基因生物安全委员会进行安全评价，并委托具备检测条件和能力的技术检测机构进行检测；安全评价合格的，经农业部批准后，方可颁发农业转基因生物安全证书。"

删去第二十七条。

3.《农业转基因生物进口安全管理办法》

《农业转基因生物进口安全管理办法》规定，对进口的农业转基因生物，按照用于研究和试验的、用于生产的以及用作加工原料的三种用途实行审批制安全管理。用于研究和试验的进口农业转基因生物，应当在国外已经进行了相应的研究或试验。其中，用于试验的进口农业转基因生物需从中间试验阶段开始逐阶段申请；用于生产的进口农业转基因生物，境外公司应当从中间试验阶段开始申请，并依次经过中间试验、环境释放、生产性试验三个试验阶段以及安全证书申领阶段；用作加工原料的进口农业转基因生物，可直接申请安全证书。

用作生产加工原料的转基因生物如果要进口，必须提请原农业部批准。需要说明的是，境外公司申请向大陆地区出口的转基因生物根据用途不同有不同的材料审核机制，但大致的内容基本相同。原则上，必须获得输出国家关于该转基因生物的审批文件才可以提请大陆地区审批。

2017年11月30日颁布原农业部令2017年第8号，对该办法进行了修订。

将第十三条第一款中的"应当提供下列材料"修改为"应当按照相关安全评价指南的要求提供下列材料"。第一款第五项修改为："按要求提交农业转基因生物样品、对照样品及检测所需的试验材料、检测方法"。第二款修改为："农业部收到申请后，应当组织农业转基因生物安全委员会进行安全评价，并委托具备检测条件和能力的技术检测机构进行检测；安全评价合格的，经农业部批准后，方可颁发农业转基因生物安全证书。"

4.《农业转基因生物标识管理办法》

《农业转基因生物标识管理办法》规定对农业转基因生物实行目录制的标识管理办法，凡列入标识目录并用于销售的转基因产品必须进行标识。《农业转基因生物标识管理办法》还对标识内容及标注方法进行规定，并列出了第一批实施标识管理的农业转基因生物名录，包括大豆、玉米、油菜、棉花、番茄等5类作物17种产品。2017年11月30日颁布原农业部令2017年第8号，对该办法进行了修订。

将第四条第一款修改为："农业部负责全国农业转基因生物标识的监督管理工作。"删去第十一条、第十二条。

5.《农业转基因生物加工审批办法》

2006年7月，为加强农业转基因生物加工审批管理，原农业部出台了《农业转基因生物加工审批办法》，对从事农业转基因生物加工的单位和个人所需具备的条件进行详细规定，要求从事农业转基因生物加工的单位和个人必须取得加工所在地省级农业行政主管部门颁发的《农业转基因生物加工许可证》。

6.《进出境转基因产品检验检疫管理办法》

2004年5月，原国家质检总局发布实施了《进出境转基因产品检验检疫管理办法》，对通过贸易、携带、生产、科研等各种方式进出境的转基因产品实行检验检疫管理，管理内容、方法及程序按照进境、过境、出境三种类型有所差异。对进境转基因产品实行申报制度；对于实施标识管理的进境转基因产品，检验检疫机构将对标识进行核查；对列入农业转基因生物标识目录的进境转基因产品，实施符合性检测或抽查检测；对标识目录以外的进境产品实施抽查检测。对过境转移的转基因产品实行许可制度，符合要求的签发《转基因产品过境转移许可证》。对出境产品，根据输入国家或地区官方发布的转基因产品进境要求进行抽样和转基因项目检测。

7.《转基因食品卫生管理办法》

2002年7月，原卫生部发布实施了《转基因食品卫生管理办法》，该办法对转基因食品的食用安全性评价与营养质量评价内容及程序、应用或进口的申请与审批程序、标识内容及方式等做了详细规定，以加强转基因食品的监督管理，保障消费者的健康权和知情权。2007年，原卫生部发布实施了《新资源食品管理办法》，将转基因食品纳入新资源食品范畴，与在大陆地区无食用习惯的动物、植物、微生物等其他新资源食品进行相同的监督管理，《转基因食品卫生管理办法》在《新资源食品管理办法》生效后废止。2013年2月5日经原卫生部部务会审议通过，《新食品原料安全性审查管理办法》予以公布，自2013年10月1日起施行，《新资源食品管理办法》同时废止。

8. 《中华人民共和国农产品质量安全法》和《中华人民共和国食品安全法》

2006 年 4 月与 2015 年 4 月由全国人大分别颁布了《中华人民共和国农产品质量安全法》《中华人民共和国食品安全法》。第一部法律规定了关于食用农产品的质量安全管理，在该法的第五章中的第三十条有相关规定：凡是农业转基因的产品就应当标识，具体细则也要依照农业转基因生物安全管理的有关规定进行。《中华人民共和国食品安全法》则规定了生产经营转基因食品应明确标示。

9. 其他相关法律法规

2000 年通过并于 2004 年修订的《种子法》，要求转基因植物品种的选育、试验、审定和推广必须进行安全性评价，并采取严格的安全控制措施。销售转基因植物品种种子的，须进行明显的文字标注，并提示使用时的安全控制措施，这是大陆地区首次对农业转基因生物提出标识要求。其他如《植物新品种保护条例实施细则》等相关法律法规中也有针对转基因生物安全管理的相关条文，管理措施仍然是沿用《条例》及配套管理办法的相关要求。

2.1.2.2 标准体系

1. 转基因相关标准建立的程序

（1）资料收集：搜集分子特征信息，确定实验材料。

（2）方法建立：完成引物探针设计与优化，反应体系和程序优化，特异性、灵敏度、检出限、再现性等测试。

（3）文本起草：根据 GB/T 1.1—2009 及同类标准，起草标准文本，征求专家意见。

（4）复核验证：制定方案，选择 6～8 家有资质的实验室，以统一组织、统一制样、统一方案、统一报告模板的方式进行特异性、灵敏度、再现性验证。

（5）标准送审：组织标准文本送审材料，提交全国转基因标委会审定。

2. 转基因农食产品相关标准的分类

大陆地区的转基因标准化体系将转基因相关标准分为管理标准和方法标准两类。其中管理标准主要对转基因作物的研究、试验、生产、加工、经营、进出口等方面进行标准化规定。方法标准则对产品成分、环境安全、食用安全等方面的检测进行标准化。截至目前，已发布实施的转基因相关标准有 160 项，其中管理标准类标准 7 项，方法标准类标准 153 项。方法标准类标准中涉及产品成分检测的标准 94 项，其中，通用要求标准 3 项，抽样制样标准 1 项，核酸提取标准 2 项，内标基因标准 9 项，通用元件标准 3 项，外源基因标准 10 项，构建序列标准 2 项，转化事件标准 57 项，外源蛋白标准 1 项，标准物质标准 6 项；涉及环境安全检测的标准 42 项；涉及食用安全检测的标准 17 项。

2.1.3 安全评估体系

2.1.3.1 大陆地区转基因食品安全风险评估制度

根据《中华人民共和国食品安全法》的规定，我国建立转基因食品安全风险评估制度，对转基因食品中生物性、化学性和物理性危害进行风险评估。卫生行政部门负责组织转基因食品安全风险评估工作，成立由医学、农业、食品、营养等方面的专家组成的转基因食品安全风险评估专家委员会进行转基因食品安全风险评估。转基因食品安全风险评估应当运用科学方法，根据转基因食品安全风险监测信息、科学数据以及其他有关信息进行。我国开展转基因食品安全风险评估流程如下。

卫健委通过转基因食品安全风险监测或者接到举报发现转基因食品可能存在安全隐患的，立即组织有关部门进行检验和转基因食品安全风险评估。

国务院农业行政、质量监督、工商行政管理和国家食品药品监督管理等有关部门应当向国务院卫生行政部门提出转基因食品安全风险评估的建议，并提供有关信息和资料。卫生行政部门应当及时向国务院有关部门通报转基因食品安全风险评估的结果。

卫健委负责会同国务院有关部门，根据转基因食品安全风险评估结果、转基因食品安全监督管理信息，对转基因食品安全状况进行综合分析。对经综合分析表明可能具有较高程度安全风险的转基因食品，由卫生行政部门及时提出转基因食品安全风险警示，并予以公布。经风险评估不安全的转基因食品，相关部门应当依据各自职责立即采取相应措施，确保该转基因食品停止生产经营，并告知消费者停止食用。

2.1.3.2 安全评估的基本原则

在国际食品法典委员会颁布的转基因食品安全评价标准的基础上，大陆地区从营养、新表达物质的毒理和过敏学评价等方面建立了转基因食品的安全评估规范。主要包括以下六个原则。

1. 比较分析原则

本原则也就是实质等同性原则。传统非转基因作物由于其在相当长历史条件下的流通，所以被认为是安全的。如果转基因生物在化学组成方面与传统生物没有实质性的区别，该转基因生物可以认为是安全的。

2. 预防原则

在转基因生物和转基因产品的研究和实验阶段需要进行风险评估。风险评估的过程必须是科学的、公开的，并且符合其他五个原则的。

3. 个案分析原则

转基因作物会由于其插入基因不同、产品功能不同、基因来源不同、亲本受体不同而产生差异。就算是相同的基因插入受体亲本而产生不同的插入位点也会导致转基因生物的不同。因此，对新的转基因生物进行安全评价是很重要的。这个原则在全球范围内得到了广泛的应用。

4. 分阶段监管原则

转基因研发的每一个阶段都必须进行严格的监管。研发阶段的所有数据无论是否必要，都需要在下一个阶段中进行考虑。

5. 科学分析原则

将最新的研究方法和成果高效地应用在转基因生物的监管分析中。转基因生物的安全评价策略需要做到与时俱进。

6. 精通原则

我们必须高度了解外源基因的基本信息、转基因产品与其他生物在环境中的相互作用以及它们的用途。我们需要为了研发新型产品积累经验。转基因生物安全证书只能授予那些通过了安全评估的转基因作物。

2.1.3.3 大陆地区对转基因食品的安全评估

根据《条例》和《农业转基因生物安全评价管理办法》的规定，我国建立农业转基因生物安全评价制度，主要评价农业转基因生物对人类、动植物、微生物和生态环境构成的危险或潜在风险。具体工作由国家农业转基因生物安全委员会负责，农业农村部依据评估结果在20日内作出批复。安全评估工作按照植物、动物、微生物三个类别，以科学为依据，以个案审查为原则，实行分级分阶段管理。根据危险程度，将农业转基因生物分为尚不存在危险，具有低度、中度、高度危险四个等级；根据农业转基因生物的研发进程，将安全评价分为实验研究、中间试验、环境释放、生产性试验和申请领取安全证书五个阶段。对于安全等级为Ⅲ和Ⅳ的实验研究和所有安全等级的中间试验，实行报告制管理；对于环境释放、生产性试验和申请领取安全证书，实行审批制管理。凡在我国境内从事农业转基因生物研究、试验、生产、加工以及进口的单位和个人，应按照《条例》的规定，根据农业转基因生物的类别和安全等级，分阶段向农业农村部报告或提出申请。通过国家农业转基因生物安全委员会安全评价，由农业农村部批准进入下一阶段或颁发农业转基因生物安全证书。

大陆地区对农业转基因生物及其产品的食用安全性评估是依据CAC的指导原则，以实质等同性原则为基本原则，结合个案分析原则、分阶段监管原则、预防原则等制定的。其评估的主要内容分为四个主要部分：①农业转基因生物及其产品的基本情况，包括供体与受体生物的食用安全情况、基因操作、引入或修饰性状和特性的叙述、实际插入或删除序列的资料、目的基因与载体构建的图谱及其安全性、载体中插入区域各片段的资料、转基因方法、插入序列表达的资料等；②营养学评价，包括主要营养成分和抗营养因子的分析；③毒理学评价，包括急性毒性试验、亚慢性毒性试验等，其依据是2004年修订的《食品毒理学评价程序与方法》；④过敏性评价，主要依据国际食品生物技术委员会与国际生命科学研究院过敏性和免疫研究所一起制定的一套分析遗传改良食品过敏性树状分析法和FAO/WHO提出的过敏原评价决定树；⑤其他包括农业转基因生物及其产品在加工过程中的安全性、转基因植物及其产品中外来化合物蓄积资料、非期望效应、抗生素抗性标记基因安全等。

转基因植物安全评估应按照《农业转基因生物安全评价管理办法》的规定撰写申报书，并参照如下要求提供各阶段安全评价材料。

1. 申请实验研究的材料要求

（1）外源基因：包括目的基因、标记基因、报告基因以及启动子、终止子和其他调控序列。外源基因名称应当是按国际通行规则正式命名的名称或Genbank中的序列号，未正式命名或无Genbank序列号的应提供基因序列。

（2）转基因性状：包括产量性状改良、品质性状改良、生理性状改良、杂种优势改良、抗逆、抗病、抗虫、抗除草剂、生物反应器和其他十种类型。

产量性状改良指改良株高、株型、籽粒数量、籽粒大小、棉铃数量等。

品质性状改良指改良淀粉成分、蛋白成分、微量元素含量、硫甙含量、芥酸含量、饱和脂肪酸含量、纤维品质、含油量等。

生理性状改良指改良生育期、光合效率、营养物质利用率、种子储藏活力、根系活力等。

杂种优势改良指雄性不育、育性恢复以及改良育性恢复能力等。

抗逆指改良抗旱性、耐涝性、耐寒性、耐盐性等。

（3）实验转基因植物材料数量：一份申报书中只能包含同一物种的受体生物和相同

的转基因性状。

（4）实验年限：一般为一至两年。

2. 申请中间试验的材料要求

（1）提供外源插入序列的分子特征资料。

（2）提供每一个转化体的转基因植株自交或杂交代别、相应代别目的基因和标记基因 PCR 检测或转化事件特异性 PCR 检测的资料。

（3）按《转基因植物及其产品食用安全评价导则》（NY/T1101—2006）提供受体植物、基因供体生物的安全性评价资料。

（4）提供新表达蛋白质的分子和生化特征等信息，并提供新表达蛋白质与已知毒蛋白质和抗营养因子氨基酸序列相似性比较的资料。

（5）提供抗虫植物表达蛋白质和已商业化种植的转基因抗虫植物对靶标害虫作用机制的分析资料，评估交互抗性的风险。

3. 申请环境释放的材料要求

（1）申请中间试验所提供的相关资料以及中间试验结果的总结报告。

（2）提供每个转基因株系中目的基因和标记基因整合进植物基因组的 Southern 杂交图和插入拷贝数，或提供每个转基因株系转化事件特异性 PCR 检测图，并注明转基因株系的代别和编号。

（3）提供目的基因在转录水平或翻译水平表达的资料。

（4）提供转基因株系遗传稳定性的资料，包括目的基因和标记基因整合的稳定性、表达的稳定性和表型性状的稳定性。

（5）对于抗病虫转基因植物，提供目标蛋白的测定方法、植物不同发育阶段目标蛋白在各器官中的含量、对靶标生物的田间抗性效率。

（6）提供新蛋白质（包括目的基因和标记基因所表达的蛋白质）在植物食用和饲用部位表达含量的资料。

（7）提供靶标害虫对新抗虫植物和已商业化种植的抗虫植物交互抗性的研究资料。

（8）提供对可能影响的非靶标生物的室内生物测定资料。

（9）提供目标性状和功能的评价资料，如抗虫植物应明确靶标生物种类并提供室内或田间生测报告。

4. 申请生产性试验的材料要求

此类材料分为两种类型，一是转化体申请生产性试验，二是用取得农业转基因生物安全证书的转化体与常规品种杂交获得的衍生品系申请生产性试验。

（1）转化体申请生产性试验的材料要求。

①申请环境释放提供的相关资料，以及环境释放结果的总结报告。

②提供转化体外源插入片段（如转化载体骨架、目的基因和标记基因等）整合进植物基因组的 Southern 杂交图和插入拷贝数，或提供转化事件特异性 PCR 检测图，并注明供试材料的名称和代别。

③提供目的基因和标记基因翻译水平表达的资料，或目标基因（被 RNAi 等方法所干涉的基因）在转录水平或翻译水平表达的资料。

④提供该转化体遗传稳定性至少 2 代的资料，包括目的基因整合的稳定性、表达的

稳定性和表现性状的稳定性。

⑤提供该转化体个体生存竞争能力的资料。

⑥提供该转基因植物基因漂移的资料。

⑦提供目标性状和功能的评价资料。如抗虫植物应提供田间试验条件下，靶标生物在转基因品种及受体品种田季节性发生危害情况和种群动态的试验数据。

⑧提供靶标生物对抗病虫转基因植物的抗性风险评价资料。

⑨提供对非靶标生物和生物多样性影响的评价资料。

⑩提供新表达蛋白质体外模拟胃液蛋白消化稳定性试验资料。

⑪必要时提供全食品毒理学评价资料。

（2）用取得农业转基因生物安全证书的转化体与常规品种杂交获得的衍生品系申请生产性试验。

①已取得农业转基因生物安全证书的转化体综合评价报告及相关附件资料。

②提供亲本名称及其选育过程的资料。

③提供外源插入片段（如转化载体骨架、目的基因和标记基因等）整合进植物基因组的 Southern 杂交图和插入拷贝数，或提供转化事件特异性 PCR 检测图，并注明供试材料的名称和代别。

5. 申请安全证书的材料要求

安全证书分为农业转基因生物安全证书（生产应用）和农业转基因生物安全证书（进口用作加工原料）两种类型。其中，农业转基因生物安全证书（生产应用）包括转化体申请生产证书和用已取得农业转基因生物安全证书的转化体与常规品种杂交获得的衍生品系申请安全证书两种情况。

（1）申请农业转基因生物安全证书（生产应用）的材料要求。

转化体申请生产证书的材料要求如下。

①汇总以往各试验阶段的资料，提供环境安全和食用安全综合评价报告。

②提供外源插入片段整合进植物基因组的资料。包括能明确外源片段（如转化载体骨架、目的基因和标记基因等）整合拷贝数并具有转化事件特异性的分子杂交图谱，整合进植物基因组的外源片段的全长 DNA 序列和插入位点两端的边界序列，以及转化事件特异性 PCR 检测图等。

③提供该转化体遗传稳定性至少 3 代的资料，包括目的基因整合的遗传稳定性、表达的稳定性和表现性状的稳定性。

④提供该转化体个体生存竞争能力、自然延续或建立种群能力的资料。

⑤提供该转基因植物基因漂移的资料。

⑥提供至少 2 代对目标性状和功能的田间评价资料。

⑦提供靶标生物对转基因植物所产生抗病/虫物质的敏感性基线资料，抗性风险评估的依据和结论；拟采取的靶标生物综合治理策略、抗性监测方案和治理措施等。

⑧提供至少 2 代对非靶标生物和生物多样性影响的评价资料，以及转基因植物生态系统下病虫害地位演化的风险评估报告。

⑨提供完整的毒性、致敏性、营养成分、抗营养因子等食用安全资料。

⑩如为续申请，则需要提供上次批准期限内的商业化种植数据和环境影响监测报告。

取得农业转基因生物安全证书的转化体与常规品种杂交获得的衍生品系申请安全证书的材料要求如下。

①申请生产性试验时所提供的相关资料，以及生产性试验的总结报告。

②提供亲本名称及其选育过程的资料。

③提供外源插入片段整合进植物基因组的资料。包括能明确外源片段（如转化载体骨架、目的基因和标记基因等）整合拷贝数并具有转化事件特异性的分子杂交图谱，整合进植物基因组的外源片段的全长 DNA 序列和插入位点两端的边界序列，或转化事件特异性 PCR 检测图等。

④提供目的基因和标记基因翻译水平表达的资料，或目标基因（被 RNAi 等方法所干涉的基因）在转录水平或翻译水平表达的资料。

⑤提供遗传稳定性的资料，包括目的基因整合的稳定性、表达的稳定性和表现性状的稳定性。

⑥提供目标性状和功能的评价资料。如抗虫植物应提供田间试验条件下，靶标生物在转基因及受体品种田季节性发生危害情况和种群动态的试验数据。

⑦如为续申请，则需要提供上次批准期限内的商业化种植数据和环境影响监测报告。

（2）申请农业转基因生物安全证书（进口用作加工原料）的材料要求。

①提供环境安全和食用安全综合评价报告。

②农业转基因生物技术检测机构出具的环境安全检测报告和食用安全检测报告，环境安全检测报告一般包括生存竞争能力、基因漂移的环境影响、对非靶标生物和生物多样性影响的评价资料等；食用安全检测报告一般包括抗营养因子分析、全食品喂养安全性（大鼠 90 天喂养）等。对于新性状、新类型的转基因植物的检测内容根据个案原则确定。

③提供外源插入片段整合进植物基因组的资料。包括能明确外源片段（如转化载体骨架、目的基因和标记基因等）整合拷贝数并具有转化事件特异性的分子杂交图谱，整合进植物基因组的外源片段的全长 DNA 序列和插入位点两端的边界序列，以及转化事件特异性 PCR 检测图等。

④提供完整的毒性、致敏性、营养成分、抗营养因子等食用安全资料。

⑤输出国家或者地区经过科学试验证明对人类、动植物、微生物和生态环境无害的资料。

2.1.3.3 评估内容

依据原农业部 2012 年发布的《转基因植物安全评价指南》，对于转基因植物的安全评估主要涉及以下几方面内容：分子特征、遗传稳定性、环境安全、食用安全等。

1. 分子特征

从基因水平、转录水平和翻译水平来考察外源插入片段的整合和表达情况。

（1）表达载体相关评估资料。

①目的基因与载体构建的物理图谱。

详细注明表达载体所有元件名称、位臵和酶切位点。

②目的基因介绍。

详细描述目的基因的供体生物、结构（包括基因中的酶切位点）、功能和安全性。

供体生物：如 Bt 基因 Cry1A 来源于苏云金芽孢杆菌 XX 菌株。

结构（包括基因中的酶切位点）：完整的 DNA 序列和推导的氨基酸序列。

功能：生物学性状，如抗鳞翅目昆虫。

安全性：从供体生物特性、安全使用历史、基因结构、功能及有关安全性试验数据等方面综合评价目的基因的安全性。

③表达载体其他主要元件相关资料如下：

启动子的供体生物来源、大小、DNA 序列（或文献）、功能、安全应用记录；

终止子的供体生物来源、大小、DNA 序列（或文献）、功能、安全应用记录；

标记基因的供体生物来源、大小、DNA 序列（或文献）、功能、安全应用记录；

报告基因的供体生物来源、大小、DNA 序列（或文献）、功能、安全应用记录；

其他表达调控序列的来源（如人工合成或供体生物名称）、名称、大小、DNA 序列（或文献）、功能、安全应用记录。

（2）目的基因在植物基因组中的整合情况的分析方法。

采用转化事件特异性 PCR 检测、Southern 杂交等方法，分析外源插入片段在植物基因组中的整合情况，包括目的基因和标记基因的拷贝数，标记基因、报告基因或其他调控序列删除情况，整合位点等。

外源插入片段的转化事件特异性 PCR 检测：具有片段名称、引物序列、扩增产物长度、PCR 条件、扩增产物电泳图谱（含图题、分子量标准、阴性对照、阳性对照、泳道标注）。

外源插入片段的 Southern 杂交：采用两种以上限制性内切酶分别消化植物基因组总 DNA，获得能明确整合拷贝数的、具有转化事件特异性的分子杂交图谱。

分析结果文字描述至少包括探针序列位臵、内切酶名称、特异性条带的大小、图题、分子量标准、阴性对照、阳性对照、泳道标注。

外源插入片段的全长 DNA 序列应为实际插入受体植物基因组的全长 DNA 序列和插入位点的两端边界序列（大于 300bp）。此外，还需提供转化事件特异性 PCR 验证时相应引物名称、序列及其扩增产物长度。

（3）外源插入片段的表达情况的分析。

①转录水平表达（RNA）情况分析方法。

采用 Real-time PCR、RT-PCR 或 Northern 杂交等方法，分析主要插入序列（如目的基因、标记基因等）的转录表达情况，包括表达的主要组织和器官（如根、茎、叶、种子等）。

RT-PCR 检测分析的是引物序列、扩增产物长度、RT-PCR 条件、扩增产物电泳图谱（含图题、分子量标准、阴性对照、阳性对照、泳道标注）。

Northern 杂交分析的是探针序列位臵、特异性条带的大小、Northern 杂交条件、杂交图谱（含图题、分子量标准、阴性对照、阳性对照、泳道标注）。

②翻译水平表达（蛋白质）情况分析方法。

采用 ELISA 检测 或 Western 杂交等方法，分析主要插入序列（如目的基因、标记基因等）的蛋白质表达情况，包括表达的主要组织和器官（如根、茎、叶、种子等）。

ELISA 检测：描述定量检测的具体方法，包括相关抗体、阴性对照、阳性对照、光密度测定结果、标准曲线等。

Western 杂交：分析相关抗体名称、特异性蛋白条带的大小、Western 免疫印记条件、免疫印记图谱（含图题、分子量标准、阴性对照、阳性对照、泳道标注、样品和阳性对照的加样量）。

2. 遗传稳定性

主要考察转基因植物世代之间目的基因整合与表达情况。

（1）目的基因整合的稳定性情况分析方法。

用 Southern 杂交或转化事件特异性 PCR 手段检测目的基因在转化体中的整合情况，明确转化体中目的基因的拷贝数以及在后代中的分离情况，提供不少于 3 代的试验数据。

（2）目的基因表达的稳定性情况分析方法。

用 Northern 杂交 Real-time PCR、RT-PCR 检测、Western 杂交等手段提供目的基因的转化体不同世代在转录（RNA）和（或）翻译（蛋白质）水平表达的稳定性（包括不同发育阶段和不同器官部位的表达情况），提供不少于 3 代的试验数据。

（3）目标性状表现的稳定性情况分析方法。

用适宜的观察手段考察目标性状在转化体不同世代的表现情况，提供不少于 3 代的试验数据。

3. 环境安全

（1）生存竞争能力评估。

提供在自然环境下，转基因植物与受体关于种子活力、种子休眠特性、越冬越夏能力、抗病虫能力、生长势、生育期、产量、落粒性等适合度变化与杂草化风险评估等的试验数据和结论。若受体植物为多年生草类（饲草、制种用的草坪草）或目标性状增强生存竞争力（如抗旱、耐盐等），应根据个案分析的原则提出有针对性的补充资料。

（2）基因漂移的环境影响评估。

①受体物种的相关评估资料。

如果存在可交配的野生近缘种，提供野生近缘种的地理分布范围、发生频率、生物学特性（生育期、生长习性、开花期、繁殖习性、种子及无性繁殖器官的传播途径等）以及与野生近缘种的亲缘关系（包括基因组类型、与栽培种的天然异交结实性（%）、杂种 F1 的育性及其后代的生存能力和结实能力）的资料。如果存在同一物种的可交配植物类型，需提供同一物种植物类型的分布及其危害情况。

②外源基因漂移风险评估。

对于存在可交配的野生近缘种或存在同一物种可交配的植物类型，又无相关数据和资料的，可设计试验评估外源基因漂移风险及可能造成的生态后果，如基因漂移频率、外源基因在野生近缘种中表达情况、目的基因是否改变野生近缘种的生态适合度等。

（3）功能效率评估。

提供自然条件下转基因植物的功能效率评价报告。如为有害生物抗性转基因植物，则需要提供对靶标生物的抗性效率试验数据。抗性效率指抗有害生物转基因植物所产生的抗性物质对靶标生物综合作用的结果，一般通过转基因品种与受体品种在靶标生物数量变化、危害程度、植物长势及产量等方面的差别进行评价。抗病虫转基因植物需提供在室内和田间试验条件下，转基因植物对靶标生物的抗性生测报告、靶标生物在转基因品种及受体品种田季节性发生危害情况和种群动态的试验数据与结论。

（4）有害生物抗性转基因植物对非靶标生物的影响评估。

根据转基因植物与外源基因表达蛋白特点和作用机制，有选择地提供对相关非靶标植食性生物、有益生物（如天敌昆虫、资源昆虫和传粉昆虫等）、受保护的物种等其他非靶标生物潜在影响的评估报告。

（5）对植物生态系统群落结构和有害生物地位演化的影响评估。

根据转基因植物与外源基因表达蛋白的特异性和作用机理，有选择地提供对相关动物群落、植物群落和微生物群落结构和多样性的影响，以及转基因植物生态系统下病虫害等有害生物地位演化的风险评估报告等。

（6）靶标生物的抗性风险评估。

靶标生物的抗性是指靶标生物由于连续多代取食转基因植物，敏感个体被淘汰，抗性较强的个体存活、繁殖、逐渐发展成高抗性种群的现象。抗病虫害转基因植物需提供对靶标生物的作用机制和特点等资料，转基因植物商业化种植前靶标生物的敏感性基线数据，抗性风险评估依据和结论，拟采取的抗性监测方案和治理措施等。

4. 食用安全

按照个案分析的原则，评价转基因植物与非转基因植物的相对安全性。传统非转基因对照物选择：无性繁殖的转基因植物以非转基因植物亲本为对照物；有性繁殖的转基因植物以遗传背景与转基因植物有可比性的非转基因植物为对照物。对照物与转基因植物的种植环境（时间和地点）应具有可比性。

（1）新表达物质毒理学评估。

①新表达蛋白质资料评估。

提供新表达蛋白质（包括目标基因和标记基因所表达的蛋白质）的分子和生化特征等信息，包括分子量、氨基酸序列、翻译后的修饰、功能叙述等资料。表达的产物若为酶，应提供酶活性、酶活性影响因素（如 pH、温度、离子强度）、底物特异性、反应产物等；提供新表达蛋白质与已知毒蛋白质和抗营养因子（如蛋白酶抑制剂、植物凝集素等）氨基酸序列相似性比较的资料；提供新表达蛋白质热稳定性试验资料，体外模拟胃液蛋白消化稳定性试验资料，必要时提供加工过程（热、加工方式）对其影响的资料。若用体外表达的蛋白质作为安全性评价的试验材料，还需提供体外表达蛋白质与植物中新表达蛋白质等同性分析（如分子量、蛋白测序、免疫原性、蛋白活性等）的资料。

②新表达蛋白毒理学试验。

当新表达蛋白质无安全食用历史，安全性资料不足时，必须提供急性经口毒性资料，28 天喂养试验毒理学资料，视该蛋白质在植物中的表达水平和人群可能摄入水平而定，必要时应进行免疫毒性检测评价。如果不提供新表达蛋白质的急性经口毒性和 28 天喂养试验资料，则应说明理由。

③新表达非蛋白质物质的评估。

新表达的物质为非蛋白质，如脂肪、碳水化合物、核酸、维生素及其他成分等，其毒理学评价可能包括毒物代谢动力学、遗传毒性、亚慢性毒性、慢性毒性/致癌性、生殖发育毒性等方面。具体需进行哪些毒理学试验取决于采取个案分析的原则。

④摄入量估算。

应提供外源基因表达物质在植物可食部位的表达量，根据典型人群的食物消费量，估算人群最大可能摄入水平，包括同类转基因植物总的摄入水平、摄入频率等信息。进行摄入量评估时需考虑加工过程对转基因表达物质含量的影响，并应提供表达蛋白质的测定方法。

(2) 致敏性评估。

外源基因插入产生新蛋白质，或改变代谢途径产生新蛋白质的，应对其蛋白质的致敏性进行评价。

提供基因供体是否含有致敏原、插入基因是否编码致敏原、新蛋白质在植物食用和饲用部位表达量的资料。

提供新表达蛋白质与已知致敏原氨基酸序列的同源性分析比较资料。

提供新表达蛋白质热稳定性试验资料，体外模拟胃液蛋白消化稳定性试验资料。

对于供体含有致敏原的，或新蛋白质与已知致敏原具有序列同源性的，应提供与已知致敏原为抗体的血清学试验资料。

受体植物本身含有致敏原的，应提供致敏原成分含量分析的资料。

5. 关键成分分析

关键成分分析指提供受试物基本信息，包括名称、来源、所转基因和转基因性状，如果转基因植物在营养、生理作用等方面有改变的，还应提供营养学评价资料。此外，还应提供动物体内主要营养素的吸收利用资料、人群营养素摄入水平的资料以及最大可能摄入水平对人群膳食模式影响评估的资料。

6. 生产加工对安全性影响的评估

应提供与非转基因对照物相比，生产加工、储存过程是否可改变转基因植物产品特性的资料，包括加工过程对转入 DNA 和蛋白质的降解、消除、变性等影响的资料，如油的提取和精炼、微生物发酵、转基因植物产品的加工、储藏等对植物中表达蛋白含量的影响。

7. 按个案分析原则需要进行的其他安全性评估

对关键成分有明显改变的转基因植物，需提供其改变对食用安全性和营养学评价资料。

2.1.4 监管机制

2.1.4.1 国内监管机制

根据《中华人民共和国食品安全法》的规定，我国建立转基因食品安全风险监测制度，对转基因食品进行监测。卫健委会同国务院有关部门制定和实施国家转基因食品安全风险监测计划；省级人民政府卫生行政主管部门根据国家转基因食品安全风险监测计划，结合本行政区域的具体情况，组织制定和实施本区域的转基因食品安全风险监测方案。

国务院农业行政、质量监督、工商行政管理和国家食品药品监督管理等有关部门获知有关转基因食品安全风险信息后，应当立即向卫健委通报。卫健委会同有关部门对信息核实后，及时调整转基因食品安全风险监测计划。

1. 申请许可制度

此制度是指转基因产品需要向主管部门进行登记申请，经过主管部门检测审批，取得安全认证或官方授权后，才能获得进行生产经营、投放市场或进出口的资格。这一制度的目的是防止个人或个别厂商私自进行转基因产品的生产。我国在2001年由国务院颁布的《条例》和2002年由原农业部颁布的《农业转基因生物安全评价管理办法》规定了我国两类转基因产品的审批制度,一类是对进口生产和加工原料用转基因农产品的安全审批,一类是对研究实验和生产应用的安全审批。申报审批过程中进口者要按照不同用途提交不同的材料证明,包括输出国相应用途使用的证明文件、进口后的安全防范措施证明文件等。审批合格后,国务院农业行政主管部门应当颁发农业转基因生物安全证书,确定进口转基因生物的合法性。

2. 产品标识制度

根据《条例》和《农业转基因生物标识管理办法》的规定,在我国境内销售列入农业转基因生物标识目录的农业转基因生物,应当有明显的标识。未标识和不按规定标识的,不得进口或销售。列入标识目录的农业转基因生物,由生产、分装单位和个人负责标识;经营单位和个人在进货时,应当对货物和标识进行核对,经营单位和个人拆开原包装进行销售的,应当重新标识。农业转基因生物标识应当醒目,并和产品的包装、标签同时设计和印制。进口的农业转基因生物标识经农业农村部审查认可后方可使用,同时抄送国家质检总局、外经贸部等部门;国内农业转基因生物标识,经农业转基因生物的生产、分装单位和个人所在地的县级以上地方人民政府农业行政主管部门审查认可后方可使用,并由省级农业行政主管部门统一报原农业部备案。

农业农村部负责全国农业转基因生物标识的审定和监督管理工作,县级以上地方人民政府农业行政主管部门负责本行政区域内的农业转基因生物标识的监督管理工作。国家质检总局负责进口农业转基因生物在口岸的标识检查验证工作。

3. 可回溯制度

可回溯制度使转基因农产品的标签内容有据可查;同时,通过对流通地区和消费地区的长期监测,也可以评价转基因食品对公众健康和环境的潜在影响,并及时反馈到相关管理部门;当某一地区发现不良影响时,也可以通过登记记录快速查询并停止转基因食品在其他销售地区的继续流通。

4. 召回制度

转基因食品召回制度是一种改正或矫正行为,作为一种积极有效的补救措施,转基因食品召回制度包括厂商为了保护消费者免遭受到转基因成分污染的食品带来的健康威胁、未标识的转基因食品及不合格的转基因食品的潜在不利影响而采取的各种措施,和政府利用行政机关强制性的召回权利。召回制度应当建立在完善的可回溯体系之上。转基因食品召回制度分为自愿性召回和强制性召回。自愿性召回是指厂商有理由认为其产品违反了对于转基因产品的相关规定时,为了消除其影响、保护消费者健康安全,而在政府召回之前自愿采取的收回食品和其他预防措施;强制性召回是指如果食品企业不能自愿召回不安全食品,政府管理部门可以要求食品企业召回,如果企业拒绝执行,政府部门可以依法采取强制措施。作为一种辅助手段,强制性召回主要是为确保政府对少数不服从企业的监管。在产品标识制度和可回溯制度中,都体现了召回制度的内容。

5. 保障赔偿制度

转基因食品安全的保障赔偿制度,是指为保障消费者的消费安全,政府在特定情况下可以采取措施,干预转基因食品的生产和销售。我国目前的转基因食品安全保障赔偿制度处于空白状态。转基因食品的保障赔偿制度，目的是在消费者购买转基因食品后，若对其人身、财产带来损害，可对其进行赔偿或救助。我国法律对转基因保障赔偿没有明确的规定，只能根据《中华人民共和国民法通则》第137条规定："从权利被侵害之日起超过20年的，人民法院不予保护。"即不管当事人是否知道被侵害，一旦超过20年，人民法院就将不予保护。但是，转基因食品的危害具有潜在性，其潜伏期可能需要30年、50年甚至更长的时间才能显现出来，因此，现阶段我国的法律体系对于转基因食品的消费者是非常不利的。

2.1.4.2 进出口监管机制

1. 安全证书的发放

从境外引进农业转基因生物进行实验研究和进行中间试验，引进单位应当向农业农村部农业转基因生物安全管理办公室提出申请，经审查合格后，由农业农村部颁发农业转基因生物进口批准文件。从境外引进农业转基因生物进行环境释放和生产性试验的，引进单位应当向农业转基因生物安全管理办公室提出申请，经审查合格后，由农业农村部颁发农业转基因生物安全审批书。境外公司向中华人民共和国出口转基因植物种子、种畜禽、水产苗种和利用农业转基因生物生产的或者含有农业转基因生物成分的植物种子、种畜禽、水产苗种、农药、兽药、肥料和添加剂等拟用于生产应用的，应当向农业转基因生物安全管理办公室提出申请，经审查合格后，由农业农村部颁发农业转基因生物进口批准文件。境外公司向中华人民共和国出口农业转基因生物用作加工原料的，应当向农业转基因生物安全管理办公室申请领取农业转基因生物安全证书。

2. 进境、过境和出境过程中的监管

原国家质量监督检验检疫总局已于2004年公布了《进出境转基因产品检验检疫理办法》（以下简称《办法》）。《办法》对转基因农食产品的进境、过境和出境进行了严格的规定。

该《办法》根据《中华人民共和国进出口商品检验法》、《中华人民共和国食品卫生法》、《中华人民共和国进出境动植物检疫法》及其实施条例、《农业转基因生物安全管理条例》等法律法规的规定而制定，适用于对通过各种方式（包括贸易、来料加工、邮寄、携带、生产、代繁、科研、交换、展览、援助、赠送以及其他方式）进出境的转基因产品的检验检疫。

海关总署负责全国进出境转基因产品的检验检疫管理工作，海关总署设在各地的出入境检验检疫机构（以下简称检验检疫机构）负责所辖地区进出境转基因产品的检验检疫以及监督管理工作。

海关总署对过境转移的农业转基因产品实行许可制度。

（1）进境检验检疫。

海关总署对进境转基因动植物及其产品、微生物及其产品和食品实行申报制度。

货主或者其代理人在办理进境报检手续时，应当在《入境货物报检单》的货物名称栏中注明是否为转基因产品。申报为转基因产品的，除按规定提供有关单证外，还应当提供法律法规规定的主管部门签发的《农业转基因生物安全证书》（或者相关批准文件，以下简称批准文件）和《农业转基因生物标识审查认可批准文件》。

对于实施标识管理的进境转基因产品，检验检疫机构应当核查标识，符合农业转基因生物标识审查认可批准文件的，准予进境；不按规定标识的，重新标识后方可进境；未标识的，不得进境。

对列入实施标识管理的农业转基因生物目录（国务院农业行政主管部门制定并公布）的进境转基因产品，如申报是转基因的，检验检疫机构应当实施转基因项目的符合性检测，如申报是非转基因的，检验检疫机构应进行转基因项目抽查检测；对实施标识管理的农业转基因生物目录以外的进境动植物及其产品、微生物及其产品和食品，检验检疫机构可根据情况实施转基因项目抽查检测。

检验检疫机构按照国家认可的检测方法和标准进行转基因项目检测。

经转基因检测合格的，准予进境。如有下列情况之一的，检验检疫机构通知货主或者其代理人作退货或者销毁处理：其一，申报为转基因产品，但经检测其转基因成分与批准文件不符的；其二，申报为非转基因产品，但经检测其含有转基因成分的。

进境供展览用的转基因产品，须获得法律法规规定的主管部门签发的有关批准文件后方可入境，展览期间应当接受检验检疫机构的监管。展览结束后，所有转基因产品必须作退回或者销毁处理。如因特殊原因，需改变用途的，须按有关规定补办进境检验检疫手续。

（2）过境检验检疫。

过境的转基因产品，货主或者其代理人应当事先向国家质检总局提出过境许可申请，并提交以下资料：

①《转基因产品过境转移许可证申请表》；

②输出国家或者地区有关部门出具的国（境）外已进行相应的研究证明文件或者已允许作为相应用途并投放市场的证明文件；

③转基因产品的用途说明和拟采取的安全防范措施；

④其他相关资料。

国家质检总局自收到申请之日起 270 日内作出答复，对符合要求的，签发《转基因产品过境转移许可证》并通知进境口岸检验检疫机构；对不符合要求的，签发不予过境转移许可证，并说明理由。

过境转基因产品进境时，货主或者其代理人须持规定的单证和过境转移许可证向进境口岸检验检疫机构申报，经检验检疫机构审查合格的，准予过境，并由出境口岸检验检疫机构监督其出境。对改换原包装及变更过境线路的过境转基因产品，应当按照规定重新办理过境手续。

（3）出境检验检疫。

对出境产品需要进行转基因检测或者出具非转基因证明的，货主或者其代理人应当提前向所在地检验检疫机构提出申请，并提供输入国家或者地区官方发布的转基因产品进境要求。

检验检疫机构受理申请后，根据法律法规规定的主管部门发布的批准转基因技术应用于商业化生产的信息，按规定抽样送转基因检测实验室作转基因项目检测，依据出具的检测报告，确认为转基因产品并符合输入国家或者地区转基因产品进境要求的，出具相关检验检疫单证；确认为非转基因产品的，出具非转基因产品证明。

对违反《办法》规定的，依照有关法律法规的规定予以处罚。

3. 转基因生物加工的监管

根据《农业转基因生物加工管理办法》，在中华人民共和国境内从事农业转基因生物加工的单位和个人，应当取得加工所在地省级人民政府农业行政主管部门颁发的《农业转基因生物加工许可证》（以下简称《加工许可证》）。从事农业转基因生物加工的单位和个人，除应当符合有关法律、法规规定的设立条件外，还应当具备以下条件。

（1）与加工农业转基因生物相适应的专用生产线和封闭式仓储设施。
（2）加工废弃物及灭活处理的设备和设施。
（3）农业转基因生物与非转基因生物原料加工转换污染处理控制措施。
（4）完善的农业转基因生物加工安全管理制度。包括：
①原料采购、运输、贮藏、加工、销售管理档案；
②岗位责任制度；
③农业转基因生物扩散等突发事件应急预案；
④农业转基因生物安全管理小组，具备农业转基因生物安全知识的管理人员、技术人员。

申请《加工许可证》应当向省级人民政府农业行政主管部门提出，并提供以下材料：
①农业转基因生物加工许可证申请表；
②农业转基因生物加工安全管理制度文本；
③农业转基因生物安全管理小组人员名单和专业知识、学历证明；
④农业转基因生物安全法规和加工安全知识培训记录；
⑤农业转基因生物产品标识样本；
⑥加工原料的《农业转基因生物安全证书》复印件。

省级人民政府农业行政主管部门应当自受理申请之日起20个工作日内完成审查。审查符合条件的，发给《加工许可证》，并及时向农业农村部备案；不符合条件的，应当书面通知申请人并说明理由。

省级人民政府农业行政主管部门可以根据需要组织专家小组对申请材料进行评审，专家小组可以进行实地考察，并在农业行政主管部门规定的期限内提交考察报告。

《加工许可证》有效期为三年。期满后需要继续从事加工的，持证单位和个人应当在期满前六个月，重新申请办理《加工许可证》。

从事农业转基因生物加工的单位和个人变更名称的，应当申请换发《加工许可证》。

从事农业转基因生物加工的单位和个人有下列情形之一的，应当重新办理《加工许可证》：
①超出原《加工许可证》规定的加工范围的；
②改变生产地址的，包括异地生产和设立分厂。

违反《农业转基因生物加工管理办法》规定的，依照《农业转基因生物安全管理条例》的有关规定处罚。

其他监管制度在"法律法规"一节中已有相应的介绍。

2.1.4.3 监管特色

总体上看，大陆地区转基因技术的相关法律法规的制定顺应大陆地区的发展、与大陆地区的基本情况相符并与世界接轨。这些法律法规的制定保障了大陆地区转基因食品的安全，保护了消费者的合法权益；为大陆地区的转基因食品的进出口贸易提供了保护屏障，为促进大陆地区转基因技术的大力发展提供了有力保障。但在一定程度上，大陆地区转基因技术的相关法律法规的制定还存在一定的不足。大陆地区转基因安全监管组织的特点：其一是数量多，包括农业农村部、卫健委、国家质量监督检验检疫总局、环境保护总局以及农业农村部下属的各领导小组、办公室和安全委员会等其他在转基因食品安全监管中起到一定的作用的行政部门；其二是法律法规多，各个部门从转基因食品安全监管的安全评价、进出口、加工审批、检验检疫、产品标识等各个环节出台相关法律分别进行规定；其三是有些监管组织的监管范围比较宽泛，除了对转基因食品安全进行监管之外，还有其他监管职能，这无疑会分散监管力度，且这些监管组织的权力分配不均衡。

与其他发达国家成熟的法律法规相比，我国转基因技术的相关法律法规还存在一些问题：①策略制定方式不够健全，政府已经成为最有力的策略制定机构，策略制定信息的采集、策略的制定等都由政府决定，难以保证策略制定的及时性以及准确性；②策略决策方式还有改进空间，决策方式并不是集体决策，这种方式在一定程度上缺乏科学性；③媒体和政府公关还不足以打造交流、监视和通信的有效渠道；④策略决策方式公众参与程度不高，缺乏公众参与的有效途径；⑤策略决策制度不健全，在决策失败的情况下，缺乏明确的责任追究机制。

2.2 台湾地区转基因农食产品技术性贸易措施体系

台湾地区尚未核准任何转基因作物的商业化种植，但只要通过台湾地区转基因食品原料查验登记许可仍可进口，目前进口到台湾地区的转基因作物包含黄豆、玉米、棉花、油菜与甜菜五种。

台湾地区消费者接触到的转基因食品主要是黄豆和玉米，每年台湾地区进口约250万吨的转基因黄豆，其中大部分作为饲料，小部分制成豆浆、豆腐、豆花等各式豆类食品；每年台湾地区进口约500万吨转基因玉米，大部分作为饲料，小部分则制成各种加工品。根据台湾地区相关规定，只要原料使用转基因黄豆或玉米，且占最终产品总重量3%以上的食品，必须强制标识"基因改造"或"含基因改造"字样，未标识或标识不实者，依《食品卫生管理法》予以处罚。但酱油、沙拉油、玉米油等加工食品，因不会含有转基因片段或蛋白质，因此可以免标识。对待转基因食品，台湾地区的相关规定还是比较谨慎，虽有进口转基因食品，但严格禁止种植转基因作物。

2.2.1 监管机构

1995年台湾地区为推动生物技术产业发展，将生物技术列为八大重点科技之一。"行政院"在1995年8月颁布了《加强生物技术产业推动方案》，成立了生物技术产业指导小组。2013年台湾地区在生物技术产业指导小组下设置基因改造科技跨部门工作小组（简称"基因改造小组"），负责统筹推动基因改造产品管理体系建立事宜，并协调整合各方意见与资源。该基因改造小组由台湾地区科技、卫生、环境保护、农业、经济等主管部门的代表及学术界、产业界的专家学者共12名委员组成。基因改造小组下设秘书处，由农委会动植物防疫检疫主管部门承担，以协助行政文书、联系协调等工作。

为快速推动转基因产品管理体系建立，基因改造小组于 2004 年实施了"基因改造产品法规环境建置两年行动计划"，计划内容主要包括：制定"基因改造产品管理基本法（草案）"及提升"基因重组实验守则"的法律地位；建立环境生态风险评估及监测管理体系；建立食用安全评估及检测认证体系；推动基因改造产品知识产权保护；推动基因改造产品安全咨询与沟通等。参与该行动计划的台湾行政主管部门主要有科技、农业、环境保护等相关部门。各部门依据各自权责，采取相应措施推动转基因产品管理体系建立。

台湾地区建立基因改造小组的初衷是为了协调各行政主管部门工作，达成政策共识，制定专门的转基因科技管理法规政策，以避免多头领导、各行其是的现象。但是，经过一段时间运行，这种模式对台湾地区原有的行政管理运行方式产生较大冲击。2006 年，台湾地区生物技术产业指导小组召开年度第 2 次委员会议表示"基因改造科技管理，原则上维持各主管机关现行的职掌与权责"。同时基因改造小组的职责也调整为：在各主管机关现有职掌范围内的管理基础上，通过协调架构模式，建立制度化的协调联系机制，以统合当前各主管机关的政策方向，凝聚台湾地区转基因科技管理法制政策。

科技主管部门是台湾地区有关科学技术发展的最高主管部门。负责推动科技发展，支援学术研究，发展科学工业园区，管理科学技术发展基金，以及技术审查各部会科技计划可行度，提供必要改善建议。科技部门主要通过资金扶持，向转基因试验科研团队实施科研补助，确保转基因试验安全。

农业委员会（简称农委会）是台湾地区农业行政事务的最高主管部门，其前身为 1948 年创立的农村复兴联合委员会。除了主管农、林、渔、牧及粮食行政事务之外，对于地方政府执行农业相关事务也有指示、监督之责。

农委会主要根据《植物品种及种苗规定》《畜牧规定》《渔业规定》《基因转殖植物田间试验管理规定》《基因转殖种畜禽田间试验及生物安全性评估管理规定》及《基因转殖水产动植物田间试验管理规定》对转基因植物、动物、水产动植物实施田间试验管理。

卫生福利主管部门（简称卫福部）是台湾地区公共卫生、医疗与社会福利事务的最高主管部门。

该部门负责对台湾地区的转基因食品管理工作主要包含基因改造相关规定的制定及颁发、基因改造食品审议和基因改造食品咨议等工作。

颁发的相关规定包含《食品安全卫生管理规定》《基因改造食品安全性评估规定》《包装食品含基因改造食品原料标示应遵行事项规定》及《散装食品含基因改造食品原料标示应遵行事项规定》等。

基因改造食品审议任务包含：①审查申请基因改造食品查验登记之相关文件及数据；②审查申请查验登记基因改造食品之安全性；③针对基因改造食品查验登记申请案件提出书面评审意见；④针对基因改造食品安全风险评估提供技术及政策咨询。

基因改造食品咨议任务包含：①基因改造食品政策及策略的制定；②基因改造食品计划的研定；③其他有关基因改造食品事项。

2.2.2 相关规定

2.2.2.1 《食品安全卫生管理规定》简介及转基因食品管理情况

《食品卫生管理规定》颁布于 1975 年 5 月 28 日，于 2014 年 2 月更名为《食品安全卫生管理规定》,历经13次修改,该规定是台湾地区食品安全管理体系的基础。其最新修正案颁布于2015年12月16日,除第三十条申报制度、第三十三条保证金收取规定、第二十二条第一项第五款、第二十六条、第二十七条,自公布后一年施行外,其他条款自公布之日施行。

该规定由10章共60个条款组成,其中与食品安全卫生相关的章节主要是总则、食品安全风险管理、食品业者卫生管理、食品卫生管理、食品标识及广告管理、食品输入管理、食品检验、食品查核及管制、罚则和附则。该法对食品、特殊营养食品、食品添加物、食品器具、食品容器或包装、食品用洗洁剂、食品业者、食品及营养标识、基因改造等做出明确定义,并对其管理措施责罚机制进行了规定。

该规定明确基因改造的定义,即指使用基因工程或分子生物技术,将遗传物质转移或转殖入活细胞或生物体,产生基因重组现象,使表现具外源基因特性或使自身特定基因无法表现的相关技术。但不包括传统育种、同科物种之细胞及原生质体融合、杂交、诱变、体外受精、体细胞变异及染色体倍增等技术。

台湾地区根据《食品卫生管理规定》对转基因食品管理风险评估为基础,满足台湾地区民众享受的健康、安全食品及知情的权利,符合科学证据原则、事先预防原则、信息透明原则,构建了风险评估及咨议体系,主要包括以下内容。

首先由主管机关召集食品安全、毒理与风险评估等专家学者及民间团体组成食品风险评估咨议会,对于确认通过专家的风险评估审查的转基因食品,可进行查验登记后颁发许可文件;未通过的则限制或停止查验、下架、封存、限期回收或销毁等。

其次要求转基因食品从业者必须根据其产业模式建立产品原材料、半成品与成品供应来源及流向之追溯或追踪系统,确保转基因食品原料供应来源及流向之追溯或追踪系统,由相关主管部门对其进行相关系统、记录及其他事项核查工作。

最后对转基因食品实施标识管理,要求转基因食品标明转基因食品原料所占百分比、主成分项目、标示内容、方式及各该产品实施日期等,具体的标识内容根据中央主管机关的公告规定实施标识管理。

2.2.2.2 转基因食品标识管理的相关规定

2014年2月5日,台湾地区对《食品卫生管理规定》进行第十次修订,更名为《食品安全卫生管理规定》,并首次明确了转基因食品标识制度。包装食品和食品原料(第22条)、包装食品添加剂(第24条)和特定散装食品(第25条),若含有转基因食品原料,必须标注阳性标识。

鉴于《食品安全卫生管理规定》规定所有转基因食品原料均须标识,原先的《标识事宜》显然无法满足要求。2014年6月20日,卫生福利主管部门预告废止《标识事宜》(部授食字第1031301531号);同日,预告《包装食品含基因改造食品原料标示应遵行事项》《食品添加物含基因改造食品原料标示应遵行事项》及《散装食品含基因改造食品原料标示应遵行事项》草案(部授食字第031301527号)。2014年12月22日,卫生福利主管部门公告废止《标识事宜》(部授食字第1031303858号),自2016年1月1日生效;同日,公告《包装食品含基因改造食品原料标示应遵行事项》《食品添加物含基因改造食品原料标示应遵行事项》及《散装食品含基因改造食品原料标示应遵行事项》定案(部授食字第1031303857号),定案与草案内容并无区别。

当部授食字第 1031303857 号的规定公告后，消费者对标识豁免范围过大、阴性标识取消、标识识别性差以及实施时间等方面颇有微词，于是卫生福利主管部门不得不修订刚公布的法规。2015 年 2 月 26 日，卫生福利主管部门预告标识事项的修订草案（部授食字第 1031304879 号）；2015 年 5 月 29 日，卫生福利主管部门公告标识事项的修订定案（部授食字第 1041301628 号），确立台湾地区现行转基因食品标识制度。

台湾地区的转基因食品标识制度主要包含阳性标识、阴性标识、标识豁免、标识方法、标识阈值及标识内容等具体规定。

（1）阳性标识又称正面标识、积极标识，是指明确标出食品中含有转基因成分或使用转基因原料加工。阳性标识属于强制标识。

（2）阴性标识又称负面标识、消极标识，是指明确标出食品中不含转基因成分或未使用转基因原料加工。阴性标识属于自愿标识。

（3）标识豁免是指在转基因食品强制标识制度下，允许部分转基因食品可以不标阳性标识。

（4）标识方式是指对转基因食品的标识位置、字体大小及方式等做出明确规定。

（5）标识阈值即对转基因食品标识实行阈值管理，阈值设定为 3%。食品原料因采收、储运或其他因素非故意掺入转基因食品原料，若转基因食品原料含量占该项原料 3% 以下（含本数），则视为非基因食品原料；若含量超过 3%，则视为转基因食品原料。倘若是故意掺入，则没有阈值适用的余地，无论含量多少，均须标识。

（6）标识内容是指含转基因食品原料产品的阳性标识内容为"基因改造"或"含基因改造"字样；直接使用转基因食品原料但终产品中已不含转基因成分产品的阳性标识内容为"基因改造""含基因改造""使用基因改造××""本产品为基因改造××加工制成，但已不含基因改造成分""本产品加工原料中有基因改造××，但已不含有基因改造成分""本产品不含基因改造成分，但为基因改造××加工制成""本产品不含基因改造成分，但加工原料中有基因改造××"字样，可任选其一。

2.2.3 安全评估体系

台湾地区对于转基因食品的安全性评估主要由卫生福利主管部门负责，根据 2010 年 9 月 23 日台湾地区公布的《基因改造食品的安全性评估方法》进行安全性评估。转基因食品安全的评估方法主要是对经转基因技术处理后的食品中所有的改变因子进行阶段式的安全性评估，分 3 个阶段：第一阶段对转基因食品的基本资料评估；第一阶段评估结果显示该转基因食品具有潜在的毒性物质或过敏原，则须进行第二阶段评估；依上述第一、二阶段资料仍无法判定该转基因食品的安全性时，则至少须再进行针对全食品设计的适当的动物试验以评估该转基因食品的安全性。目前转基因食品安全性评估主要分转基因植物安全性评估和转基因微生物安全性评估

2.2.3.1 转基因植物安全性评估

转基因植物安全性评估适用于具有安全食用历史的植物经过转基因技术制成的转基因植物食品，并未涉及转基因动物饲料与用该饲料喂养的动物、转基因植物的环境风险及风险管理措施等议题。转基因植物进行阶段式安全性评估，主要包含以下环节。

1. 第一阶段：提供转基因植物相关基本资料

（1）转基因植物基本情况，包含植物品种、转基因品系、食用安全性、转基因改造目的及性状等基本情况。

（2）基因提供生物基本情况，包含学名、分类学信息及安全食用历史信息。

（3）基因改造情况，包含转殖的方法、载体各结构片段的信息、中间宿主及转殖入宿主植物的 DNA 的相关信息等。

（4）基因改造的特征，包含转殖 DNA 的相关信息、转基因植物体内任何新表现物质的资料及新性状的表现情形等信息。

（5）转基因植物食品安全性评估情况，包含关键成分的组成分析、新表现物质的毒性与过敏诱发性的初步评估、代谢物的评估、营养变异的评估及食品加工的评估。

（6）其他附加信息，包含抗生素抗性标识基因资料、对人体健康关系重大的物质潜在蓄积毒性及新技术安全性评估情况等信息。

2. 第二阶段：毒性物质评估和过敏原评估

第一阶段评估结果显示该转基因植物具潜在的毒性物质或过敏原，则须进行第二阶段的评估，包含毒性物质评估和过敏原评估。

（1）毒性物质评估是根据膳食的摄入量对于人口中特定人群的影响来判定。根据转基因植物中不同的新表现蛋白质类型可分为不同的毒性评估方法。

（2）过敏原评估主要通过血清筛检的方式对新表现的蛋白质进行评估，如有更科学合理的评估方法来评估新表现蛋白质的潜在过敏诱发性，亦可采用。

依上述第一、二阶段资料仍无法判定该转基因植物的安全性时，则至少须再进行针对全食品设计的适当的动物试验，以评估转基因植物的安全性。

2.2.3.2 转基因微生物安全性评估

转基因微生物安全性评估适用于具有安全食用历史的微生物经过转基因技术形成的转基因微生物食品的安全与营养相关议题，并未涉及用作食品添加剂或加工助剂的转基因微生物产物的安全性、农业用转基因微生物的安全性、转基因微生物的特定保健效益及转基因微生物的环境风险议题。转基因微生物依下列资料进行阶段式安全性评估。

1. 第一阶段：提供转基因微生物相关基本资料

（1）转基因微生物基本情况，包含微生物菌株情况、食品生产用途、宿主微生物的使用及培养的记录、安全性相关的基因型及表现型资料、食用安全性等基本情况。

（2）基因提供生物基本情况，包含学名、品系代号、食品安全性相关的资料、安全性相关的基因型及表现型数据。

（3）基因改造情况，包含基因改造的方法、改造微生物的 DNA 的数据及所添加、嵌入、改变或删除的 DNA 的数据等。

（4）基因改造的特征，包含转基因微生物体内的 DNA 改变的数据、转基因微生物体内任何新表现物质的数据及基因改造与其预期效应的差异等信息。

（5）转基因微生物安全性评估情况，包含关键成分的组成分析、新表现物质的毒性与过敏诱发性的初步评估、代谢物的评估、营养变异的评估及食品加工的评估等情况。

（6）其他信息，即新的科学技术安全性评估情况等信息。

2. 第二阶段：毒性物质评估和过敏原评估

第一阶段评估结果显示该转基因微生物食品具潜在的毒性物质或过敏原，则须进行第二阶段的评估，包含毒性物质评估和过敏原评估。

（1）毒性物质评估是根据膳食的摄入量对于人口中特定人群的影响来判定。根据转基因植物中不同的新表现蛋白质类型分为不同的毒性评估方法。

（2）过敏原评估主要通过血清筛检的方式对新表现的蛋白质进行评估，同时如有更科学合理的评估方法来评估新表现蛋白质的潜在过敏诱发性，亦可采用。

依上述第一、二阶段资料仍无法判定该转基因微生物的安全性时，则至少须再进行针对全食品设计的适当的动物试验，以评估转基因微生物的安全性。

2.2.4 监管机制

2.2.4.1 转基因产品监管机制

台湾地区现行的转基因产品管理机制，大体上是依据转基因产品的生产过程采取上、中、下游三个阶段，每个阶段依据不同的法制政策来进行管理。

1. 基础监管

由台湾地区科技主管部门依据《基因重组实验守则》进行管理。该守则属于行政规则，旨在确保转基因实验安全，其适用对象为接受科技主管部门补助者，或接受其他部门委托或补助计划而被间接要求者。

2. 田间试验机制

转基因植物部分由台湾地区农委会农粮主管部门依据《植物品种及种苗规定》及其相关子法（例如《基因转殖植物田间试验管理办法》《基因转殖植物的标识及包装准则》和《基因转殖植物遗传特性调查及生物安全性评估原则》等）进行管理。

转基因动物部分由台湾农业畜牧主管部门依据《畜牧规定》及其相关子规定（例如《基因转殖种畜禽田间试验及生物安全性评估管理办法》）进行管理。

转基因水产动植物部分由台湾地区农业渔业主管部门依据《渔业规定》及其相关子规定（例如《基因转殖水产动植物田间试验管理规则》）进行管理。

转基因微生物部分目前仅针对环境用药体系中的遗传工程微生物制剂进行管理，此部分由台湾环保主管部门根据《环境用药管理规定》《遗传工程环境用药微生物制剂开发试验研究管理办法》予以规范。另外，台湾农业主管部门正针对转基因技术在农药及动物用药方面的应用，研究制定《农药管理规定》《动物用药管理规定》以弥补现行的转基因微生物管理机制不足。

3. 转基因产品管理

转基因食品管理方面，由台湾地区卫生福利主管部门根据《食品卫生管理规定》及其相关子规定作为依据进行管理。卫生福利主管部门发布卫署食字第0900011745号函，将基因改造黄豆及玉米公告为指定食品，要求按《食品卫生管理规定》规定进行查验登记。

转基因饲料方面，台湾地区农业主管部门正对《饲料管理规定》进行修订，增补转基因方面内容，以此作为管理转基因饲料的法律依据。

在转基因标识方面，卫生福利主管部门根据《包装食品含基因改造食品原料标识应遵行事项》《食品添加物含基因改造食品原料标识应遵行事项》及《散装食品含基因改造食品原料标识应遵行事项》等法规要求转基因食品进行转基因标识管理。同时规定除了含转基因食品原料须强制标识的外，食品原料是国际上已审核通过可种植的转基因品种（如黄豆、玉米等）时，该产品采用非转基因品种的食品原料，才可标识"非基因改造"。其他的无转基因原料的农产品不需要进行"非基改""无基因改造"等标识。

2.2.4.2 转基因产品进口监管机制

对于转基因产品的进出口管理，中国台湾尚未有专门的部门及规定进行管理，主要还是依据转基因产品所处生产阶段而纳入相应的管理区域。例如：转基因植物是根据《植物品种及种苗规定》子法《基因转殖植物输出入许可办法》及《基因转殖植物的标识及包装准则》加以规范。

台湾地区对进口转基因黄豆、玉米的国家或地区，均采取上市前审查许可制度。食品药物管理部门为审查转基因食品原料，聘请分子生物学、毒理学、免疫学、医学及食品科学等相关学术领域的专家，组成基因改造食品审议小组，依据转基因食品的安全评估方法，逐案专业审查，其审查的重点包括产品的毒性、过敏诱发性、营养成分等，也同时参考先进国家对该转基因食品原料安全性评估结果，最后针对每件申请案加以检验，确保其食用安全，才会发给许可证。

台湾地区卫生福利主管部门在对进口转基因产品监管方面，根据《食品安全卫生管理规定》《基因改造食品安全性评估方法》《行政院卫生署基因改造食品审议委员会设置要点》、卫署食字第0900011745号公告（"以基因改造黄豆及基因改造玉米为原料的食品标识事宜"）及卫署食字第0900011746号公告（"以基因改造黄豆及基因改造玉米为原料的食品标示事宜"）等文件规定，通过查验登记、食品安全评估、强制标识和检验监测等方面进行监管，具体如以下几点。

（1）查验登记方面，进口转基因产品应向主管部门卫生福利主管部门办理查验登记，未经卫生福利主管部门查验登记许可的转基因产品，不得加工、改装、调配、进口或出口。

（2）食品安全评估方面，卫生福利主管部门主要根据《基因改造食品安全性评估方法》和《〈混合型基因改造食品〉安全性评估原则》的安全性评估方法对进口转基因产品实施评估。

（3）产品标识管理方面，卫生福利主管部门根据《包装食品含基因改造食品原料标示应遵行事项》《食品添加物含基因改造食品原料标示应遵行事项》《散装食品含基因改造食品原料标示应遵行事项》、卫署食字第0900011745号公告"以基因改造黄豆及基因改造玉米为原料的食品标识事宜"及卫署食字第0900011746号公告"以基因改造黄豆及基因改造玉米为原料的食品标示事宜"等文件要求，对转基因产品实施标识管理，根据产品的定义、加工产物及原料含量情况将进口产品标识管理分为强制标识和自愿标识两种方式。

（4）检验监测方面，分2条线检验监测，一是对进口转基因产品在进境口岸实施抽检，二是对流入市场的产品实施抽检，确保其转基因成分及标识管理符合法律法规规定。

2.2.4.3 监管特色

转基因食品自诞生伊始，就伴随着激烈的安全争议。消费者对转基因食品无所适从，对知情权的诉求与日俱增。转基因食品强制标识制度是消费者实现知情权的有效保障。台湾地区较早实行转基因食品强制标识制度，近两年来又对转基因食品标识制度进行了重大革新，在阳性标识、阴性标识、标识阈值、标识豁免、标识内容、标识方法等方面的制度设计更趋完善，将强制标识制度进行了全面推广，有效地保障了消费者的权益。

2.3 香港地区转基因农食产品技术性贸易措施体系

在香港地区种植的转基因作物只有木瓜，但由于木瓜被《转基因生物（管制释出）条例》豁免，所以香港并没有严格意义的转基因生物种植基地，有些大学正在进行有关生物科技的研究，但没有科学家在农田进行过种植转基因农作物的试验。

根据每年一度（2008年至2017年）的转基因生物调查结果显示，香港地区销售的拟供食用的大豆、西瓜、小麦及动物饲料曾被渔农自然护理署查出含有转基因成分，另外还有可发出荧光的转基因斑马鱼及蓝色的转基因康乃馨在市面流通。

香港是世界上为数不多的实行自愿标识制度的地区，加之香港农业生产活动较少，可以说香港政府对于转基因农食产品的进口及市场管理都较为宽松，只要符合一般食物的法律法规要求即可。

2.3.1 监管机构

2.3.1.1 食物环境卫生署
食物环境卫生署由食物环境卫生署署长领导，其下有食物安全专员及2名副署长，分别管理食物安全中心、环境卫生部和行政发展部。

食物安全专员负责策划和督导食物安全监控政策的实施工作、食物安全中心的日常管理工作，与内地和海外的食物安全主管机构展开高层谈判和保持联系，管理包括食物安全专家委员会的咨询结构以及监督与食物安全相关的规管职务。

2.3.1.2 食物安全中心
食物安全中心成立于2006年5月2日，下设食物安全专员，再下设立食物监察及管制科、风险评估及传达科和食物安全行政中心科。

食物监察及管制科下设风险管理组、食物进出口组、食物监察及投诉组、食物化验组、兽医公共卫生组和屠房（兽医）组。职责包括制定和监督在全港推行的食物监察计划，监督食物的进口管制和出口证明，监督所有食物事故的处理工作，制定措施防止及控制会影响公众健康的食用动物疾病或兽药残留，与内地和海外主管机构保持联系，监督在文锦渡食品管制处就内地输港食物进行的化学检测工作。

风险评估及传达科下设风险评估组、风险传达组和食物研究化验组。职责包括督导风险评估研究，监督食物消费量调查和食物危害化验研究，根据本地风险评估结果和国际经验就食物标准提供意见，监督食物安全风险传达工作，咨询相关人士、进行科学研究和规管影响评估，以支援新食物安全规例和法例的制定工作。

2.3.1.3 渔农自然护理署
渔农自然护理署下设五个分署：检验及检疫分署、农业分署、渔业分署、郊野公园及海岸公园分署、自然护理分署。主要职责为向市民提供渔农业、自然存护、动植物及渔业监管有关的服务，工作内容有提供检疫服务，检查输入本地的动植物，化验食用动物的疾病及体内的化学物残留，巡查饲养食用动物的农场，巡查展览或售卖动物的店铺及场所，巡查海洋养殖场等；提供的技术服务有就影响渔农业的发展工程评估发放给予渔农业从业者的特惠金，签发禽畜农场牌照，签发海鱼养殖场牌照，协助有关动植物及其制成品的出口贸易顺利进行，管制除害剂及规管禽畜农场用药等。

2.3.1.4 转基因生物专家小组

根据《基因改造生物（管制释出）条例》，香港地区成立由环境局局长委任的成员所组成的专家小组，就条例的实施向渔农自然护理署署长提供建议，包括处理个别基因改造生物核准申请，更改要求及不批准要求，以及批准豁免等意见。其成员为来自学术界、环境保护界、农业界、生物科技界及贸易界的公职人员或非公人员，每届任期两年，首届开始于 2011 年 7 月 5 日，最新一届为任期 2017 年 6 月 20 日至 2019 年 6 月 19 日。

2.3.2 相关规定

2.3.2.1 食物规例、指引

香港的基本食物法例载于《公众卫生及市政条例》（第 132 章）第 V 部，其主要条文涵盖对食物购买人的一般保障、与出售不宜食用的食物和掺杂食物有关的罪行、食物成分组合及标签、食物卫生、取样检验及销毁不宜食用的食物等方面。该条例的附属法例则规定各特定范围的管制。该条例确定了有关食物安全的基本规定，所有在香港出售的食物，必须适宜供人食用。条例于 1960 年 11 月 11 日起实施，现行版本为 1986 年修订版，之后有大量增补。

《食物安全条例》（第 612 章）为食物进口企业和销售企业设立登记制度，规定获取、捕捞、进口或供应食物的企业和个人备存记录，协助实施食物进口管制，重新制定了《公众卫生及市政条例》第 VA 部。2011 年 8 月 1 日起实施，现行版本为 2014 年修订版。

这两部最主要的食品法都没有明确指出转基因食品的条款，食物安全中心明确指出：所有对于常规食品的规定同样适用于基因改造食品。说明香港法律中并没有单独讨论规管转基因食品，只通过涵盖所有食物的一般性法律条文规范转基因食品的食用安全。

关于转基因生物，香港地区参照国际公约和议定书，包括以下文件。

《生物多样性公约》是一份有关保护生物多样性，可持续地使用自然资源及公平合理地分享利用遗传资源产生的收益的国际公约，1992 年在里约地球峰会上通过，1993 年正式生效，有超过 190 个公约缔约方，自 2011 年起适用至香港。生物安全是《生物多样性公约》所涉及的其中一项议题。

2000 年 1 月《生物多样性公约》的缔约方通过《卡塔赫纳生物安全议定书》制定有关生物安全的相关规则。《卡塔赫纳生物安全议定书》为可能对生物多样性的保护及可持续性使用产生不利影响的转基因生物获得安全的转移、处理以及使用制定相关规则。议定书要求缔约方在法律、行政及其他方面，采取必要和适当的措施，确保在进行转基因生物的研制、处理、运输、使用、转移及释放（尤其是越境转移）时，防止或减少转基因生物对生物多样性保护和可持续使用产生的不利影响。目前有 170 个议定书缔约方，自 2011 年起扩展适用至香港地区。

香港地区的专门转基因生物指导法例是《基因改造生物（管制释出）条例》，在贯彻实施《卡塔赫纳生物安全议定书》的同时，管控向环境释放转基因生物，管制转基因生

物的进出口。2010年发布，2011年3月1日起实施。与食品有关的规例有14条，其中涉及基因改造食品的仅有一句，即第五条：食物及药物（成分组合及标签）规例（第132W章）规例中关于基因改造导致的营养价值改变不构成必须规管的营养声称，即并不是强制要求标识在食品外包装上。

香港食物安全中心自2008年起公布的14条法例修订涵盖了食品药品标签、食品添加剂、婴幼儿配方、食用油脂等的规管，但都没有涉及转基因食品。与食品有关的指引有41条，涉及转基因食品的，除第19条"营养标签及营养声称技术指引"——如上所述，涉及营养声称的内容外，还有一项指引即第24条"转基因食物自愿标签指引"。政府以保障公众健康和食物安全为主要考虑因素，同时兼顾企业的效益和成本，将标签问题划归为建议性质类。

2.3.2.2 转基因食品标签管理相关政策法规

香港地区现行转基因食物标签管理遵循《转基因食物自愿标签指引》，指引载述了为转基因食物加上标签的基本原则，以便食品企业为消费者提供真实的资料。指引纯属建议性质，没有法律约束力，于2006年7月28日生效。

食品安全中心认为：国际间正致力订立一套公认的转基因食物标签制度，但现时食品法典委员会为此仍未达至共识，一套国际认可的标准不能在短期内制定出来。为了加强消费者对转基因食物的认识及做出知情选择的能力，食物安全中心支持本地食物行业主动为转基因食物设立自愿标签制度，食物环境卫生署（其后由食物安全中心负责）为此成立了一个工作小组，成员包括食物行业人士、消费者委员会及有关政府部门的代表，负责制定有关指引。

以往的公众咨询显示，公众大都支持强制性标签制度，并认为食品中如果有任何配料的转基因物质含量超出阈限值，就应该加上标签。不过，香港政府进行了规管影响评估，最终认为在现阶段推行转基因食物自愿标签安排是务实的做法。香港政府为此做出了详细的说明，陈述了检测转基因食品的困难以及现行食品供应链状况导致区分转基因和非转基因农作物较困难，遵循强制标签制度的成本以及国际上的做法。

香港政府明确指出鼓励食品行业积极采纳该条例；同时要求，不可对食物作出虚假的说明，所有食物标签均要符合《公众卫生及市政条例》（第132章）第61条的规定；并指明该指引将会随着科技的发展及国际间有关转基因食物标签制度的进展而作出修改，指引适用于含有转基因成分或配料的预先包装食物。《公众卫生及市政条例》（第132章）涉及香港食物安全管制内容为第61条规定：任何人不得对食物做虚假说明的标签。

此外，《食物及药物（成分组合及标签）规例》也要求，预先包装食物必须依照规定的方式加上标记及标签。考虑到在收割、运送、加工和贮存的过程中，转基因和非转基因的农作物可能会不经意地混在一起，因此把标签个别食品原料的阈限值定于5%。如果食物配料含有5%或以上的转基因物质，须在配料表中以括号形式注明"转基因"的字样；也可以在配料表的注脚中以相同字体在显眼位置列出，有关配料的名称旁则加上"*"号。在转基因食品与原来品种有显著分别时，建议在食品标签上另加说明，比如成分组合或营养价值方面与原来品种有显著的分别、妨碍人体吸收营养的因子或毒性物质的含量与原来品种有显著的分别、含有原来品种所没有的致敏原等。为了避免误导消费者，如果食物没有对应的转基因成分存在，则不建议使用"反面标签"（即表明食物或配料来自非转基因来源的标签）。

2.3.2.3 《转基因生物（管制释出）条例》

《转基因生物（管制释出）条例》制定的目的是贯彻实施《卡塔赫纳生物安全议定书》、规管转基因生物，保护香港的生物多样性，特别是本地原生物种的保育。

其"向环境释出"的定义是：不在某一设施、装置或其他实体屏障内，不受特定措施控制让该生物与环境接触，或直接暴露在可以生长繁殖的环境中。

条例要求风险评估报告递交给渔农自然护理署署长。

条例内容包括10个部分，主要内容有：限制向环境释放转基因生物的概述，如果有需要，应向署长递交申请，署长会在90天内回复，270天内做决定是否放行；署长对申请核准，或者要求申请人做相应的更改，甚至做出不批准的决定；如果申请人有异议，可以提交资料要求复核，署长会在90天内决定；渔农署把转基因生物资料记录归档，申请人可根据情况对某些资料提出不编入记录册或不对外公开的要求；渔农署修改、撤回申请资料的规定；进出口转基因生物适用的文件等。

该条例赋予了渔农署署长及署长委任的公职人员部分权利，在适当的时候可以：视察、复印相关文件，抽样、检查、甚至扣留相关物品，搜查船只、甚至私人场所，要求相关人员出示身份证明、甚至合理扣留人员等。

该条例赋予环境局局长部分权利，包括在宪报刊登公告，豁免相关人士、相关转基因生物；订立部分规例；成立专家小组，收集意见和建议等。

条例附带了6个附表，分别为：转基因生物申请表（释出基因改造生物的书面通知）、署长批复的许可书（基因改造生物核准申请）、风险评估报告及附带文件、出口申请、费用列表、转基因生物记录册。

2.3.3 安全评估体系

香港地区对于转基因食品的控制较为宽松，多数安全评估参考其他方面的结果，比如国际组织的专家意见及其订立的准则。

香港地区的评估工作流程由渔农自然护理署执行，没有进行进口、出口、本地销售或动物、植物、其他物种的区分。

风险评估采取的步骤有：

（1）鉴别在可能的潜在环境中，可能会对生物多样性产生不利影响、与转基因生物相关的、新的基因型及表现性状；

（2）在考虑转基因生物暴露在环境中的程度和暴露类型的前提下，估计产生不良影响的可能性；

（3）判断一旦产生这种不良影响后，会出现的结果；

（4）根据这些不良影响的可能性和不良后果的判断，估计转基因生物所构成的总体风险；

（5）就这些风险能否接受或是否可以管理提出建议，在需要的情况下订立这类风险的管理策略；

（6）如果风险程度无法确定，也可以针对具体问题要求申请者提供进一步的材料，或者采用适当的风险管理策略，或者在相应的环境中对转基因生物进行监测。

风险评估考虑的学术信息有：受体或亲本生物体的生物特征、分类状况、遗传多样性的资料等；供体生物体的相关资料；媒体、媒介或该生物的宿主；植入后引起的遗传特征的改变；转基因生物的辨识属性，以及这种生物与受体或亲本之间的生物特性差别；鉴别这种转基因生物的方法，以及该方法的敏感性和可靠性；可能的接受环境等。

2.3.4 监管机制

2.3.4.1 转基因产品监管机制

香港地区监管转基因生物的参考文件有：《生物多样性公约》《卡塔赫纳生物安全议定书》和《转基因生物（管制释出）条例》。

香港法例第607章《基因改造生物（管制释出）条例》及其附属法例第607a章《转基因生物（进出口须备的文件）规例》为向环境释出的转基因生物建立了向渔农自然护理署申请事先核准的机制，规定载有转基因生物的货物，在输入及输出时需附带相关文件。

转基因生物的规管是根据该生物的拟定用途设立的条例，监管范围包括：可能作为食物饲料的转基因生物或直接供人食用的转基因生物例如抗病毒的木瓜、耐除草剂的大豆及含有Bt抗虫基因的粟米；可能监控管理的转基因生物，例如在实验室内培养的转基因微生物，在温室内种植的转基因植物及养在笼子里的基因小鼠；拟向环境释放的转基因生物，例如将会种在田地的转基因作物的种子、将会在开放田地试验的实验性转基因植物及将会在露天场地做展示的转基因品种的鲜花。《基因改造生物（管制释出）条例》监管用于供人类使用的药剂制品的转基因生物（图2-1）。

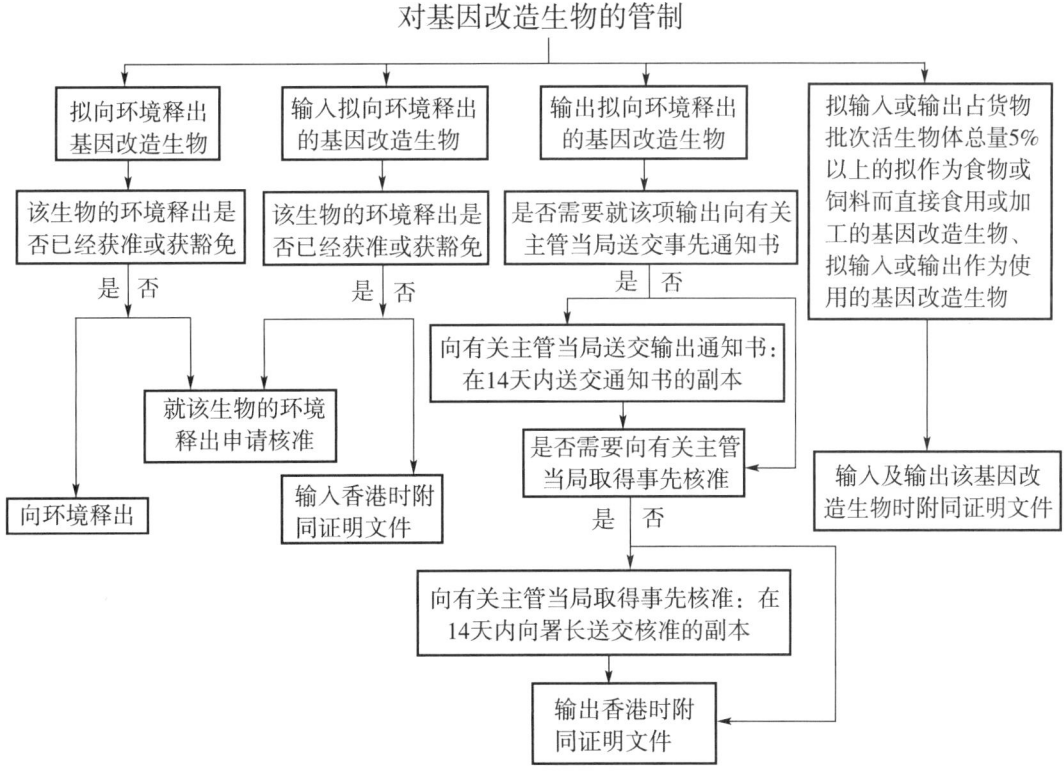

图2-1 《基因改造生物（管制释出）条例》对基因改造生物的管制

2.3.4.2 转基因产品进口监管机制

为了方便追溯进口活生食用动物,食物安全中心已于 2007 年 9 月 1 日推行活生食用动物及活生家禽进口商/分销商自愿登记计划,活生食用动物及活生家禽进口商/分销商可以填写申请书交食物安全中心处理。

兽医公共卫生组内的检查及调查小组,负责视察核证内地农场,与内地有关当局保持紧密联络。视察内地农场的目的是要核证、确保国家质量监督检验检疫总局(国家质检总局)及各出入境检验检疫局规管的内地注册的供港食用活动物(家畜、家禽、水生动物)的品质符合农场动物健康准则和良好食品卫生准则。为保障公众健康,食物安全中心与国家质监总局及各出入境检验检疫局人员保持联络,就动物疾病疫情、注册农场相关资讯以及暂停与恢复进口安排等资讯交流沟通。

基于公众卫生理由,香港政府对进口食物施加规定。某些高危进口食物,例如牛奶、奶类制品、冰冻甜点、野味、肉类、家禽和蛋类等受到《公众卫生及市政条例》(香港法例第 132 章)的附属法例监管。进口野味或蛋类,需事先获得食物环境卫生署的批准,而进口肉类、家禽和蛋类则仅限于食物环境卫生署所认可的来源地。为放行进口的食物,进口企业必须提供出口国家或地区的发证实体所签发的卫生证明书。负责人员与内地有关当局磋商后,所有进口蔬菜均附有识别标签及供港澳蔬菜出货清单。蔬菜样本从载运的货车收集后,会在文锦渡食品管制办事处进行检验残留杀虫剂。活的食用牲口,也在文锦渡、批发市场及屠宰场接受检查和检验。

《香港入口食物指引》是为香港的输进口企业提供概括性指引的一份文件。食物环境卫生署是负责实施食物安全监管政策和执行有关法律的政府部门,工作包括行使《公众卫生及市政条例》第 62(1)条所赋予的权利,从各进口检查站的进口食物中抽取样本作微生物检验和化学分析等。食物环境卫生署在抽取食物样本后,会按市价计算样本的价值发还给进口企业。由于食物的市价难以在进口时评定,食物环境卫生署人员抽取样本时会发给进口企业一份通知,列明所抽取样本的品名和数量,而进口企业事后可以凭这份通知和有关样本的发票,向食物环境卫生署索取被抽去样本的市价。食物进口企业有责任与出口当地保持紧密联系,确保所进口的食物符合香港法律的规定。因此食物进口企业应向来源地发证实体申领卫生证明书,然后将证明书随货附上。

《食物安全条例》第 612 章于 2012 年 2 月 1 日全面生效,该条例第四和第五条规定,任何经营食物进口、销售业务的企业必须向食物环境卫生署署长登记为食物进口企业或食物销售企业。

2.3.4.3 监督特色

香港关于进出口转基因产品的监管所遵循的法律比较明确,有利于查阅和遵守。对于争议颇大的标签管理制度,仍然采取推荐执行政策,比较宽松,也比较科学。香港法律条文及进出口相关表格,皆可在政府网站上查阅和下载,由于监管部门较少,而且定时更新,可以为相关办事人员节省大量时间。

第三章 国外转基因农食产品技术性贸易措施体系

3.1 美国转基因农食产品技术性贸易措施体系

美国是世界上转基因作物研制开发最早、种植面积最大、应用转基因技术最为广泛的国家，其转基因产品也在国际市场中拥有明显的比较优势。由于不认为生物技术本身会产生特殊风险，美国对待转基因产品的态度总体较为宽松，并未针对转基因食品专门立法，而是直接将其纳入现有法律框架之内予以规范。

自1996年转基因作物商业化以来，美国的转基因作物种植面积不断增大，允许种植的作物种类及品系也不断增加。自1990年至今，已有126种转基因产品得到解除管制的许可，其中包括玉米、大豆、棉花、马铃薯、油菜籽、番茄、甜菜、葡萄剪股颖、苜蓿、苹果、桉树、水稻、亚麻、香瓜、木瓜、李子、玫瑰等。2015年美国食品药品管理局还批准一种可供食用的转基因三文鱼上市销售。2017年，美国转基因作物种植面积达到75.04百万公顷，其中玉米33.84百万公顷，大豆34.05百万公顷，棉花4.58百万公顷，油菜87.6万公顷，甜菜45.8万公顷，苜蓿1.22百万公顷，马铃薯0.3万公顷，苹果、南瓜、木瓜各0.1万公顷。

美国在转基因农业管理方面建立了分散式的监管体系，为美国转基因农业研究的发展提供了宽松的政策环境和稳定的制度保障。美国并未将转基因作物与传统作物割裂开来，而是按照以科学研究为基础的实质性等同原则，通过原有监管渠道监管。美国对转基因作物及其产品的政策无论是审批制度、管理法规还是标识制度都十分宽松，其目的在于积极发展和推广转基因技术。它的审批许可制度只针对转基因的作物及其相关产品，并不控制转基因作物的生产过程。这样可以适度减少产品进出口和环境释放的限制，有利于转基因产品成果更好地转化。

3.1.1 监管机构

美国并没有设置专门的机构对转基因农食产品进行管理，而是由美国农业部（USDA）下的动植物健康检验服务局，环境保护署和食品药品监督管理局三个部门进行分工明确的联合管理（见表3-1）。

表3-1 美国相关职能部门对转基因产品的管辖范围及相应的指导法规

部门	管理范围	法规指南
动植物健康检验服务局（农业部下属机构）	植物有害生物、植物、牲畜	《植物保护法案》 《GMO及其产品的申请内容与过程的简化》 《GMO及其产品：受控生物体的报告程序及解除控制的申请》
环境保护署	微生物、植物农药、农药的新用途、新型微生物	《联邦食品、药品与化妆品法》 《联邦杀虫剂、杀真菌剂和灭鼠剂法案》 《有毒物质控制法案》 《微生物杀虫剂：试验许可与报告》 《生物技术微生物产品：毒品控制法下的最后法规》
食品药品监督管理局	食品、饲料、食品添加剂、兽药、医药及医疗设备	《联邦食品、药品与化妆品法》 《政策声明：从新植物品种而来的食品》

3.1.1.1 农业部

美国农业部（US Department of Agriculture，USDA）主要负责控制有害生物、植物、牲畜及负责监督转基因作物的普及种植。美国的转基因植物的管理权限属于美国农业部下属的动植物健康检验服务局（US Department of Agriculture's Animal and Plant Health Inspection Service，USDA-APHIS），遵循的基本法规是《植物保护法案》（*The Plant Protection Act*），负责管理转基因植物的开发和田间试验。动植物健康检验服务局主要负责对转基因植物的研制与开发过程进行管理，评估转基因植物对农业和环境的潜在风险，并负责发放转基因作物田间实验和转基因食品商业化释放许可证。动植物健康检验服务局通过"审批许可制度"实施其管理职权。某一公司、学术研究机构或公共部门科学家，如果其想对处于田间试验阶段的某一基因工程植物进行转移（实验室到室外、国内或跨国转移），在转移之前，首先必须向动植物健康检验服务局提出申请，经审查批准后方可实施。在确认该作物对环境没有危害后即予以批准，这时申请者就可以进行商品化或其他育种活动（如果涉及其他安全性问题，则还要通过食品药品管理局和环保署的审查）。动植物健康检验服务局有2种转基因生物许可基本类型——转移（进口）许可和环境释放许可。①转移（进口）许可。动植物健康检验服务局要求，各州的农业部门首先对任何一种可能对美国或州之间带来负面影响的基因工程生物进口做出许可。然后，申请人还必须向动植物健康检验服务局提供有关该生物本质、起源、用途等详细资料。接到申请书后，动植物健康检验服务局做出临时的有害风险分析，并向各州有关的农业部门送达相关文件，要求该部门进行风险评估。动植物健康检验服务局和州官员负责检查接收该有机物的设施或环境，以确保该有机物不是无意释放到环境中。②环境释放许可。动植物健康检验服务局也负责监督转基因作物的田间试验（也称环境释放）。申请人必须提供有关该植物的详细信息，包括所有新基因和新基因产品、植物起源、试验目标、试验设计和为预防花粉、植物或植物某部分从试验区逃逸而采取的预防措施。动植物健康检验服务局还准备将转基因作物田间试验对环境可能造成影响的分析文件作为环境评估的一部分。

3.1.1.2　环境保护署

美国环境保护署（Environmental Protection Agency，EPA）主要负责监控微生物、植物农药及管理转基因作物抗杀虫剂的性能。转基因生物农药和转基因微生物的管理，依据的法规是《联邦食品、药品与化妆品法》（The Federal Food, Drug and Cosmetic Act, FFDCA）《联邦杀虫剂、杀真菌剂和灭鼠剂法案》（The Federal Insecticide, Fungicide and Rodenticide Act, FIFRA）和《有毒物质控制法案》（The Toxic Substances Control Act, TSCA）。EPA 负责确保杀虫剂安全性，包括化学杀虫剂和利用生物技术生产的生物杀虫剂。杀虫剂项目办公室（OPP）的生物杀虫剂部门和防污染部门在《联邦杀虫剂、杀真菌剂和灭鼠剂法案》授权下，负责管理分配、销售、使用和检测能产生杀虫剂物质的植物与微生物。根据 FFDCA，环保署制定了食品和饲料残留杀虫剂法定容许标准，为消费者健康提供高度的安全保证。另外，环保署还制定了在新的耐除草剂作物中除草剂残留容许标准。在 TSCA 授权下，环保署的 TSCA 生物技术项目管理那些用于商业化应用的、含有或表达新的特性组合的微生物，这包括利用转基因技术开发的"转基因微生物"。任何抗虫和抗除草剂转基因作物的田间释放都必须向环保署提出申请，并同时提交一份抗性管理计划以确保该作物抗虫、抗除草剂特性不会因为遗传改变或害虫产生耐受性而丢失或减弱。

3.1.1.3　食品药品监督管理局

美国食品药品监督管理局（Food and Drug Administration，FDA）主要负责植物新品种的加工食品和饲料的安全性。FDA 的政策基础是现行的食品法规及基因工程食品也必须与其他食品一样，遵守同一严格的安全标准要求。食品药品监督管理局主要职能是：①食品药品监督管理局需确保在农业部管辖下的国内和进口食品、出口肉类和禽肉产品安全性。②负责对植物新品种（包括转基因作物）生产的食品包括动物饲料的安全性以及营养价值进行咨询与评价，负责转基因生物（GMOs）和含有转基因成分的食品上市前审批管理，也对转基因食品标识提供指导原则。③食品药品监督管理局负责监控食品，实施环保署建立的杀虫剂容许量标准。如果由转基因作物加工的产品欲用做食品或饲料之用，食品药品监督管理局也要在其申请过程中起作用。食品药品监督管理局对转基因食品管理职能主要通过安全性评价制度、标识制度来实施的。遵循的基本法规是《联邦食品、药品和化妆品法案》和《公共卫生服务法案》（The Public Health Service Act）。

3.1.1.4　国立卫生研究院

该机构提供转基因技术的咨询和建议工作，为法律调控提供技术支持。

3.1.1.5　职业安全与卫生管理局

该机构类似社会保障部门，负责保障转基因科研、生产、运输人员的安全和健康。

3.1.2　法律法规

3.1.2.1　《生物技术管理的协调框架》

该法于 1986 年 6 月 26 日由美国政府颁布，主张遵循"科学证据原则"和"实质等同性原则",即在科学评价的前提下针对个案和最终产品进行审查管理,只有在存在可靠的科学证据证明转基因产品的确会给人类健康或生态环境安全带来风险时,或者转基因产品具有明显区别于传统产品的特性时,才能对转基因产品实施安全管理和贸易限制措施。该文件框架的主要内容为:

(1) 转基因作物及相关产品与非转基因作物及传统产品在本质上并无差异;
(2) 针对最终产品而不是生产过程进行管理;
(3) 管理以个案分析为基础;
(4) 现存法律足够保证转基因产品的安全性。

3.1.2.2 《植物保护法案》

1987年美国农业部在《植物保护法案》第412(c)条的授权下制定实施《作为植物有害生物或有理由认为植物有害生物的转基因生物和产品的引入》(7CFR340)。详细规定对转基因植物的规制,从申报田间试验到进行商业化开发利用都制定了严格的程序。该规则将转基因生物及产品视为"管制物"(regulated article),管理制度中基本内容包括:引进管制物前应通报(notification)或申请许可(permit)、管制物的进口应进行标识基本辨别信息、运送与包装和管制物解除管制的申请。该法规分别于1990年、1993年、1997年和2005年进行了3次修订和1次补充。2007年7月农业部动植物检疫局对法规进行再次修订,内容涵盖转基因生物的范围、许可程序、记录保存制度和低水平无意混杂政策。

3.1.2.3 《联邦食品、药品、化妆品法》

1938年6月25日,富兰克林·罗斯福总统签署通过了《联邦食品、药品和化妆品法》。该法案通过明确要求所有新药品上市前必须通过安全性审查以及禁止被食品药品监督管理局证明处于欺诈目的、在药品标签上作出虚假医疗声明的行为,显著增加了联邦监管的权限。该法案亦授权给食品药品监督管理局对制造商进行检查的权利和扩大执法权,为食品监管设立了新的标准,并将化妆品和医疗设备置于联邦监管之下。美国食品药品监督管理局依照《联邦食品、药品和化妆品法》保障转基因生物的食品和饲料安全。食品药品管理局主要评价外源非杀虫蛋白质和转基因植物的食用安全,包括新表达外源非杀虫蛋白质的早期咨询和转基因植物上市前的咨询。1992年食品药品监督管理局发布了《源于转基因植物的食品政策》(57FR22984),政策建立了自愿咨询程序,制定了公众健康、转基因食品咨询和标识的技术指南。2008年9月,美国食品药品监督管理局发布了关于转基因动物管理的草案。这次公布的草案,要求生产食用转基因动物时要出示食用安全证明。

3.1.2.4 《有毒物质控制法案》

美国环保局按照评价农药的方式评价转基因生物是否具有不合理的风险。环保局基于微生物农药管理模式建立了转基因生物管理制度,其大部分法规同时适用于微生物农药和转基因生物农药,二者管理程序相同,只是在资料要求中增加了转基因的相关条款。

3.1.2.5 《公共卫生服务法案》

FDA还根据《公共卫生服务法案》的相关规定,对被归类为"生物制品"的医疗产品进行监管,其中包括疫苗、血清、血液制品等。生物制品,无论是否涉及基因改造,都必须经过FDA的许可才能被引进。生物制品的许可程序需要向食品药品监督管理局提交关于实验室和临床研究、制造方法和其他相关的详细信息,这些信息与它们是否安全有效。

3.1.2.6 《美国国家环境政策法》

《美国国家环境政策法》(NEPA)要求联邦机构在某些情况下进行联邦行动的环境评估(EA),例如采取政策或批准某一项许可,以确定它们是否会对环境产生重大影响。如果一个联邦行动可能会产生重大影响,该机构必须准备一份更详细的评估报告,称为环境影响声明(EIS)。在某些情况下联邦机构的审批,转基因产品可能需要环境评估或环境影响声明。

3.1.2.7 《国家生物工程食品知情权法案》

2016年7月29日,时任总统签署了《国家生物工程食品知情权法案》,要求美国农业部制定相关国家标准,披露某些食品产品是否含有生物工程的成分。

3.1.2.8 《转基因生物责任法案》

2002年5月,美国将《转基因生物责任法案》上交国会,从而为转基因生物所造成的损害确定了相应的责任追究机制,最大限度地保障转基因食品的安全性。

3.1.3 安全评估体系

美国在转基因食品安全性评估方面采用的是可靠科学原则。强调以科学为基础和以风险为基础的评价和决策,监控管理的对象是生物技术产品,而不是生物技术本身,主要是对转基因生物的释放和应用进行安全性评价。主要负责评估的三个部门是美国农业部、环境保护署、食品药品监督管理局。

3.1.3.1 评估部门

1. 农业部(USDA)

美国农业部建立了针对不同风险类别的安全评价制度。根据不同的风险类别,美国农业部设立了相应的安全评估制度,来评估转基因作物对生态环境的潜在风险。对风险较低的转基因生物的释放实施通知程序,对风险较高的转基因生物的释放实施许可程序,并对转基因生物评审实行专职审查员制度。在田间释放环节,申请者根据农业部提供的申报与申请许可这两种方式进行选择。申报适用于绝大部分常见的且风险本身比较低的转基因农产品;申请许可是针对少数风险较高的转基因作物,经农业部审核通过的,颁发许可证,一旦后来被证实该作物会出现不可预估的风险时,颁发部门有权收回许可,并对其进行管制,严禁进行后续试验,这是对试验阶段的转基因作物进行安全评估的规定。对于大规模投入生产并进入市场的转基因农产品,美国的规定相对宽松,法律规定,关于转基因农产品上市前的安全评估,申请者可以通过自愿的方式对自己的产品安全与否进行咨询评估。

2. 环境保护署(EPA)

美国环境保护署按照农药评估的方式评价转基因生物是否具有不合理的风险,主要对植物内置式农药的登记、试验使用许可和残留限量进行安全性评价。环保局设立项目组长、风险组长和风险评审员负责转基因生物风险评价。

3. 食品药品监督管理局(FDA)

主要评价外源非杀虫蛋白质和转基因植物的食用安全性,包括新表达外源非杀虫蛋白质的早期咨询和转基因植物上市前的咨询。生物技术评价小组以个案分析为原则进行风险评价。

3.1.3.2 评估内容

1. 环境安全评估

主要评估转基因生物对生态环境的影响，主要包括基因漂移影响生物的遗传多样性，对靶标生物物种进化的影响（如影响昆虫种群），转基因作物"杂草化"对生态系统的影响和转基因作物对土壤生态系统的影响等。环境安全评估主要包括基因漂移、遗传稳定性、生存竞争力、生物多样性等。

2. 生存竞争力评估

通过比较研究转基因植物和其非转基因亲本相关生物学和生态学特性，分析转基因植物的生态适应性和杂草性。包括有性生殖特性和生殖率、花粉传播方式和传播能力、有性可交配种类和异交结实率、花粉离体生存与传播能力、落粒性和落粒率、休眠性和越冬能力及生态适应性等。

3. 基因漂流评估

基因漂流是指供体 A 的基因通过漂流转入到受体 B，使受体 B 带有供体 A 的基因。按照介质的不同，基因漂流可分为花粉介导、种子介导和无性繁殖器官介导。转基因作物的基因漂流主要以花粉为介导的外源基因从转基因作物转移到非转基因作物、野生进缘种或杂草群体的现象。根据影响发生的因素（空间分布、杂交亲和性等），按评价程序和方法评估可能的生态后果，如是否会改变野生近缘种的遗传多样性和生态适应性，是否会产生"超级杂草"等。

4. 非靶标影响评估

主要评价具有抗虫等有害生物抗性的植物对非靶标生物的影响，根据外源蛋白的特点和作用机制，选择非靶标生物，通常采用序贯方法（人工饲料、离体组织、田间罩笼、田间调查）进行评估。以转基因抗虫作物为例，对非靶标生物的潜在影响评价主要是为了明确转基因抗虫作物的种植是否会负面地影响农田非靶标节肢动物，导致农田生物多样性降低。

5. 生物多样性影响评估

该项评估指评估转基因植物对动物群落、植物群落、微生物群落结构、多样性的影响以及转基因植物生态系统下病虫害等有害生物地位演化的风险。转基因植物对农田生物群落结构和多样性影响，主要从物种丰富度、个体丰盛度、物种均匀度等指标来进行。

6. 靶标生物抗性影响评估

靶标生物的抗性是指靶标生物由于连续多代取食转基因植物，敏感个体被淘汰，抗性较强的个体存活、繁殖，逐渐发展成高抗性种群的现象。靶标生物的抗性风险评估主要是根据转基因作物作用机制和特点分析转基因植物商业化种植后可能发生的靶标生物抗性发展及可能带来的生态风险。交互抗性和靶标昆虫敏感基线建立是转基因抗虫作物商业化应用前的必要工作。

7. 功能效率评估

功能效率评估依据转基因作物的特异目标性状，评估转基因植物是否表现预期的性状及性状表现情况，如抗虫的转基因植物，就是要评估其对靶标害虫的抗性效率。该评估有室内评估和田间评估两种方式。

8. 食用安全评估

转基因作物对人畜健康的影响主要是通过转基因作物产品商品化加工转变为转基因食品来实现的。目前转基因食品安全性的焦点问题是外源基因的表达产物是否安全，包括产品有无过敏性、有无毒性以及抗生素抗性标记基因的安全性，过敏性物质在物质间转移导致没有预料的过敏反应的发生。食用安全评估主要包括毒理学、致敏性、营养学、关键成分、全食品、生产加工影响等。

毒理学评估：包括急性毒性试验、28 天喂养试验、90 天喂养试验，必要时进行免疫毒性试验等。

过敏性评估：包括新表达蛋白质未知致敏原氨基酸序列的同源分析、热稳定性、模拟胃液消化稳定性、供体含致敏原或新表达蛋白未知致敏原有序列的同源性以及特建性血清筛选实验。

关键成分分析包括：蛋白质、碳水化合物、脂肪、纤维素、矿物质、氨基酸等营养素，抗营养因子，天然毒素等。营养成分或生理作用发生改变的，需做动物营养素吸收利用试验。

3.1.4 监管机制

3.1.4.1 国内监管机制

1. 审批流程

在美国，对于一般的转基因产品，根据转基因作物的性质用途的不同，其研究、生产和销售流通可能需要由一个或几个部门对之进行审批，但是对于用于食用的转基因农产品，则规定必须同时通过上述三个部门审批和安全性评价才能进行大范围推广。审批流程如图 3-1 所示。

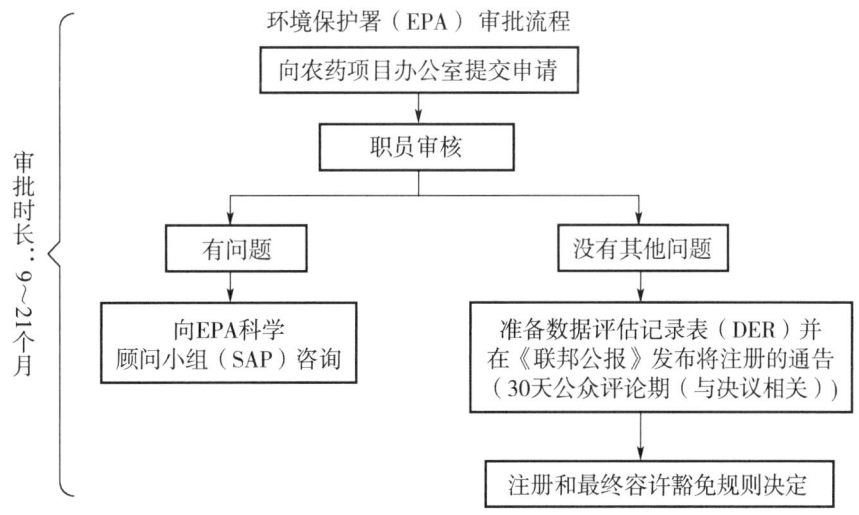

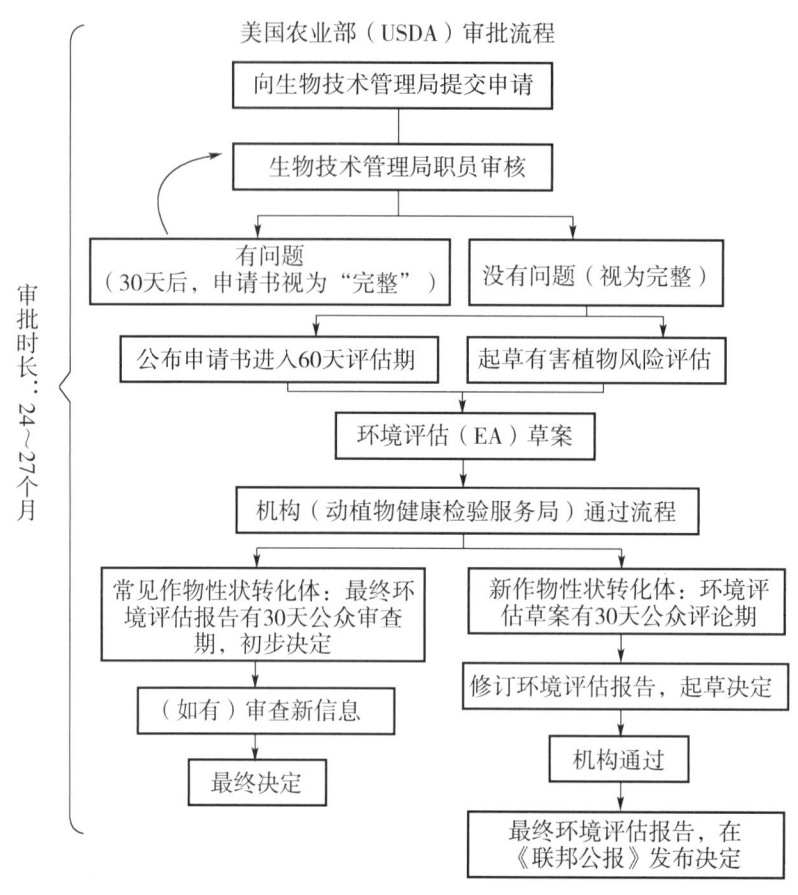

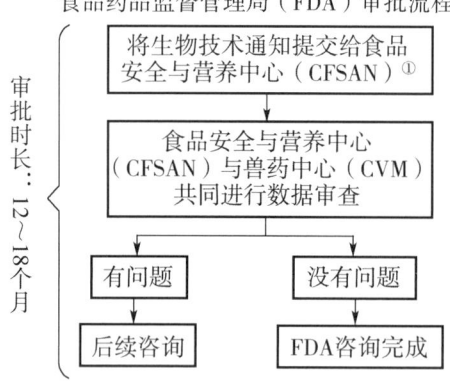

图 3-1 审批流程图

2. 转基因植物研发和田间试验

转基因植物研发和田间试验必须向动植物健康检验服务局和环境保护署提交申请。

---

① 基于《联邦公报》公布但未曾被敲定的法规提案，提交至 FDA 是自愿进行的。尽管如此，所有研发商在含有重组 DNA 的作物商业化之前，都提交申请并进行咨询过程。

（1）动植物健康检验服务局。

根据《植物保护法案》(the Plant Protection Act，PPA)的授权，动植物健康检验服务局对转基因植物的种植、进口和运输进行管理。在美国境内如果某种植物携带害虫或某种杂草有毒，若农业部认为有必要的话可以禁止或限制此植物或植物产品在州际贸易中的进口、出口或运输。

动植物健康检验服务局将大多数转基因植物视为有害植物或潜在有害植物。根据《植物保护法案》，转基因植物是"受限制产品"，在引种前必须得到动植物健康检验服务局的批准，必须向其申请释放许可证。

动植物健康检验服务局通过三种方式批准转基因植物的引入或种植：通知程序，许可程序，解除管制。

①通知程序。在符合相关条件和满足相关操作标准的情况下，通知程序适用于未被归类为有毒杂草的植物和生长在释放区的植物。相关条件包括：此物种是经动植物健康检验服务局确认过的可以安全引入的物种；其遗传物质必须稳定集成；遗传物质的表达不能导致植物病害等等。为了防止转基因成分被释放出来，操作标准则对运输、贮存、种植和生产试验都做了规定。当申请人依据通知程序向动植物健康检验服务局发送通知，动植物健康检验服务局将在规定时间内做出答复：同意或拒绝。如果发送的通知被拒绝，申请人可以走许可程序。

②许可程序。许可程序要求申请人提供转基因产品的供体有机体、受体有机体、转基因产品的有关信息，包括：转基因产品中被改变的遗传物质的表达方式，转基因产品中起作用的分子生物学系统，供体有机体、受体有机体和转基因产品基因片段切除、导入和起作用的位置，研发此转基因产品的目的，准备种植（或引入）的数量，防止释放的措施，预期的目标、用途和分布以及转基因产品最终的处置。如果申请通过，转基因产品仍需确保在可控范围内，动植物健康检验服务局仍需进行监管。如果申请人不遵守条件，动植物健康检验局可以撤销许可。

③解除管制。经测试并证明不构成风险的转基因植物可申请解除管制。解除管制的申请书内容必须包括受体生物体和转基因植物详细的生物学信息、已发表或未发表的科学研究报告、实验数据以及其他可以为动植物健康检验服务局判断转基因产品是否构成风险提供参考的信息。收到解除管制申请后，动植物健康检验服务局在联邦公报上发布通知，向公众征求意见（公示时间为60天）。动植物健康检验服务局需在180天内对申请作出答复，可以全部批准、部分批准或拒绝解除管制申请。

（2）环境保护署。

环境保护署（EPA）负责转基因生物农药和转基因微生物的管理，依据的法规是《联邦杀虫剂、杀真菌剂和灭鼠剂法案》和《有毒物质控制法案》。

转基因植物中含有被称为植物保护剂（PIP）的物质，这些物质旨在控制害虫，但也有可能对环境安全和食品安全产生影响。因此，根据《联邦杀虫剂、杀真菌剂和灭鼠剂法案》，除非有法规特别豁免，否则植物保护剂需经类似农药的注册登记。申请注册登记时必须提供包括产品测试信息、产品特性、标签草案等相关资料。

3. 商业化生产

美国认为转基因食品和传统食品的安全性是实质等同的，因此鼓励大规模商业化种植转基因作物。不过，依据新修订的《公共卫生服务法案》及1997年更新的《联邦食品及药物管理现代化法》(Food And Drug Administration Modernization Act of 1997)，除政府部门所提出的计划外，任何一项转基因作物要进行商业化生产，都需要同时接受三个部门的联合审核：农业部负责对转基因作物的田间试验进行监管，食品药品监督管理局负责对转基因食品的安全性进行审核，环境保护署则负责对转基因作物所带来的环境风险进行评估，审查通过则获得食品药品监督管理局核发的执照，以及政府颁发的转基因作物商业化许可证。

4. 销售和流通

1992年，美国食品药品监督管理局作出政策声明，认为大部分转基因食品是"普遍认为安全的"，大多数转基因食品将与传统食品被同等对待，因此上市前不需要经过审批。但如果转基因食品与传统产品具有"明显不同的结构、功能或成分"时，转基因成分将作为食品添加剂对待，产品在上市前需经过食品药品监督管理局评价。

2001年星联玉米事件爆发后，美国政府要求对转基因技术及相关产品实行备案制度，规定转基因食品在正式进入流通领域前，生产商必须提前120天向食品药品管理局提出申请并提交此类食品的相关资料，以确保该类食品的安全。在经过安全评价后，被视为安全的转基因产品将与传统产品同等对待。

5. 标识管理

转基因食品的标识管理由食品药品监督管理局负责。2001年3月美国出台转基因食品自愿标签的指南，分为转基因食品自愿标签和非转基因食品自愿标签。指南仅要求转基因食品存在客观的、重大的实质性改变时需要进行标识，而对于一般的转基因产品，厂商或制造商可以自愿选择是否加贴标签。因此无论是转基因食品自愿标签或者非转基因食品自愿标签都是可行的，但是强调非转基因食品自愿标签不能给消费者带来误导，例如，当市场上并没有转基因甜瓜时，不能标识自己的甜瓜是非转基因的，从而让消费者误解其他甜瓜是转基因的。

美国食品药品监督管理局规定，在转基因技术对食品产生实质改变时，必须采用明示的方式对转基因食品强制标识。这种实质改变包括：转基因食品与传统食品存在重大不同，通常的使用名已经不能够描述新出现的转基因食品；食品用途和使用结果存在争议；转基因食品的营养成分与传统食品存在重大不同；转基因食品中存在新的致敏成分，导致消费者通过食品名称不能明确预见。

美国对转基因食品标识的判断设置了阈值，这也是最终官方检验监管的法律依据所在。所谓阈值，是指转基因成分允许混杂的最高的限度，超过阈值规定的限度，应当进行标识。美国对阈值的规定非常宽松，产品如果标识为非转基因，只要保证其中转基因成分含量低于5%就可以了。

最近几年美国拟立法（《基因工程食品知识产权法案》）规定对转基因生物食品或含有转基因成分的食品都进行标签标示，但都止步委员会讨论阶段。在州一级，要求对转基因食品进行标签的2012年加利福尼亚倡议以及类似的2013年华盛顿州计划都失败了。

2018年5月4日，美国农业部农产品营销服务部发布了《国家生物工程食品公开标准》(National Bioengineered Food Disclosure Standard)草案，征求意见截至2018年7月3日。并且该草案规定大型食品公司将于2020年1月1日起实施该标准，年收入1000万美元以下的中小型企业将在 2021 年 1 月 1 日起实施该标准。该草案要求生物工程食品标签必须明确标示公开信息，表明该食品是生物工程食品或含有符合本标准的生物工程食品配料。

（1）标示的位置

生物工程食品所标示的公开信息必须具有一定的规格和清晰度，并在标签的主要展示版面进行显著标示，使消费者能方便地阅读和理解。

生物工程食品的公开信息应标示在以下位置（散装食品除外）：应标示在主要展示版面；任何公开类似信息声称相邻的信息面板；将公开信息标示在消费者容易看到的替代版面中。

（2）标示的形式

生物工程食品标示公开信息，必须采取如下形式中的一种进行标示。主要包括文本形式、符号形式、电子或数字链接形式或文字信息形式。

文字形式：含有生物工程食品成分的食品，根据其采用程度以文字形式进行标示时，必须包含"bioengineered foods""bioengineered food ingredients""Contains a bioengineered food ingredient""may be a bioengineered food"或"may contain a bioengineered food ingredient"等文字。

符号形式：该征求意见列举了生物工程食品或含有生物工程食品配料的食品标示公开信息的符号形式，目前还未确定用哪种标识。

电子或数字链接形式：通过在标签上印有电子或数字链接进行生物工程食品公开信息的标示，必须符合以下要求：具有随附声称，并按照以下条件进行标示：在声称的上方或下方标示："Scan here for more food information""Scan anywhere on package for more food information""Scan icon for more food information"；附有电话号码，该电话号码必须靠近数字链接和随附声称，并附有"Call for more food information；关于产品信息页面，当访问电子或数字链接时，链接必须直接进入产品信息页面以便在电子或数字设备上显示，需满足以下要求：按照指示访问链接后，产品信息页面必须是出现在电子或数字设备上的第一个屏幕；产品信息页面必须包含以文本或符号的形式进行的生物工程食品公开；产品信息页面不得含有营销和宣传材料。

短信形式：负责生物工程食品公开的机构不得通过短信信息向任何人收取生物工程食品信息的费用，并且必须遵守如下要求：标签必须包含词句"Text [number] for more food information"。该号码必须是一个数字或短代码，消费者可通过发送该号码给相关机构或部门获得食品相关的信息；回复的信息必须按照文本形式的生物工程食品公开进行表述；答复必须排除营销和宣传材料。

此外在进行生物工程食品标示公开信息时还应注意的是，在采用符号公开时必须符合符号标示的要求；而在电子或数字链接公开或文字信息公开时，则不得收集、分析或出售任何关于消费者或消费者设备的个人可识别信息；但是，如果必须收集这些信息才能达到本部分的目的，则必须立即删除信息，不得将其用于任何其他目的。

（3）豁免标识的食品

AMS 拟对餐饮或类似零售食品店内供应的食品；非常小的食品制造商生产的食品；动物源食品（通过生物工程物质或由生物工程物质构成的饲料喂养的动物）及经过国家

有机计划认证的有机食品进行豁免。而对于生物工程食品含量应在什么样的条件下才能进行豁免的问题，AMS 给出以下三种参考方案：含有少于 5% 生物工程食品成分的食品；含有少于 0.9% 工程食品成分的食品；含有一种或多种生物工程配料的食品，其生物工程配料不超过终产品 5%。

6. 责任制度

在美国，转基因生物研发生产销售中的不法行为适用民事和刑事处罚。例如：违法的行为会受到民事或刑事处罚；故意引种或运输用于销售的转基因植物，处以罚款或 5 年以下有期徒刑，或两者并罚。《联邦食品、药品和化妆品法案》的责任条款中也列明了可能导致重大民事或刑事处罚的几种行为。

3.1.4.2 进出口监管机制

在转基因农产品的进出口贸易政策方面，美国对常规食品采用自律管理制度，即由食品制造商自行确保食品安全，因此，食品药品管理局并不要求对转基因食品进行强制性的国家审批。同时，美国强烈反对其他国家对转基因农产品施加的各种限制措施，并将其视为贸易保护和技术性壁垒，美国农业部和贸易发展署还制定了以建立促进转基因产品贸易的国际同盟和解决市场准入问题为目标的规划，并努力影响国际社会对相关政策的制定。

3.1.4.3 监管特色

美国是转基因技术的起源国家，也是世界上转基因作物商业化种植面积最大、应用转基因技术最为广泛的国家。数年来，美国转基因产品在转基因国际市场中享有压倒性的比较优势，美国也从中获得了巨大的经济利益。因此，美国对转基因生物安全的管理极为宽松，并对转基因食品持积极支持的态度。美国政府主张遵循"科学证据原则"和"实质等同性原则"，即在科学评价的前提下针对个案和最终产品进行审查管理，只有在存在可靠的科学证据证明转基因产品的确会给人类健康或生态环境安全带来风险时，或者转基因产品具有明显区别于传统产品的特性时，才能对转基因产品实施安全管理和贸易限制措施。

3.2 欧盟转基因农食产品技术性贸易措施体系

由于欧盟对转基因食品问题态度保守，导致欧盟的转基因技术商品化进展缓慢，直到 1998 年才出现第一批商业性种植转基因作物。2017 年，欧盟成员国转基因农作物种植面积为 13.1 万公顷，主要种植国家为西班牙和葡萄牙。欧盟对转基因食品的立法从 20 世纪 90 年代开始就一直在不断修改和完善。由于近 20 年来欧盟成员国频频出现食品安全事件，如 1999 年比利时的鸡污染事件、德国动物饲料污染事件、荷兰等国可口可乐饮料污染事件以及 2000 年的疯牛病事件，都促使欧洲的消费者更加关注食品的安全性，迫于公众的压力及出于对自身经济利益的考虑，欧盟对转基因食品做出了严格的法律规定。自转基因技术出现以来，欧盟对转基因作物及食品始终采用谨慎的"预防原则"，不仅严格规定转基因食品的标识制度，同时在食品流通过程中实行严格的溯源管理机制，管理对象涉及所有食品和前期的相关产品（如饲料等）。欧盟法律明确向世界宣布不欢迎转基因产品，因此欧盟在国际上极力主张对转基因产品采取"预先预防态度"。欧盟转基因产品要经过政府主管部门审批，管理严格，在没有得到官方授权的情况下，转基因产品不能投放到欧盟市场。

欧洲议会于 2003 年 7 月 2 日通过的关于转基因食品的新法规，其要点是：所有转基因产品（包括转基因物质含量超过 0.9% 的动物饲料、植物油、种子和副产品）都必须有标签清楚地标明"本产品为转基因产品"；同时确立了新的登记制度，迫使使用转基因产品的企业经营者追踪所有转基因产品从生产到出售的全过程；欧盟新成立的食品安全机构将负责评估所有新推出的生物技术产品的安全性，然后作出是否允许这些产品进入市场的决定；欧盟允许欧盟的所有成员国制定自己的规定，避免从种植转基因作物的农场流出的种子进入种植普通作物的农田。2015 年 4 月，欧盟批准了 10 种用于食品和饲料用途的转基因作物的新授权。这是欧盟自 2013 年 11 月以来，首次批准新的转基因产品进口，但这些授权并不包括允许在欧盟种植。欧盟的转基因食品安全监管体制有效地保障消费者的食品安全，但也在很大程度上限制了现代生物技术的发展。

3.2.1 监管机构

3.2.1.1 欧盟食品科学委员会

1997 年，欧盟成立了食品科学委员会（Scientific Committee of Food of EEC，SCF），其职能主要是负责食品领域与转基因生物安全有关的决策咨询工作。当转基因食品在欧盟上市存在争议时，食品科学委员会将应欧盟委员会的要求对转基因食品进行审查。

3.2.1.2 欧盟食品安全管理局

2002 年 1 月，欧盟食品安全管理局（European Food Safety Authority，EFSA）成立，主要负责风险评估、风险管理和风险交流，对欧盟内部所有与食品有关的事务进行统一处理。欧盟食品安全管理局由管理委员会、行政主任、咨询论坛、科学委员和 8 个专家小组组成，核心任务是提供独立的科学建议与支持，建立一个与成员国紧密协作的网络，评估与整个食品链相关的风险，并就食品风险问题向公众提供相关信息，但是欧盟食品安全管理局并不具有制定规章制度的权限。

3.2.2 法律法规

欧盟在 20 世纪 80 年代末建立了生物技术法规框架，由两部分组成：一是"水平"立法（horizontal legislation），涉及基因工程微生物在封闭设施内的使用、转基因产品有目的地释放和接触生物试剂工作人员的职业安全；二是"垂直"立法（或称产品法规，product legislation），立法对象包括医药产品、动物饲料添加剂、植保产品、新食品和种子。欧盟对转基因食品的立法原则是：保护公民的健康、保护环境，同时创造一个生物技术的统一市场。为进一步规范转基因技术在食品领域的应用以及保障消费者的食品安全，欧盟相继出台和完善了一系列法规。

3.2.2.1 《关于封闭使用基因修饰微生物的法规（219/90/EC）》和《关于向环境有意释放基因饰变生物的法规（220/90/EC）》

1990 年欧盟通过《关于封闭使用基因修饰微生物的法规（219/90/EC）》和《关于向环境有意释放基因饰变生物的法规（220/90/EC）》，这是世界上首次对管理基因工程实验和转基因生物的区域性法规。1999 年 2 月，欧洲议会和部长理事会通过了对法规 220/90/EC 的修改，禁止向环境任意释放转基因物质的行为。修改后的法规加强了之前法规的效力，将对转基因产品实行强制性公共磋商机制、强制性加贴标签要求，许可期限为10年，并对转基因产品投放市场的每个环节进行长期观察和跟踪管理。

2002年10月17日，欧盟通过《关于转基因生物有意环境释放及废止法规90/220/EEC的法规（2001/18/EC）》，取代并废止了法规220/90/EC。该法规分为三部分：部分A"总则"、部分B"出于其他目的而进行环境释放的转基因生物"、部分C"投放在市场的转基因生物或产品"。主要内容如下：

①不管是出于实验目的还是商业目的，活的生物体进入到环境后可以再生或是通过疆土影响到其他国家，这种对环境的影响是不可避免的；

②保护人类健康和环境需要更加关注GMO产品对环境的影响；

③因此要确保GMO产品向环境释放的安全性，以及GMO产品进行工业生产的安全性，同时还要考虑GMO产品所引起的伦理问题；

④如果欧盟某个国家不遵从此法规，也会不允许其进口相应的GMO产品，如果遵从此法规的话，那么进口的GMO产品也要满足此法规要求；

⑤在考虑GMO产品的风险时，要特别关注具有抗生素抗性基因的风险问题；

⑥为了确保体现产品中的GMO成分，产品标签或是说明书上应标明"该产品含有转基因成分"；

⑦必须确保欧盟各国能够按照该法规要求对投放在市场上的GMO生物或产品的销售环节满足溯源要求；

⑧该法规不适用于通过诱变、细胞溶合的转基因技术得到的产品，不适用于通过铁路、道路、水路或航空运输转基因生物。

3.2.2.2 《关于新食品和新食品成分的法规（258/97/EC）》

1997年5月14日，欧盟出台了《关于新食品和新食品成分的法规（258/97/EC）》，要求对转基因食品实行审批和标签制度，此法规适用于转基因作物以外的包含转基因生物或者由转基因生物构成的新食品和新食品配料。该法规主要规定了新食品定义和新食品主要成分、上市前安全评估机制和对转基因生物体产生的食品和食品成分的标签要求。该法规定义新食品为包含GMO的食品和食品成分以及其他分子结构经过修饰的食品和食品成分等。新食品和食品成分不应给消费者带来危险，不能误导消费者，不能明显不同于现有的食物以至于在营养学上不利于消费者。

3.2.2.3 《关于对某些转基因物质食品进行强制性标签的法规（1139/98/EC）》

1998年9月1日欧盟出台法规1139/98/EC，提出了转基因食品的判断标准以及相应的标签指南，规定只要食品中含有外源性DNA或者外源性DNA产生的蛋白质，就认为是转基因食品。来自于转基因豆类和玉米的食品（不包括食品添加剂，如大豆卵磷脂），无论该食品是否与传统食品"实质相似"，必须加以标签标识。如果食品的原料及在加工过程中没有添加转基因成分，则可标示为非转基因食品的标签。

3.2.2.4 《关于修正转基因食品强制标识法规（1139/98/EC）的法规（49/2000/EC）》

2000年1月10日，欧盟发布了《关于修正转基因食品强制标识法规（1139/98/EC）的法规（49/2000/EC）》，以作为法规1139/98/EC的补充，设定因技术原因而不可避免地存在豆类和玉米转基因成分的含量阈值（threshold）为1%。无论何种原因，只要转基因材料总量超过食品成分1%时，就必须采用标签进行标识。如果食品生产者能够证明，其生产的食品中之所以含有转基因物质，是由非人为因素造成；在食品加工过程中已采取适当措施，尽量避免接触转基因生物及其产品；且最终产品转基因物质含量低于1%，才可得豁免。

3.2.2.5 《转基因添加剂和调味剂标识法规（50/2000/EC）》

欧盟对含有转基因成分的食品添加剂、调味料明确了标识要求，再次拓展了强制性标签的适用范围，但基于转基因检测技术的限制，欧盟没有设定相应的转基因阈值。

3.2.2.6 《转基因食品和饲料管理法规（1829/2003/EC）》和《转基因生物、饲料、食品追踪性与标识管理法规（1830/2003/EC）》

欧盟在2003年对法规1813/97/EC、法规1139/98/EC、法规49/2000/EC和法规50/2000/EC进行整合，并将法规258/97/EC有关转基因食品标识部分移入，整合成《转基因食品和饲料管理法规（1829/2003/EC）》；同时，为加强监控转基因食品对生态环境和人类健康的影响，并具有必要时撤回已上市问题转基因产品的能力，制定了《转基因生物、饲料、食品追踪与标识管理法规（1830/2003/EC）》。欧盟这两项法规于2004年实施后，上述被整合的四项法规即失去效力；这两项法规与法规258/97/EC的法律关系是：涉及转基因食品标识的问题时，前者可以优先适用。可见，欧盟现行的转基因食品标识制度主要由法规1829/2003/EC和法规1830/2003/EC构成，前者规定转基因食品管理的基本制度；后者规定转基因食品追踪制度和标签制度。

《转基因食品和饲料管理法规（1829/2003/EC）》包括四章内容：转基因食品和饲料的目标和定义，转基因食品的授权、监督管理及标签说明，转基因饲料的授权、监督管理和标签说明，转基因食品和饲料的共同条款，主要内容如下。

①如果某种产品很可能用于食品和饲料用途，则不应授权使用。因此，只有在满足食品和饲料的授权标准时，才应授权此类产品。

②根据本法规规定，可授权将转基因生物用作生产食品或饲料的来源材料以及含有或由其生产，或由转基因生物制成的食品或饲料用于食品和/或饲料的产品，或由转基因生物制成的食品或饲料。

③理事会1988年12月21日颁布的关于成员国食品添加剂的授权指令（89/107/EEC），规定了食品中使用添加剂的授权。除了本授权程序外，含有由转基因生物组成或生产的食品添加剂也应属于本指令的范围，以便于进行基因改造的安全评估，而最后的授权应根据指令89/107/EEC中提到的程序进行。

④理事会于1988年6月22日颁布的指令88/388/EEC，是关于各成员国有关调味品的法规规定。如果调味品是由转基因生物组成的或是由其生产的，也应属于本条例的管理范围，以便于进行转基因产品的安全评估。

⑤理事会 1982 年 6 月 30 日颁布的指令 82/471/EEC，是关于动物营养使用的某些产品的法规规定。规定了使用可能对人类或动物健康和环境造成危险的不同技术生产饲料原料的批准程序。含有或由转基因生物生产的饲料原料应属于本指令的管理范围。

⑥理事会 1970 年 11 月 23 日颁布的关于饲料添加剂的 70/524/EEC 指令，规定了在饲料中使用的食品添加剂的授权程序。除这一授权程序外，由转基因生物组成或生产的饲料添加剂也应属于本条规定的范围。

⑦70/524/EEC 指令的管理范围包括由转基因生物生产获得的食品和饲料，但不是指含有"转基因生物"的食品和饲料。确定的标准是，转基因成分是否存在于最终的食品或饲料中。仅在食品或饲料生产过程中使用的加工助剂不包括在食品或饲料的定义中，因此不列入本指令的管理范围。利用转基因加工助剂生产的食品和饲料不包括在本指令管理范围内。因此，用转基因饲料喂养的动物或经转基因技术处理的产品，既不符合授权要求，也不受本指令中标签的管理要求。

⑧应为转基因饲料规定统一的标签要求，以便为最终用户，特别是牲畜养殖者提供准确的饲料成分和性能信息，从而使用户能够做出知情的选择。

⑨标签应包括客观信息，说明食品或饲料由转基因生物所组成的、含有的或是由其生产的。不论 DNA 或蛋白质在最终产品中的基因修饰所产生的可能性，明确的标签标识，满足了大多数消费者在许多调查中的表达需求，方便其知情选择，并排除了对消费者在制造或生产方法方面的潜在误导。

⑩此外，标签应提供有关任何特征或属性的信息；使食物或饲料有别于其传统对应物的成分、营养价值或营养效果、意图使用食物或饲料；对某些群体的健康影响；引起伦理或宗教问题的任何特性或问题。

《转基因生物、饲料、食品追踪与标识管理法规（1830/2003/EC）》是对转基因生物的可追溯性和标识，以及由转基因生物生产的食品或饲料的可追溯性做出了相关规定，以确保转基因产品的标签更加精确，以便更好地监控潜在的环境与健康影响，如果对人类健康或对环境产生未检测到的风险，还可以及时召回产品，主要内容如下。

①应根据欧洲议会的《食品和饲料管理法规 1829/2003 /EC》和 2003 年 9 月 22 日理事会关于转基因食品和饲料的要求，建立由转基因生物生产的食品和饲料的可追溯性要求，保证对此类产品的准确标识，确保经营者和消费者能获得更准确的信息，使他们能够有效地行使自由选择权，并能控制和核实标签信息要求。对转基因食品和饲料的要求应相似，以避免在最终用途发生变化的情况下信息的不连续。

②食品和饲料产品含有或包含的转基因生物信息，以及这些转基因生物在投放市场各阶段的独特编码，为转基因生物的溯源和标签信息提供了依据。这些编码可用于从登记册中获取关于转基因生物的具体信息，并根据指令 2001/18/EC 来进行转基因生物的识别、检测和监测。

③采用转基因生物生产食物和饲料信息的传播和持有也为转基因产品的溯源性提供了基础。

④有关转基因生物的食品或饲料的立法也应适用于并非用于粮食生产的动物的饲料。

⑤应制定取样和检测指南，以促进对管制和检查的协调办法，并为经营者提供相关法律保障。

⑥欧盟各成员国应制定适用于违反本法规规定的处罚规则。

⑦由于转基因产品的"微量带入"可能是不确定的或技术上不可避免的。因此，有必要对含有或由转基因生物生产的材料所出现的"微量带入"或技术上不可避免的出现设定阈值。当转基因成分在食品或饲料中或其组成部分中出现"微量带入"或在技术上不可避免出现水平高于上述标签阈值时，恰当的做法是应该按照本条规定和为执行该条例的详细规定予以说明。

⑧有必要确保消费者充分和可靠地了解转基因生物以及由此产生的产品、食品和饲料，以便他们能够做出明智的选择。

⑨关于标签，对于包括或含有转基因生物的产品，经营者应确保：

对于包括或含有转基因生物的预包装产品，标签上应出现："本产品含有转基因成分"或"本产品含有转基因"的短语；

对于向最终消费者提供的散装产品，"本产品含有转基因生物"或"本产品含有转基因成分"应出现在或附在该产品的展示版面上。

⑩转基因食品和饲料产品的可追溯性要求。

在将转基因生物生产的产品投放在市场上时，应确保以下信息以书面形式传递给接受该产品的经营者：

由转基因生物生产的每种食品成分；

由转基因生物生产的每种饲料原料或添加剂成分；

在不存在成分清单的情况下，要说明该产品是由转基因生物生产的。

除了制订和出台新的法规外，欧盟还通过将相关的国际条约纳入自己的法律体系来实现对转基因生物制品的管制，比如《联合国食品法令》（the U. N. Codex Alimentarius）、《卡塔赫纳生物安全议定书》（the Cartagena Protocol to the Convention on Biological Diversity）、经合组织（Organization for Economic Co-operation and Development，OECD）关于新食品安全性的文件及WTO的相关规定等。WTO的法律体系中有两项协定涉及转基因食品：《卫生与动植物检验检疫协定》（SPS）和《技术性贸易壁垒协定》（TBT）。另一个和转基因食品相关的重要国际条约是《卡塔赫纳生物安全议定书》，它于2003年签署，确立了为保护环境和人类健康的相关转基因生物贸易制度。该协定认为有关转基因技术的采用会改变有机体的内部构造，因此应该在这些产品投放市场前对其可能带来的危害做出预先评估。

3.2.3 安全评估体系

欧盟在20世纪90年代初遵循"实质等同类性原则"，认为当转基因食品实质等同于传统食品，一般不需要再对转基因食品进行风险评估，实质等同就是风险评估本身。比较范围包括化学成分的、营养价值等其他方面的比较。但欧盟2003年的《转基因食品和饲料管理法规1829/2003/EC》否认了这种对"实质等同"的理解，认为实质等同是一个关键的风险评估工具，但不是唯一的方法，从而推翻了实质等同是唯一的风险评估标准的地位。

欧盟规定了转基因进入市场前详细的审批程序，进入市场后的可追溯性和标识要求，同时采取措施来应对转基因食品不确定性的存在。欧盟对潜在风险的定义不仅包括对环境和人类健康直接的、立即的影响，还包括间接的、延迟的影响，例如对生物多样性的影响，对环境的危险。此外，欧盟对转基因食品和作物的争论同样还考虑到社会和道德问题。

欧盟认为，不论何种产品只要是经过了重组 DNA 技术就存在潜在危险，就要接受安全性监控与评估。因此，欧盟制定针对转基因生物的法规条例是以转基因技术为基础的，涉及转基因生物的安全性评价、加工生产、标识、环境释放、进出口。

欧盟尤为注重转基因产品对环境的影响，主要法规包括欧盟的 1990/220 指令、2001/18 指令、2004/35 指令。1990/220 指令即《故意向环境中释放转基因的指令》，旨在预防因为转基因生物的科研或是市场化使用而对环境产生危害或危害威胁。无论以科研或市场销售为目的，申请者必须提供所研究的转基因生物对环境确无影响才能获得许可，即已经进行了环境风险评估并合格，同时不能与欧盟其他相关法律相抵触。该指令主要规范转基因生物有意环境释放和投放市场的行为，但其适用对象包括转基因食品，并提出对转基因食品必须进行标识的要求，至于如何进行标识，则没有具体规定。鉴于上述法规对指令 1990/220/EEC 的修正主要集中在食品或饲料方面，为能对该指令进行包括环境释放在内的全面完善，伴随着转基因食品在欧盟不断上市，欧盟于 2001 年出台了针对 1990/220 指令的修订：《关于转基因生物有意环境释放以及废止指令 90/220/EEC 的指令》（2001/18 指令），特别指向转基因种子。该指令规定欧盟范围内用于种植的所有品种的转基因种子都必须得到认可和审批，并提出了更为审慎的预先防范原则，即只要有合理可疑，就要对可能发生的损害进行防护；强制要求申请者自行监督转基因产品并向欧盟委员会提交监督报告，加强了对转基因产品风险的监管；给予公众对转基因产品更多的知情权。对转基因种子，要求必须经过科学论证、评估和审批，确保对人类及动植物健康、环境安全无虞，才能得到许可。

3.2.4 监管机制

3.2.4.1 审批流程

转基因食品上市许可程序要求申请者必须向所在国的有关管理部门提交申请并提供必要的信息，有关管理部门再把申请送至欧盟委员会和各成员国。同时，有关管理部门应在 3 个月以内向欧盟委员会和所在的欧盟成员国提交一份最初的评估报告，如果各成员国在 60 天内不提出异议，该食品或食品成分将被允许进入欧盟市场；如果其他成员国就此提出异议，欧盟食品科学委员会会应就欧盟委员会的要求对转基因食品进行审查，欧盟委员会将依据该审查意见决定是否批准转基因食品上市销售。如果欧盟委员会的决定草案遭到了由各成员国代表所组成的食品常务委员会的否决，则还需要将决定提交欧盟理事会投票表决，如欧盟理事会不能够在 3 个月内投票表决，那么该决定草案将自动生效。如果该食品包含转基因生物，则必须经过由欧盟食品常务委员会的审议程序，以决定是否准其进入市场。

另外，欧盟对有关转基因食品和转基因饲料的评估和审批法规是十分清晰的，但是，各成员国和欧盟的职责却是相互分离的。为了改进这种相互分离的状况，欧盟提议了对转基因食品、转基因饮料和饲料进行科学评估和审批，来代替"一个国门一把钥匙"的审批程序。对所有进入市场的申请而言，这种程序将是改进的、统一的和透明的欧盟程序，而不管申请是否涉及转基因食品自身或食品和饲料是否来源于转基因食品。这意味着从事相关经营的人，在使用转基因食品以及将其使用在饲料或食品上不需要分别进行审批，但是对此转基因食品及其可能的有关使用要进行一套风险评估和一次审批。这种审批将确保转基因食品的安全使用，因为转基因食品很可能用在食品上，而转基因饲料只能被批准用在食品和饲料两种用途上之后，才能被使用。

3.2.4.2 标识管理

欧盟最早提出对转基因食品进行标识管理。1990 年，欧盟就颁布了转基因生物管理法规，确立了转基因食品标识管理的框架。1997 年欧盟颁布的"新食品管理条例"要求在欧盟范围内对所有转基因产品进行强制性标识管理，并设立了对转基因食品进行标识的最低限量。1998 年，欧盟又专门通过第 1138/98 号指令，以明确对转基因大豆和转基因玉米的管理。2000 年 4 月，食品添加剂及香料亦被纳入标签制度内，其 DNA 亦需在产品上列明。2002 年，欧盟再次对其转基因标识管理政策进行修改，要求对市场上销售的所有转基因植物衍生的食品及饲料进行标识，加贴 "GMO"（转基因）字样的标签，并将标识的最低限量降低到 0.9%。目前欧盟各国均采取强制性的标识制度，并且制定了可跟踪性法规。从欧盟转基因食品标识制度的发展历史看，标识适用对象的范围呈不断扩张之势，现行转基因食品标识制度更是实现了实质性突破，通过废弃实质性相似规则、降低和细化风险限值等变革，使标识对象范围实现了实质性扩张。

欧盟转基因食品标识法规制度体现两个原则，一个是预防原则，一个是保护消费者原则。按照欧盟现行规定，只要食品由转基因生物加工而成或者使用了转基因原料，即使在终产品中没有检测出转基因成分，也需要予以标识；而对于食品中因不可抗力因素混入了已经被批准的转基因成分的，除非含量在 0.9% 以下才可以免于标识；同时，对于未经批准的转基因生物，则更加强调只有在含量低于 0.5% 且已具备相应检测能力的情况下才能豁免，这个标识的"阈值范围"相对而言是较为苛刻的。

3.2.4.3 溯源管理机制

为加强监控转基因食品对人类健康和生态环境的影响，使得在必要时有能力撤回已上市问题转基因产品，欧盟现行转基因食品标识制度建立了对转基因食品的"可追踪性"监控机制，该机制是转基因食品标识制度的延伸，具体规定是："从转基因食品进入市场开始，经营者应当确保将食品包含转基因生物或者由转基因生物制成、食品的国际统一编号以及该食品购买人情况等信息，以书面形式交与购买人。以后以此类推，保证信息资料伴随食品流通，且该信息资料必须保存 5 年；但是标识适用对象以外或者基于风险限值得以豁免但仍含有转基因物质的食品，不在追踪监控之列"。转基因食品标识与追踪制度相互配合，不仅有助于政府及时有效地处理转基因食品的意外侵害事件，更有助于分清转基因食品的侵权责任。

3.2.4.4 监管特色

欧洲历史上屡屡发生的疯牛病、二噁英、口蹄疫等食品安全事件使得消费者认为"新技术制造的食物"具有潜在危害，对转基因的态度也很谨慎。为了保障消费者食品安全、保护本区域的食品贸易利益，欧盟对转基因作物及食品采用了"预防原则"，并采用基于过程的管理模式对转基因作物进行严格监管，为转基因食品标识设置了颇为严格的规则以达到保护消费者权利的目的。

欧盟对待转基因产品的总体态度还是允许转基因生物的存在，但是要给予严苛的监管，以保证人类、动植物及环境的安全。对待传统和有机农业，欧盟也给予相当的重视，提出了保证转基因作物、传统农业和有机农业共存的国家政策和法律保障机制。欧盟对转基因技术的态度十分谨慎，管理的对象涉及与饮食有关的一切食品和前期的相关产品（如饲料等），所有经过加工和未加工的产品都需经过严格的审查。欧盟不仅通过详细立法规定了转基因食品的标识制度，同时在食品流通过程中实行了溯源管理机制。欧盟的转基因食品安全监管体制有效地保障消费者的食品安全，但是却在很大程度上限制了现代生物技术的发展。

3.3 加拿大转基因农食产品技术性贸易措施体系

加拿大是全球最早商业化应用转基因作物的国家，目前也是全球最大的转基因作物种植国之一，特别是转基因油菜的研发和应用一直处于全球领先地位。加拿大没有针对转基因生物安全的专门立法，而是直接将其纳入现有法律框架之内予以规范，因此对转基因生物安全管理的规范在既有法律制度中分散存在。

2017年，加拿大转基因作物种植面积为1312万公顷，主要包括转基因大豆250万公顷，转基因玉米178万公顷，转基因油菜883万公顷，转基因甜菜15000公顷，转基因苜蓿3000公顷，转基因马铃薯40公顷。加拿大是六个"创始人生物技术作物国家"的成员之一，1996年就已经将生物技术作物商业化了。自1996年以来，加拿大已经批准了171个粮食和饲料生物技术活动，种植在各种作物中，包括苜蓿，苹果、阿根廷油菜、棉花、亚麻、玉米、木瓜、波兰卡诺拉、马铃薯、大米、大豆、南瓜、甜菜和番茄。

作为转基因作物种植和出口大国，加拿大政府对转基因食品持支持态度，因此对转基因食品安全管理以产品本身为基础，而不涉及产品生产过程。当某一转基因食品通过安全性评估上市销售后，便被视作普通食品，按相关食品安全的法律和规章进行管理，而对转基因食品的种植不作继续监管，并且对转基因食品的标签也没有强制要求。加拿大反对转基因食品人士在国际上对转基因食品的质疑从未间断和转基因食品可能危害人类健康的背景下，要求加拿大政府通过转基因食品强制标注制度，并明确食品中转基因成分限值，以确保消费者的知情权和选择权。

3.3.1 监管机构

根据加拿大政府架构和法律体系，新食品从研发到上市，分别由加拿大卫生部（Health Canada，HC）、食品检验局（Canadian Food Inspection Agency，CFIA）、环保部（Environment Canada，EC）、渔业和海洋部（Fish and Oceans Canada，FOC）等部门依法监管。

3.3.1.1 卫生部

加拿大卫生部依据《食品和药品法》和《新颖食品规章》，负责转基因食品安全监督管理；依据《加拿大环境保护法》，与环保部共同管理其他机关没有管理到的具有活性的转基因物质。隶属于卫生部的加拿大害虫管制局（Pest Management Regulatory Agency）依据《害虫防治法》和《害虫防治规章》，负责转基因害虫的管理。加拿大卫生部负责检测适用于人类的生物技术提取的产品的安全性，这些产品包括食物、药物、化妆品、医疗器材和害虫防治的产品。

3.3.1.2　食品检验局

加拿大食品检验局依据《种子法》《饲料法》《植物保护法》《动物健康法》等法律以及其相关规章，负责转基因生物环境释放；转基因微生物、发酵产物和转基因植物；转基因植物进口；转基因有机肥料；转基因动物及生物体等的管理。负责检测植物、动物饲料、动物饲料成分、肥料和畜牲生物制剂的安全。

3.3.1.3　环保部

加拿大环保部依据《加拿大环境保护法》，与卫生部共同管理其他机关没有管理到的具有活性的转基因物质。

3.3.1.4　渔业和海洋部

加拿大渔业和海洋部负责发展及执行海洋及内陆水域的经济、生态和科技等相关政策与方案。其任务包括负责保护和永续利用加拿大的渔业资源，继续提供安全、有效和无害环境的海洋服务，以因应加拿大人民在全球经济中的需求。在转基因方面主要管理海洋生物转基因产品的审批。

3.3.2　法律法规

加拿大与转基因相关的法律有《食品和药品法》（Food and Drugs Act）、《害虫防治产品法》（Pest Control Products Act）、《肥料法》（Fertilizer Act）、《种子法》（Seeds Act）、《饲料法》（Feeds Act）、《动物健康法》（Health Animal Act）、《加拿大环境保护法》（Canadian Environmental Protection Act, 1999）等，主要规章有《食品药品规章》（Food and Drugs Regulations）、《害虫防治产品规章》（Pest Control Products Regulations）、《肥料规章》（Fertilizer Regulations）、《种子规章》（Seeds Regulations）、《饲料规章》（Feeds Regulations）、《动物健康规章》（Health Animal Regulations）等。

加拿大于1985年颁布了《食品和药品法》；1993年制定了对生物技术产业的管理政策，规定政府要利用《食品和药品法》和管理机构对转基因农产品进行管理，具体的管理机构为卫生部产品安全局、农业部食品检验局、环保部；1994年发布新食品安全性评估标准；1995年，《食品和药品法》中又增加了《新型食品规定》，从而进一步加强了对转基因食品的管理。

3.3.3　安全评估体系

3.3.3.1　上市前安全性评估制度

转基因食品在加拿大往往需要7～10年时间进行研究、开发、测试和安全评估。加拿大卫生部依据《食品和药品法》和《食品药品规章》负责新资源食品安全监督管理。《食品药品规章》28节B部分规定，若生产商或进口商要在加拿大市场销售转基因食品，他们必须向加拿大卫生部提出上市前安全性评估申请，并提供安全性评估所需数据和资料。评估工作包括以下环节。

（1）提交前咨询。加拿大卫生部鼓励企业就转基因食品安全评估问题与其食品司的新食品处（Novel Foods Section of the Food Directorate）进行早期沟通，使安全性评估中可能遇到的问题有机会得到早期解决。

（2）上市前评估。当企业将转基因食品安全性的全部资料提交给加拿大卫生部，新食品处的科技人员将对该产品的安全性进行彻底的评估。根据《加拿大卫生部新食品安全评估指南》（*Health Canada's Guidelines for the Safety Assessment of Novel Foods*）规定，加拿大对转基因食品的安全评估涉及分子生物学、毒理学、化学、营养学以及微生物学等，主要内容包括：生物改造的研发中基因改变特点的分子生物数据，转基因食品与非转基因食品营养成分比较，新资源食品生产中潜在新毒性、潜在的过敏反应及潜在的副作用，新资源食品微生物和化学的安全，新资源食品的关键营养成分和毒素等。

如果加拿大卫生部发现有关转基因食品的信息不充分，将要求申请人补交进一步的文件，只有在全部文件交齐后才开始评估。

（3）评估完成。评估人员完成评估后，提出一项"加拿大卫生部裁定建议书"（health Canada food rulings proposal），该建议书由高级别官员（理事或者总理事）核查确保所有问题都得到了处理后，做出是否批准该产品的决定。如果产品成功完成了安全评估和其他法律规定的评估，如环保评估和饲料安全评估，一封"无异议函"（letter of no objection）将发给申请人。该函将定义该产品可以在加拿大按其规定的要求销售，并对销售是否有限制条款和规定做了说明。

（4）评估结果公示。加拿大卫生部在其官方网站 Novel Foods and Ingredients 上将公布该新资源食品在加拿大市场上销售的决定。

3.3.4 监管机制

加拿大转基因生物安全管理是以产品本身为基础，而非以产品生产过程为基础。因此，加拿大对通过安全评价的转基因食品视同普通商品。当某一产品授权获准非限制性环境释放和用作食品、饲料后，是否进行商业化生产是由研发商自行决定的。转基因食品（作物）在种植上不作继续监管，在运输和仓储上采取混收、混储、混运，对转基因与非转基因不再区分。

3.3.4.1 审批机构

加拿大的转基因生物审批工作是多个机构联合管理的模式，这些机构的审批人员是专职的工作人员。机构的经费由政府财政负责。这些机构的大致分工如下。

①加拿大食品检验局饲料科负责新种子的环境释放的审批。

②加拿大卫生部新颖食物科负责适用于人类的新颖食物的环境释放的授权。

③用作或可能被用作饲料或食物的新颖植物的非限制性环境释放，需要由食品检验局植物生物安全办公室进行环境安全检测、饲料科进行新型饲料的安全检测以及卫生部新颖食物科进行新颖食物的安全检测。

④涉及害虫管制的产品，需要根据《害虫管制产品法》获得加拿大卫生部害虫管理规制部的审批。

具体来说，加拿大食品检验局和卫生部负责加拿大转基因植物的环境释放。加拿大转基因植物纳入新颖植物的管理范围，加拿大转基因植物环境释放归属于新颖植物（a plant with a novel trait, PNT）的环境释放。食品检验局负责新颖植物环境释放的批准，卫生部负责人类食品的批准。食品检验局中有两个具体机构负责分工管理，食品检验局植物生物安全办公室（the Canadian Food Inspection Agency's Plant Biosafety Office，PBO）负责新颖植物的环境释放安全的批准，食品检验局饲料部门负责管理新颖饲料的环境释放批准。卫生部新颖食品管理部门负责供人类消费的新颖食品的释放和批准。转基因农产品和食品在加拿大政府管理体系中被归为新颖食品，根据加拿大《新颖食品规章》的规定，新颖食品包括三类产品：一是以前未当作食品的而新近被认为可食的产品；二是采用过去未用于食品生产的过程生产出来的产品；三是经过基因工程改良的产品。根据加拿大《新颖食品规章》的规定，转基因食品上市前需向食品检验局进行书面申报，经过批准后才能上市。

3.3.4.2 公共参与

公众参与决策的方式可以分为两种：一是参与转基因生物的政策的制定；二是参与转基因生物产品的审批过程。植物生物安全办公室会在做出批准决定后15天内，将批准的新颖植物名单和相关的决定文件发布到网站上。加拿大卫生部也会在其网站上公布批准进行环境释放的新颖食物的名单和相关决定文件。这些文件用来解释说明主管部门的决定。植物生物安全办公室还必须将相关信息提交给经济发展与合作组织。公众可以通过主管部门的网站了解转基因产品的审批情况，并且发表意见。但是未经申请者书面同意，涉及商业秘密的信息是不能被公开的。

3.3.4.3 审批时限

根据加拿大《新颖食品规章》的规定，主管机关在收到上市申报材料45天内，如果认为申请人提供的信息材料足以确认该食品的食用安全性，则应当以书面形式通知申请人，申请材料已经齐备。如果认为材料信息不足以确认转基因食品的安全性，还需要进一步的科学论证或者验证，应当书面通知申请人补交相关材料；主管机关在收到补充材料90天内，如果认为申请人提交的材料已经充分，则应书面形式通知申请人，申请材料已经齐备。一般而言，审查工作在6个月完成。

3.3.4.4 食品标签管理制度

在加拿大食品标签是法定的，如果食品涉及健康和安全问题在标签中必须标出。如营养值和食品构成发生了改变，或者在食品中有易于过敏的成分，标签也必须如实标出。根据加拿大的《食品和药品法》，加拿大卫生部和食品检验局都有权管理食品标签。加拿大卫生部对食品标签的管理侧重于食品的健康和安全问题，加拿大食品检验局负责制定联邦政府针对普通食品标签的管理和规定。更确切地说，加拿大食品检验局负责制定针对食品标签和广告的规定以保护消费者免于被虚假的食品标签、包装和广告侵害。目前加拿大对转基因生物及其产品的标签采取自愿标识的方式。2004年4月，加拿大标准委员会（Canadian General Standards Board）通过了加拿大食品标签的全国标准，旨在为消费者提供易于理解的有意义的食品标签。该标准针对转基因食品提出《基因工程食品和非基因工程食品自愿标签和广告规定》（*Voluntary Labelling and Advertising of Foods that Are and Are Not Products of Genetic Engineering*），指导企业标注转基因产品或包含转基因成分产品的方法。但是在加拿大转基因食品的标签是自愿的，有些转基因食品没有明确的标签，消费者即使看到食品成分标签也无法判断是否为转基因食品。

在加拿大，标识食品的生产方法，包括转基因，并不是强制性的。而自愿的产品标签是允许的，只要它是真实的且无误导成分。为了便于使用这种自愿标签，加拿大政府支持发展一个有关通过生物技术而生产的食物自愿标签的国家标准。这个标准是由加拿大食品杂货分销商理事会，在加拿大通用标准委员会的指导下建立的。这项倡议是在消费群体、食品公司、生产商、环保团体和一般的利益集团以及政府的参与下，于1999年11月启动。通过这一举措制定的标准草案包括以下内容：

①该标准所包括的食品的范围；

②标签内容；

③核实这些标签表述真实性的程序。

自愿标签标准并非针对食品的健康和安全问题，因为这些问题已经由《食品和药品法》和条例来管理。加拿大卫生部参与在这个标准制定过程中，是为了提供关于本部对于在加拿大的基因改造食品规范方面角色的技术信息和指导，并尽量减少和《食品和药品法》可能的不一致性。该标准作为加拿大国家标准于2004年4月出版。

3.3.4.5 监管特色

加拿大是1996年全球开展转基因作物商业化的6个国家之一，转基因作物的种植面积不断增加。截至2016年，加拿大已成为全球28个种植转基因作物的国家之一。加拿大生物技术战略工作计划的10大主题为：①树立公众的信心及知情权，与公众交换准确、中立、易于理解的信息；②进一步发展加拿大的科学和技术研发基地，以使加拿大不仅在生物技术方面，而且在相关的管理、规制系统方面均具有竞争力；③通过管理来保护人民健康和环境；④推进生物技术在公众健康和安全方面的应用；⑤更新加拿大的知识产权法律；⑥推动加速新技术应用和商业化的手段；⑦展示加拿大在此方面负责任的世界领导形象以及协助发达国家及发展中国家管理相关事务，以提升本国相关商品的市场路径和接受程度；⑧开发人力资源；⑨增强政策相关的数据收集和分析能力；⑩建立部门战略和行动计划。加拿大的监管方式与美国有很多相似性，在加拿大政府实行生物技术战略后，加拿大生物技术产业发展迅速，至2001年加拿大就拥有417家生物技术公司，至2007年，加拿大生物技术公司的数量达到了约490家，拥有了仅次于美国居世界第二位的生物技术产业。生物技术的从业人员数量也逐年递增，从大学和医院也不断分离出新的生物技术公司。加拿大的生物技术企业产值在2001年为360亿加元，是1997年的3.39倍，自1997年以来，加拿大生物技术产业收入平均每年以45%的速度稳定增长，生物技术的研发经费也在逐年提高。加拿大的生物技术战略政策推动了加拿大在生物技术领域的进步，维护了其在该领域的领先地位，并在一定程度上促进了加拿大的出口贸易，改善了加拿大的国计民生。虽然围绕转基因食品等生物技术，在加拿大的公众中间尚存在伦理学上和环境学上的争议，但加拿大正在通过对生物战略政策的不断完善，通过谨慎决策、加强此领域的公众参与以及维护消费者的选择权利，既发挥生物技术带来的经济效益，又使其潜在风险能够较早地被发现并得到控制。

3.4 澳大利亚和新西兰转基因农食产品技术性贸易措施体系

澳大利亚农业自然资源丰富,每年大量农产品出口海外市场,并没有利用转基因技术提高农产品产量的压力和要求。然而,随着全球对转基因农产品贸易限制的减少,美国、阿根廷和加拿大等国家大规模利用农业转基因技术,农产品出口和国际市场份额显著上升,给澳大利亚农产品出口带来一定的冲击。在这一背景下,澳大利亚逐步扩大转基因技术在农业中的利用,但在转基因技术方向选择、利用程度上有其特殊性,在转基因技术的适度利用和有效控制中寻求平衡,这对澳大利亚农业和农产品贸易的持续健康发展有重要的意义。

澳大利亚农业科技发达,是率先在农业中推广转基因技术的国家之一。1996 年全球转基因作物商业化的第一年,澳大利亚开始商业化种植转基因棉花。随着转基因棉花种植面积的扩大,转基因所导入的外源性状由单抗逐渐转向双抗,即从抗除草剂或抗虫单一型品种转向抗除草剂和抗虫混合型品种。转基因棉花的种植大大减少了农药的使用,对环境保护起到了重要的作用。

继转基因棉花成功推广后,澳大利亚于 2003 年批准了抗除草剂转基因油菜的商业化生产,但在推广阶段遭到各州的抵制。原因之一是,人们担心这项技术会使杂草对除草剂的抗性进一步提高,导致除草剂用量的增加,从而对野生物种和环境产生不利影响;另一个原因则是全球对转基因油菜的市场准入限制会影响澳大利亚油菜籽和菜籽油的出口。因此,在商业化推广之初的几年中,油菜主产区通过州政府颁布的种植禁令,禁止种植转基因油菜。近年来,国际市场上转基因油菜籽贸易比重持续上升,目前约占贸易总量的 70%,加拿大率先利用转基因技术种植的油菜具有抗除草剂、含油率高等性状,油菜籽和菜籽油出口显著增加,对澳大利亚油菜籽出口形成威胁。联邦政府呼吁州政府重新取消转基因油菜的种植禁令,澳大利亚农业与资源经济局、澳大利亚粮食作物委员会和澳大利亚基因技术调节办公室等机构除了向公众宣传转基因油菜对人类及环境是安全的,还评估了禁止种植转基因油菜对澳大利亚油料行业造成的损害。

3.4.1 监管机构

新体制下的澳大利亚和新西兰政府的主要的转基因食品监管机构及其职责如下。

3.4.1.1 澳大利亚-新西兰食品法规部长级委员会

澳大利亚-新西兰食品法规部长级委员会(Australia and New Zealand Food Regulation Ministerial Council,ANZFRMC)即原来的澳大利亚-新西兰食品标准理事会(Australia and New Zealand Food Standards Council),该委员会成员由澳大利亚联邦政府,新西兰卫生部长,澳大利亚各州、直辖区卫生部长以及其他部门部长(如初级产业部、农业部、消费者事务部等)联合组成,澳大利亚联邦卫生部部长担任主席。委员会负责制定国内食品法规及食品标准指定的政策指引并监督执行,推动食品标准在全国范围内的统一执行以及和国际标准的协调同步;有权采纳、修订或废止食品标准。委员会每年至少召开一次全体大会讨论有关议题。

3.4.1.2 澳大利亚-新西兰食品法规常务委员会

澳大利亚-新西兰食品法规常务委员会（Food Regulation Standing Committee，FRSC）作为部长级委员会的下设部门，由部长级委员会各成员单位中的部门负责人和澳大利亚地方政府机构协会主席组成，其主要职责是向部长级委员会提出政策制定的建议和确保全国范围内食品标准实施和强制执法的一致性。

3.4.1.3 执行分委员会

执行分委员会（Implementation Sub-Committee，ISC）是 FRSC 下设的分委员会，负责监督和协调食品法规、标准实施的一致性。此外，ISC 还制定食品法规、标准实施指南，以提高法规运行的效率和降低企业执行法规、标准所带来的负担。

3.4.1.4 澳大利亚-新西兰食品标准局

澳大利亚-新西兰食品标准局（Food Standards Australia New Zealand，FSANZ）是澳大利亚和新西兰食品安全法定监管机构，虽然它归属政府管理，但根据法律的规定，澳大利亚-新西兰食品标准局是一个独立的法定机构，享有极大的自主权和决策权。标准局根据部长级委员会的政策指引，基于科学依据，制定澳大利亚、新西兰统一的联合食品标准法典（Joint Food Standards Code）和所有的澳大利亚国内食品标准。它的主要职责包括：制定、评估食品标准，协调食品安全监管和召回，展开科研工作，评估进口食品监管政策，制定食品法典的实施指南，对转基因食品的评定和商业释放以及相关的标志等问题进行评价等。食品标准局现设有两个办事处，一个在堪培拉，另一个较小的在惠灵顿。该机构现约有 146 名职员，其中大部分都有一定的科学或技术背景，包括微生物学、食品科技、化学、遗传学、毒物学和法律等。

3.4.1.5 新西兰食品安全局

新西兰食品安全局（New Zealand Food Safety Authority，NZFSA）于 2007 从原归属的新西兰农业和林业部（Ministry of Agriculture and Forestry，MAF）划分出来成为负责食品安全管理的全新专职部门。主要职责有：负责制定新西兰食品安全政策、部分法规、卫生标准，并予以具体执行实施；监督、评估法规、标准执行情况；为商业界、企业、消费者提供咨询服务，为出口食品签发进口国所需的证书，与进口国监管机构就进口国卫生标准的制定进行磋商。

3.4.1.6 澳大利亚检疫检验局

澳大利亚检疫检验局（Australian Quarantine and Inspection Service，AQIS）成立于 1987 年，现属于澳大利亚农业、渔业和林业部（Department of Agriculture, Fisheries and Forestry，DAFF）。作为政策执行部门，AQIS 的主要职责包括：负责口岸检疫以防止和减少外来虫害和疾病进入澳大利亚境内；实施进出口检验、认证以确保澳大利亚消费者、动物、植物的健康和安全并推动澳大利亚的出口产品的出口；配合国内市场监管部门、各州/地区政府控制虫害、疾病对国内生态环境的危害以及监管农产品、食品的安全；与 FSANZ 一同对转基因产品的进出口贸易进行管理，其中 FSANZ 依据食品风险评定政策提出进口食品的检疫方案。

3.4.1.7 各州、直辖区和地方政府机构

各州、直辖区政府根据联邦法律、标准,负责转化为本州有效的法规并予以执行;地方政府则负责法规、标准的具体实施及日常食品的监管工作;通过立法对转基因技术环境释放,在联邦法律框架下,对转基因产品的商业化和进出口以及转基因技术性应用和转基因产品生产进行管理。

3.4.1.8 其他部门

健康和老年部(Deparment of Health and Ageing,DHA)所属的治疗性商品管理局(Therapeutic Goods Administration,TGA)负责管理转基因产品在人类治疗方面的应用。

澳大利亚农药和兽医药品管理局(Australian Pesticdes and Veterinary Medicines Authority,APVMA)在批准任何转基因或含有转基因成分活性物质、化学产品及产品标志需遵照《法案》中的规定。

3.4.2 法律法规

澳大利亚和新西兰有关食品的法律法规包括:《进口食品控制法》《出口食品控制法》及相关的环境法、农业法、各州的公平贸易法、各州的食品法和健康法等。目前,澳大利亚的食品管理法律分为联邦和地方两个系统。

3.4.2.1 食品政策

食品政策包括澳大利亚政府会议的政府间食品管理协议、食品管理部长理事会的食品政策指南。

3.4.2.2 一般法

一般法包括《模范食品法》《进口食品控制法》《出口食品控制法》及国际贸易法律等。

3.4.2.3 特别法

(1)《澳新食品标准法典》,其食品标准由澳大利亚的州及特区政府的卫生部门行使法律执行权;对于进口食品,则由澳大利亚检验检疫部门执行。FSANZ制定的食品标准涉及如下内容:

①对食品生产单位、食品标签包括食品进口标签等的法律约束要求;
②政府许可的食品添加剂和催化剂一览表;
③新特食物、转基因食品和放射性食品一览表;
④食品中化学最大残留限制一览表;
⑤食品的安全处理要求;
⑥食品的初级生产(如生产基地)要求等。

《澳新食品标准法典》包括的内容如下。

第一章:通用食品标准。该章节规定了适用于所有食物的标准,如食品标签及其他信息要求(Part 1.2)、食品添加剂(Part 1.3)、食品污染物及残留(Part 1.4)、需要上市前许可的食品(新奇食品、转基因食品及食品辐照)(Part 1.5)和微生物技术及食品加工要求(Part 1.6)等方面。

第二章:食品产品标准。该章节涉及各类食品的具体标准,分为谷类(Part 2.1)、

肉、蛋和鱼类（Part 2.2）、水果和蔬菜（Part 2.3）、食用油（Part 2.4）、奶制品（Part 2.5）、不含酒精的饮料（Part 2.6）、酒精饮料（Part 2.7）、糖和蜂蜜（Part 2.8）、特殊用途食品（Part 2.9）以及其他食品标准（Part 2.10）。

第三章：食品安全标准。该章节规定了专门适用于澳大利亚的食品安全要求。

第四章：初级产品标准；该章节规定了专门适用于澳大利亚的初级产品标准和加工标准（海产品、家禽肉、肉类、奶制品和特殊奶酪）以及对酒类产品的要求。

（2）《基因技术法案》：是澳大利亚联邦政府2000年通过、并于2001年6月生效的基因技术规制框架下重要构成部分，对涉及转基因产品的研究、田间试验、制造与生产、商业化释放与转基因产品的进口进行全面管理。

（3）转基因溯源管理法规：由澳大利亚-新西兰食品标准委员会（Food Standards Australia NewZealand，FSANZ）制定，即1.5.2标准《转基因食品标准》，该标准的第2部分为转基因产品的标志管理条例。该标准规定了澳大利亚的转基因产品进行强制性标志。同时，为了避免转基因食品应标志而未标志以及使用虚假信息误导消费者，澳大利亚竞争与消费者委员会（Australian Competitionand Consumer Commission，ACCC）对流通领域进行监督，确保任何转基因产品或非转基因产品标志的真实性。

3.4.3 安全评估体系

澳大利亚基因技术法规局在对转基因研发单位及开展转基因活动的设施进行认证管理的基础上，将与基因技术相关活动按风险大小实施报告或审批管理。从事转基因生物低风险的研发活动，应当向基因技术法规局报告，并满足人员经过专门培训、单位及设施通过认证、相关活动经过本单位转基因生物安全委员会评价、转基因生物运输按《转基因生物运输指南》执行等要求。从事环境释放（DIR，包括田间试验和商业化种植）以及不涉及释放的活动（DNIR）应当取得基因技术管理办公室的许可。另外，澳新食品标准局负责转基因食用安全评估。

3.4.4 监管机制

3.4.4.1 转基因标识管理

《转基因食品标准》从转基因产品的定义、标志范围、豁免条款、标志额外信息的要求等方面对转基因产品的标志管理进行了较为详细的说明。

1. 转基因产品的定义及标志范围

《转基因食品标准》要求：如果终端食品（包括原料、食品添加剂和加工助剂）中含有批准的新型DNA和/或新型蛋白质，必须使用"转基因"的标志。在该标准第4款中的第1分款中，对转基因食品作了以下定义。转基因食品是指含有以转基因技术生产的食品或者含有类似原料以及转基因加工助剂的食品，主要包括：①含有新型DNA和/或新型蛋白质的食品；②改变了性状的食品。下列食品不包括在转基因食品中：①没有改变性状高度提炼的食品，提炼过程可以除掉新型DNA和/或新型蛋白质；②加工助剂或食品添加剂，除非二者所含的新型DNA和/或新型蛋白质存留在食品当中；③浓度不超过1克/千克的调味料；④食品、原料或加工助剂中非预期存在的转基因食品，含量每种原料中不超过 10 克/千克。

2. 额外的标志和信息要求

对于"改性"的转基因食品，标准要求可额外的标志和/或信息说明。"改性"指的是转基因食品与传统的对照产品相比较，在以下方面不同：成分或者营养价值；抗营养素或者自然毒素；对于特殊人群能引起过敏反应的因素；其用途与所对应的现有非转基因食品不同；基因转变带来了重大的民族、文化和宗教问题，这些问题与基因转变所使用的基因材料有关。

3. 豁免条款

豁免条款包括两类食品，即非转基因食品中的转基因的非预期出现以及即食食品。标准允许通过政府批准的转基因食品作为原料出现在食品中，如果不超过 1% 则不作转基因的标志（但是没有获得批准并列入该标准的转基因食品是不允许出现的，无论是有意还是无意添加）。该豁免条款适用于生产者尽力避免使用转基因食品（包括转基因的原料或者加工助剂），但是食品中还是不可避免地出现了转基因原料。只要这种无意识地出现的原料不超过 10 克/千克，则没有必要进行转基因标志。根据标准 1.5.2 第 2 部分中条款 4 (4) 的规定，出自食品店和食品车的即食食品不必进行转基因标志。豁免的主要食品类型包括：饭店、外卖、包办伙食以及单位食堂。然而，澳大利亚各州和地区的食品法案有一条一般的规定，禁止食品企业或个人销售不符合购买者品质要求的食品。因此，如果想知道原料是否出自转基因源，则制造商有责任提供相关信息，信息须真实且没有误导性。这是消费者另一个获取信息的机制，以便做出选择。

4. 否定（消极）声明

标准 1.5.2 对否定声明未作记载，如"不含转基因""非转基因"。此类声明由制造商自愿进行，但不得有虚假和误导性的行为，须遵循以下法规的规定：1974 年联邦贸易行为法案，1986 年新西兰公平贸易法案以及澳大利亚各州和地区的公平贸易和食品法案。这些法规禁止食品企业实施以下行为：误导或欺骗行为，因广告、包装或标志可能导致的误导或欺骗行为，对食品的虚假描述，提供的食品不符合顾客的品质要求。总而言之，如果清晰或含蓄地将食品描述为具有某种品质，如"非转基因""不含转基因"等，但实际上却包含新型 DNA 和/或新型蛋白质，而否定声明使消费者相信不含有转基因物质，那么制造商则违反了公平贸易法规和食品法规。

同时，也可能这样一种情况，即制造商的行为虽然符合了标准 1.5.2 的要求，但却违反了公平贸易法规和食品法规，例如超出合法范围而做出的否定声明。举个例子来说，制造商使用了一种非转基因原料，并自愿将产品标志为"不含转基因"，但后来的检测出食品中含有新型 DNA。此时，由于制造商已经自愿将产品标志为"不含转基因"，尽管新 DNA 的存在是非故意的，这种否定声明可能对消费者形成误导，使之相信确实不含任何新型 DNA。在这种情况下，制造商也违反了公平贸易和/或食品法规的一般条款，将由执法部门根据相关法规对其惩处。

3.4.4.2 转基因标识管理的实施

为保证该标准正确、有效地实施，FSANZ 出版了行业使用指南《转基因食品的标志》。该指南由一个能代表各辖区执行机构的国际工作组制定，描述了标准 1.5.2 中的标志要求以及制造商怎样去遵循要求。此外，FSANZ 和 NZFSA 还编制了清单，用于描述转基因食品的标志要求。下面从转基因标志的方法、必要的证明等方面来阐释食品企业如何对食品进行转基因的标志。

1. 转基因食品的标志方法

根据标准，针对不同形式的食品，出现转基因食品或配料时，须按照以下规定进行：①对于包装食品，须将"转基因"字样与食品名称一起使用，或者与特定的配料名称在配料列表中一起使用；②对于零售的非包装食品（如未包装的水果、蔬菜或成品、半成品），须将"转基因"字样与食品或特定的配料一同展示；③该标准并未要求即食食品，如餐馆提供的食物或外卖以及外包类餐饮贴上转基因标签。如果消费者要求销售商提供这类信息，那么销售商可以根据决策图（图3-2）以及相关问题来确定是否进行转基因标志。

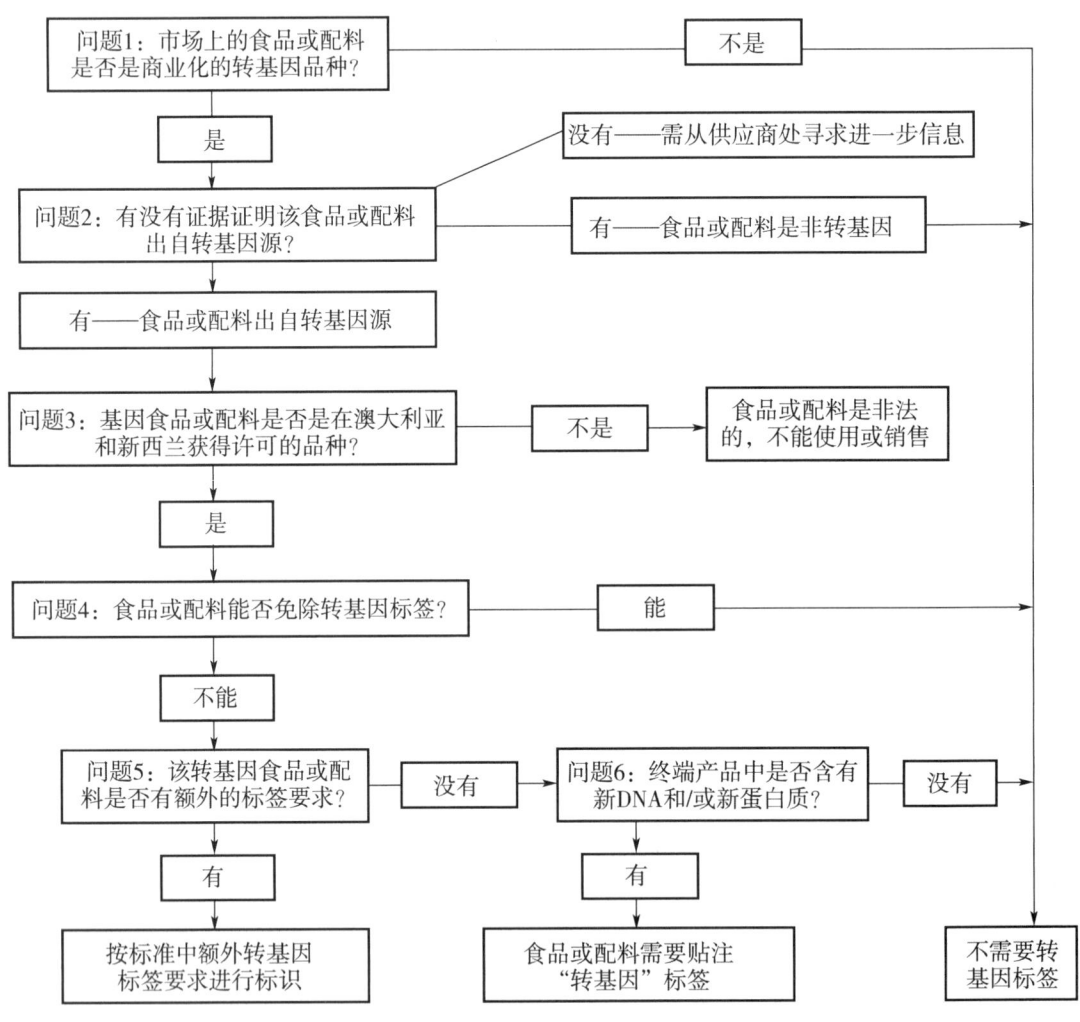

图3-2 是否将食品标记为"转基因"的决策图

2. 文档追溯

在决定如何对产品进行标志时，食品企业需要提供文件证明，以此来确保所提供的原料或食品中使用的所有原料符合食品法规的要求。比如，须提供每种原料中的添加剂信息，同时制造商还要确保允许使用的添加剂在终端产品的标签中得到声明。这样可以使消费者有充分的准备来根据成分选择食品。

文件线索须符合以下条件：一是有书面文档（如定货单、发票、包装单等）；二是文档有供应商指定的专人提供。有关食品的转基因信息将沿供应链依次由种植商、加工商、供应商和进口商转给制造商和零售商。在供应链的每一步骤，每一层的供应者均须提供准确的转基因信息。企业须认真确定信息的准确性，而且要确保其可靠性。强制机构需首先审核文档，判断是否符合标准。企业须按规定保存文档，期限不少于食品的保存期。针对零售食品，零售商需保存标签上已有的转基因信息，但无须单独记录。如果对责任不确定，则要咨询州、地区或新西兰卫生部门，寻求独立的法律意见。如果无法通过食品或配料供应商解决此问题，可以通过测试或者另寻其他的供应者。

3. 身份保存

除了文档追溯，同时可以设计身份保存系统来确保食品或原料中不含转基因成分，即在供应链中将非转基因成分分离出来，可以使用这种系统来确保原料为非转基因，以此来免除使用"转基因"标签。标准并没有强制要求去做自愿否定声明，或者强制使用身份保存系统。

4. 溯源新 DNA 和/或新蛋白质的检测

根据标准要求，如果终端食品中含有新 DNA 或新蛋白质，则须标转基因标志。但是如果通过文件线索无法确定转基因状况、不同批次的食品转基因情形不同并且有合适的测试方法可用的时候，需要对该产品进行测试。对于高度提炼食品，可以采用一次性检测来确认新 DNA 和/或新蛋白质已经被去除。如果出现加工方法或供应商发生变化等情况，则须重新检测。同时也可以进行一些常规性的检测，目的是确认文件线索的有效性或可靠性。如食品或原料中可能存在变种，文件是否记载了针对此事所采取的措施。常规性测试的另一个目的是确定供应商的可靠性。当前食品和/或原料的转基因情况有两种主要的检测方法：使用聚合酶连锁反应来检测 DNA；使用酶免疫吸收剂化验来检测蛋白质。在检测时，须注意 5 个关键点：可用性——有些情况下，当前可能并不存在该类转基因食品的检测系统；可重复性——选择的方法需能够被复制并可供回顾查验；置信度——检测的局限越来越少，但是错误的肯定结果和错误的否定结果在终端食品中都有少量出现；成本——通常昂贵；可靠性——对实验室的信赖是其可靠性的体现。如果有必要进行检测，则应咨询州、地区或新西兰的卫生部门寻求建议。

3.4.4.3 监管特色

澳大利亚和新西兰食品法规体系改革的重要目标是在确保为消费者提供更高水平的食品安全保障的同时，有效降低原有法规给行业、企业带来的不必要压力和成本支出，保持澳大利亚和新西兰食品从业者的创新水平和竞争力。澳大利亚转基因技术的研究、试验和商业化释放方面的信息是非常公开和透明的。特别是在有关转基因产品商业化释放领域，除了有限地保护商业机密，所有其他信息都是公开的。风险评定环节通过各种渠道多方听取公众意见、质疑、回应等环节，提高全民对转基因技术及产品的了解。我国可借鉴澳大利亚和新西兰经验，通过宣传和普及，提高公众对转基因技术的认知水平，推动中国生物产业持续健康发展，满足消费者的知情权和消费选择权。

3.5 日本转基因农食产品技术性贸易措施体系

日本的转基因食品立法较早，其转基因食品政策可以概括为"不鼓励、不抵制、适当发展"，对转基因食品采取强制标签制度。转基因食品对于日本这样一个地少人多的国家而言具有重大意义，但日本消费者对转基因食品的安全性持疑虑态度，对转基因食品十分敏感。一项调查显示近90%的日本民众反对转基因食品推广，日本政府从2006年开始禁止美国转基因大米进口，酿酒商们都自发抵制使用转基因原料酿造啤酒。在日本，由农林水产省负责转基因作物的进口审批，厚生劳动省负责对转基因食品进行安全评估并进行审批。日本目前尚无商业化的转基因作物种植，已批准进口转基因作物有8种：大豆、菜籽、棉花、玉米、马铃薯、木瓜、甜菜、苜蓿。

日本的转基因食品标识制度是一种有限度的强制标识制度，政府规定所有转基因产品在进入日本市场之前都必须进行安全风险评估，转基因成分达到5%以上的食品必须进行标识，转基因成分含量在1%～5%之间的应当以"可能含有"的形式进行标识，而转基因成分含量低于1%的产品可以免于标识，生产制造过程中失去转基因成分的转基因食品则不强制加贴标识。

3.5.1 监管机构

在上世纪七八十年代，日本并没有针对转基因技术和转基因产品相关问题进行法律上的规制，而是选择以指南的方式进行非强制性的指导。进入21世纪以后，随着转基因技术在食品、药品等领域的大规模应用，日本国内引发了转基因技术的安全性争论，并呼吁将转基因产品特别是转基因食品纳入到法律框架内进行规制。2003年，厚生劳动省和农林水产省分别出台了《日本食品卫生法》和《农林物资规格化法》（又称"JAS法"）将转基因食品安全性审查作为法定义务加以规定，确立了日本转基因食品规制的基本法律框架。同年，日本出台了《食品安全基本法》，决定在内阁府成立"食品安全委员会"来专门负责转基因食品的安全健康评估。以《食品安全基本法》为基础，日本目前已经建立起了一套相对完善的转基因产品安全审批制度。日本负责转基因产品安全管理的部门主要有四个：一为文部科学省，主要负责依据其1987年颁布的《重组DNA实验准则》进行实验室封闭研究阶段的安全审批工作；二为通产省，主要负责转基因技术应用于药品、化学制品和化肥生产等方面的安全审批工作，并帮助相关企业进行转基因产品风险评级；三为农林水产省，主要负责审批转基因生物向环境中的有意释放以及评估转基因产品对环境安全的影响；四为厚生劳动省，主要负责转基因食品、药品以及食品添加剂的安全审批和管理工作，同时负责制定一系列转基因产品安全指导原则。四个部门各自均可以制定相关的管理法规，各司其职而且相互协作，共同负责转基因产品的安全审批工作。

3.5.1.1 文部科学省

文部科学省（Ministry of Education, Culture, Sports, Science and Technology, MEXT），是日本中央政府行政机关之一，负责统筹日本国内教育、科学技术、学术、文化及体育等事务。2001年1月6日起由原文部省及科学技术厅合并而成。文部科学省负责审批实验室生物技术研究与开发阶段的工作，该省于1987年颁布了《重组DNA实验准则》，负责审批试验阶段的重组 DNA 研究。

3.5.1.2 通产省

通产省也称经济产业省，负责推动生物技术在化学药品、化学产品和化肥生产方面的应用。有关的准则于 1986 年 6 月颁布，该准则是针对将重组 DNA 技术的成果应用于工业化活动，规定了在工业应用中的基本要求及条件，以确保重组 DNA 技术的安全，并促进该技术的合理应用。

3.5.1.3 厚生劳动省

厚生劳动省也称健康与福利部，负责药品、食品和食品添加剂的审批，同时也负责转基因食品安全问题。1986 年颁布了《重组 DNA 工作准则》。1994 年 8 月，首次批准使用该指导原则的是转基因凝乳酶（在制造奶酪过程中使用的一种牛奶凝结酶，得到美国和欧盟的批准）。1996 年，开始实施评估抗除草剂食品标准。厚生劳动省的安全管理机构设食品卫生课程，由审议会和食品卫生调查会审批并报厚生劳动省大臣确认转基因食品的安全性。4 个主管部门分别制定了相关管理法规，规定安全性评价程序为：开发者先行评价，然后政府组织专家再进行审查。

3.5.1.4 农林水产省

农林水产省负责审批重组生物向环境中的释放。1992 年，《农、林、渔及食品工业应用重组 DNA 准则》颁布。依照《农、林、渔及食品工业应用重组 DNA 准则》，农村水产省负责管理 GMO 在农业、林业、渔业和食品工业中应用，包括：在本地栽培的 GMO，或进口的可在自然环境中繁殖的这类生物体；用于制造饲料产品的 GMO；用于制造食品的 GMO。准则也适用于在国外开发的 GMO。

这其中，风险管理由农林水产省和厚生劳动省共同协作完成，风险评估由食品安全委员会完成，而风险沟通则由 3 个府省独自合作完成。

食品安全委员会与风险管理机关关系见图 3-3。

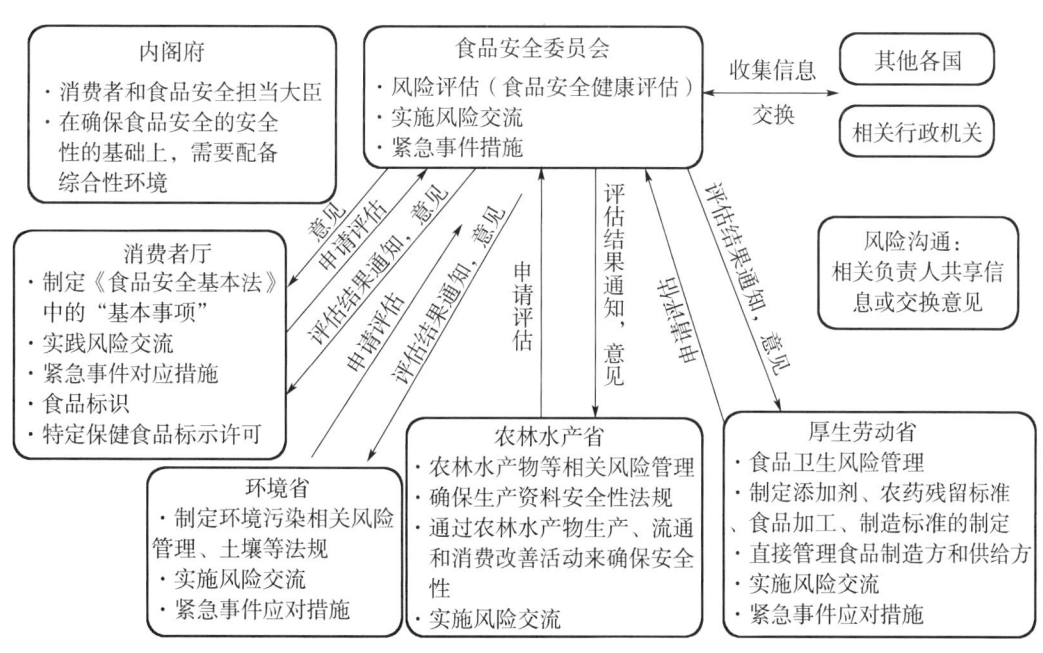

图 3-3 食品安全委员会与风险管理机关

3.5.2 法律法规

日本保障食品安全的法律法规体系由基本法律和一系列专业、专门法律法规组成。《日本食品卫生法》（*Food Sanitation Law in Japan*）与《食品安全基本法》（*Food Safety Basic Law*）从2003年开始实施，最新修订时间是2011年，这两部法规是日本在食品安全方面最主要的两部监管法规。《日本食品卫生法》和《食品安全基本法》是基本法律，与转基因规定的相关法律法规还有《重组DNA生物实验指南》《关于农林物资的规格化以及品质标注的合理化的法律》《农、林、渔及食品工业应用重组DNA准则》《转基因食品检验法》《转基因食品标识法》和《新食品标识法》等。

3.5.2.1 《日本食品卫生法》

《日本食品卫生法》最早制定于1947年，由日本国会颁布。该法是日本控制食品质量安全与卫生的最重要法典，其目的是保护人们远离由于饮食导致的健康危险，并帮助改善和促进公众的健康。日本的食品安全管理工作就是依据《日本食品卫生法》来进行的，这项工作包含很多方面的内容，包括制定食品、添加剂、器具和食品包装、盛放容器的标准和规格，通过检验证明这些标准是否被执行，以及食品生产和销售的卫生管理。还包括按照屠宰法、家禽宰杀经营管理和禽肉检验法对家畜和家禽肉的检验。

《日本食品卫生法》是一部全面的食品法，对所有食品都有极为详细的规定。该法禁止出售含有毒、有害物质的食品。它规定了食品、添加剂、食品加工设备、食品容器及包装必须符合的标准。这些法规同样适用于所有进口到日本的食品。《日本食品卫生法》禁止生产、进口或销售不卫生的食品，或不符合现有的生产和配料贮藏标准的食品，以及不符合该法规定的规格及标准的设备及包装容器。该法规还要求食品等货物的进口商向检疫机构提交进口申报。如果进口食品未达到这些标准，则不允许进入日本。

为了适应社会经济的发展和日益发展变化的饮食结构，充分保证食品安全，1972年、1995年和2002年日本政府多次对《日本食品卫生法》进行了修订。2001年以来，日本相继发生了雪印事件、大肠杆菌O157中毒事件、疯牛病和禽流感等食品安全事件，导致消费者空前高度关注食品安全。日本政府于2002年12月21日专门设立了食品安全委员会。2003年9月1日，日本在农林水产省内设立了"食品安全危机管理小组"，负责应对重大食品安全问题。这两个机构的设立，强化了日本农产品的保护机制。与此同时，日本政府对现行《日本食品卫生法》及其《实施细则》进行了修订，与此同时《农林物资规格化和质量表示标准法规》也进行修订。新修订的《日本食品卫生法》于2006年5月起实施。这次修订《日本食品卫生法》将其目的从确保食品卫生改为确保食品安全，并明确规定国家和地方政府以及从业机构和人员在食品安全方面应负的责任。修订后的《日本食品卫生法》不仅提高了药物残留限量的标准与卫生要求，增加了限制项目，而且强化了进口农产品的检查制度。

《日本食品卫生法》对标签要求涉及转基因方面的规定为：如果不是未应用DNA重组技术的农产品，并确定对其生产和分销进行了区别，或不是含有未应用DNA重组技术的农产品作为原料的加工食品（包括以加工食品作为原材料的），并确定对其生产和分销进行了区别，禁止声明有关农产品食品是未应用DNA重组技术的农产品食品或食品卫生法所列的加工食品的原材料是未应用DNA重组技术的农产品。

对于《日本食品卫生法》的标签要求,在实施细则中对某些项目进行了细化豁免要求,应遵守该实施细则执行。

3.5.2.2 《日本食品卫生法》下的食品和食品添加剂技术规范和法规（Specifications and Standards for Foods, Food Additives, etc. Under the Food Sanitation Act (Abstract.). 2010）

该法规包含的主要内容：食品的全部或部分如果包含采用了转基因技术生产的生物，以及含有采用了转基因技术生产的生物，该生物必须经过厚生劳动大臣所规定的程序进行安全性审查，并且该审查结果需要公开；如果食品是利用由转基因技术得来的微生物来进行生产，也同样适用该规定。另外，在利用由转基因技术得来的微生物生产、制造食品时，要求该生产、制造方法必须符合厚生劳动大臣所制定的标准，并且是否符合标准的判断也要在得到确认之后才能被认可，这个规定也同样适用于含有添加物的食品生产、制造。

3.5.2.3 《食品安全基本法》

在经历了2001年爆发的疯牛病影响以及后来数量众多的食品错误标签问题和食品安全事件之后，日本消费者对食品安全的关心日益增强，要求政府进一步采取有效措施，确保食品安全，保护消费者的健康。为此，日本政府决定进一步完善食品安全法律和管理体制，先后对《日本食品卫生法》进行了10多次修改。并在吸取雪印乳品公司教训的基础上，于2003年制定并开始实施《食品安全基本法》。该法强调了食品安全事故之后的风险管理和食品安全对健康影响的预测能力。2003年5月16日，日本参议院通过了《食品安全基本法》草案。同年7月，日本正式成立"食品安全委员会"，以便对涉及食品安全的事务进行管理，并"公正地对食品安全做出科学评估"。《食品安全基本法》为日本的食品安全行政制度提供了基本的原则和要素，其核心内容如下：①确保食品安全——消费者至上，基于科学的风险评估，从农场到餐桌全程监控（可溯性）；②地方政府和消费者的参与——食品行业机构对确保食品安全负首要责任，消费者应接受食品安全方面的教育并参与政策的制订过程；③协调政策原则——在决定政策之前应进行风险评估，以必要的危害管理和预防措施为重点，风险评估员和风险管理者协同行动，促进风险信息交流；④建立食品安全委员会（FSC）——食品安全委员会（PSC）应为内阁所属部门，并直接向首相报告，食品安全委员会将独立进行风险评估并向风险管理部门，也就是农林水产省和厚生劳动省提供科学建议。

3.5.2.4 《转基因食品检验法》

2001年3月27日，日本政府发布了《转基因食品检验法》（2001年9月14日最后修订），规定转基因食品进口时，检疫所进行抽样监控检查，各部府道县也进行适当的监控检查，以确保转基因食品进口的安全性；2001年4月1日，日本农林水产省正式颁布实施《转基因食品标识法》，对已经通过安全性认证的大豆、玉米、土豆、油菜及棉籽5种转基因农产品以及以这些农产品为主要原料、加工后仍然残留充足DNA或由其编码的蛋白质24个种类的食品（大豆15种，玉米9种），制定了具体的标识方法。用于加工食品时，如该原料的重量列前三位，且含重量达5%以上，必须执行标识制度，并对无须标识的加工食品以及不得出现在食品标签上的用语进行了规定。同一时期，厚生劳动省也召开审议会对安全性审查法制化进行了探讨。根据转基因食品的流通范围不断扩大，以及将转基因食品标注法制化必须以安全性评价为前提的这两个因素，审议会提出应当将有关转基因食品的安全性评价加以法制化。除了要考虑有关食品等进口手续当中所涉及事项的安全性评价之外，也应当对进口以及国内流通的转基因食品进行监督检查，同时审议会还提出应当在食品卫生法中，将标注制度作为安全性审查的一环，作为法定义务进行规定。

2001年9月28日、2002年2月22日、2005年10月10日，农林水产省分别发布第1335号、1535号等公告，对转基因食品标识目录进行修改，分别增加了：高油酸大豆及其加工品、马铃薯及其加工品、三叶草及其加工品等实施标签的产品，并要求每年都要对已规定的农产品及其加工食品的种类进行修订。在2013年日本又颁布《新食品标识法》来管理转基因食品。《新食品标识法》则是在前者的基础上进行了扩充，在之前5种转基因食品的基础上又增添了甜菜、番木瓜和紫菜苜蓿3种转基因食品，但在对转基因食品贴标签规则没有很大变化。

3.5.2.5 《转基因食品标识法》

自2001年4月1日起，日本正式实施《转基因食品标识法》。日本这一保证食品安全法律的出台，无疑会对日本及其贸易伙伴的转基因食品生产与贸易产生深刻影响。日本之所以出台《转基因食品标识法》，有其深刻的背景。

自20世纪70年代以来，以转基因技术为核心的现代生物技术产业开始蓬勃发展，为解决粮食短缺、环境污染、能源危机等问题提供了契机，并可能成为21世纪的支柱产业。但是转基因技术及其产品为人类生存与发展问题带来新希望的同时，各种负面影响也日益表现出来，特别是与人类健康与安全息息相关的转基因食品更是倍受关注，从而引发了转基因食品"身份证"的争论——即是否需要对转基因食品加贴特殊标签。世界各国对此莫衷一是，以美国和加拿大为首的一些国家不支持对转基因食品加贴标签，他们认为除非有科学证据证明转基因食品与同类传统食品在组成成分、营养价值和用途等方面存在明显不同，否则转基因食品不必加贴特殊标签，对于要求贴标签的食品，仅仅说明产品性质的改变，不需要谈及此产品是转基因产品；而日本与韩国、澳大利亚、新西兰、欧盟成员国等国家则对转基因技术的发展持谨慎态度，这些国家规定转基因食品必须加贴特殊标签。

农业在日本国民经济中所占比重较小，日本食品自给率较低，仅为40%，在很大程度上依靠进口。但在农产品和食品进口中，转基因成分所占比重较大。由于转基因食品在安全性方面尚存诸多不确定问题，日本政府为确保上市流通的转基因食品的安全，依据其《食品安全性评价制度》对转基因食品安全性进行了认证，并于1998年8月提出对含有转基因成分的食品进行标识的初步计划。到1999年底，农林水产省仅批准了大豆、玉米、马铃薯、油菜籽、棉籽、西红柿和甜菜等7种转基因农产品可以作为食品或食品原料。尽管如此，日本国内消费者团体及环保组织仍然不信任转基因食品，并且抵制情绪日益高涨。

3.5.3 安全评估体系

根据日本《食品安全基本法》等相关法律规定，如果某种产品全部或部分含有转基因生物，或者该种产品是通过转基因生物进行生产的，则该产品必须接受安全性审查。在对转基因产品进行安全性审查时，对转基因产品安全风险的评估和把控贯穿始末。具体步骤为，第一，对提交申请的转基因产品进行安全风险评估，即由食品安全委员会根据厚生劳动省制定的统一标准对转基因产品进行"安全健康评估",评估时奉行"实质等同性原则",具体评估方法是将转基因产品和与之相对应的非转基因产品进行比对,重点考察产品在采用转基因技术后所发生的全部或附加性质的变化(包括发生变化的可能性),以确定转基因产品在对人类、动物健康和生态环境的影响等方面是否与既存产品具有同样的安全性;第二,由厚生劳动省和农林水产省进行合作,根据食品安全委员会得出的风险评估结论,同时进入风险管理阶段,由厚生劳动省和农林水产省分别在各自的管辖范围内制定相关标准和管理措施,以规制可能发生的安全性风险;第三,由食品安全委员会、消费者厅、农林水产省、厚生劳动省和环境省等部门共同就转基因产品的风险及管控措施交流意见,实现相关部门、企业和消费者三者之间的信息共享与交换,此为风险交流阶段,并非独立存在,而是贯穿在整个风险评估和风险管理的过程中。如果转基因产品顺利通过了以上安全性审查,则代表其可以被投入市场流通。当然,即便是已通过安全性审查的转基因产品,如日后有科学证据表明其仍存在对人类、动物健康以及生态环境产生危害的可能性时,应及时进行复审,公布结果并采取相应措施。

转基因农作物安全评估流程见图3-4。

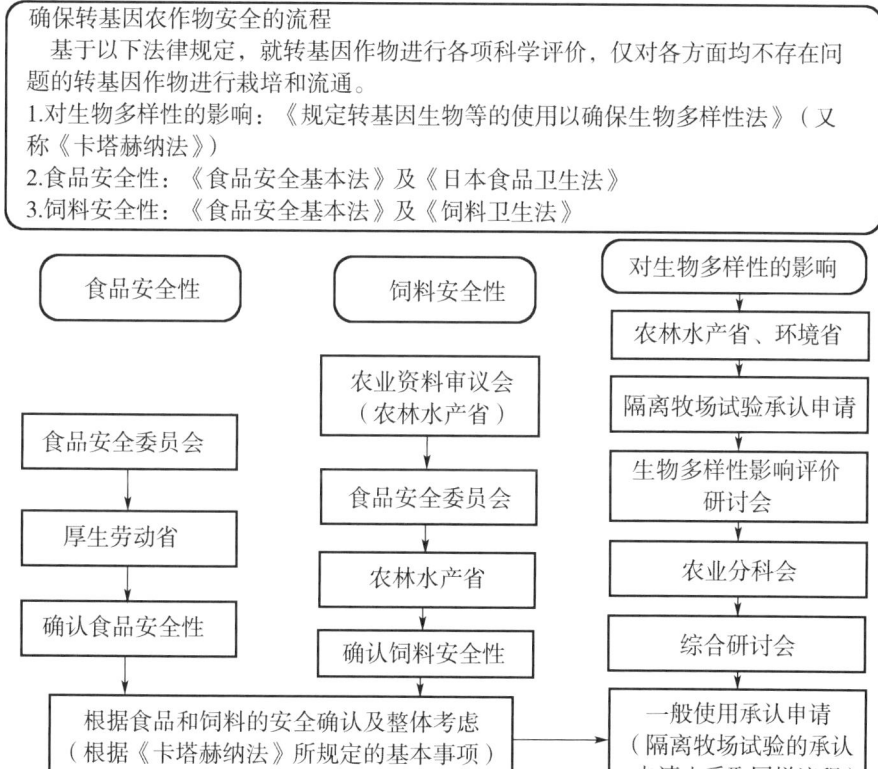

图3-4 转基因产品的安全评估流程

3.5.4 监管机制

3.5.4.1 转基因食品标识机制

日本于1999年修改了沿用近40年之久的《农业基本法》,并更名为《食品·农业·

农村基本法》，新"农业基本法"在继续推行市场自由化的基础上，新增加了维护消费者利益的食品安全政策及维持农业可持续生产政策等内容。同年 7 月，为与新"农业基本法"配套，日本政府修改了《关于农林物资的规格化以及确定质量标识的法律》（JAS法，即 1999 年 108 号法案）。在此基础上，经过一年多的试行，2001 年 4 月 1 日，日本农林水产省正式颁布实施《转基因食品标识法》。

日本《转基因食品标识法》（以下简称《标识法》）对已经通过安全性认证的大豆、玉米、马铃薯、油菜籽、棉籽 5 种转基因农产品及以这些农产品为主要原料、加工后仍然残留重组 DNA 或由其编码的蛋白质的食品，制定了具体标识方法。包括以下主要内容。

1. 法规中对农产品和相关术语的定义

指定农产品：包括大豆（含毛豆和黄豆芽）、玉米、马铃薯、油菜籽、棉籽，其中有一些作物品种是利用重组 DNA 技术开发的；

重组 DNA 技术：将 DNA 分离，然后使用酶等物质将其重新进行组合，并向具有繁殖能力的受体活细胞导入该重组 DNA 的一种技术方法。

转基因农产品：利用重组 DNA 技术得到的农产品。

非转基因农产品：属于指定农产品，但不是转基因产品。

区别性生产流通管理：是一种处理非转基因作物的方法，它通过对从海外农场到日本的生产、销售和加工的每一个阶段进行控制，避免混入转基因作物。同时在农产品分离阶段都必须出具相关证明文件，以保证结论真实。

主要原料：在产品原料构成中比例排前三位，且重量是产品总重量 5% 以上的原料。

2. 标识方法

以指定农产品为主要原料的加工食品（包括该食品的再加工食品），如果食品中重组 DNA 或由其编码的蛋白质仍有残留，那么所有的食品生产者、制造商、包装商或进口商（或根据零售商与生产者、制造商和包装商达成的协议，对产品负有标识义务的零售商），除了要对《加工食品质量标识法》第 4 条所规定的项目进行标识外，还必须在食品标签上注明其主要原料。但食品容器或包装上可用于贴标签的空间小于 30 平方厘米的情况除外。具体标识方法如下：

①如果加工食品是以实行区别性生产流通管理的转基因农产品为主要原料，那么无须考虑《加工食品质量标识法》第 3 条第 6 款的规定，而应该在食品原料名称后，注明该食品是转基因食品。

②如果加工食品是以没有实行区别性生产流通管理的指定农产品为主要原料，那么无须考虑《加工食品质量标识法》的第 3 条第 6 款的规定，而应该在食品原料名称后，注明食品原料没有实行区别性生产流通管理。

③如果加工食品是实行了区别性生产流通管理的非转基因农产品为主要原料，那么可选择以下任意一种标识方法：

——标识食品主要原料名称；

——按照《加工食品质量标识法》第 3 条第 6 款规定，不注明食品原料名称；

——标识食品主要原料名称，并注明该食品是以实行区别性生产流通管理的非转基因产品为原料。

④无须标识的加工食品。《标识法》还规定了无须加贴标签的情况：虽然含有指定农

产品，但不是主要原料，那么这部分食品无须加贴标签；未列出的加工食品，无须加贴标签。

⑤不得出现在食品标签上的用语。食品生产及零售商在设计食品标签时，应遵守如下规定：按照《加工食品质量标识法》和《有机食品质量标识法》的规定，不能出现在加工食品和有机食品包装或容器标签上的用语，也不得出现在指定农产品及其加工食品包装或容器标签上；如果食品原料是没有使用重组 DNA 技术的非指定农产品，那么在食品标签上不得使用任何转基因用语。

此外，《标识法》还规定了实施时间和修订原则。第一，《标识法》自 2001 年 4 月 1 日发布之日起施行，适用于 2001 年 4 月 1 日以后制造、加工或进口的加工食品，也适用于 2001 年 4 月 1 以后出售的有机食品。第二，《标识法》每年都要求对指定农产品及其加工食品的种类进行修订，修订时所需考虑的因素有：最新商品化的转基因农产品；分销及用作食品原料的转基因农产品的实际情况；去除和分解重组 DNA 及由其编码的蛋白质的实际情况；由于检测方法的进步而得出的新结论；消费者的观点。此外，还应考虑在有机食品和加工食品的生产、制造、流通及加工过程中，对转基因农产品及以其为原料的加工食品的处理情况和制定国际统一制度的进展情况。

3.5.4.2 转基因农产品溯源监管机制

日本转基因农产品溯源监管制度的主管机构是食品安全委员会，协助部门主要是农林水产省和厚生劳动省，通过其良好地履行职责，形成了运转有效、协调有序、监管严格的"三位一体"式监管体系。

食品安全委员会成立于 2003 年，是日本为对抗由西欧和北美传入的疯牛病而建立的，其职责最初仅限于对进口牛肉的病理检查，但后来不断扩充职能，在 2006 年经内阁授权，负责日本整个转基因农产品的质量检查和追溯监管工作。食品安全委员会隶属于内阁，同时兼具一定的独立科研职能，向内阁定期报送有关转基因农产品的溯源监管制度运行情况及发现的问题，及时解决问题，对转基因农产品溯源监管制度进行不断的完善和创新，保障制度运行顺畅有效。此外，食品安全委员会还负责和其他国家的相关部门进行沟通协调与对接，保障日本在转基因农产品的质量安全溯源监管方面的工作能够与国际接轨。

农林水产省是日本针对农副业建立起来的专门性部门，主要负责制定、执行和监督在农业、林业和水产业方面的食品安全追溯管理工作，并与多个相关专业性社会团体直接对接，保障溯源监管制度运行有效。转基因农产品的科技含量高，目前国际尚无统一的指标参数作为衡量，因此农林水产省在一定程度上兼管相关的管理与协调工作，在农药、化肥的使用以及土壤结构、物质含量等方面进行统一的标准化管理。为畅通日本民众在转基因农产品安全溯源监管制度的运行方面发表意见，日本农林水产省还每年定期派专员到转基因农产品种植地以及部分地方县去了解相关情况，听取地方政府和议会的汇报和建议，并每年召开一次会议，专门解决发现的问题。

厚生劳动省是日本针对民生服务、人力资源开发以及社会就业问题而成立的专业性部门。在转基因农产品安全溯源监管工作中，厚生劳动省主要负责培养和抽调部分工作能力强、专业知识与技能过硬的技术骨干，然后分派到地方进行现场指导和监督工作。此外，厚生劳动省还负责根据日本国内相关法律进行食品添加剂、转基因农产品药物残留限量标准以及落实责任制等方面发挥重要作用。

2002年5月，日本政府建立了转基因农产品身份证制度，即对种植转基因农产品的农场进行资格认证，符合相关标准之后颁发合格证。只有拥有准入许可和标准证书的农场，才可以生产转基因农产品。此外，随着互联网技术的发展，日本政府还对标准证书的信息进行网络化，放在专门的网站上，对全社会开放，任何市场参与者都能够查询到转基因农产品生产厂家的名称、地址、联系方式等基本信息，同时附有食品安全管理方面的部门联系方式，便于直接举报，以提高食品安全追溯管理工作的效率和质量，切实保障消费者的合法权益。

3.5.4.3 监管特色

日本针对转基因食品安全溯源管理职能指定了专门部门负责，建立起从中央到地方垂直式管理的体制，强化国家政策的统一部署，避免地方政府因地方保护主义而各自为政。同时，明确部门之间职责，避免"九龙治水"的困局，使各部门能够很好地在履行相关职责的基础之上，相互配合，避免出现执法盲区，切实保障转基因农产品安全溯源监管制度的有效运行。

日本的转基因产品安全审批制度颇具自身特色，制度设计十分谨慎且层次分明，不仅注重主管机构间的分工与协作，同时注重发挥消费者在转基因产品安全管理体系中的主观能动性，使得日本的转基因产品安全管理制度相当人性化，无形中提高了该制度的执行力与有效性，为包括我国在内的其他国家提供了转基因产品规制的新思路。

3.6 韩国转基因农食产品技术性贸易措施体系

韩国严重依赖进口食品（大米除外）和饲料谷物，韩国进口的生物技术作物和产品主要用于食品和饲料以及加工目的，而不是用于繁殖。美国是韩国市场最大的转基因粮食和含油种籽供应国。由于消费者生物技术产品怀有顾虑，所以只有很少的食品产品含有转基因成分，但大多数畜牧业饲料都采用转基因玉米和大豆饼制成。

韩国正在开发各种转基因作物，如耐除草剂的水稻和抗病毒的辣椒。这项研究将持续获得食品、农业、林业和渔业部"2020年生命产业发展战略"的大力支持，该战略于2010年12月宣布。在这个被认为是"未来经济发展引擎"的计划下，食品、农业、林业和渔业部将在10年内在国家生命科学基础设施领域投入65亿美元的资金。关于生物技术，食品、农业、林业和渔业部已经制定了以下计划：升级转基因作物风险评估体系；强化生物资源管理；开发生物能源作物，如海藻；增强基因组研究和生物器官生产。虽然进行了大量的研究工作，但是这些作物最早完成监管审批流程（最有可能是抗病毒胡椒或抗病水稻）也需要三年时间。而且，商业化生产预计需要更长时间，并且将完全取决于是否能够让韩国农民第一次认识到生物技术的好处并采用这种技术。鼓励本地农民支持采用和广泛推广转基因技术被认为是增强消费者对转基因食品信心的关键。

3.6.1 监管机构

3.6.1.1 政府部门及职责

（1）贸易、工业和能源部（MOTIE）是《卡塔赫纳生物安全议定书》的主管机构，负责《转基因生物法案》的颁布，并对工业用途的转基因生物的开发、生产、进口、出口、销售、运输、贮存进行监管。

（2）外事部（MOFA）是《卡塔赫纳生物安全议定书（CPB）》的联络当局。

（3）农业、食品及农村事务部（MARFA）负责与农/林/畜业转基因生物相关的进/出口事项。

（4）农村发展管理局（RDA）归口农业、食品及农村事务部，负责转基因作物的环境风险评估、环境风险咨询，担负对国内转基因研发者的指导工作。

（5）动物、植物和渔业检验检疫局（QIA）归口农业、食品及农村事务部，在入境口岸对农业转基因生物进行检验。

（6）国家农产品质量服务部门（NAQS）归口农业、食品及农村事务部，对用于饲料的转基因生物发放进口许可。

（7）海洋和渔业部（MOF）负责海洋转基因生物贸易的相关事项，如转基因生物风险评估。

（8）国家渔业研究与发展研究所（NFRDI）归口海洋和渔业部，负责渔业进口批准以及对海洋环境中转基因生物的咨询工作。

（9）卫生和福利部（MHW）负责卫生和药物用途的转基因生物进出口事宜，包括转基因生物对人类健康影响的风险评估。

（10）韩国疾病控制及预防中心（KCDC）负责转基因生物对人类健康影响的咨询工作。

（11）食品和药品安全部（MFDS）归口总理办公室，负责对农用、药用和医疗器械相关的转基因的进出口事宜；发放转基因生物食品安全许可；实施含有转基因成分的加工和未加工食品标识。

（12）环境部（MOE）：负责环境整治或环境释放用途（非种植生产用途）的转基因生物贸易相关事宜，工作内容包括转基因生物的环境安全评价。

（13）国家环境研究所（NIER）：归口环境部。负责环境部管辖范围内的转基因生物进口许可，并负责环境风险咨询。

（14）科技（通信技术）及未来规划部（MSIP）负责实验研究用途的转基因生物的贸易相关事宜，工作内容对其进行转基因风险评估。

3.6.1.2　生物安全委员会

根据《转基因生物法案》第31条，2008年成立生物安全委员会（简称"安委会"），归于部长办公室，后于2013年移至贸易、工业和能源部。安委会对进出口转基因生物如下方面进行审核：执行《卡塔赫纳生物安全议定书》的相关规定；建立和实施转基因生物安全管理体系和方法；申报未被批准的情况和对第22条进行复审；转基因生物安全管理、进口、出口等的立法、公告等事宜；避免及降低转基因带来的防御措施；安委会主席及主管当局负责人提出的其他要求。

贸易、工业和能源部是安委会的主席单位。安委会有15～20位成员，其中有8个相关部委的副部长，安委会可设立小组委员会和技术委员会。私营部门也可参与安委会。安委会最重要的职责就是协调相关部委的观点和立场。由于各部委在各自领域的权限和责任不同，很难就某一问题达成一致。当发生分歧时，贸易、工业和能源部部长会召集会议解决问题。会议不定时召开。

3.6.2 法律法规

3.6.2.1 《卡塔赫纳生物安全议定书（CPB）》

韩国虽然在2000年签署生物安全议定书，但是一直到2007年10月才在国内通过并实施。韩国的基因转殖生物越境移动相关法律则早在2001年就已制定，而在2008年议定书实施之后才正式施行此国内法。

3.6.2.2 《转基因生物越境转移法典》

2001年韩国的工商业与能源部发布《转基因生物越境转移法典》，明确了韩国转基因生物安全管理框架。由农林部、健康与福利部、工商业与能源部、海事与水产部、环境部、科技部等6个部门管理。农林部制定《与农业研究相关的转基因生物的测试和处理管理办法》《转基因农产品的环境风险评估指南》《转基因农产品和转基因食品的强制标识制度》等，由其下属的农村振兴厅负责转基因生物的环境风险评估，国家农产品质量管理局负责制定认证标准，实施审查认证以及事后跟踪管理；健康与福利部制定《遗传重组试验管理办法》《转基因食品标识基准》《转基因食品和添加剂的风险评估资料的检查指导方针》，由其下属的食药厅负责食品、食品添加剂和药品的转基因安全评估与管理；工商业与能源部负责制定生物技术发展规划及国际贸易政策；海事和水产部负责转基因水产品风险评估和标识制度管理；环境部负责监管用于环境净化的转基因生物安全；科技部实施生物技术促进法及其相关条例。

3.6.2.3 《转基因食品标签指南（加工食品标签指南）》

转基因标识是表明产品含有转基因成分或由转基因生物生产、加工而成的一种标识。由于进入市场的转基因农产品都通过了充分的环境安全评价和食用安全评价，因此其与清真食品、无糖饮料、全脂牛奶等标识一样，都是为了帮助消费者了解产品的属性，与其安全性并无对应关系。从本质上说，转基因产品标识的提出不是出于某种科学上的认识，而与政治、经济、贸易等因素有关。至于转基因产品的安全性问题，转基因标识旨在保障消费者的知情权和选择权，并不属于安全指示，但是，大部分实施转基因标识管理的国家在发布其标识管理政策的同时向公众和消费者承诺的一样："经过科学的食品和环境安全性评价以及政府有关部门严格的审批程序而进入市场的转基因产品，都是安全的"。

韩国消费者日益关注转基因食品的安全性，但韩国国内转基因标识制度急需要建立健全。韩国政府只要求对18种转基因作物中的7种标明转基因标识。产品的转基因原材料在所使用原材料中的比重若不在前5，或含量低于3%，可以不予标明。若在完成品中没有检测出转基因DNA或蛋白质，即使使用转基因原材料，也可以不予标明。比如：芥花油等食用油在生产过程中经过压榨等加工工艺，最后的完成品检测不出转基因DNA或蛋白质，因此不标明使用转基因原料。阈值的确定与技术检测水平直接相关，同时也是该国对转基因产品接受程度、贸易需求、政治因素等的综合反映。国际上大多数国家的转基因标识阈值在3%～5%之间，一些国家阈值为1%。由于偶然因素或技术上不可避免因素，产品中转基因成分含量很难控制为零，因此实施阈值管理更利于标识制度的实施，保障消费者的知情权和选择权。

3.6.3 安全评估体系

韩国在转基因农作物和农产品管理方面，主要是参照欧美和日本的做法，通过对转基因食品附加标识、制定相关政策等措施，建立自己的转基因产品安全评价体系。韩国对进口转基因谷物和动物的运作均遵循《转基因生物法案》。多个部门负责转基因的安全评价、审批和监管。监管部门所涉及贸易/工业和能源部、农业/食品及农村事务部、农村发展管理局、动植物和渔业检验检疫局、国家农产品质量服务部门、海洋和渔业部、国家渔业研究与发展研究所、卫生和福利部、韩国疾病控制及预防中心、食品与药品安全部、环境部、国家环境研究所、科技/通信技术及未来规划部。生物安全委员会隶属于贸易、工业和能源部，对进口/出口转基因生物进行审核，并协调相关部委之间的意见分歧。

为确保转基因作物环境安全评价工作开展，韩国农林部（MAF）做了大量的工作，并起草了《转基因农产品的环境安全评价办法》。该办法于2001年下半年开始实施，安全评价的范围包括通过转基因方法获得的农作物品种的环境安全性，特别是目的基因、受体生物、供体生物、转基因方法、目的基因整合与表现的稳定性、繁殖特征、是否产生有毒物质、基因漂移、对农业环境的影响及演变为杂草的可能性。如果确认转基因作物与常规作物在环境安全性上没有差别，则允许进行环境释放。

《转基因食品安全评价方法》对转基因食品的安全评价建立在科学的数据基础之上，充分考虑到了对人体安全的影响。在安全评价中考虑的因素包括目的基因、受体生物、供体生物、转基因方法以及包括毒性、过敏性、抗营养因子等在内的食品安全特性。与非转基因作物相比，转基因作物的这些特性应在公众可接受的范围之内。转基因作物的毒性、过敏性、抗营养因子等都需要在动物身上做相应的试验。

为确保转基因农作物用于动物饲料时的安全性，韩国农林部（MAF）起草了《转基因饲料安全评价办法》，安全评价的内容包括目的基因、有毒成分的风险评估、基因漂移的可能性、饲喂和主要成分的分析等。该办法于2001年下半年开始实施，安全评价的范围包括通过转基因方法获得的农作物品种的环境安全性。如果确认转基因作物与常规作物在环境安全性上没有差别，则允许进行环境释放。

3.6.4 监管机制

韩国对转基因农作物繁杂的监管审批过程仍然是其应用的主要限制条件。相对转基因作物繁杂的监管，基因组编辑产品在原理上只需要科学、恰当的监管。

3.6.4.1 一般转基因农作物的审批

转基因农作物需要通过食品和环境风险评估（ERA）方能得到批准。此审批侧重于环境评估而非动物健康影响，ERA有时也用于饲料用途的审批。整个评价过程涉及多个机构。农村发展管理局对用于饲料的谷物实施环境安全评估，并咨询国家环境研究所、国家渔业研发所和韩国疾控中心三家机构。同时，食品与药品安全部进行转基因谷物的食品安全评价，该部门审核过程中向农村发展管理局、国家环境研究所和国家渔业研发所咨询。

不同机构审核时存在交错，特别是在食品和药品安全部和国家疾控中心之间来回审核，繁多的数据和重复工作导致了混淆和审批延迟。

食品和药品安全部须发三类审批证书："完全批准"和两类"条件批准"。"完全批准"发放给用于人类消费的、商业化生产的转基因作物；"条件批准"发给停产或非商业化应用于人类消费的作物。

截至2014年7月，食品和药品安全部在133项申请中为111个转化事件颁发了食品安全许可。同时，农村发展管理局在124项申请中批准了97个转化事件用于饲料。

3.6.4.2 复合性状转基因农作物的审批

复合性状转基因作物指同一植株中含有两个或两个以上的转基因性状或转化体。主要包括三种类型：一是转化现有的转基因作物，将目的基因导入已获得的转基因受体中；二是将两个或两个以上目的基因构建到同一载体，一次转化到受体中；三是利用已获得的转化体，通过常规育种将转基因性状聚合。

韩国主要由食品药品局负责复合性状转基因作物的安全评价。食品药品局采用事前告知制度，将复合性状转基因作物安全评价程序分为豁免和未豁免两类，满足以下条件的实行豁免程序：目标蛋白表的达水平未发生改变；没有亚种间的杂交；不会改变人类消费水平、植物取食部位及用途。对于豁免的复合性状转基因作物只需要提供转基因性状有效存在的生物学测定数据；未豁免的则要进行严格的安全评价。

3.6.4.3 转基因标识管理

2001年7月13日，韩国食品和药品安全部依据《食品卫生法》第十条第一款的规定，制订《转基因食品标识基准》（简称《基准》）并予以公告。按照该《基准》，对于生产、加工和进口的大豆及玉米制品、豆粉、玉米淀粉、辣椒酱、面包、点心、婴儿食品等27类食品及食品添加剂，其制造过程中使用的5种主要原材料中，只要有1种以上为转基因技术种植、培育及养殖的农、畜、水产品，且基因变异DNA或外来蛋白质存留在最终产品时，均须进行标识。并于2001年12月1日严格执行，出售食物需要出示证明文件，显示其转基因成分，任何公司被发现标签上有错误信息，将被判入狱3年或罚款3000万韩元，没有贴上标签者亦被罚1000万韩元。目前韩国对转基因标识阈值标准为3%，但在对转基因阴性标识不再设置阈值，即必须完全不含转基因成分才能标示转基因阴性标识。《基准》具体内容如下：

第一条 目的

本《基准》依据《食品卫生法》第十条第一款的规定制订，目的在于规范对利用转基因技术种植、培育及养殖的农、畜、水产品为原材料，加工、制造的转基因食品进行标识的制度，向消费者提供准确的标识信息。

第二条 用语的定义

（1）"转基因食品"是指以利用转基因技术种植、培育及养殖的农、畜、水产品为原材料，加工、制造及调制的食品或食品添加剂。

（2）"原材料"是指制造、加工及调制食品和食品添加剂时所使用的其成分包含在最终产品内的物质，但不包括人工加入的纯净水。

（3）"主标识面"是指产品包装物体外表面中，印刷商标及标识文字、消费者购买时通常能看到的外表面。

（4）"主要原材料"是指制造、加工食品或食品添加剂时用量最多的5种原材料。

第三条 标识对象

标识对象食品和食品添加剂（包括进口食品及食品添加剂，以下同）为，利用1种以上《农水产品质量管理法》第十六条规定列明的转基因农水产品为主要原材料加工、制造的食品和食品添加剂中，存留有转基因DNA或外来蛋白质并符合下列各项之一的食品和食品添加剂。其分类按照《农水产品质量管理法》第七条规定的食品标准和规格划分。

(1) 一般豆类加工食品中的豆粉
(2) 一般谷类加工食品中的玉米粉
(3) 一般加工食品中含有豆或豆粉的豆类加工食品
(4) 一般加工食品中含有玉米或玉米粉的谷类加工食品
(5) 一般豆类加工食品中的大豆罐头
(6) 一般谷类加工食品中的玉米罐头
(7) 点心食品中的面包、糕点
(8) 点心食品中的干果类
(9) 豆腐
(10) 豆腐制品
(11) 豆糕
(12) 豆油类
(13) 特殊营养食品中的婴儿专用食品
(14) 特殊营养食品中的生长期食品
(15) 特殊营养食品中的婴、幼儿用谷类食品
(16) 特殊营养食品中的其他婴、幼儿用食品
(17) 特殊营养食品中的营养滋补食品
(18) 调味品中的大酱
(19) 调味品中的辣椒酱
(20) 调味品中的豆瓣酱
(21) 调味品中的混和酱
(22) 泡菜、腌制蔬菜食品中的罐头制品
(23) 其他食品类中的豆饼
(24) 其他淀粉食品中的玉米淀粉
(25) 其他食品类中用于加工爆米花的玉米加工品
(26) 其他以大豆、玉米及豆芽为主要原材料的食品
(27) 其他以上述第1项至第26项所指食品为主要原材料的食品

第四条 义务标识者

转基因食品义务标识者是指《食品卫生法施行令》第七条规定的从事食品制造、加工业，快餐销售加工业及零售业，食品添加剂制造业，食品批发业，流通销售业，以及食品进口销售业的业主。

第五条 标识方法

转基因食品的标识方法如下。

(1) 转基因食品标识必须使用无法涂抹掉的墨水、刻字或印章，标识字体用与包装面底色对比明显，消费者目视又易区分的10 point以上的印刷字。

(2) 转基因食品标识必须放在消费者易看到的产品主标识面上，标识语言为"转基因食品"或"含转基因食品"。但当在产品制造原材料标识中已列出其中使用的基因变异

农水产品时,可以在已列出的基因变异农水产品原材料名称后,以括号加注"转基因"或"转基因"的方式标识。

第六条 标识方式的例外

当符合下列各项之一的情况时,可以不遵从第五条规定,但须按照下述方式进行标识。

(1)快餐销售加工业及零售业中,将自产转基因食品进行陈列、摆摊销售时。此种情况下,可以在相应的陈列柜台上进行标识,或单独设立标识板,无须在每个(份)出售产品上进行标识。

(2)装在运输卫生箱内的豆腐直接对外销售时。此种情况下,可以在相应的箱子上进行标识,或单独设立标识板,无须在每块(份)出售产品上进行标识。

(3)产品包装特性的原因无法用墨水、刻字或印章进行直接标识,以及进口食品和食品添加剂。此种情况下,可以用贴标签的方式进行标识,但标签必须保证不脱落。

本《基准》自 2001 年 7 月 13 日开始实施。2016 年 06 月 24 日韩国食品和药品安全部(MFDS)就《基准》修改如下内容。

(1)扩大转基因食品的标示对象及字号。

1)标示对象:最终产品中有转基因 DNA 或转基因蛋白质残留的所有食品或食品添加剂;

2)标示字体由 10 磅扩大至 12 磅。

(2)明确规定了 GMO 标示豁免事项。对于油脂、糖类等经高度提炼过程等"难以检测"转基因的食品,其转基因标识可以豁免。

(3)英语成分等差异 GMO 标示。新制定营养成分等存在明显差异的转基因农产品的标示事项及详细标示标准。

(4)新制定"转基因食品""无转基因食品"标识、广告相关规定。

此外,2018 年 5 月 4 日,韩国食品药品安全处发布了第 2018-192 号公告,拟修改《转基因食品等的标示标准》的部分内容,其主要内容如下:修改转基因食品豁免标示的材料。豁免标示的材料除了区分流通证明或政府证明外,还可提交指定试验、检测机构出具的证明是非转基因食品标示对象的试验、检测报告。以上意见征集时间至 2018 年 7 月 3 日。

3.6.4.4 监管特色

韩国粮食自给率仅占 25% 左右,所需农产品主要依赖进口,其中进口玉米和大豆占韩国内需的 90% 以上。随着生物技术的不断进步和持续发展,韩国政府、大学和科研机构培育了一些转基因作物,但至今还没有实行转基因作物的商品化。总体上看,韩国转基因农产品尚处于建立转基因生物安全检测与标识法规体系阶段。

3.7 巴西转基因农食产品技术性贸易措施体系

巴西是世界重要的农业国,也是重要的转基因农作物种植大国,自 2009 年超越阿根廷成为仅次于美国的全球第二大转基因农作物种植国以来,转基因作物种植面积越来越大,增长越来越快。2017 年,巴西转基因农作物种植面积为 5020 万公顷,占全球种植面积的26%，比2016年增加了2%。巴西种植的转基因农作物包括：大豆、玉米（夏季玉米和冬季玉米）、棉花，其中大豆3370万公顷、玉米1560万公顷、棉花15万公顷。在2016到2017年度，巴西种植的大豆、玉米和棉花中有93%是转基因农作物，约96.5%的大豆作物为转基因品种，约91.8%的玉米是转基因品种。

巴西于2005年3月开始实施新的《生物安全法》。除了在生物技术研究方面增加了新的一般性规定之外，新法还对宪法提出的原则进行了细化，为监管涉及转基因生物及其副产品的活动建立了安全标准和机制。根据新的生物安全法，巴西设立了"国家生物技术安全理事会"，并重组了"国家生物安全技术委员会"。国家生物安全技术委员会负责建立生物安全指导准则，并向转基因生物相关机构颁发"生物安全许可证"。此外，巴西司法部建立了食品标识系统，规定人食用或饲料用食品或食品成分若含有超过1%的转基因生物成分，必须在商品标签上注明并附转基因标志。在上述措施推动下，巴西转基因作物推广迅速。

3.7.1 监管机构

3.7.1.1 国家生物技术安全理事会（CNBS）

巴西国家生物技术安全理事会是依据新《生物安全法》创立的，由12位国务部长组成，旨在为巴西总统制定和实施国家生物安全政策时提供更高级的咨询及建议，并在建立规范与指导准则时，将社会经济和政治的便利与机遇以及转基因生物的商业化应用中涉及的国家利益纳入考虑。生物技术安全理事会直接由巴西总统府负责，负责制定国家层面的生物安全政策、公布对一个转基因生物品种的商业化应用的最新和最终决定。

关于转基因产品商业应用的生物安全技术性决议由国家生物安全技术委员会作出；然而，在国家生物安全技术委员会发布技术性观点之后，生物技术安全理事会有30天的期限来驳回对该品种转基因生物商业应用的许可。如果30天内生物技术安全理事会没有驳回该许可，该产品自动获得商业化应用的授权。

3.7.1.2 国家生物安全技术委员会（CTNBio）

巴西国家生物安全技术委员会挂靠在巴西科技创新部。根据2005年第11105号法律，委员会正式设立，其目的是为联邦政府提供转基因生物安全的技术咨询和意见建议，以便更好地制定、更新和执行相关政策；并为涉及转基因生物及衍生物的建造、试验、栽培、处理、运输、销售、消费、仓储等形式的科研活动和商业运用制定安全标准以及最终技术报告。此外，委员会负责发放生物安全许可证。

委员会分为执行秘书处、宣传及信息处、植物与环境处、人类健康与动物安全处、档案处5个部门。目前，委员会由40余人组成，其中包括了人类健康、动植物安全、环境保护、农业、转基因技术等领域的29位专家以及科技部、农业部、卫生部、环境部、工业与外贸部、国防部、水产与渔业部、国内事务部、司法部等部委的政府官员。委员会主席由科技创新部委派，任期2年，委员会每年进行改选。

转基因生物应用的相关申请需由生物安全内部委员会提交至国家生物安全技术委员会，申请将在30天内提交至委员会主席处，经过公众意见征集以及例会审查后，30天内对其进行审议。如果审议通过随后将正式官方公布，并进行后续产品注册事宜。如果评议过程中有任何歧义，生物安全技术委员会将会与提交该产品的生物安全内部委员会进行沟通。

3.7.1.3 生物安全内部委员会（CIBio）

任何涉及运用遗传工程技术方法，或在实验室、温室或田地利用转基因生物或其副产品做研究，或计划申请将转基因生物及其副产品进行商业应用的公共或私营机构，其内部必须设立生物安全内部委员会。该机构须由在生物技术、遗传工程、生物安全或其他相关领域受到一定训练和教育的人员组成，且必须指定一个首席研究员为该组织利用转基因生物的每一个项目负责。

生物安全内部委员会需要取得国家生物安全技术委员发放的生物安全许可证。生物安全内部委员会将承担相应法律责任，保证整个设施的生物安全状况，对相关设施进行常规检查，并向国家生物安全技术委员会发送活动与项目年度报告；此外，还需实行相关预防措施与检查计划来确保设备运行符合生物安全的标准和规范，同时将所有记录交至国家生物安全技术委员以供分析、注册或授权所用。若提案的项目拟使用转基因生物，必须提交给生物安全内部委员会，再由后者对涉及的风险进行评估，并决定是否批准该项目。

3.7.1.4 注册与监督机构（OERF）

注册与监督机构包括巴西国家卫生监督局（ANVISA）、巴西环境协会（IBAMA）以及转基因生物安全协调会（CBIO），这3个机构分别附属于卫生部、环境部以及农业、畜牧业和食品供应部。

依据新《巴西生物安全法》，注册与监督机构负责管理转基因生物及其副产品的监督科研活动；对转基因生物的产品进行注册与监督；对科研及商用进口产品进行注册；对执行相关转基因活动和项目的机构及首席研究员的信息进行更新；协助生物安全技术委员会确定生物安全评估的参数并向公众发布；对使用转基因生物的机构及其设施与田间试验进行监督检查；在生物安全规则遭到违反人或动物健康或环境受到破坏的情况下，进行执法并执行既定处罚。

3.7.2 法律法规

新《生物安全法》（以下简称《安全法》）2005年3月24日第11105号法由巴西国会核准通过。该法根据2005年第5591号法补充，新版法是对自1995年以前的《生物安全法》的全面修订。除了在生物技术研究方面增加了新的一般性规定之外，新版法还为涉及转基因生物及其副产品的建立、培养、生产、运输、转让、进出口、储存、研究、销售、环境影响和处置等行为设立了安全标准和检查机制。该法令将转基因生物（GMO）定义为其遗传物质（DNA/RNA）经过分子生物学或遗传工程技术修饰的生物体。同时，将"转基因副产物"定义为由转基因生物得来的产物，并无自主复制能力，不含活体转基因成分。

《安全法》的重要意义为：创建了国家生物安全技术委员会，其职能是为所有与转基因生物及其衍生产品有关的行为活动提供咨询和审议；建立转基因及其衍生物活动的安全标准和执法机制；促进生物安全和生物技术领域的科学进步；确保对环境、动植物和人类健康的保护。

《安全法》规定在涉及现代生物技术（研究、开发、创新或生产）机构中需建立内部生物安全委员会，主要负责与转基因生物技术有关的内部管理和监督。在更高的层面上，法律规定建立相应的注册与监督机构，负责对转基因生物的监管活动（包括确定制裁标准、规定罚金数额）和新产品注册，由农业和畜牧部、国家卫生监督局和巴西环境与可再生学会自然资源组成；还建立了国家生物安全技术委员会，该委员会负责分析转基因生物最终的社会经济影响，并可撤销国家生物安全技术委员会在其风险评估后对新生物技术产品的商业发布决议。

《安全法》将违反该法规定的所有行为或不作为均视为违法，对违法行为可处以：警告、罚款、查扣转基因生物及其副产品；勒令中止转基因生物相关活动；部分或全部废除已授权进行转基因相关工作；中止或吊销注册、许可或授权；取消或削减政府给予的税收优惠及补助；取消或中止在官方信贷机构的信贷额度；干预其相关设施；禁止在5年内与公共管理机关签订任何协议。

此外，每个从事转基因生物体研究的机构都必须拥有生物安全质量证书（CQB，此证书由国家生物安全技术委员会颁发）以及内部生物安全委员会。巴西目前有353家机构持有CQB证书。

3.7.3 安全评估体系

国家生物安全技术委员会执行具体转基因及其衍生品的风险分析，旨在分析其对人类健康、动植物安全、生态环境等方面的潜在影响，风险评估包括：转基因生物及其衍生物的目的和用途；该产品的详细分类；引入的基因，起源的有机体及其特定的功能；使用的载体及其宿主谱；转化过程中使用的遗传图谱（转基因载体）；如何获得转基因生物；该转基因生物的风险分类；基因转换方式；插入基因在受体生物体中的分子表征及详细表述；一般和特定的转基因生物检测技术；插入基因的遗传模式；插入基因的多效和上位效应；基因的稳定性；通过重组DNA技术，将两种或更多种基因引入同一转基因生物时的互相影响；产品中包含可能改变其生殖、存活、传播或转移至其他生物的基因等因素。

3.7.3.1 可食用性转基因产品安全评估

安全评估的内容包括：该产品（包括亲本有机体或供体）在巴西或者其他国家历史使用情况；对食物链可能产生的影响；转基因植物与未改良植物之间的化学和营养成分在自然界或加工之后的差异以及转基因生物与其亲本有机体之间的实质等同性；当喂食转基因生物体或其任何部分时，试验动物的性能变化；基于理化性质对转基因指定的蛋白质进行消化和工业加工的稳定性；对怀孕动物可能造成的有害影响及其致畸的可能性；对有关组织特别是消化道的免疫学和组织学分析；对消费者（动物或人）造成的不良影响，如造成毒素或代谢物；对动物进行的毒理和药理实验报告；是否与已知过敏原有相似性，在动物实验中可能的过敏反应。

3.7.3.2 用作疫苗的转基因产品安全评估

主要评估内容包括：为使用疫苗和宿主物种来控制的疾病类型；接种后对寄主物种产生的免疫力水平和持续时间；疫苗生物体可能从接种疫苗的动物传播到其他未接种疫苗的动物或人类的可能性；一定情况下，宿主对受一般疾病影响的疫苗生物体或药物或其他治疗的易感性；疫苗生物的遗传物质是否全部或部分掺入接种的宿主细胞基因组中；通过与其他细胞内病毒的重组或互补，将病毒疫苗转换到野生型的可能性；对怀孕动物的潜在有害影响及致畸的可能性；对其他疫苗或者免疫系统的影响。

3.7.3.3 转基因植物安全评估

主要评估内容包括：转基因生物亲本有机体的自然发生区域、其祖先和野生亲戚起源中心和遗传多样性、存在于一些巴西生态系统的同一属未经修改的亲本物种；在环境安全方面，关于种植和使用母体生物体的历史；对相关生态系统指标（共生体、捕食者、传粉者、转基因生物的寄生虫或竞争者）与传统生态体系的亲本生物体的对比；超越生长区域的转基因生物的繁殖和繁殖结构的分散能力，及其在空气、水和土壤中分散的机制，提供关于植物花粉活力情况，并指出可能的授粉剂及其在巴西的地理分布；在亲本有机体中形成长期繁殖结构的可能性；在同一物种内有相容性的物种中，转基因生物的亲本有机体的交叉频率；水平转移到土壤其微生物所产生的影响；随着转基因生物的释放，对目标和非目标生物体产生消极和积极的影响（包括评估的物种、选择原因和用于证明影响的技术）；从土地添加或移除某种物质对植物容量的变化；与亲本基因型相比，转基因植物可生物降解性的改变；对化学试剂的可抗性；使用此转基因生物的历史，如其他国家已经批准或禁止此产品商业化，其相关检测数据及研究；由于引入新的特点，转基因生物在未进行转基因之前所居住的环境中的生存能力。

3.7.4 监管机制

3.7.4.1 生物安全管理体系

巴西转基因生物安全管理机构由国家生物技术安全理事会（CNBS）、国家生物安全技术委员会（CTNBio）和政府相关部门组成，新法规明确规定了各自的构成、职责、任务和运转机制。国家生物技术安全理事会（CNBS）从属于共和国总统办公室，制定和实施国家生物技术安全政策（PNB），是共和国总统的高级辅助机构，主要对转基因生物及产品进行经济政治利益的评估，不涉及技术细节。转基因生物及产品在国家生物安全技术委员会（CTNBio）或国家生物技术安全理事会（CNBS）经过安全评价做出批准决定后，政府相关部门负责其职责范围内的管理工作。

卫生部所属相关机构负责注册、审批和监控用于人类、药物、家庭清洁及相关领域的转基因生物及其产品；农业部负责注册、审批和监控用于动物、农业生产及相关领域的转基因生物及其产品；环境部所属相关机构负责注册、审批和监控释放到自然生态系统的转基因生物及其产品，对经国家生物安全技术委员会（CTNBio）认定为可以在自然界降解的案例予以许可；水产渔业特别秘书处负责注册和批准用于水产养殖和渔业的转基因生物及其产品；科技部下属的国家生物安全技术委员会（CTNBio）建立转基因生物安全管理体系，负责评估转基因对人类及动植物健康和生态环境的潜在风险，审批用于研究的进口转基因生物。

此外，国家建立了生物安全信息发布系统（SIB），系统发布与转基因生物技术及其产品相关的分析、批准、注册、监控和调查活动的信息。任何使用基因工程技术的机构和开展转基因生物及产品研究的单位，都应建立内部生物安全委员会（CIBio），并设有负责每一专门项目安全管理工作的主管技术员，并且政府将严厉处罚违法行为。

3.7.4.2 转基因标识管理

2001年7月，巴西总统签署3871号法令，建立转基因强制标识要求，当含有或由转基因原料生产，且含量超过产品4%时必须强制加贴标签。2003年，巴西司法部发布了

《第 2658 号行政条例》，建立了食品标识体系，规定人体食用或饲料用食品或食品成分若含有超过 1%的转基因生物或其副产品，必须在商标上注明相关信息，并附上"转基因"标志。同年，颁布了第 4680 号总统令，此令主要依据 1990 年 8078 号法律（8087 号法律是关于消费者权利的法律），明确规定若人体食用或饲料用食品（或食品成分）中含有超过 1%的转基因生物或其副产品时，消费者有权知道相关转基因产品信息。若食品或食品配料不含有或转基因生物，也应标示不含转基因。2015 年 4 月 29 日，巴西众议院批准法案草案#4148/2008 以修改现行的转基因标签立法行政命令 4680/2003。新的法案草案规定，当最终产品中转基因成分超过 1%时必须强制加贴标签，同时撤回对转基因标签的特殊符号要求。

3.7.4.3 监管特色

巴西在转基因生物的法律规定方面针对研究、实验、生产、加工、经营和进出口等全过程的管理。在转基因生物安全评估方面，解决了多头管理的问题，最终由国家生物安全技术委员会（CTNBio）一个机构裁定。巴西是就转基因生物的审批时间较短，对转基因农作物新品种的审批速度从 2006 年的平均耗时 40 个月缩短至现在的 18 个月。

巴西成立了国家生物技术安全理事会（CNBS），具有最高仲裁权，它只负责依法处理关于国家利益、社会和经济问题的行政诉讼，而不负责评价 CTNBio 的技术性决定。这个决策使转基因生物安全管理更为明确，由于生物安全政策与技术评价分离，当遇到重大问题可以及时解决。巴西法律规定国家生物安全技术委员会（CTNBio）审批后的产品根据用途分属各个部门负责，分工清晰，管理起来更有针对性。此外，巴西建立了生物安全信息发布系统（SIB），全面的发布转基因生物安全的相关信息。

3.8 阿根廷转基因农食产品技术性贸易措施体系

阿根廷以肥沃的土壤、丰茂的草原和良好的气候，成为"世界的粮仓和肉库"。同时，阿根廷也是 6 个"创始生物技术作物国家"之一。2011 年，国际农业生物技术应用服务组织（ISAAA）的报告显示，阿根廷是美国和巴西之后的世界第三大转基因作物种植国，生产了全世界生物技术产品的 15%。种植面积约为排名第四的印度的 2.24 倍，是中国的 6 倍。阿根廷也是 2011 年世界上种植了具有复合性状的转基因作物的 12 个国家之一。2017 年阿根廷种植的转基因作物总量为 2360 万公顷，比 2016 年的 2382 万公顷减少了 22 万公顷。其中大豆 1810 万公顷，玉米 520 万公顷，棉花 25 万公顷。阿根廷继美国和巴西之后保持世界第三大生物技术作物生产国的地位，占全球种植面积的 12%。阿根廷的转基因作物快速增长与该国的生产形态以及技术从成立和进一步发展过程中对农民需求和利益的调控方式密切相关。2016 年，阿根廷在促进生物技术作物方面取得了显著进展，并积极开展了及时有效的管理。

3.8.1 监管机构

3.8.1.1 农畜渔食秘书处（SAGPyA）

农畜渔食秘书处（SAGPyA 是西班牙文缩写）是阿根廷生物技术及其产品的主管部门，也是转基因作物产业化的最终决策机构。审批程序有环境释放的审批，生产性试验和产业化种植的审批。其下设国家农业生物技术咨询委员会（CONABIA）、全国农产品健康和质量行政部（SENASA）和国家种子研究所（INASE）3个机构。此外，外部机构——国家农产品市场管理局（DNMA）和国家生物技术与健康咨询委员会（CONBYSA）也参与转基因作物产业化的监管。

3.8.1.2 国家农业生物技术咨询委员会（CONABIA）

CONABIA 是多学科跨部门咨询机构，成立于1991年，主要负责转基因生物环境风险评估，具体包括转基因生物实验室试验、温室试验、田间试验以及环境释放的审查，并为 SAGPyA 的决策提供建议。虽然法律规定 CONABIA 仅能对涉及植物转基因生物和以兽用为目的的生物技术产品的活动提供咨询或进行评估，但许多进行其他经营或研究的公司和研究人员仍向其咨询。而该委员会一般也会进行非正式的讨论，并给申请人提供咨询意见和建议。CONABIA 的成员来自不同的部门和行业，包括政府机构、私营企业、行业协会和学术团体等，他们在农学、分子生物学、生态学、植物病理学、生物化学等众多相关领域具备专业技能，具有广泛代表性和极强专业性。委员会成员的任免程序是非常严格的，为了防止利益因素干扰委员会的决策，确保决策的透明度和公平性，每一位成员的相关事项将被充分披露，并且，有商业利益关系的成员不得参与当次决议。同时，CONABIA 制定了根据实际需要召开会议的灵活会议制度，通常情况下每两周进行一次，但在播种季节往往多一些，主要围绕种植转基因作物时发生的在本机构管辖范围内的各种问题和事项展开讨论。此外，CONABIA 也与其他非政府组织如环境保护协会等召开联席会议，就转基因作物及其产品等相关问题进行讨论，听取社会中间层组织的质询、批评和建议，并及时给予答复。

CONABIA 的主要职责是从技术和科学的角度分析在阿根廷农业领域引入转基因作物所产生的潜在环境影响。CONABIA 对可能来自或含有转基因作物的转基因作物和其他产品的试验和/或释放环境的相关问题进行审查和咨询。它是由与农业生物技术有关的公共部门、学术界和私营部门组织的代表组成的一个多部门组织。CONABIA 成员履行个人职责而非部门代表，积极参与国际生物安全和相关管理流程的国际讨论。CONABIA 确保遵守第 701/2011 号和第 661/2011 号决议，这些新的决议已取代了第 39/2003 号决议。

3.8.1.3 全国农产品健康和质量行政部（SENASA）

SENASA 的主要职责是评估用于人和动物食用的转基因作物食品的生物安全性。SENASA 负责食品安全和质量、动物健康产品和农药的监管。作为 CONABIA 的组成机构之一，SENASA 在自己的管辖范围内拥有规则制定权。为了使 SENASA 的决策更具科学性，SENASA 成立了转基因生物利用技术咨询委员会（TAC）。TAC 是 SENASA 的一个外部、多学科咨询机构，它的成立增加了评估的专业性，同时也提高了食品安全审查的效率。TAC 是一个具有广泛代表性的机构，它的成员既有公共部门的代表，如 SENASA 的农业食品质量管理局、SAGPyA 的粮食和农业分管局、布宜诺斯艾利斯大学农学系和国家食品研究所等，也有私人部门的代表，如阿根廷种子种植者协会（ASA）、阿根廷农业联合会、食品工业协调会和阿根廷农村联合会等。此外，SENASA 还负责动植物检疫法规的实施。转基因生物在进口前，申请人必须向 CONABIA 提交申请。CONABIA 在审批进口申请时，SENASA 须为进口单位的转基因生物材料提供一个安全的临时性存放场所，负责材料的临时保管。

3.8.1.4 国家种子研究所（INASE）

INASE 在转基因作物产业化后期发挥作用，主要负责种子的登记工作。根据品种的不同，转基因新品种的注册登记必须在不同的地点进行 2～3 年的田间对比试验，它们和杂交种等非转基因品种的登记程序是一样的，但是，基于登记的需要，转基因作物的田间试验必须在通过环境安全评估后按照 CONABIA 规定的条件进行，并且可能重复一次。对比试验完成后，TAC 将对试验的结果进行审查，并作出一个该品种是否构成新品种的决定。最终，在该品种获得商业化授权后由 INASE 进行登记注册。

3.8.1.5 国家农产品市场管理局（DNMA）

DNMA 虽然不是 SAGPyA 组成机构，但在转基因作物产业化中也有重要作用。它主要负责评估转基因作物的产业化对阿根廷国际贸易可能产生的影响，下属市场管理局和国际事务管理局两个部门，前者负责通过 CONABIA 的环境生物安全审批和 SENASA 的食品生物安全审批之后的市场来源审查，后者主要处理与转基因农产品国际贸易相关的事务。

3.8.1.6 国家生物技术与健康咨询委员会（CONBYSA）

CONBYSA 共有 12 名成员，均为化学、生物学等方面的专家，他们是公共部门和私人部门的代表。12 名成员中有 4 名来自卫生部，4 名来自行业组织——阿根廷生物技术论坛，另 4 名来自其他部门。卫生部的一个隶属机构——国家药品、食品和医疗技术管理局（ANMAT），负责管理通过生物技术方法生产的药品和其他人体健康相关的产品，包括转基因产品，而 CONBYSA 为 ANMAT 提供支撑。

3.8.2 法律法规

3.8.2.1 《种子和植物遗传学法》（*the Law on Seeds and Phytogenetic Creations*）

《种子和植物遗传学法》旨在通过向农民保证他们获得的种子的特性和质量，同时保护植物创新的财产，来促进作物的有效生产和销售。它提供了一个广泛的种子定义，包括转基因作物，因为它包括所有易于播种或繁殖的植物物质。

该法规定了农作物商业化的一般法律框架，包括其进出口以及种子分类和注册要求和程序。它在农业和畜牧部内设立了国家种子委员会，作为执法机构，有权决定哪些物种将受法律管制和登记。它还规定设立国家品种登记处，确定向公众开放或以任何方式向消费者提供的种子。关于转基因种子，关于转基因植物生物的第 46/2004 号决议要求所有转基因植物生物操作者在国家登记处进行额外登记，并登记进口或出口，生产或复制，或进行与阿根廷尚未批准商业化的转基因植物有关的任何活动。登记是为了测试要求批准释放转基因生物（GMOs）的先决条件。获得转基因植物进口或出口许可也需要进行登记注册。

3.8.2.2 《促进现代生物技术发展和生产法》（*the Law on the Promotion of the Development and Production of Modern Biotechnology*）

《促进现代生物技术发展和生产法》旨在通过对符合安全和健康标准的合格研究和生产项目提供税收激励措施，促进现代生物技术的开发和生产。

阿根廷于 2000 年签署了《卡塔赫纳生物安全议定书》，但尚未批准。管制转基因生物越境转移的议定书采用"预先防范原则"，如果没有足够或确凿的关于转基因生物安全性的信息，成员国就有权限制或禁止进口转基因生物。世界主要的转基因生物生产国如美国，加拿大和阿根廷尚未批准，但主要原因是担心其对转基因生物自由贸易的限制会对其农产品出口造成不利影响。

3.8.3 安全评估体系

3.8.3.1 评估机构

农业、畜牧、渔业和食品部长负责授予转基因生物释放和商业化许可。其许可决定是在专家咨询委员会的协助下进行的。授予此类许可的审查程序涉及以下步骤：

（1）对温室转基因生物及其释放到环境中的实验进行的评估，以验证农业生态系统的生物安全标准得到满足；

（2）审查其作为食品添加剂或成分的安全性；

（3）评估其商业化对阿根廷国际贸易的影响。

前两个步骤，即环境安全和食品安全评估，完全基于科学数据，由公共和私营部门代表组成的专家委员会进行。环境安全评估分配给生物技术理事会（BD），食品安全评估由国家农业食品卫生和质量服务机构（SENASA 国家服务中心）进行。对转基因生物对国际贸易影响的评估分配给农业市场理事会（AMD），该理事会评估授权商业化是否符合阿根廷贸易伙伴的标准。这很关键，因为农产品是阿根廷的主要出口产品。在许多情况下，经过证明对农业生态系统安全并被批准用于食品原料成分的转基因生物在获得进口国当局批准之前仍不允许商业化。

3.8.3.2 环境安全评估

在获得监管部门批准的情况下，阿根廷允许转基因生物在有限或无限制的情况下被释放到环境中。在三种情况下可以获得有限释放的监管批准：温室栽培；田间试验；受管制种子的生产。只有在综合研究评估作物的免费种植对农业生态系统是否安全之后，才允许无限制种植转基因作物。

监管批准要求申请人提供由国家农业生物技术咨询委员会分析的有关作物的相关技术信息。审批程序包括评估转基因农作物对农业生态系统的风险。

授权受特定条件的限制，包括适当的环境风险管理和风险缓解措施、隔离距离、特定检测方法的可用性，以及对未来季节收获材料和田间地块使用的限制。只有在严格的隔离和种子加工条件下才允许生产受管制的种子，以防止受管制的材料进入商业链。

3.8.3.3 食品安全评估

SENASA 有权评估转基因生物食品对人类和动物健康的风险。风险评估包括评估此类食品是否有害，其营养特征以及转基因食品与其传统食品之间的比较。对于转基因食品来说，它必须与市场上已有的传统食品一样安全和营养。随着新的科学和技术信息的出现，对食品的风险评估进行相应的重新评估很有必要性。

申请人需要提交已批准转基因食品的详细要求、表格和程序（包含在第 412/2002 号决议的附件 II 和 III 中）。

3.8.4 监管机制

3.8.4.1 审批机制

阿根廷需要对转基因农作物的商业授权进行三方面的审查：①对农业生态系统的影响：证明转基因农作物的扩大种植对农业生态系统的影响与未修改的对应物（或已批准的可用技术）的影响没有显著差异；②食品和饲料安全：证明来自转基因农作物的食物和饲料与来源于未经修改的对应物一样安全，并且营养不少；③对贸易和生产的影响：确保转基因农作物及其衍生食品或饲料的生产和商业化不会遇到任何国内或国际商业限制。

在 SAGPyA 内运作的 3 个政府机构分别负责上述审查：生物技术局（BD）、全国农产食品健康和质量服务局（SENASA）、农业市场局。这些机构担任 SAGPyA 秘书处的顾问。上述两个机构在两个相关多部门咨询专家委员会的共同参与下进行审批：国家农业生物技术咨询委员会（农业生物技术委员会）和技术委员会转基因生物（GMO）咨询委员会。参与保护农业生态系统的康比亚是一个多部门、多学科的机构，其成员包括公众（学术界、政府、专业协会）和私营（工业）组织和机构的代表，这些机构融合科学、社会利益和实际领域经验。为避免利益冲突，受影响的各方根本不参与其申请的评估过程。只有 BD 的授权成员才能访问最终包含在每个应用程序中的机密商业信息，但审核人员只会向委员会披露与特定应用有关的相关生物安全问题。另一个机构 CTA－UOGM 是一个多学科委员会，其成员是参与转基因生物生产、工业化、消费、研究和发展的不同部门的代表，其中包括民间社会的代表。该委员会的任务是对转基因作物衍生的食品和饲料进行安全评估。上述的三个政府机构中，前两个机构开展科学评估，但第三个机构农业市场局进行经济评估，从而在决策过程中引入了非科学的标准。

阿根廷农业部自 2012 年宣布实施新的阿根廷农业转基因监管框架。修改后的监管体系目标是将新转基因事件的审批时间缩短至 24 个月。在执行新的监管框架之前，审批过程大约需要 42 个月，考虑到当前生物技术行业的动态和巴西正在以比阿根廷更快的速度审批的情况，这一审批时间被认为过长。根据国家农业生物技术咨询委员会的数据，自 1999 年以来，申请量已增加了 3 倍，而过时的法规阻碍了田间试验和商业化应用。农业生物技术新规范框架于 2012 年实施，已经实现了减少审批时间的预期目标，并减少了审批过程中的烦琐步骤。实施后不仅有若干事件得到批准，而且农业部长还请业界提供了技术建议，以提高新系统的效率。这些都体现了政府为避免官僚主义和促进技术发展所做出的努力。新转基因事件评估遵循个案分析原则，只在自然环境、农业生产及人或动物健康受到威胁的情况下，应用科学和技术标准进行。阿根廷的政策是基于 GE 事件中确定的特征和行为的。关于获得新转基因事件的过程，由于可能与相同的非 GE 生物体（常规对应物）获取的途径不同，也将农业生态系统及其作为人和动物消费食物的安全性纳入评估内容。阿根廷农业部于 2009 年建立的生物技术办公室，是一个将所有生物技术活动和信息集中处理的关键部门。该办公室协调三大技术领域，即生物安全问题（主管部门为国家农业生物技术咨询委员会）、政策分析及制定和法规设计。该办公室有权就生物安保问题做出决定，制定和执行指导方针和行政程序，并制定生物技术和农业政策。转基因种子商业化的审批程序涉及农业部以下机构：全国农业生物技术咨询委员会、国家农业和食品卫生与质量机构、国家农产品市场管理局、国家种子协会（National Seed Institute, IN-

ASE）。阿根廷对转基因农作物的产业化规定了较为严格的审批条件和程序，一种转基因农作物要想获得产业化的批准，至少必须满足四个条件：其一，通过农业生物技术咨询委员会的环境风险评估，获得环境释放和生产性试验许可；其二，符合全国农产品健康和质量行政部关于食品安全评估的规定，产品被证明是安全的；其三，经国家农产品市场管理局的市场分析，得出该转基因作物的产业化将对阿国际贸易产生利大于弊影响的预期；其四，获得农畜渔食秘书处的最终批准后，在其下设的国家种子研究所进行新品种登记。

阿根廷规定了转基因植物的试验性释放，受管制玉米和大豆种子的苗圃生产，转基因动物（目前在分子药物项目中）的限制性释放以及用于农业应用的微生物实验释放审批要求。

3.8.4.2 安全评估

SENASA 内的特定咨询委员会 CTAUOGM（决议 1265/1999）负责评估来自转基因作物的食物/饲料。申请人提交由委员会审查的完整档案（第 412/2002 号决议）。档案中提交的详细信息，包括安全和营养方面，为风险评估提供了一个框架。委员会要发表一份有利的报告，必须得出结论：转基因作物及其衍生的食物/饲料与传统作物一样安全，营养不低。

3.8.4.3 商业批准

一旦 BD 和 CONABIA 得出了转基因农作物对农业生态系统的影响与其传统作物一样安全或转基因农作物以及由其衍生的食物和饲料与传统作物一样安全，并且营养不少的结论，它们将向主管部门提交不具约束力的意见。对于主管部门授权转基因农作物的商业化，农业市场管理局将发布关于转基因作物生产和商业化的第三份有利报告。报告应考虑国内因素，如生产的具体要求，涉及的地理区域，产量估算，总体效益和商业风险以及贸易影响，如出口市场的份额和监管状况。

3.8.4.4 监管特色

作为一个转基因作物种植大国，阿根廷在该领域形成了较为完整的法律监管体系。阿根廷意识到转基因作物产业化的法律监管涉及点多、线长、面广，需要多个机构共同参与，监管主体的协调程度在一定程度上决定了监管的绩效。于是，阿根廷设立的体系采取了每个机构分阶段管理的模式，即在转基因农作物的实验研究阶段、环境释放阶段、生产性试验阶段和产业化生产阶段，采取不同的监管措施。从实践运行来看，各监管主体组织结构健全、权责划分明确、分工得当、协调适度，保证了阿根廷转基因作物产业化法律监管体系的有效运行。早日建立基于科学的法规是阿根廷转基因农作物快速普及的重要动力。相关的法律法规涵盖了最重要的国际标准中所描述的理念和要求，并为该国农业生物技术的发展建立了良好的平台。阿根廷种植的转基因农作物已证明能够满足农业生产标准的适当生物安全标准，并成为安全、营养等同的食品和饲料的来源。利用这项技术所获得的知识和经验也有助于在国际贸易争端中保护阿根廷的商业利益，并将成为本国应对未来技术和政治挑战的重要资产。

3.9 印度转基因农食产品技术性贸易措施体系

印度目前是世界第二人口大国，人口增长速度很快，2015 年农村人口占全国人口的

67%（世界银行数据），农村地区还拥有大量严重贫困人口。因此，印度非常重视粮食生产和粮食安全保障。印度于1986年成立了科技部下属机构生物技术局（Department of Biotechnology，DBT），负责管理生物技术发展和商业化应用，转基因生物监管政策也由该部门负责。当前，转基因抗虫（Bt）棉花是印度唯一得到官方批准商业化种植的转基因农产品，其年产量占印度全面棉花产量的90%以上。印度是全球转基因棉花主要种植区域，部分被出口到巴西等海外市场。1999年初，印度在全国9个邦的40个不同地区同时开始Bt棉的大田种植试验；2000年，卡纳塔克邦也宣布开始试栽Bt棉，一些地方邦政府也纷纷表示将加大对生物技术研究的投入。2017年印度转基因棉花种植面积达到了（1140）万公顷。转基因抗虫棉的推广使印度成为世界棉花生产和出口大国。而当前印度市场上唯一被许可进口的转基因食品是转基因大豆油，主要来自美国。印度农业生物技术研究的重点是作物的基因改良，运用生物技术培育出优良的新品种，主要是抗病虫、耐除草剂、营养增强、耐旱性和高产量，包括粮食作物、经济作物和饲料作物等。由公共部门机构开发的转基因作物包括香蕉、卷心菜、木薯、菜花、鹰嘴豆、棉花、油菜/芥菜、木瓜、木豆、马铃薯、水稻、番茄、西瓜、小麦。印度种子公司也把重点放在转基因甘蓝、花椰菜、玉米、油菜、芥菜、黄秋葵、豌豆、水稻和番茄，以及下一代技术的转基因棉花。

印度十分重视生物技术的研究，政府把农业生物技术确定为优先发展的重点项目，将转基因技术作为提升本国发展水平的关键技术之一。此前，印度政府认为农业最需解决的问题是分配问题，故而政府的态度趋于保守。而今，印度的农业生物技术尤其是转基因作物的研究与产业化发展都比较迅速，而应用最成功的就是转基因棉花。印度对转基因生物的安全监管日趋谨慎和科学，架构了基础性法规、技术指南、保障立法为法律监管框架，形成了三层管理体系密切配合的监管体制。在印度，监管转基因农作物从研究到大规模商业化应用的过程需通过三级法规系统。在转基因技术研究和投资方面，印度有明确的优先发展规划，并投入大量资金积极进行研发；在生物安全和食品安全管理方面，印度基本上属于认可型政策，监管态度基于宽松与谨慎之间；但对于国际贸易和知识产权政策方面，严格限制转基因产品的进口，并实行严格的检测制度，保留农民自留种子特权。

3.9.1 监管机构

为促进生物技术的开发和应用，印度政府于1982年在科学技术部（Ministry of Science&Technology，MoST）内成立"国家生物技术委员会"，并于1986年独立为"生物技术局"（Department of Biotechnology，DBT），其全面负责生物技术方面的政策与法规的制定，规划、推动和协调生物技术研究开发工作。目前，印度形成了在中央以环境森林部（MoEF）和科学技术部（MoST）为主体、其他部门密切配合、中央和地方相互协调的管理模式。印度不仅对农业转基因技术态度积极，而且对转基因生物安全监管也毫不放松。在印度转基因生物主管机构中，MoEF和MoST的地位最为突出。MoEF对转基因作物的商业化种植采取严格审慎的态度，奉行"安全至上"的监管理念；而MoST一贯赞成转基因作物的研究与推广，体现其"积极发展"的技术态度。然而，MoEF和MoST的地位并不平等，MoEF是转基因作物商业化种植的最后审批者，其对MoST权力的行使构成一定的制约作用，这体现出印度转基因作物"安全监管"与"产业发展"相互协调的发展理念。MoEF的角色定位是印度转基因生物安全监管的特色。MoEF与转基因作物产业化之间的利益纠葛较少，它可以作为一个相对中立者对转基因作物进行安全评估与决策，从人体健康、生态环境及生物多样性的角度进行宏观把握，符合"理性监管"的精神。

具体而言，印度的生物安全管理框架主要由重组 DNA 咨询委员会（Recombinant DNA Advisory Committee，RDAC）、遗传操作审查委员会（Review Committee on Genetic Manipulation，RCGM）、基因工程审批委员会（Genetic Engineering Approval Committee，GEAC）、国家生物技术协调委员会（State Biotechnology Coordination Committee，SBCC）、区级生物技术协调委员会（District-Level Committee，DLC）和机构生物安全委员会（Instiutional Bio-safety Committee，IBSC）共同组成。按照功能，这六大主管部门可以分为三层管理系统。

3.9.1.1 三层管理机构体系

1. 政策咨询机构：RDAC

印度 DBT 专门建立了 RDAC，主要关注国内外生物技术发展的最新进展和转基因技术研究与应用的安全管理状况，为印度提出转基因技术研究和开发的相关政策与指导方针；为转基因技术研究人员提供安全培训；制定转基因技术研究方面的安全法规等。这为印度转基因技术的发展起到了重要的推动作用，帮助转基因技术人员更好地进行研究。

2. 规范与审批机构：IBSC、RCGM、GEAC

IBSC 是转基因技术研究与开发机构均需成立的机构，主要职能是对本单位的转基因生物研究进行监督和批准，任何转基因的研究、开发活动都要事先通报 IBSC，IBSC 对其进行审查。在印度，任何进行转基因技术研究与应用的机构都要成立 IBSC，其成员包括本机构的科学家和 DBT 指定的成员。IBSC 的主要职能是监督机构所从事的研究遵循相关法律准则，每半年还需向 RCGM 提供一次机构内所进行研究的安全评价报告。IBSC 既不是研究机构自行设立的自我监督机构，也不是纯粹的国家监管机关，它是由来自研究机构的专家和政府部门指定的人员共同组成的复合性的监管机构，是在研究机构自我监督的基础上又融合政府部门监督的元素。

RCGM 是对转基因作物大规模田间试验进行管理的机构，主要负责监控转基因植物对环境的影响，制定科学的操作准则，对转基因作物田间试验进行监督和评估。审查转基因技术试验报告，并将分析结果和论证报告送交 GEAC。RCGM 成立专门的监督与评估委员会（Monitoring and Evaluation Committee，MEC）。MEC 对试验现场进行视察，RCGM 为其提供指导。

GEAC 是 MOEF 的下设机构，其负责审查与许可涉及大规模使用 GMO 及其产品的活动，包括研发、工艺生产、环境释放与实地运用等。未经 GEAC 批准，不得将转基因生物体或细胞释放到环境中，不得生产或使用基因工程生物体或细胞或微生物。依据《食品安全及标准法》，印度设立食品安全及标准管理局（FSSAI），转基因食品安全亦由其统一监管。但是在 FSSAI 尚未制定出转基因食品的安全标准与监管准则之前，GEAC 继续按照 1989 年准则及其相关指南负责对转基因食品的监管。在国际贸易方面，转基因原材料和加工品如食品、饲料的进口都要经 GEAC 批准，基于研究和开发用途进口转基因产品的也必须向 GEAC 进行申报。然而，2007 年 8 月印度 MOEF 发布通告，规定对于转基因加工食品的生产、销售和进口，只要最终产品不是活体转基因产品，可以不经过 GEAC 的批准。

3. 事后监管机构：SBCC、DLC

SBCC 和 DLC 分别管理各自级别的生物安全事务。

SBCC 与中央政府一起对邦内的转基因技术研究与应用的活动进行协调监管。

DLC 负责对本辖区内的转基因生物安全事项进行检查与监测，并定期向 SBCC 和 GEAC 提交安全报告。定时提交安全报告不仅有利于主管单位及时了解地方事务，而且利于转基因技术研究的安全监管，以便及时发现问题，更好地做好预防措施，促进转基因生物安全事务的发展。

3.9.1.2　改革动向：拟成立国家生物技术监督管理局

2008 年 5 月 DBT 出台《国家生物技术监管法》（草案）（*National Biotechnology Regulatory Bill Draft*），并公布以征求公众意见。按照草案要求，印度拟成立国家生物技术监督管理局（National Biotechnology Regulatory Authority，NBRA），其将作为一个独立自主的管理机构，负责对生物技术领域的活动进行监督和管理。NBRA 将是为转基因生物产品和加工程序提供生物安全许可的唯一窗口。2009 年，又起草了另外一个版本的草案，命名为《生物技术监管法》草案，由于印度无限期停止转基因茄子的商业化种植，一定程度上使得草案通过的步伐变得缓慢。由于草案部分条款与现行立法规定存在较多冲突，目前印度国内对草案也是争论不休，印度生物技术监督管理局在短时期内还难以获得正式通过。2014 年的《印度国家生物安全技术发展战略》指出，印度应建立一个科学且透明有效，对消费者和环境安全负责的规范体系，再一次强调了成立 NBRA 的急迫性，但目前印度国会对于草案还一直悬而未决。而且规范体系应建立在 RCGM 和 GEAC 能使其体系更科学、更专业、更清晰和更透明的基础上。

3.9.2　法律法规

3.9.2.1　基础法规

《印度生物技术管理机构草案》专门规定了印度生物技术管理机构设立的初衷、职能机构及人员组成、跨部门咨询和协调机构、功能和职责、执行措施以及争端解决机构等。

印度转基因直接立法最早可以追溯至 1986 年《环境保护法》（*Environmental Protection Act*，EPA），截至目前其仍是转基因食品法律制度的基石，其第 6 条授权中央政府制订处理危险物质的相关规则。印度随后出台的一系列转基因生物安全管理法规即是建置在 EPA 的架构之下。

1989 年，环境和森林部（Ministry of Environment and Forests，MOEF）出台《危险微生物、转基因生物和细胞生产、使用、进口、出口和储存规则》（*Rules for the Manufacture, Use, Import, Export and Storage of Hazardous Microorganisms, Genetically Engineered Organisms or Cells*，《1989 规则》），其立法目的是保护与转基因技术和微生物相关的环境、自然和健康。作为印度转基因生物安全管理的基础性法规，其内容主要包括：适用范围、管理机构、准入和禁止事项、生产管理、环境许可、转基因食品安全管理和申请程序 7 个方面。MOEF 和科学技术部（MST）下设的生物技术局（Department of Biotechnology，DBT）是负责实施的管理机构。

印度科技部（the Ministry of Science and Technology）于 2005 年 3 月 31 日发布了"国家生物技术发展战略"（the National Biotechnology Development Strategy）计划草案，2007

年正式出台《生物技术发展战略》(National Biotechnology Development Strategy)。该发展战略提出了未来 10 年印度生物技术及产业发展的国家目标和政策措施，是印度生物技术的一个纲领性文件，对印度生物技术产业的发展发挥了重要作用，高度肯定了生物技术的对印度的重要性，指出"生物技术是改革印度农业、医疗、工业生产和发展可持续环境的重要力量"，同时针对农业生物技术专门制定了指导原则包括：在适用传统生物技术（生物肥料、生物农药、生物降解、分子辅助分级、植物组织培养）特别注意预防原则的适用；公共资金投入优先增加就业和提升农村家庭生活水平；相关立法应与《卡塔赫纳生物安全议定书》和联合国食品法典委员会指南一致；转基因作物商业种植不应影响国际贸易。

3.9.2.2 技术指南

在印度的转基因生物安全立法体系中，技术指南占有重要地位。

1990 年生物技术局（DBT）制定《重组 DNA 安全指南》(The Indian Recombinant DNA Safety Guidelines and Regulations)，适用范围包括转基因生物研究实验、环境释放、大规模使用 3 个方面。1994 年由生物技术部修订，专门规范科研机构和工厂在转基因试验研发阶段可能造成的风险和安全隐患。

1998 年再次被修订为《转基因植物研究指南（修订）和转基因种子、植物及其部分的毒性和过敏性评价指南》（简称"1998 年指南"），其在"1990 年指南"的基础上对转基因作物的研究试验活动作出更加详细的规定，重点在于规范转基因植物的研究。

除了上述指南，1999 年 DBT 发布《重组 DNA 疫苗、诊断方法和其他生物制品临床前数据和临床数据生成指南》（简称"1999 年指南"），主要针对转基因生物产品的临床前与临床试验进行相关规定。

2008 年，DBT 出台《转基因植物小规模田间试验规范指南及标准操作程序》，该规定对 1998 年指南中的转基因生物田间试验安全管理措施作了补充。

2011 年，DBT 出台了《机构生物安全委员会的指引和手册》，是 2005 年《机构生物安全委员会委员手册》的第二版，更新了机构生物委员会内容指引，提交申请的评估建议及新的表格。

3.9.2.3 协调性立法

印度于 2005 年出台《食品安全和标准法》(FSSA)，对转基因食品安全管理作了相关规定。在转基因食品安全方面，FSSA 明确界定了"转基因食品"的概念，并对其生产、加工、销售、出口和进口等事项作了规定。《食品安全和标准法》第四章第 22 条专门针对转基因食品、有机食品、保健品和专有食品做出原则规定，指出"除相关立法和规则规定，任何自然人不得生产、销售和进口转基因食品……"。同时该法案在前言中对转基因食品进行界定，认为"经基因工程改造或修改的食品是指食品或者食品添加剂由现代生物技术改造或修改的生物体，构成或者含有现代生物技术改造或修改生物体，也包括原材料为改造或修改的生物体，但最终产品中不含有转基因成分的食品。"

2008 年 6 月，印度卫生部（MOH）发布《转基因植物食品安全评价指南》，DBT 也公布了《转基因作物食品、饲料安全性评估协议》，这些新举措使印度转基因食品安全监管方面的法制建设进一步完善。

印度还注重对转基因种质资源的管理与保护。2002 年颁布的《种子政策》对有关转基因作物的品种作了规定，规定转基因种子的进口统一由国家植物基因资源办公室管理并获得基因工程审批委员会的批准，转基因种子应该标识。规定：①所有转基因种子在商业种植前都应按照1986年颁布的《环境保护法》要求进行检测；②转基因种子的进口统一由国家植物基因资源办公室管理并应事先获得基因工程审批委员会的批准；③转基因种子必须在标签中如实注明，由印度农业研究理事会联合其他部门最少经过2年检测才能上市销售，上市后农业部和州农业局还应跟踪检测5年；④根据2001年颁布的《保护植物多样性和农民权利法》(The Protection of Plant Variety and Farmers Right Act)，转基因种子和非转基因种子应得到同等知识产权保护。2004年的《种子法案》规定对所有转基因种子实行强制性登记制度。

作为《生物多样性公约》的成员国，印度专门制定了《生物多样性法》，该法以保护国内生物多样性、实现可持续发展、公平分享生物资源收益。对外国人利用印度生物资源制定了严格的行政审批程序，从而更加保障其国民的权利。《生物多样性法》中第36.4部分指出中央和地方政府对保护生物多样性和评估环境影响负有首要责任，应增加公民参与度，积极立法管理和控制转基因生物可能对环境和人类健康造成的负面影响。

2001年出台，2005年生效的《保护植物多样性和农民权利法》，其中第29.2和39.1部分与转基因食品息息相关。规定农民不得出售已注册商标的种子，但农民自己享有不以营利为目的的育种权和留种权。

2005年新修订《专利法》(Patent Law)。印度1970年《专利法》截至目前经历了1999年、2002年和2005年三次修订，其中2002年修订增加了第3(J)部分：不允许针对植物和动物申请专利，但是微生物除外。2005年《专利法》修正案继承了上述立法，禁止对动物和植物种子申请专利，但是规定生产工艺（如将Bt基因植入棉花）则可以获得专利保护。但是上述修正案没有对什么是微生物和生物加工做出明确的解释。

2010年修订《外贸法》(Foreign Trade Law)。印度1992年颁布了《外贸法》，2006年专门针对进口转基因生物进行修订，重申应遵循1986年《环境保护法》和《1989规则》，进口审批唯一机关为基因工程审批委员会(The Genetic Engineering Approval Committee，GEAC)。

2003年《植物隔离检疫规则》(Plant Quarantine Order)。印度出台该规则，一方面是为了符合世界贸易组织(World Trade Organization，WTO)实施动植物卫生检疫措施的协议(Agreement on the Application of Sanitary and Phytosanitary Measure，"SPS协议")的要求，另一方面也着眼于改善人类健康、动物健康和植物卫生状况，指导卫生与植物卫生措施的制定、采用和实施，从而将其对贸易的消极影响减弱。

1954年印度健康和家庭福利部(Ministry of Health and Family Welfare)颁布《防止食品掺杂法》(The Prevention of Food Adulteration Act)以确保上市食品的质量和安全，2006年，健康和家庭福利部出台了《防止食品掺杂规则》(Prevention of Food Adulteration Rules)对《防止食品掺杂法》进行修订，其中有两条直接涉及转基因食品。第39条e款规定了转基因食品标签制度，指出"转基因食品不论其是初级产品、加工产品、含有转基因成分食品或者含有转基因成分的食品添加剂，都应无一例外地实施强制标签"。第48条f款规定："任何自然人在未获得基因工程审批委员会批准的情况下不得生产、进口、运输、储存和分销转基因食品原产品、加工产品、含有转基因成分食品或者含有转基因成分的食品添加剂。"

3.9.3 安全评估体系

2006年印度食品安全及标准管理局成立后，在本部门组建了转基因食品办公室、转基因食品安全评价小组和转基因食品专家委员会用于转基因生物监管评估工作。转基因食品办公室主要负责：接受并检验转基因食品申请的相关文件；跟踪通过审核的申请文件；与转基因食品安全评价小组及转基因生物专家保持沟通；对外界民众进行宣传和解释，确保印度食品安全及标准管理局政策得以有效执行。转基因食品安全评价小组则由转基因生物技术相关专家团组成，其至少包含：分子生物学家、生物化学家、免疫学家、食品过敏性专家、毒理学家和营养师等，负责对印度食品安全及标准管理局决议提出科学的参考意见。转基因食品专家委员负责转基因食品立法草案前的公众咨询活动，回复民众的咨询意见等。

3.9.4 监管机制

3.9.4.1 转基因进出口监管

印度也较为重视有关转基因食品的安全问题，对相关方面作了立法，其中较为重要的为2005年制定的《食品安全和标准法》。其有以下方面的规定：任何人均不得非法生产加工、进出口或销售转基因食品、功能性食品、营养品、健康补品等；任何进口到印度的食品均应符合该法的要求及相关的标准和规定，以及印度与出口国之间存在的具体协议中所包含的要求；食品安全和标准局可授权任何经批准的实验室对任何进口到印度的食品进行检查和检验，如果检验不符合该法规定，则禁止在印度销售或出口至第三国，或销毁该批食品，或将其返回至出口国；应当在食品的标签上表明进口食品的原产国。

印度《对外贸易法令》中指出各转基因产品进口商在进口之前，必须进行商标注册，并向印度政府进行申报，首先必须获得印度遗传工程审批委员会（GEAC）的准许。GEAC是印度专门管理大宗转基因药物、转基因植物和转基因食品引进的委员会。科研所和公司进口转基因产品用于研究和开发目的时，也必须向GEAC的生物工程转基因委员会进行申报。

3.9.4.2 转基因标识制度

印度实行的转基因食品标识制度是强制标签制度，它指的是对于含有转基因成分的食品，超出最低门槛时都应在商品标签中注明。在转基因生物标识制度上，印度效仿了欧盟的强制标签模式，印度《防止食品掺杂规则》第39条规定了转基因食品标签制度，指出"转基因食品无论是原材料、半成品或者成品，只要含有转基因食品成分都应实行强制标签制度"。2006年，印度政府颁布了《转基因食品强制标签法草案》，明确规定转基因食品强制标签制度不仅适用于国内产品，而且对进口食品同样适用。2013年，印度转基因生物标签制度正式签署成为法律，并由印度卫生部下属机构FSSAI负责实施。但是，印度部分民众对标签制度的实施抱有疑虑，因为FSSAI至今仍未宣布任何实施标签制度的规则。此外，虽然印度学习欧盟实行转基因生物强制标签制度，但是却没有规定标签的阈值、具体标识内容和形式等，也没有建立相应的责任问责机制，规定过于笼统。

3.9.4.3 监管特色

1. 审批系统完善化

转基因作物从研发到产业化生产要经过严格的程序和有序的监管,首先,由 IBSC 对研究水平和可操作程度作出评价,RCGM 审批进行中的高风险且必须为田间试验的研究项目;其次,科技部项下的生物安全部门(DBT) IBSC 提供认定申请,协助 RCGM 对田间试验进行监管和限制;最后 MoEF 项下的 GEAC 作为最终的审批机构,负责从环境和商业用途的角度,对大量涉用有害微生物的活动以及重组产品的研究也进行审批。此外,SBCC 和 DLC 还会对转基因田间试验阶段进行检查、监督。将最终审批职权赋予处于中立位置的机构,有利于从宏观整体和客观中立的立场进行科学监管。

2. 咨询专业化

印度专门建立了 RDAC,其主要职责是为印度提出转基因技术研究和开发的相关政策与指导方针,制定生物技术方面的安全法规或指南,关注国内外生物技术发展的最新进展和转基因技术研究与应用的安全管理状况。此外,该机构还为转基因技术研究人员提供安全培训。该机构制定了多个生物技术指南,为转基因材料田间试验提供安全评估的指导原则,随着转基因生物技术的发展,根据实际情况还会对技术指南进行修订和完善。

3. 监督能力高效化

在印度,任何进行转基因技术研究与应用的机构都要成立 IBSC,其成员包括本机构的科学家和 DBT 指定的成员。IBSC 的主要职能是指导该研究机构执行相关政策法规,对转基因的研究、开发活动监督和批准。IBSC 每半年一次还需向 RCGM 提供所进行研究的安全评价报告。IBSC 具有"双重属性",一方面克服了研究机构自我监管形式化的弊端,保证研究机构能够按照法律法规和基本程序进行科学研究,另一方面又避免国家公权力的过多干预,以影响研究机构进行科学研究的自主性。

4. 种质资源保护根源化

印度作为一个生物多样性大国,在发展农业转基因技术的同时,注重对转基因种质资源的管理与保护。印度虽然未加入植物新品种保护公约(UPOV),但其从本国国情出发,基于对其国内广大农民利益的考量,通过了《植物新品种保护与农民权利法》,不仅考虑和吸收了 UPOV、CBD 和《粮农植物遗传资源国际条约》三大公约的相关内容,而且创设了兼顾育种者和农民利益的植物新品种权制度,在国际上独树一帜。该法通过对农民权利的保护一方面是解决农民的留种、降低农民生产生活成本等问题;另一方面,通过对农民社区权、利益分享权等权利来肯定和奖励农民在传统品种和本地亲缘品种的遗传材料保存和选择过程做出的贡献,从而达到从源头上保护种质资源的目的。此外,还可以对申请农民品种和现存品种农民、农村社区、组织授予品种权的方式来保护遗传材料。除该法外,还有一系列对于转基因种质资源进行规定的法规。

3.10 巴拉圭转基因农食产品技术性贸易措施体系

巴拉圭是比较重要的转基因农作物种植国家,巴拉圭于 2004 年采用生物技术开始实施转基因大豆的商业化。2017 年,种植转基因农作物的面积减少了 18%,从 2016 年的 360 万公顷减少到 2017 年的 296 万公顷。2017 年占全球转基因作物种植面积的 2%,位列全球第六位，相较于其国土面积，这样的种植面积足以说明转基因农作物种植在巴拉圭是非常重要的产业。转基因农作物由大豆（268 万公顷），玉米（27 万公顷）和棉花（1 万公顷）组成。自 2004 年以来，巴拉圭共批准了 20 个用于食品、饲料和种植用途的活动，包括转基因棉花、玉米和大豆。

3.10.1 监管机构

3.10.1.1 巴拉圭农业生物技术研究院（INBIO）

巴拉圭农业生物技术研究所是一个民间非营利性协会，其目的是促进国家研究生物技术的发展，促进充分获得相关产品在国内生产。下属的会员单位有：巴拉圭谷物和油料出口商会（CAPECO），巴拉圭种子生产者协会（APROSEMP），巴拉圭出口协会（CAP），巴拉圭生产合作社联合会（FECOPROD），巴拉圭大豆、油料、谷物生产者协会（APS），国家中心合作社（UNICOOP LTDA），巴拉圭植物育种者协会（PARPOV）。

3.10.1.2 生物安全委员会（COMBIO）

1997 年，巴拉圭根据第 18.481／97 号法令设立了 COMBIO，随后于 2008 年通过依照 MAG 的咨询机构第 12.706／08 号法令对其职能和权力进行了修改和扩展。COMBIO 属于机构间公共性质，其主要目标是参与、分析和推荐与介绍、实地试验、研究实验和控释环境相关的一切事宜以及转基因生物的其他拟议用途。COMBIO 有两个技术秘书处，一个是 SENAVE 下植物源产品和副产品秘书处，另一个是畜产品副产品秘书处，负责接受引进转基因生物的申请程序以及与公司和机构进行对接。

COMBIO 的职能和归属：①评估农业和林业领域的基因改造材料，并根据拟议的使用情况向国家推荐其进入该国的领土，提出生物安全规范，事故应急预案，不遵守规范的生物安全措施，并就其能力问题发表意见；②根据风险类型对转基因生物进行分类，跟踪应用程序以及基于个案的关于遗传转化事件及其生物安全措施的决定；③协助自然人和法人与转基因生物管理合作，遵守生物安全措施，关于使用、操作和控制释放到环境和其他拟议用途，使这些操作符合农林业生产政策、环境保护和人类健康；④技术上支持审计和注册机构和实体在从事与经过授权的转基因生物及其衍生物有关的活动；⑤制定转基因生物及其衍生物风险监测标准，并向负责监测的主管部门提供技术支持；⑥根据第 2309／03 号法律批准的《卡塔赫纳生物安全议定书》附件二，对直接用作人类或动物食品或加工的转基因生物提供处理和技术意见。

3.10.1.3 全国植物质量与健康服务部（SENAVE）

根据生物技术协调（第 6070/05 号法令），全国植物质量与健康服务部具有以下职能：①部门架构下的生物安全委员会：负责接收引进转基因的、一切都与生物技术有关的公司的请求，以及所有关于受控试验和发布的文件信息的存储；②信息提供：向公众公布已授权的转基因的活动及其特征；③对 SENAVE 的下属单位进行检查，监督和控制。

3.10.1.4 动物卫生检疫局（SENACSA）

该部门是负责动物健康和动物产品及副产品质量的国家政策和管理的准备、调控、协调、执行和控制的机构。关于生物安全管理的第 12.706／08 号法令规定了动物源性产品的审核和动物的评估，并成立了产品技术秘书处对家畜的来源进行监督管理。

3.10.1.5　国家食品和营养研究所（INAN）

该部门负责根据拟议的用途对转基因生物的消化能力进行评估。

3.10.1.6　巴拉圭农业技术研究所（IPTA）

法律 3788/10 创建的 IPTA 是由农业、畜牧业和林业研究的依赖功能所产生机构。在 COMBIO 的要求下，经 MAG 公司授权，进行现场规范试验，与公司签订合作协议和划定责任。

3.10.1.7　环境部（SEAM）

该部门是在《环境影响评估法》第 294 号下产生的执法机构，是《生物多样性公约》（CBD）的联络点，并协调信息交换中心（BCH）在《卡塔赫纳生物安全议定书》框架内的合规行动，COMBIO 必须向其提供包含遗传转化事件的现代生物技术有关产品的信息。

3.10.1.8　总规划办公室（MAG）

它是由 N 81/92 号法律创建的技术单位，负责制定该国关于转基因的公共政策。

3.10.1.9　外交部

2010 年 7 月 27 日，根据第 N 4753 号法令，巴拉圭外交部被指定为《卡塔赫纳生物安全议定书》执行秘书处的巴拉圭联络点。

3.10.2　法律法规

鉴于需要管理生物技术种子，巴拉圭提出了几项生物安全法律，这些法律是根据南太平洋共同市场内的讨论、南太平洋共同市场国家的法规以及三次公开听证会的结果提出的。该国仍在努力通过并执行生物安全法。自 2003 年以来，巴拉圭国民议会一直在评估一项生物安全法案草案，该法案将管制巴拉圭改性活生物体产品的生产和商业发行。农业部与粮食农业组织（粮农组织）合作起草该法案，并在巴拉圭社会有关部门的投入下起草。

3.10.3　安全评估体系

安全评估以透明和科学的方式进行的，首先根据食典委专家的意见来评估，并使用有关国际组织制定的准则，如食品法典、世界动物卫生组织（OIE）、国际植物保护公约（IPPC）、联合国粮食及农业组织（FAO）等。

申请研究审批的截止日期不得超过 90 天，自收到申请之日起计算。在此期间，委员会如果认为适当，有权向在公共和私营部门具有丰富经验的国家和国际机构提出诉求，以便就此事获得技术咨询。

测试根据 COMBIO 逐案确定的年数重复进行。一旦 COMBIO 认为商业发布的要求符合并推荐其实现，农业和畜牧部门有责任授权将基因转化事件的商业发布纳入农业生产。

3.10.4　监管机制

有意在巴拉圭从事转基因生物活动的自然人和/或法人，必须通过 COMBIO 提供的特殊形式向委员会提出申请，并且技术顾问公司的法定代表人必须在国内定居。用于实验目的的转基因生物申请批准释放到环境必须经过以下的申请：

①填写请求摘要；

②填写申请表格；
③填写补充信息；
④进行公共机构规范审判的合格证明；
⑤制定向环境释放的规则和程序。

有关方面提供的补充信息，必须有科学的出版物进行参考，可以参考以下几个方面：
①必须有进行有机体田间转基因试验的农业生态系统；
②必须描述生物体的生物学特性；
③已经或将要用于生产受控制的转基因生物的供体－受体系统的分子生物学的详细描述；
④在该地区活跃的种质库中存在相关植物；
⑤生态系统，区域内潜在的建立和持久性的后果以及对其他非目标生物体（部分环境）的可能影响；
⑥对人类和其他生物体的致病性、毒性和致敏性；
⑦转让遗传材料和潜在扩散途径的能力。

3.11 乌拉圭转基因农食产品技术性贸易措施体系

乌拉圭于 2000 年引入转基因大豆，随后于 2003 年引入转基因玉米。2017 年，乌拉圭的转基因大豆面积为 109 万公顷，转基因玉米为 5 万公顷，总面积为 114 万公顷，相较 2016 年减少了 129 万公顷。然而，转基因农作物采用率从 2016 年的 97% 上升到 2017 年的 98%，转基因玉米的采用率为 100%。与邻国巴西、阿根廷和巴拉圭相似，大豆和玉米面积减少的原因是价格低、天气条件不利以及当地和国际贸易问题。

3.11.1 监管机构

3.11.1.1 农牧渔业部（MGAP）

乌拉圭农牧渔业部下属具体职能部门是农业服务总局和总局食品安全控制部。主要职责：①促进农业、农用工业和渔业部门的持续发展；②组织开展健康的植物和动物产品生产工艺的保护，保障质量；③确保实现粮食安全；④通过管理和运营的手段，使运营商发展的信息透明和公平，更好地获得技术和必要的信息，以提高生产率、质量和生产的竞争力；⑤有利于保护公众健康、环境、农业系统和消费者的利益，促进区域以外的国外市场的产品进入，促进可持续管理和利用自然资源；⑥保障和促进农村可持续发展，重点在经济、社会和环境的协调发展；⑦促进机构间的协调。

3.11.1.2 部际国家生物安全委员会（GNBio）

该机构由畜牧、农业和渔业部负责主持。该部门通过相应程序授权进入乌拉圭的植物的相关新申请，并确定国家植物生物安全政策指导方针。

3.11.1.3 风险管理委员会（CGR）

该机构对 GNBio 关于转基因生物安全问题提出建议；对风险评估的参考条款进行阐述；管理相关参与过程；负责对授权的转基因事件进行跟踪和监测，并负责在一年的时间内为转基因生物制定国家生物安全法案。

3.11.1.4　生物安全风险评估委员会（ERB）

委员会负责根据具体情况考虑每种新型生物技术产品的潜在风险和收益；保证以科学合理的方法进行逐案风险评估；根据 CGR 指令编写风险评估操作计划；根据风险评估结果向 CGR 提供建议，并在咨询过程中提供信息。

3.11.1.5　生物安全咨询委员会（CCB）

这个在 GNBio 内部建立的非约束性咨询机构的任务是与植物生物安全政策及其转基因部分的建设和监测合作。其运作由 GNBio 进行监管。

3.11.2　法律法规

2011 年，乌拉圭批准了 1992 年《生物多样性公约》的《卡塔赫纳生物安全议定书》。协调中心设在外交部。在（议定书）《卡塔赫纳生物安全议定书》生效（2003 年 9 月）之前，乌拉圭在拉丁美洲和加勒比国家集团的框架内运作，以实施《卡塔赫纳生物安全议定书》中概述的生物安全原则。

3.11.3　安全评估体系

监管程序包括风险评估、风险管理和风险沟通。它需要与广泛的专家和利益相关者（包括科学家和民间社会的代表）进行磋商。然而，关于释放生物技术种子的最终决定属于由农牧渔业部长担任主席的部际国家生物安全委员会。

受准入管制的活动如下：包含使用条件下的实验，在受控条件下（在现场范围内）进行测试和试验，直接消费或者转换的生产和商业用途，进口和出口特定目的地直接消费或转换。

阿根廷、美国、加拿大和欧盟的批准作为批准评估过程的先例会更有可能被考虑。GNBio 会计划进行公众咨询，以评估转基因生物授权的影响，并在三个不同的层面进行。

1. 政策的定义

与 GNBio 就转基因生物的生物安全政策的设计和后续行动提供合作，将邀请各机构、私营部门和民间社会指定一名代表。

2. 新转基因事件请求的授权过程

信息阶段：收到请求后，将通过公共信息渠道向公众公布；咨询阶段：在向 GNBio 提出建议之前，通过公开听证会通知结果，并且有一段时间可以提出建议。

3. 对新授权活动的控制和主张

通过技术秘书处接收索赔，秘书处将请求转交给负责监测和控制的机构。

3.11.4　监管机制

3.11.4.1　可追溯性机制

与生物技术有关的问题，如生物技术种子的可追溯性和标签（T&L），继续在政府层面进行内部辩论。关于欧盟的运输与维护法规，MGAP 的联系人报告认为，可追溯性是一个难题，更像是一个商业问题而不是一个科学问题。联系人报告指出，由于乌拉圭非常依赖欧洲市场作为其农产品的出口，因此可能需要某种可追溯系统，但是乌拉圭政府不会支持国际论坛的强制性要求。

3.11.4.2 标签的管理机制

乌拉圭采用了"GM"或"非 GM"产品的自愿标签，适用于对最终产品的分析可以确定遗传修饰存在的那些食品。

3.11.4.3 复合品系的监管机制

该政策类似于美国。复合品系的评估集中于特定特征中包含的单个事件之间可能的相互作用。

3.11.4.4 避难所机制

必须将 10% 的种植面积作为避难所。乌拉圭是一个小国，国家种子研究所（INASE）亲自拜访生产者，从而保持严格的控制。

3.11.4.5 特许权使用费机制

乌拉圭拥有创新和高效的特许权使用费收集系统，不仅适用于许可证持有者，也适用于农场保存的种子。农场需要支付所有生物技术种子的特许权使用费。据估计，2011 年，95% 的大豆种植面积支付了特许权使用费。乌拉圭的种子法规定了随后几年种子的使用规定（对于农场保存的种子），种子公司要求生产者签署一份承诺在明年支付特许权使用费的合同。

3.11.4.6 监管特色

乌拉圭政府首先在 1995 年正式批准使用生物技术，并通过建立转基因生物风险评估委员会，对生物技术产品的监督和管理采取了具体步骤。第一个生物技术授权发生在 1996 年，当时批准使用生物技术大豆。2000 年，第 249/00 号法令设立了转基因植物风险评估委员会（西班牙语 CERV），并建立了一个监管框架，授权引入、使用和操作转基因生物。2007 年，乌拉圭政府颁布了一项法令，"暂停对转基因植物风险评估委员会为第 249/2000 号法令规定的任何目的引入植物源生物及其转基因部件的新授权请求进行评估"。暂停适用于为生产和现场测试引入新的生物技术活动。在暂停期间，由不同部委（农业、卫生、经济和环境）的代表组成的小组重新评估和加强了现行政策。工作重点是社会问题，科学研究和农业生产。重新评估过程的时间表设定为 18 个月。随着第 249/00 号法令的废除以及第 353/08 号法令建立新的监管框架，2008 年 7 月取消了暂停令。在事先暂停批准和国家协调委员会（西班牙语数控委员会）制定生物安全框架提案之间，乌拉圭至少有 4 年时间不批准或对新事件进行现场测试。2009 年，乌拉圭政府批准（根据新的监管框架）对玉米和大豆专门用于出口的新事件进行现场测试。新监管框架实施后的第一批商业化批准发生在 2011 年，当时批准了五个玉米品种。2012 年，政府批准自动续期用于反季节生产的活动许可（仅限出口），而在此之前公司必须每年申请许可证。

第四章 国内外转基因农食产品安全检测技术标准体系

4.1 我国转基因生物安全检测监测技术及标准

4.1.1 我国转基因生物安全检测技术方法标准类别

我国政府对转基因植物安全性管理工作非常重视,早在1993—2002年相继发布了《基因工程安全管理方法》《农业生物基因工程安全管理实施方法》《农业转基因生物安全管理条例》《农业转基因生物标识管理办法》。凡在中国境内销售列入标识目录转基因作物成分的农产品和食品需要实施标识。目前已经有很多作物的内标准基因被开发出来,包括棉花、木瓜和水稻等。随着基因工程技术的不断发展与进步,复合性状转基因作物种类逐渐增多,由于复合性状转基因作物牵涉到多个转基因,不同转基因之间可能发生非关联、关联、代谢等相互作用,还可能引发协同效应,产生不同于单一性状转基因植物的食用安全问题,引起中毒、过敏等危害以及一些非预期效应。所以,与单一性状转基因植物的安全性评价相比,复合性状转基因作物的安全性评价标准应该更加严格,并且应将检测的重点放在对复合转基因相互作用的检测上。

2012年之前我国有效的转基因生物安全检测技术方法标准(图4-1)共计127项,其中原农业部公告60项,地方标准(DB)20项,出入境检验检疫行业标准(SN)13项,国家标准(GB)9项,广东方法(GDFF)3项,环境标准(HJ)1项,林业标准(LY)1项,农业部发布标准(NY)17项,深圳技术(SZJG)1项,烟草标准(YC)2项。随着技术的不断进步,经过5年的发展,我国现行有效的转基因生物安全检测方法标准共计291项,作废13项,废止5项,未实施9项。现行291项标准中除12项蛋白质检测方法外,其他均为核酸检测方法。

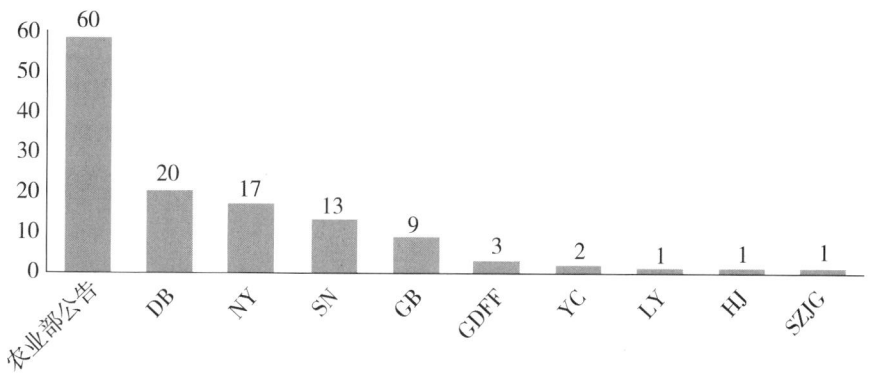

图4-1 2012年之前我国有效的转基因生物安全检测技术方法标准

近5年的技术发展使转基因检测方法较之前10年有了成倍增长（见表4-1～表4-7，图4-2）。现行有效的291项转基因产品检测方法中包括146项原农业部公告，69项行业标准，38项地方标准，17项农业标部发布标准，12项国家标准，3项广东方法，1项环境标准，1项林业标准，1项深圳技术标准，2项烟草标准，1项粮食行业标准。

原农业部发布有关转基因生物安全检测技术方法的公告共146项，2012年之前发布的公告共60项，2012年后发布的公告共86项，2012年前后各部门发布的关于转基因标准的数据比较见表4-1。原农业部发布的关于转基因生物安全检测技术方法的公告具体名称及标准状况见表4-2。

表4-1 2012年前后我国各部门发布的关于转基因生物安全检测技术方法的现行标准数目比较

部门（字母缩写）	2012年前	2012年后
原农业部公告	60	86
行业标准（SN）	13	56
地方标准（DB）	20	18
原农业部发布标准（NY）	17	0
国家标准（GB）	9	3
广东方法（GDFF）	3	0
林业标准（LY）	1	0
烟草标准（YC）	2	0
环境标准（HJ）	1	0
粮食行业标准（LS）	0	1
深圳技术标准（SZJG）	1	0

表4-2 我国原农业部发布的关于转基因生物安全检测技术方法的公告的发布情况

公告号	公告名称	标准状况
原农业部869号公告-1-2007	农业转基因生物标签的标识	现行
原农业部869号公告-2-2007	转基因生物及其产品食用安全检测模拟胃肠液外源蛋白质消化稳定性试验方法	现行
原农业部869号公告-4-2007	转基因植物及其产品成分检测抗除草剂油菜MS1、RF1及其衍生品种定性PCR方法	现行
原农业部869号公告-5-2007	转基因植物及其产品成分检测抗除草剂油菜MS8、RF3及其衍生品种定性PCR方法	现行
原农业部869号公告-6-2007	转基因植物及其产品成分检测抗除草剂油菜MS1、RF2及其衍生品种定性PCR方法	现行
原农业部869号公告-7-2007	转基因植物及其产品成分检测抗虫和耐除草剂玉米TC1507及其衍生品种定性PCR方法	现行

续上表

公告号	公告名称	标准状况
原农业部 869 号公告 - 8 - 2007	转基因植物及其产品成分检测抗虫和耐除草剂玉米 Bt176 及其衍生品种定性 PCR 方法	现行
原农业部 869 号公告 - 9—2007	转基因植物及其产品成分检测抗虫玉米 MON810 及其衍生品种定性 PCR 方法	现行
原农业部 869 号公告 - 10 - 2007	转基因植物及其产品成分检测抗虫玉米 MON863 及其衍生品种定性 PCR 方法	现行
原农业部 869 号公告 - 11 - 2007	转基因植物及其产品成分检测抗除草剂油菜 GT73 及其衍生品种定性 PCR 方法	现行
原农业部 869 号公告 - 12 - 2007	转基因植物及其产品成分检测耐除草剂玉米 GA21 及其衍生品种定性 PCR 方法	现行
原农业部 869 号公告 - 13 - 2007	转基因植物及其产品成分检测耐除草剂玉米 NK603 及其衍生品种定性 PCR 方法	现行
原农业部 869 号公告 - 14 - 2007	转基因植物及其产品成分检测耐除草剂玉米 T25 及其衍生品种定性 PCR 方法	现行
原农业部 953 号公告 - 1 - 2007	转基因植物及其产品成分检测抗虫玉米 Bt10 及其衍生品种定性 PCR 方法	现行
原农业部 953 号公告 - 2 - 2007	转基因植物及其产品成分检测抗虫玉米 CBH351 及其衍生品种定性 PCR 方法	现行
原农业部 953 号公告 - 3 - 2007	转基因植物及其产品成分检测耐除草剂油菜 T45 及其衍生品种定性 PCR 方法	现行
原农业部 953 号公告 - 4 - 2007	转基因植物及其产品成分检测耐除草剂油菜 Oxy-235 及其衍生品种定性 PCR 方法	现行
原农业部 953 号公告 - 5 - 2007	转基因动物及其产品成分检测促生长转 ScGH 基因鲤鱼定性 PCR 方法	现行
原农业部 953 号公告 - 6 - 2007	转基因植物及其产品成分检测抗虫转 Bt 基因水稻定性 PCR 方法	现行
原农业部 953 号公告 - 7 - 2007	转基因植物及其产品环境安全检测育性改变油菜	现行
原农业部 953 号公告 - 8.1 - 2007	转基因植物及其产品环境安全检测抗虫水稻第 1 部分：抗虫性	现行
原农业部 953 号公告 - 8.2 - 2007	转基因植物及其产品环境安全检测抗虫水稻第 2 部分：生存竞争能力	现行

续上表

公告号	公告名称	标准状况
原农业部953号公告-8.3-2007	转基因植物及其产品环境安全检测抗虫水稻第3部分：外源基因漂移	现行
原农业部953号公告-8.4-2007	转基因植物及其产品环境安全检测抗虫水稻第4部分：生物多样性影响	现行
原农业部953号公告-9.1-2007	转基因植物及其产品环境安全检测抗病水稻第1部分：对靶标病害的抗性	现行
原农业部953号公告-9.2-2007	转基因植物及其产品环境安全检测抗病水稻第2部分：生存竞争能力	现行
原农业部953号公告-9.3-2007	转基因植物及其产品环境安全检测抗病水稻第3部分：外源基因漂移	现行
原农业部953号公告-9.4-2007	转基因植物及其产品环境安全检测抗病水稻第4部分：生物多样性影响	现行
原农业部953号公告-10.1-2007	转基因植物及其产品环境安全检测抗虫玉米第1部分：抗虫性	现行
原农业部953号公告-10.2-2007	转基因植物及其产品环境安全检测抗虫玉米第2部分：生存竞争能力	现行
原农业部953号公告-10.3-2007	转基因植物及其产品环境安全检测抗虫玉米第3部分：外源基因漂移	现行
原农业部953号公告-10.4-2007	转基因植物及其产品环境安全检测抗虫玉米第4部分：生物多样性影响	现行
原农业部953号公告-11.1-2007	转基因植物及其产品环境安全检测抗除草剂玉米第1部分：除草剂耐受性	现行
原农业部953号公告-11.2-2007	转基因植物及其产品环境安全检测抗除草剂玉米第2部分：生存竞争能力	现行
原农业部953号公告-11.3-2007	转基因植物及其产品环境安全检测抗除草剂玉米第3部分：外源基因漂移	现行
原农业部953号公告-11.4-2007	转基因植物及其产品环境安全检测抗除草剂玉米第4部分：生物多样性影响	现行
原农业部953号公告-12.2-2007	转基因植物及其产品环境安全检测抗虫棉花第2部分：生存竞争能力	现行

续上表

公告号	公告名称	标准状况
原农业部 953 号公告 - 12.3—2007	转基因植物及其产品环境安全检测抗虫棉花第 3 部分：基因漂移	现行
原农业部 953 号公告 - 12.4 - 2007	转基因植物及其产品环境安全检测抗虫棉花第 4 部分：生物多样性影响	现行
原农业部 1193 号公告 - 1 - 2009	转基因植物及其产品成分检测耐贮藏番茄 D2 及其衍生品种定性 PCR 方法	现行
原农业部 1193 号公告 - 2 - 2009	转基因植物及其产品成分检测耐除草剂油菜 Topas 19/2 及其衍生品种定性 PCR 方法	现行
原农业部 1193 号公告 - 3 - 2009	转基因植物及其产品成分检测抗虫水稻 TT51 - 1 及其衍生品种定性 PCR 方法	现行
原农业部 1485 号公告 - 1 - 2010	转基因植物及其产品成分检测耐除草剂棉花 MON1445 及其衍生品种定性 PCR 方法	现行
原农业部 1485 号公告 - 2 - 2010	转基因微生物及其产品成分检测猪伪狂犬 TK -/gE -/gI - 毒株（SA215 株）及其产品定性 PCR 方法	现行
原农业部 1485 号公告 - 3 - 2010	转基因植物及其产品成分检测耐除草剂甜菜 H7 - 1 及其衍生品种定性 PCR 方法	现行
原农业部 1485 号公告 - 4 - 2010	转基因植物及其产品成分检测 DNA 提取和纯化	现行
原农业部 1485 号公告 - 5 - 2010	转基因植物及其产品成分检测抗病水稻 M12 及其衍生品种定性 PCR 方法	现行
原农业部 1485 号公告 - 6 - 2010	转基因植物及其产品成分检测耐除草剂大豆 MON89788 及其衍生品种定性 PCR 方法	现行
原农业部 1485 号公告 - 7 - 2010	转基因植物及其产品成分检测耐除草剂大豆 A2704 - 12 及其衍生品种定性 PCR 方法	现行
原农业部 1485 号公告 - 8 - 2010	转基因植物及其产品成分检测耐除草剂大豆 A5547 - 127 及其衍生品种定性 PCR 方法	现行
原农业部 1485 号公告 - 9 - 2010	转基因植物及其产品成分检测抗虫耐除草剂玉米 59122 及其衍生品种定性 PCR 方法	现行
原农业部 1485 号公告 - 10 - 2010	转基因植物及其产品成分检测耐除草剂棉花 LLcotton25 及其衍生品种定性 PCR 方法	现行
原农业部 1485 号公告 - 11 - 2010	转基因植物及其产品成分检测抗虫转 Bt 基因棉花定性 PCR 方法	现行

续上表

公告号	公告名称	标准状况
原农业部1485号公告–12–2010	转基因植物及其产品成分检测耐除草剂棉花MON88913及其衍生品种定性PCR方法	现行
原农业部1485号公告–13–2010	转基因植物及其产品成分检测抗虫棉花MON15985及其衍生品种定性PCR方法	现行
原农业部1485号公告–15–2010	转基因植物及其产品成分检测抗虫耐除草剂玉米MON88017及其衍生品种定性PCR方法	现行
原农业部1485号公告–16–2010	转基因植物及其产品成分检测抗虫玉米MIR604及其衍生品种定性PCR方法	现行
原农业部1485号公告–17–2010	转基因生物及其产品食用安全检测外源基因异源表达蛋白质等同性分析导则	现行
原农业部1485号公告–18–2010	转基因生物及其产品食用安全检测外源蛋白质过敏性生物信息学分析方法	现行
原农业部1485号公告–19–2010	转基因植物及其产品成分检测 基体标准物质候选物鉴定方法	现行
原农业部1782号公告–1–2012	转基因植物及其产品成分检测耐除草剂大豆356043及其衍生品种定性PCR方法	现行
原农业部1782号公告–2–2012	转基因植物及其产品成分检测 标记基因NPTII、HPT和PMI定性PCR方法	现行
原农业部1782号公告–3–2012	转基因植物及其产品成分检测调控元件CaMV 35S启动子、FMV 35S启动子、NOS启动子、NOS终止子和CaMV 35S终止子定性PCR方法	现行
原农业部1782号公告–4–2012	转基因植物及其产品成分检测高油酸大豆305423及其衍生品种定性PCR方法	现行
原农业部1782号公告–5–2012	转基因植物及其产品成分检测耐除草剂大豆CV127及其衍生品种定性PCR方法	现行
原农业部1782号公告–6–2012	转基因植物及其产品成分检测bar或pat基因定性PCR方法	现行
原农业部1782号公告–7–2012	转基因植物及其产品成分检测CpTI基因定性PCR方法	现行
原农业部1782号公告–8–2012	转基因植物及其产品成分检测基体标准物质制备技术规范	现行

续上表

公告号	公告名称	标准状况
原农业部 1782 号公告 – 9 – 2012	转基因植物及其产品成分检测标准物质试用评价技术规范	现行
原农业部 1782 号公告 – 10 – 2012	转基因植物及其产品成分检测转植酸酶基因玉米 BV-LA430101 构建特异性定性 PCR 方法	现行
原农业部 1782 号公告 – 11 – 2012	转基因植物及其产品成分检测转植酸酶基因玉米 BV-LA430101 及其衍生品种定性 PCR 方法	现行
原农业部 1782 号公告 – 12 – 2012	转基因生物及其产品食用安全检测蛋白质氨基酸序列飞行时间质谱分析方法	现行
原农业部 1782 号公告 – 13 – 2012	转基因生物及其产品食用安全检测挪威棕色大鼠致敏性试验方法	现行
原农业部 1861 号公告 – 1 – 2012	转基因植物及其产品成分检测水稻内标准基因定性 PCR 方法	现行
原农业部 1861 号公告 – 2 – 2012	转基因植物及其产品成分检测耐除草剂大豆 GTS 40-3-2 及其衍生品种定性 PCR 方法	现行
原农业部 1861 号公告 – 3 – 2012	转基因植物及其产品成分检测玉米内标准基因定性 PCR 方法	现行
原农业部 1861 号公告 – 4 – 2012	转基因植物及其产品成分检测抗虫玉米 MON89034 及其衍生品种定性 PCR 方法	现行
原农业部 1861 号公告 – 5 – 2012	转基因植物及其产品成分检测 CP4 – epsps 基因定性 PCR 方法	现行
原农业部 1861 号公告 – 6 – 2012	转基因植物及其产品成分检测耐除草剂棉花 GHB614 及其衍生品种定性 PCR 方法	现行
原农业部 1943 号公告 – 1 – 2013	转基因植物及其产品成分检测棉花内标准基因定性 PCR 方法	现行
原农业部 1943 号公告 – 2 – 2013	转基因植物及其产品成分检测转 crylA 基因抗虫棉花构建特异性定性 PCR 方法	现行
原农业部 1943 号公告 – 3 – 2013	转基因植物及其产品环境安全检测抗虫棉花第 1 部分：对靶标害虫的抗虫性	现行
原农业部 1943 号公告 – 4 – 2013	转基因植物及其产品成分检测抗虫转 Bt 基因棉花外源蛋白表达量检测技术规范	现行

续上表

公告号	公告名称	标准状况
原农业部2031号公告-1-2013	转基因植物及其产品环境安全检测耐除草剂大豆第1部分：除草剂耐受性	现行
原农业部2031号公告-2-2013	转基因植物及其产品环境安全检测耐除草剂大豆第2部分：生存竞争能力	现行
原农业部2031号公告-3-2013	转基因植物及其产品环境安全检测耐除草剂大豆第3部分：外源基因漂移	现行
原农业部2031号公告-4-2013	转基因植物及其产品环境安全检测耐除草剂大豆第4部分：生物多样性影响	现行
原农业部2031号公告-5-2013	转基因植物及其产品成分检测耐旱玉米MON87460及其衍生品种定性PCR方法	现行
原农业部2031号公告-6-2013	转基因植物及其产品成分检测抗虫玉米MIR162及其衍生品种定性PCR方法	现行
原农业部2031号公告-7-2013	转基因植物及其产品成分检测抗虫水稻科丰2号及其衍生品种定性PCR方法	现行
原农业部2031号公告-8-2013	转基因植物及其产品成分检测大豆内标准基因定性PCR方法	现行
原农业部2031号公告-9-2013	转基因植物及其产品成分检测油菜内标准基因定性PCR方法	现行
原农业部2031号公告-10-2013	转基因植物及其产品成分检测普通小麦内标准基因定性PCR方法	现行
原农业部2031号公告-11-2013	转基因植物及其产品成分检测barstar基因定性PCR方法	现行
原农业部2031号公告-12-2013	转基因植物及其产品成分检测Barnase基因定性PCR方法	现行
原农业部2031号公告-13-2013	转基因植物及其产品成分检测转淀粉酶基因玉米3272及其衍生品种定性PCR方法	现行
原农业部2031号公告-14-2013	转基因动物及其产品成分检测普通牛（Bos taurus）内标准基因定性PCR方法	现行
原农业部2031号公告-15-2013	转基因生物及其产品食用安全检测蛋白质功效比试验	现行

续上表

公告号	公告名称	标准状况
原农业部 2031 号公告 –17–2013	转基因生物及其产品食用安全检测蛋白质热稳定性试验	现行
原农业部 2031 号公告 –18–2013	转基因生物及其产品食用安全检测蛋白质糖基化高碘酸希夫染色试验	现行
原农业部 2031 号公告 –19–2013	转基因植物及其产品成分检测抽样	现行
原农业部 2122 号公告 –1–2014	转基因动物及其产品成分检测猪肉标准基因定性 PCR 方法	现行
原农业部 2122 号公告 –2–2014	转基因动物及其产品成分检测羊肉标准基因定性 PCR 方法	现行
原农业部 2122 号公告 –3–2014	转基因植物及其产品成分检测报告基因 GUS、GFP 定性 PCR 方法	现行
原农业部 2122 号公告 –4–2014	转基因植物及其产品成分检测耐除草剂和品质改良大豆 MON87705 及其衍生品种定性 PCR 方法	现行
原农业部 2122 号公告 –5–2014	转基因植物及其产品成分检测品质改良大豆 MON87769 及其衍生品种定性 PCR 方法	现行
原农业部 2122 号公告 –6–2014	转基因植物及其产品成分检测耐除草剂苜蓿 J163 及其衍生品种定性 PCR 方法	现行
原农业部 2122 号公告 –7–2014	转基因植物及其产品成分检测耐除草剂苜蓿 J101 及其衍生品种定性 PCR 方法	现行
原农业部 2122 号公告 –8–2014	转基因植物及其产品成分检测抗虫水稻 TT51–1 及其衍生品种定量 PCR 方法	现行
原农业部 2122 号公告 –9–2014	转基因植物及其产品成分检测耐除草剂玉米 DAS–40278–9 及其衍生品种定性 PCR 方法	现行
原农业部 2122 号公告 –10.1–2014	转基因植物及其产品环境安全检测耐旱玉米第 1 部分：干旱耐受性	现行
原农业部 2122 号公告 –10.2–2014	转基因植物及其产品环境安全检测耐旱玉米第 2 部分：生存竞争能力	现行
原农业部 2122 号公告 –10.3–2014	转基因植物及其产品环境安全检测耐旱玉米第 3 部分：外源基因漂移	现行
原农业部 2122 号公告 –10.4–2014	转基因植物及其产品环境安全检测耐旱玉米第 4 部分：生物多样性影响	现行

续上表

公告号	公告名称	标准状况
原农业部 2122 号公告 – 14 – 2014	转基因植物及其产品成分检测抗虫和耐除草剂玉米 Bt11 及其衍生品种定性 PCR 方法	现行
原农业部 2122 号公告 – 15 – 2014	转基因植物及其产品成分检测抗虫和耐除草剂玉米 Bt176 及其衍生品种定性 PCR 方法	现行
原农业部 2122 号公告 – 16 – 2014	转基因植物及其产品成分检测抗虫玉米 MON810 及其衍生品种定性 PCR 方法	现行
原农业部 2259 号公告 – 1 – 2015	转基因植物及其产品成分检测基体标准物质定值技术规范	现行
原农业部 2259 号公告 – 2 – 2015	转基因植物及其产品成分检测玉米标准物质候选物繁殖与鉴定技术规范	现行
原农业部 2259 号公告 – 3 – 2015	转基因植物及其产品成分检测棉花标准物质候选物繁殖与鉴定技术规范	现行
原农业部 2259 号公告 – 4 – 2015	转基因植物及其产品成分检测定性 PCR 方法制定指南	现行
原农业部 2259 号公告 – 5 – 2015	转基因植物及其产品成分检测实时荧光定量 PCR 方法制定指南	现行
原农业部 2259 号公告 – 6 – 2015	转基因植物及其产品成分检测耐除草剂大豆 MON87708 及其衍生品种定性 PCR 方法	现行
原农业部 2259 号公告 – 7 – 2015	转基因植物及其产品成分检测抗虫大豆 MON87701 及其衍生品种定性 PCR 方法	现行
原农业部 2259 号公告 – 8 – 2015	转基因植物及其产品成分检测耐除草剂大豆 FG72 及其衍生品种定性 PCR 方法	现行
原农业部 2259 号公告 – 9 – 2015	转基因植物及其产品成分检测耐除草剂油菜 MON88302 及其衍生品种定性 PCR 方法	现行
原农业部 2259 号公告 – 10 – 2015	转基因植物及其产品成分检测抗虫玉米 IE09S034 及其衍生品种定性 PCR 方法	现行
原农业部 2259 号公告 – 11 – 2015	转基因植物及其产品成分检测抗虫耐除草剂水稻 G6H1 及其衍生品种定性 PCR 方法	现行
原农业部 2259 号公告 – 12 – 2015	转基因植物及其产品成分检测抗虫耐除草剂玉米双抗 12 – 5 及其衍生品种定性 PCR 方法	现行

续上表

公告号	公告名称	标准状况
原农业部 2259 号公告 – 13 – 2015	转基因植物试验安全控制措施第 1 部分：通用要求	现行
原农业部 2259 号公告 – 14 – 2015	转基因植物试验安全控制措施第 2 部分：药用工业用转基因植物	现行
原农业部 2259 号公告 – 15 – 2015	转基因植物及其产品环境安全检测 抗除草剂水稻 第 1 部分：除草剂耐受性	现行
原农业部 2259 号公告 – 16 – 2015	转基因植物及其产品环境安全检测 抗除草剂水稻 第 2 部分：生存竞争能力	现行
原农业部 2259 号公告 – 17 – 2015	转基因植物及其产品环境安全检测耐除草剂油菜 第 1 部分：除草剂耐受性	现行
原农业部 2259 号公告 – 18 – 2015	转基因植物及其产品环境安全检测耐除草剂油菜 第 2 部分：生存竞争能力	现行
原农业部 2259 号公告 – 19 – 2015	转基因生物良好实验室操作规范 第 1 部分：分子特征检测	现行
原农业部 2406 号公告 – 1 – 2016	农业转基因生物安全管理通用要求实验室	现行
原农业部 2406 号公告 – 2 – 2016	农业转基因生物安全管理通用要求温室	现行
原农业部 2406 号公告 – 3 – 2016	农业转基因生物安全管理通用要求试验基地	现行
原农业部 2406 号公告 – 4 – 2016	转基因生物及其产品食用安全检测蛋白质 7 天经口毒性试验	现行
原农业部 2406 号公告 – 5 – 2016	转基因生物及其产品食用安全检测外源蛋白质致敏性人血清酶联免疫试验	现行
原农业部 2406 号公告 – 6 – 2016	转基因生物及其产品食用安全检测营养素大鼠表观消化率试验	现行
原农业部 2406 号公告 – 7 – 2016	转基因动物及其产品成分检测 DNA 提取和纯化	现行
原农业部 2406 号公告 – 8 – 2016	转基因动物及其产品成分检测人乳铁蛋白基因（hLTF）定性 PCR 方法	现行
原农业部 2406 号公告 – 9 – 2016	转基因动物及其产品成分检测人 α – 乳清蛋白基因（hLALBA）定性 PCR 方法	现行
原农业部 2406 号公告 – 10 – 2016	转基因生物及其产品食用安全检测蛋白质急性经口毒性试验	现行

国家发布关于转基因生物安全检测技术方法的行业标准共78项，其中9项未实施，2012年之前发布的标准共13项，2012年后发布的标准中现行共56项，具体名称及现行状况见表4-3。

表4-3　我国发布的关于转基因生物安全检测技术方法的行业标准情况

标准号	标准名称	标准状况
SN/T 1195-2003	大豆中转基因成分定性PCR检测方法	现行
SN/T 1200-2003	烟草中转基因成分定性PCR检测方法	现行
SN/T 1943-2007	小麦中转基因成分PCR和实时荧光PCR定性检测方法	现行
SN/T 2074-2008	主要食用菌中转基因成分定性PCR检测方法	现行
SN/T 2135-2008	蜂蜜中转基因成分检测方法　普通PCR方法和实时荧光PCR方法	现行
SN/T 2271-2009	青椒中转基因成分定性PCR检测方法	现行
SN/T 2584-2010	水稻及其产品中转基因成分检测　实时荧光PCR方法	现行
SN/T 1199-2010	棉花中转基因成分定性PCR检验方法	现行
SN/T 1202-2010	食品中转基因植物成分定性PCR检测方法	现行
SN/T 2653-2010	木瓜中转基因成分定性PCR检测方法	现行
SN/T 2667-2010	转基因微生物定性检测方法	现行
SN/T 2668-2010	转基因植物品系特异性检测方法	现行
SN/T 2705-2010	调味品中转基因植物成分实时荧光PCR定性检测方法	现行
SN/T 1196-2012	转基因成分检测　玉米检测方法	现行
SN/T 3168-2012	活体转基因生物风险分析方法	现行
SN/T 3283-2012	进境植物及其产品转基因检验规程	现行
SN/T 3450-2012	进口工业用转基因微生物安全管理规范	现行
SN/T 1198-2013	转基因成分检测　马铃薯检测方法	现行
SN/T 1816-2013	转基因成分检测　番茄检测方法	现行
SN/T 3494-2013	动物及其加工产品中转基因成分PCR筛查方法	现行
SN/T 3495-2013	牛及其产品中转基因成分实时荧光PCR检测方法	现行
SN/T 3496-2013	动物源性饲料中转基因成分实时荧光PCR检测方法	现行
SN/T 3576-2013	转基因成分检测　大豆PCR-DHPLC检测方法	现行
SN/T 3577-2013	转基因成分检测　棉花PCR-DHPLC检测方法	现行
SN/T 3690-2013	转基因大米PCR-DHPLC检测方法	现行
SN/T 3691-2013	转基因玉米PCR-DHPLC检测方法	现行
SN/T 1194-2014	植物及其产品转基因成分检测　抽样和制样方法	现行

续上表

标准号	标准名称	标准状况
SN/T 1201-2014	饲料中转基因植物成分 PCR 检测方法	现行
SN/T 3767.1-2014	出口食品中转基因成分环介导等温扩增（LAMP）检测方法 第1部分：通用要求和定义	现行
SN/T 3767.2-2014	出口食品中转基因成分环介导等温扩增（LAMP）检测方法 第2部分：筛选方法	现行
SN/T 3767.3-2014	出口食品中转基因成分环介导等温扩增（LAMP）检测方法 第3部分：玉米 Bt-11 品系	现行
SN/T 3767.4-2014	出口食品中转基因成分环介导等温扩增（LAMP）检测方法 第4部分：玉米 Bt176 品系	现行
SN/T 3767.5-2014	出口食品中转基因成分环介导等温扩增（LAMP）检测方法 第5部分：玉米 GA21 品系	现行
SN/T 3767.6-2014	出口食品中转基因成分环介导等温扩增（LAMP）检测方法 第6部分：玉米 MIR162 品系	现行
SN/T 3767.7-2014	出口食品中转基因成分环介导等温扩增（LAMP）检测方法 第7部分：玉米 MIR604 品系	现行
SN/T 3767.8-2014	出口食品中转基因成分环介导等温扩增（LAMP）检测方法 第8部分：玉米 MON810 品系	现行
SN/T 3767.9-2014	出口食品中转基因成分环介导等温扩增（LAMP）检测方法 第9部分：玉米 MON863 品系	现行
SN/T 3767.10-2014	出口食品中转基因成分环介导等温扩增（LAMP）检测方法 第10部分：玉米 MON88017 品系	现行
SN/T 3767.11-2014	出口食品中转基因成分环介导等温扩增（LAMP）检测方法 第11部分：玉米 MON89034 品系	现行
SN/T 3767.12-2014	出口食品中转基因成分环介导等温扩增（LAMP）检测方法 第12部分：玉米 T-25 品系	现行
SN/T 3767.13-2014	出口食品中转基因成分环介导等温扩增（LAMP）检测方法 第13部分：玉米 3272 品系	现行
SN/T 3767.14-2014	出口食品中转基因成分环介导等温扩增（LAMP）检测方法 第14部分：玉米 59122 品系	现行
SN/T 3767.15-2014	出口食品中转基因成分环介导等温扩增（LAMP）检测方法 第15部分：大豆 A2704-12 品系	现行

续上表

标准号	标准名称	标准状况
SN/T 3767.16—2014	出口食品中转基因成分环介导等温扩增（LAMP）检测方法 第16部分：大豆 A5547-127 品系	现行
SN/T 3767.17—2014	出口食品中转基因成分环介导等温扩增（LAMP）检测方法 第17部分：大豆 DP356043 品系	现行
SN/T 3767.18—2014	出口食品中转基因成分环介导等温扩增（LAMP）检测方法 第18部分：大豆 GTS40-3-2 品系	现行
SN/T 3767.19—2014	出口食品中转基因成分环介导等温扩增（LAMP）检测方法 第19部分：大豆 MON89788 品系	现行
SN/T 3767.20—2014	出口食品中转基因成分环介导等温扩增（LAMP）检测方法 第20部分：水稻 Bt-63 品系	现行
SN/T 3767.21—2014	出口食品中转基因成分环介导等温扩增（LAMP）检测方法 第21部分：水稻 KF6 品系	现行
SN/T 3767.22—2014	出口食品中转基因成分环介导等温扩增（LAMP）检测方法 第22部分：水稻 KF8 品系	现行
SN/T 3767.23—2014	出口食品中转基因成分环介导等温扩增（LAMP）检测方法 第23部分：水稻 KMD 品系	现行
SN/T 3767.24—2014	出口食品中转基因成分环介导等温扩增（LAMP）检测方法 第24部分：水稻 LLrice62 品系	现行
SN/T 3767.25—2014	出口食品中转基因成分环介导等温扩增（LAMP）检测方法 第25部分：水稻 M12 品系	现行
SN/T 3767.26—2014	出口食品中转基因成分环介导等温扩增（LAMP）检测方法 第26部分：水稻 T1C-19 品系	现行
SN/T 3767.27—2014	出口食品中转基因成分环介导等温扩增（LAMP）检测方法 第27部分：水稻 T2A-1 品系	现行
SN/T 3767.28—2014	出口食品中转基因成分环介导等温扩增（LAMP）检测方法 第28部分：小麦 B73-6-1 品系	现行
SN/T 3767.29—2014	出口食品中转基因成分环介导等温扩增（LAMP）检测方法 第29部分：甜菜 H7-1 品系	现行
SN/T 3767.30—2014	出口食品中转基因成分环介导等温扩增（LAMP）检测方法 第30部分：油菜 RT-73 品系	现行
SN/T 3895—2014	转基因亚麻籽 FP967 品系实时荧光 PCR 检测方法	现行

续上表

标准号	标准名称	标准状况
SN/T 3959－2014	甜菜中转基因成分检测普通 PCR 方法和实时荧光 PCR 方法	现行
SN/T 4103－2015	猪及其加工产品中转基因成分定性 PCR 检测方法	现行
SN/T 4288－2015	Optimum Intrasect 中转基因成分定性 PCR 检测方法	现行
SN/T 4413－2015	转基因玉米品系检测 可视芯片检测方法	现行
SN/T 1197－2016	油菜中转基因成分检测 普通 PCR 和实时荧光 PCR 方法	现行
SN/T 1204－2016	植物及其加工产品中转基因成分实时荧光 PCR 定性检验方法	现行
SN/T 4561－2016	转基因检测非标方法确认评价指南	现行
SN/T 4562－2016	转基因检测实验室测量不确定度评估指南	现行
SN/T 4736－2016	牛及其产品中特定转基因成分定性 PCR 检测方法	现行
SN/T 4737－2016	猪及其产品中特定转基因成分实时定量 PCR 检测方法	现行
SN/T 4853.4－2017	转基因大米定量检测数字 PCR 法 第 4 部分：M12 品系	现行
SN/T 4853.1－2017	转基因大米定量检测数字 PCR 法 第 1 部分：TT51－1 品系	现行
SN/T 4853.3－2017	转基因大米定量检测数字 PCR 法 第 3 部分：科丰 6 号品系	现行
SN/T 4853.2－2017	转基因大米定量检测数字 PCR 法 第 2 部分：克螟稻品系	现行
SN/T 4864－2017	转基因玉米检测 微流体芯片检测方法	现行
SN/T 4853.7－2017	转基因大米定量检测数字 PCR 法 第 7 部分：T1C－19 品系	现行
SN/T 4853.6－2017	转基因大米定量检测数字 PCR 法 第 6 部分：T2A－1 品系	现行
SN/T 4853.5－2017	转基因大米定量检测数字 PCR 法 第 5 部分：LL62 品系	现行
SN/T 4993－2017	转基因玉米检测 微滴式数字 PCR 定量方法	现行

我国关于转基因生物安全检测技术的地方标准共 41 项，2012 年之前发布的标准共 20 项，2012 年后发布的标准 18 项，3 项已废止，具体名称及现行状况见表 4－4。

表4-4 我国关于转基因生物安全检测技术的地方标准的发布情况

标准号	标准名称	标准状况
DB 22/T 957-2002	非转基因玉米大豆试验方法	现行
DB 32/T 668-2004	转基因棉花品种（系）抗棉铃虫鉴定方法与抗性评定生产技术规程	现行
DB 12/T 199-2004	以大豆为原料的酱油等发酵产品中转基因成分的定性检测方法	已废止
DB 12/T 200-2004	鲜番茄及番茄制品中转基因成分的定性检测方法	已废止
DB 440300/T 32.1-2007	农业转基因生物食用安全性检验 第1部分：样品制备	现行
DB 440300/T 32.2-2007	农业转基因生物食用安全性检验 第2部分：毒性检验	现行
DB 440300/T 32.3-2007	农业转基因生物食用安全性检验 第3部分：致敏性检验	现行
DB 440300/T 32.4-2007	农业转基因生物食用安全性检验 第4部分：抗营养作用检验	现行
DB 440300/T 32.5-2007	农业转基因生物食用安全性检验 第5部分：非期望效应检验	现行
DB 37/T 1019-2008	大豆及其制品中抗草甘膦转基因成分的实时荧光定量PCR检测方法	现行
DB 34/T 866-2008	转基因抗虫棉生产技术规范	已废止
DB 32/T 1505-2009	转基因棉花品种（系）抗棉大卷叶螟鉴定方法与抗性评定技术规程	现行
DB 36/T 599-2010	转基因抗虫棉病虫草害综合防治技术规程	现行
DB 42/T 657-2010	转基因抗虫杂交棉 鄂杂棉5号F1病虫害综合防治技术规程	现行
DB 32/T 1760-2011	转基因小麦中间试验与环境释放安全操作规范	现行
DB 32/T 1847-2011	转基因杂交棉诱导长柱头制种技术操作规程	现行
DB 32/T 1848-2011	水稻转基因实验室安全操作规程	现行
DB 34/T 1341-2011	国审转基因抗虫杂交棉皖杂棉9号栽培技术规程	现行
DB 34/T 1342-2011	国审转基因抗虫杂交棉中棉所63栽培技术规程	现行
DB 34/T 1343-2011	国审转基因抗虫杂交棉中棉所66栽培技术规程	现行
DB32/T 1760-2011	转基因小麦中间试验与环境释放安全操作规范	现行
DB32/T 1847-2011	转基因杂交棉诱导长柱头制种技术操作规程	现行
DB32/T 1848-2011	水稻转基因实验室安全操作规程	现行
DB36/T 660-2012	转基因抗病棉花生存竞争能力检测技术操作规程	现行

续上表

标准号	标准名称	标准状况
DB36/T 661-2012	转基因抗病棉花生存竞争能力检测技术评价指标	现行
DB 36/T 660-2012	转基因抗病棉花生存竞争能力检测技术操作规程	现行
DB 36/T 661-2012	转基因抗病棉花生存竞争能力检测技术评价指标	现行
DB 36/T 767-2013	转基因抗虫抗除草剂棉花生存竞争能力检测技术操作规程	现行
DB 36/T 768-2013	转基因抗虫抗除草剂棉花生存竞争能力检测技术评价指标	现行
DB 12/T 504-2014	水稻转基因成分筛查方法	现行
DB 12/T 505-2014	玉米转基因成分筛查方法	现行
DB 12/T 506-2014	大豆转基因成分筛查方法	现行
DB 34/T 2070-2014	转基因抗虫杂交棉皖杂棉11号	现行
DB 34/T 2073-2014	转基因抗虫水稻科丰8号实时荧光PCR检测方法	现行
DB 42/T 985-2014	抗除草剂转基因棉花对除草剂抗性田间评价技术规程	现行
DB 12/T 650-2016	转基因植物及其产品成分筛查 Cry1AbCry1Ac 试纸条法	现行
DB 12/T 651-2016	转基因耐除草剂大豆 GTS40-3-2 及其衍生品种定量检测 实时荧光 PCR 方法	现行
DB 12/T 652-2016	转基因耐除草剂大豆 DAS-68416-4 及其衍生品种定性检测 实时荧光 PCR 方法	现行
DB 14/T 1177-2016	大田转基因棉花外源序列 PCR 检测规程	现行
DB22/T 2527-2016	转基因玉米中 cry1A 基因定性检测 PCR 法	现行
DB34/T 2816-2017	转基因水稻品系 Bt 汕优63定量检测方法 微滴式数字 PCR 法	现行

我国原农业部关于转基因生物安全检测技术方法的标准共17项，全部为2012年之前发布的标准，具体名称及标准状况见表4-5。

表4-5 我国原农业部标准发布的关于转基因生物安全检测技术方法的标准的发布情况

标准号	标准名称	标准状况
NY/T 672-2003	转基因植物及其产品检测通用要求	现行
NY/T 675-2003	转基因植物及其产品检测大豆定性 PCP 方法	现行
NY/T 719-2003	转基因大豆环境安全检测技术规范	现行
NY/T 719.1-2003	转基因大豆环境安全检测技术规范第1部分：生存竞争能力检测	现行

续上表

标准号	标准名称	标准状况
NY/T 719.2－2003	转基因大豆环境安全检测技术规范第2部分：外源基因流散的生态风险检测	现行
NY/T 719.3－2003	转基因大豆环境安全检测技术规范第3部分：对生物多样性影响的检测	现行
NY/T 720.1－2003	转基因玉米环境安全检测技术规范第1部分：生存竞争能力检测	现行
NY/T 720.2－2003	转基因玉米环境安全检测技术规范第2部分：外源基因流散的生态风险检测	现行
NY/T 720.3－2003	转基因玉米环境安全检测技术规范第3部分：对生物多样性影响的检测	现行
NY/T 721.1－2003	转基因油菜环境安全检测技术规范第1部分：生存竞争能力检测	现行
NY/T 721.2－2003	转基因油菜环境安全检测技术规范第2部分：外源基因流散的生态风险检测	现行
NY/T 721.3－2003	转基因油菜环境安全检测技术规范第3部分：对生物多样性影响的检测	现行
NY/T 1101－2006	转基因植物及其产品食用安全性评价导则	现行
NY/T 1102－2006	转基因植物及其产品食用安全检测大鼠90d喂养试验	现行
NY/T 1103.1－2006	转基因植物及其产品食用安全检测抗营养素第1部分：植酸、棉酚和芥酸的测定	现行
NY/T 1103.2－2006	转基因植物及其产品食用安全检测抗营养素第2部分：胰蛋白酶抑制剂的测定	现行
NY/T 1103.3－2006	转基因植物及其产品食用安全检测抗营养素第3部分：硫代葡萄糖苷的测定	现行

我国关于转基因生物安全检测技术方法的国家标准共12项，2012年之前发布的标准共9项，2012年后发布的标准3项，具体名称及现行状况见表4-6。

表4-6 我国关于转基因生物安全检测技术方法的国家标准发布情况

标准号	标准名称	标准状况
GB/T 19495.1－2004	转基因产品检测 通用要求和定义	现行
GB/T 19495.2－2004	转基因产品检测 实验室技术要求	现行
GB/T 19495.3－2004	转基因产品检测 核酸提取纯化方法	现行

续上表

标准号	标准名称	标准状况
GB/T 19495.4-2004	转基因产品检测核酸定性PCR检测方法	现行
GB/T 19495.5-2004	转基因产品检测核酸定量PCR检测方法	现行
GB/T 19495.6-2004	转基因产品检测基因芯片检测方法	现行
GB/T 19495.7-2004	转基因产品检测抽样和制样方法	现行
GB/T 19495.8-2004	转基因产品检测蛋白质检测方法	现行
GB/T 24310-2009	烟草及烟草制品转基因检测方法	现行
GB/T 31730-2015	水稻中转基因成分测定膜芯片法	现行
GB/T 33526-2017	转基因植物产品数字PCR检测方法	现行
GB/T 33807-2017	玉米中转基因成分的测定基因芯片法	现行

其他关于转基因生物安全检测技术方法的标准包括广东方法3项，环境标准1项，林业标准1项，深圳技术标准1项，烟草标准2项，具体名称及现行状况见表4-7。

表4-7 我国关于转基因生物安全检测技术方法的其他标准发布情况

标准号	标准名称	标准状况
GDFF 353-2006	大米及米制品中转基因成分检测（DNA提取和纯化）	现行
GDFF 354-2006	大米及米制品中转基因成分检测实时荧光PCR定性检测	现行
GDFF 355-2006	大米及米制品中转基因成分检测（抽样和制样）	现行
HJ 625-2011	抗虫转基因植物生态环境安全检测导则（试行）	现行
LS/T 3241-2012	豆浆用大豆	现行
LY/T 1692-2007	转基因森林植物及其产品 安全性评价技术规程	现行
SZJG 23-2006	农业转基因生物食用安全性要求和评价	现行
YC/T 194-2005	转基因烟草控制释放操作规程	现行
YC/T 339-2010	烟草及烟草制品转基因测定的取样方法	现行

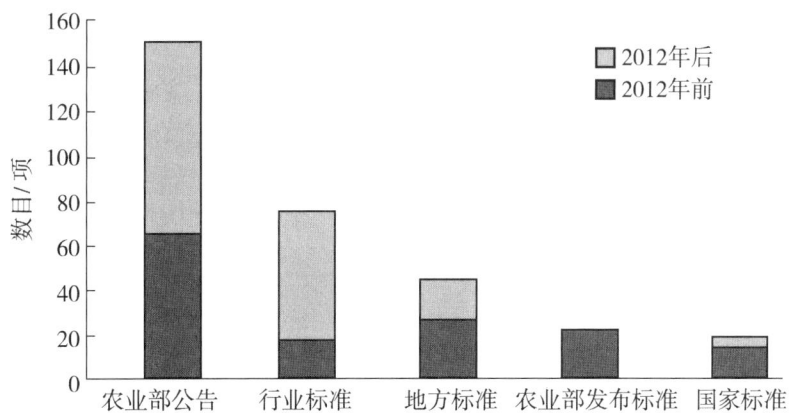

图4-2 2012年前后我国现行主要部门发布的标准概况

4.1.1.1 转基因产品基于蛋白检测方法标准

现行 12 个转基因产品的蛋白质检测方法见表 4-8。2004 年 4 月发布实施的国家标准《转基因产品检测蛋白质检测方法》。2016 年地方标准针对 Cry1Ab/Ac 蛋白的试纸条检测方法进行了原理、操作步骤和结果分析的说明。原农业部公告中对转基因生物及其产品食用安全检测尤为严格,规定了蛋白质检测共计 10 项(见表 4-8),2012 年 6 月发布实施的原农业部 1782 号公告则采用飞行时间质谱分析技术对转基因生物中表达的蛋白质氨基酸序列进行分析,适用于转基因生物中多数外源蛋白与目的蛋白氨基酸序列的相似性分析。

表 4-8 现行转基因产品检测蛋白检测方法

发布部门	检测领域	检测项目
原农业部公告	转基因植物及其产品成分检测	外源基因异源表达蛋白质等同性分析导则
		外源蛋白质过敏性生物信息学分析方法
		蛋白质氨基酸序列飞行时间质谱分析方法
	转基因生物及其产品食用安全检测	蛋白质 7 天经口毒性试验
		蛋白质热稳定性试验
		蛋白质糖基化高碘酸希夫染色试验
		蛋白质急性经口毒性试验
		蛋白质功效比试验
		外源蛋白质致敏性人血清酶联免疫试验
		模拟胃肠液外源蛋白质消化稳定性试验方法
国家标准	转基因产品检测	蛋白质检测方法
地方标准	转基因植物及其产品	成分筛查 Cry1AbCry1Ac 试纸条法

4.1.1.2 转基因产品核酸检测方法标准

现行有效的转基因产品核酸检测方法标准共计 159 项,其中国家标准 2 项,原农业部公告 83 项,出入境检验检疫行业标准 62 项,农业标准 1 项,地方标准 11 项。其主要方法为 PCR 及实时荧光 PCR 法,还包括基于芯片检测方法、PCR-DHPLC 法、环介导等温扩增(LAMP)检测方法及数字 PCR 法。

1. 食品中转基因成分的 PCR 定性检测

作为最常用的检测手段,目前 PCR 定性检测方法的研究和应用已经趋于成熟。PCR 定性检测方法是判断样品是否含有转基因成分的最有效最简单的方法之一。48 项原农业部公告中涉及转基因植物及其产品环境安全检测并且分析研究了 10 种作物的抗虫性、对靶标害虫的抗虫性、除草剂耐受性、干旱耐受性、生存竞争能力、外源基因漂移、生物多样性影响;对外源基因的检测及其衍生品种 PCR 定性检测方法主要包括 58 项,涉及抗虫、耐除草剂、育性改变、耐贮藏、抗虫耐除草剂、品质改良,包括 8 种作物(见表 4-9)。

表4-9 原农业部公告外源基因的检测及其衍生品种PCR定性检测

转基因植物功能	作物名称	品系名称
抗虫	玉米	Bt10、CBH351、IE09S034、MIR604、MIR162、MON89034、MON810、MON863
	水稻	Bt、科丰2、TT51-1、TT51-1
	棉花	Bt
	大豆	MON87701、MON15985
耐除草剂	玉米	DAS-40278-9、GA21、NK603、T25
	棉花	MON1445、LLcotton25、MON88913、GHB614
	油菜	T45、Oxy-235、Topas 19/2、MON88302、GT73、MS1、RF1、MS8、RF3、MS1、RF2
	大豆	MON89788、A2704-12、A5547-127、356043、CV127、GTS 40-3-2、MON87708、FG72
	苜蓿	J163、J101
	甜菜	H7-1
抗虫耐除草剂	玉米	MON88017、59122、Bt11、Bt176、12-5、TC1507
	水稻	G6H1
耐贮藏	番茄	D2
抗病	水稻	M12
转植酸酶基因	玉米	BVLA430101
高油酸	大豆	305423
转淀粉酶基因	玉米	3272
耐旱	玉米	MON87460
耐除草剂和品质改良	大豆	MON87705
品质改良	大豆	MON87769

146项原农业部公告中涉及转基因植物及其产品成分检测69项,包括玉米、水稻、棉花、小麦、大豆和油菜等植物。除了检测方法的相关标准外,原农业部公告还规定了转基因植物试验安全控制措施以及农业转基因生物安全管理通用要求等。

出入境检验检疫行业标准78项,其中规定了植物及其转基因产品检测抽样和制样方法、活体转基因生物风险分析方法、进境植物及其转基因检验规程、进口工业用转基因微生物安全管理规范、转基因检测非标方法确认评价指南、转基因检测实验室测量不确定度评估指南;对番茄、马铃薯、油菜籽、大豆、棉花、青椒、木瓜、甜菜、小麦、饲料中转基因植物成分、主要食用菌、水稻及烟草中的转基因成分PCR定性检测和转基因玉米、大豆、水稻、小麦、甜菜、油菜、亚麻籽的品系特异性基因实时荧光PCR检测方法进行了规定（见表 4-10）。

表 4-10 出入境行业标准对外源基因的检测及其衍生品种 PCR 定性检测

作物名称	品系名称
玉米	Bt-11、Bt176、GA21、MIR162、MIR604、MON810、MON863、MON88017、MON89034、T-25、3272、59122
水稻	Bt-63、KF6、KF8、KMD、LLrice62、M12、T1C-19、T2A-1
大豆	A2704-12、A5547-127、DP356043、GTS40-3-2、MON89788
油菜	RT-73
小麦	B73-6-1
亚麻籽	FP967
甜菜	H7-1

行业标准还规定了携带生化显色标记基因、发光酶基因、氨苄西林和卡那霉素抗性基因的转基因微生物进行定性检测，转基因玉米可视芯片和微流控芯片检测方法；动物及其加工产品中转基因成分 PCR 筛查方法，牛、猪及其产品中转基因成分实时荧光 PCR 检测方法，动物源性饲料中转基因成分进行的实时荧光 PCR 检测方法。转基因成分检测大豆、棉花、大米、玉米的 PCR-DHPLC 检测方法。此外，还单独针对蜂蜜、调味品和食用油脂中的转基因成分制定了检测方法，对以转基因油菜等作为蜜源植物采集的蜂蜜或受到转基因作物污染的蜂蜜，以玉米、大豆、油菜籽、马铃薯、大米、番茄等农产品及其加工产品为原料生产的转基因调味品以及转基因植物加工而成的食用油脂中的转基因成分所进行的实时荧光 PCR 定性检测方法进行了较为详尽的规定。

38 个地方标准（DB），其中转基因产品的核酸检测方法标准，还涵盖了大豆 4、水稻 4、玉米 2、棉花 19 内标基因 PCR 定性检测方法；除以上方法外，还规定了转基因小麦中间试验与环境释放安全操作规范，农业转基因生物食用安全性检验样品制备、毒性检验、敏性检验、抗营养作用检验、非期望效应检验。

12 个国标（GB）中规定了转基因产品检测的通用要求和定义、实验室技术要求、核酸提取纯化方法、核酸定性 PCR 检测方法、核酸定量 PCR 检测方法、抽样和制样方法；对烟草产品进行 PCR 定性检测方法的规定。

原农业部（NY）相关标准 17 个，其中包括转基因产品检测通用要求，食用安全性评价导则（包括大鼠 90 天喂养试验），转基因大豆、玉米、油菜环境安全检测技术规范（生存竞争能力检测、外源基因流散的生态风险检测、对生物多样性影响的检测），抗营养素的测定（植酸、棉酚和芥酸的测定，胰蛋白酶抑制剂的测定，硫代葡萄糖苷的测定），大豆产品进行定性检测方法的规定。

2. 食品在转基因成分的高通量定性检测

（1）基因芯片。

基因芯片是将一系列短的、已知序列的寡核苷酸探针排列在特定的固相表面构成微点阵，通过将标记的样品分子与固定的已知序列杂交，实现高通量大规模地分析检测样品中是否含有检测靶标序列。我国已有两项基于这一技术而颁布的检测转基因产品的标准，《GB/T 19495.6-2004 转基因产品检测基因芯片检测方法》和《GB/T 33807-2017 玉米中转基因成分的测定 基因芯片法》。

（2）可视芯片。

目前，用于转基因检测的可视芯片技术标准已有《SN/T 4413-2015 转基因玉米品系检测 可视芯片检测方法》。

用于转基因检测的微流体芯片技术标准有《SN/T 4864-2017 转基因玉米检测 微流体芯片检测方法》。

3. 食品中转基因成分的定量检测

转基因产品标识一般都有规定的定量阈值，利用定性 PCR 技术只能分析样品中是否有转基因成分，如需要转基因成分含量，则需要定量 PCR 的技术。该技术是通过一定的 PCR 扩增循环后，用 PCR 产物的量来估算出材料中的初始模板数。定量 PCR 经过了从半定量（竞争性定量 PCR）到定量（实时荧光 PCR）的发展过程。

（1）实时荧光定量 PCR 技术。

实时荧光定量 PCR 技术是目前我国转基因定量检测研究的主要技术，已由转基因相关各部门规范开发利用并制定标准及检测规程（见表 4-11），该技术建立在荧光能量传递技术（fluorescence resonance energy transfer, FRET）的基础上，通过在 PCR 反应体系中加入荧光结合染料（SYBR Green I）或荧光标记的探针（如 TaqMan probes 等），利用实时积累的荧光信号监测整个扩增过程，最后通过标准曲线对未知模板进行定量分析。实时荧光定量 PCR 技术已经成为转基因产品定量的核心技术并广泛使用（GMO Detection Method Database, 2013）。

表4-11 现行基于实时荧光定量 PCR 技术的转基因产品定量检测方法（部分）

发布部门	标准名称
原农业部公告	转基因植物及其产品成分检测抗虫水稻 TT51-1 及其衍生品种定量 PCR 方法
	转基因植物及其产品成分检测实时荧光定量 PCR 方法制定指南
地方标准	转基因耐除草剂大豆 GTS40-3-2 及其衍生品种定量检测 实时荧光 PCR 方法
	大豆及其制品中抗草甘膦转基因成分的实时荧光定量 PCR 检测方法
国家标准	转基因产品检测核酸定量 PCR 检测方法
行业标准	猪及其产品中特定转基因万分实时定量 PCR 检测方法

（2）数字 PCR 技术（digital PCR，dPCR）。

数字 PCR 技术是在实时荧光 PCR 基础上发展起来的微量 DNA 分子定量技术。早在 1999 年就已经有科学家提出了数字 PCR 的概念，但是由于当时条件的限制并没有体现出数字 PCR 的优势。自 2006 年以来诸多公司推出了商业化的数字 PCR 系统如 Fluidigm、LifeTechnologies、QuantaLife、Bio-Rad 等，使该技术的推广成为可能，目前该项技术主要的应用范围是：拷贝数变化分析、遗传突变检测、基因分型、基因定量、单细胞基因表达等。

2017 年国家标准首次发布了《GB/T 33526-2017 转基因植物产品数字 PCR 检测方

法》于2017年9月1日实施；出入境检验检疫行业标准在2017年8月推出7个转基因水稻品系数字PCR检测方法并且于2018年3月1日实施；地方标准2017年已实施《DB34/T 2816-2017转基因水稻品系Bt汕优63定量检测方法 微滴式数字PCR法》，并沿用至今（见表4-12）。

表4-12 现行转基因产品定量检测方法

发布部门	检测领域	检测项目
国家标准	转基因产品检测	核酸定量PCR检测方法
行业标准	转基因大米定量检测数字PCR法 第1部分	TT51-1品系
行业标准	转基因大米定量检测数字PCR法 第3部分	科丰6号品系
行业标准	转基因大米定量检测数字PCR法 第2部分	克螟稻品系
行业标准	转基因大米定量检测数字PCR法 第4部分	M12品系
行业标准	转基因大米定量检测数字PCR法 第5部分	LL62品系
行业标准	转基因大米定量检测数字PCR法 第6部分	T2A-1品系
行业标准	转基因大米定量检测数字PCR法 第7部分	T1C-19品系
地方标准	转基因水稻定量检测方法 微滴式数字PCR法	Bt汕优63品系

4. 食品中转基因成分等温扩增检测方法

现有30项出口食品中转基因成分环介导等温扩增（LAMP）检测方法，其中包括通用要求和定义、筛选方法等。核酸等温扩增技术是指不需要温度循环的等温扩增过程，与常规的PCR相比较，该方法具有快速和不需要精密仪器等优点。

4.1.2 我国转基因生物安全检测抽样与制样

GB/T 19495-2004对转基因检测的相关定义、通用要求和实验室技术要求进行了规定，SN/T 3283-2012与NY/T 672-2003分别对相应领域的转基因植物及其产品检验规程和通用要求进行了明确规定。而GB/T 19495.7-2004、原农业部2031号公告-19-2013及SN/T 1194-2014标准均对植物及其产品转基因成分检测抽制样方法与要求进行了规定。

4.1.2.1 抽样要求

抽样方法应采用国家标准或国际标准。样品的数量及实验室样品量应根据样品的状态和特性采用GB/T 19495.7-2004的规定。抽取及制备的样品应具有代表性。应确保抽样器具清洁、干燥、无异味，抽样、制样器具及样品容器所用材质不应对抽取样品造成污染；为避免交叉污染，尽可能一次性使用。如果不能做到（例如使用机械取样设备时），则应在抽取和制备一个交付批的样品后使用适当方法清洁所有器具和设备。在所有抽样过程中应避免样品散落，防止有活性的生物污染生态环境。应在物理隔离的区域制备样品，防止对其他区域或实验室的污染，并应及时清洁制样区域。必要时使用DNA销毁剂处理抽样和制样器具、设备、样品容器及制样区域。应参照GB/T 19495.1-2004中的规定防止污染。抽样时应注意保护样品，抽样器具和样品容器应存放于清洁的环境中，避免雨水和灰尘等外来物引起的污染。所有抽样操作应在尽可能短的时间内完成,避免样品的组成发生变化。如果某一抽样步骤需要很长时间,则样品应存放于密闭容器中。

分批时,首先应按照交付批中同一合同、同一生产批号、同一品种、等级分批。交付批量小于 10 000 t 时,最大批量为 500 t。

SN/T 1194—2014 规定在国际标准的基础上还要同时满足《SN/T 0800.1 进出口粮油、饲料检验 抽样和制样方法》及《ISO 24333 谷物和谷物产品 抽样》的要求抽样。原农业部 2031 号公告-19—2013 规定在遵照国标方法基础上还要满足《SN/T 0800.1 进出口粮油、饲料检验 抽样和制样方法》以及《NY/T 672 转基因植物及其产品检测 通用要求》进行抽样。

4.1.2.2 抽样工具和设备

对于抽样工具,抽取固体样品时,抽样器具或设备的进料口尺寸应大于待抽取样品 95% 通过粒度的 3 倍。

4.1.2.3 原料抽样数量

当不存在转基因限量水平时,一般按转基因限量水平为 1% 确定原始样品的最小数量。单位产品较大时,例如马铃薯、南瓜、椰子、甜菜等,或颗粒数不能达到最小数量时,应按照规定确定原始样品的最小数量。应根据转基因限量水平确定每批中应抽取的原始样品最小数量。通常情况下,每批份样数对均匀批不得低于 50 个,对不均匀批不得低于 100 个,按原始样品最小数量和份样数确定份样量,但份样量不得低于最小份样量;对于加工产品,每批最小份样数不得低于 10 个,最小份样量可按原始样品最小质量和份样数确定(见表 4-13)。

表 4-13 组成原始样品的最少颗粒数

转基因限量水平/%	应抽取的最少颗粒数	
	不均匀批	均匀批
0.1	1 600 000	560 000
0.2	800 000	280 000
0.5	320 000	112 000
1	160 000	56 000
1.5	107 000	38 000
2	80 000	28 000
5	32 000	12 000
10	16 000	6 000

相应地,可根据不同品种植物或植物产品的籽粒平均质量计算原始样品的最小质量。表 4-14 给出了转基因限量水平为 1% 时几种谷物和油料种子的原始样品最小质量的参考值。

表4-14 几种谷物和油料种子的原始样品最小质量

植物名称	粒重/mg	原始样品最小质量/g	
		160 000粒（不均匀批）	56 000粒（均匀批）
大麦	37	5 920	2 072
玉米	285	45 600	15 960
燕麦	32	5 120	1 792
油菜	4	640	224
水稻	27	4 320	1 512
大豆	200	32 000	11 200
小麦	37	5 920	2 072

4.1.2.4 加工产品抽样数量

将加工产品换算成其原料时，其最少颗粒数或最小质量应满足表4-13或表4-14的规定。由于加工过程通常具有均匀化的作用，所以一般选择均匀批所对应的最小数量。单位产品较大的货物及小批量货物一般无法达到前述中所规定的最小单位产品数，可按照转基因限量水平为0.5%时使用方风险不超过20%为依据选取，当这一风险不被接受或转基因限量水平低于0.5%时，适当提高原始样品中包含的最小单位产品数。

4.1.2.5 抽样最小份样量

不同货物类别对应的最小份样量见表4-15。

表4-15 最小份样量

货物类别	最小份样量
中粒和大粒固体	0.5kg
小粒固体	0.2kg
植物	单株样品
单位产品较大	1个单位产品

4.1.2.6 抽样方法

1. 散装货物抽样

（1）从货物流动过程中抽样。

只要可能，应在货物流动过程中抽样，例如在货物装卸过程中抽样。应按批量和货物的流动速度确定抽样间隔，从第1个间隔内随机选取一点抽取第1个份样，并从这一点开始按照固定的抽样间隔抽取份样。抽取固体样品时，采用的机械取样设备应能在较宽的范围内调整份样量和抽样频率，并利于检查和清洗。应使所有货物都有相同的机会进入机械取样器的取样装置。手工抽样时，应按照预先确定的抽样间隔，从装卸货物时露出的新断面或停止的传送带上抽取份样。当从停止的传送带上抽样时，应抽取全带宽样品。当抽取货物新断面上的样品时，应交替抽取其上部、中部和下部的货物。当从液体输送管道中抽样时，应按照预先确定的抽样间隔抽取份样，抽样前应先使用待抽样货物清洗样品容器。

(2) 从货车、船舱、筒仓和货柜等载货容器中抽样。

应对每个载货容器抽取样品。按照载货容器中所载货物量及批量计算每个载货容器中应抽取的份样数。抽取固体样品时,应在载货容器内均匀布点抽样。如果可能,在每个抽样点抽取整个深度的样品。当无法抽取整个深度的样品时,应采用分层抽样法或在装卸过程中采用货物流动过程中抽样方法进行。当采用分层抽样法抽样时,将载货容器至少分成3层,当载货容器中所载货物量大于3倍批量时,应按批量分层。先在货物的初始表面均匀布点抽取份样,待货物装卸到中层和下层时,再分别在露出的表面均匀布点抽取份样。

抽取液体样品时,按表4-16进行取样。

表4-16 不同形状液舱的取样部位和比例

容器形状	上层(液层下面20cm处):中层(液层中部):下层(距舱底或油水界面20cm处)
直立式舱池	1:3:1
倒梯形舱池	2:2:1
圆底舱池	3:6:1
卧式油槽车	1:8:1

(3) 从货堆中抽样。

按照货堆的货物量、批量确定份样数,采用斜线法或正弦曲线法在货堆上布点或分层布点抽取份样。

2. 标准货物抽样

应从包装的不同部位如顶部、中部和下部抽取样品。10袋以下逐袋抽样;10~100袋随机抽取10袋;100袋以上按总袋数的平方根抽取。货物经常具有外包装,并在其中装有一定数量的小包装。这时,应交替地从每个选取的外包装的不同位置抽取数量一致的小包装样品。当所抽取的外包装或小包装中装有超过最小份样量的货物时,从这些包装中抽取不少于最小份样量的整数个包装货物作为份样;否则,应从相邻的位置抽取多个包装中的货物作为份样。抽取包装液体货物的样品时,可按表4-16选取抽样件数。如果可能,抽样前应将液体货物摇匀,再将所需量的倾入样品容器作为份样。否则,应根据包装的性状参照比例抽取份样或抽取全深度样品。

4.1.2.7 制样方法

一般规定:除非另有约定,本部分涉及的制样过程一般包括混合足够量的份样组成原始样品,缩分原始样品得到实验室样品,使用适当方法制备存查样品及对实验室样品进行适当的均匀化和降低其粒度来获得试样。应按批分别制备实验室样品、试样及存查样品。此过程要防止污染。

构成原始样品:可将抽取的份样混合在一起构成原始样品。如果一次构成的原始样品量较大,可将份样分成质量一致的几组;对份样进行分组时,尽可能避免将连续抽取的份样分在一组中。缩分的次数应使得到原始样品不低于实验室样品量的4倍。

样品的初步处理:制备样品前,如果要对抽取的样品进行必要的初步处理,例如去皮、除水、除油等,应记录初步处理前后样品质量的变化。

破碎、研磨和缩分:破碎和研磨时,应采用对样品不产生污染的设备。将样品导入破碎或研磨设备前，应预先使用少量样品清洗设备。破碎和研磨过程中应调整设备的操作参数，避免过热并防止样品黏连。缩分可采用分样器缩分法、四分法和点取法等方法缩分样品。

实验室样品的制备：通过必要的混合和缩分，将原始样品制备成实验室样品。

存查样品的制备：除非另有约定，由实验室样品经一次缩分得到的存查样品，该次缩分得到的另一半样品用于试样的制备。

试样的制备：将实验室样品经必要破碎、研磨后缩分成试样。试样的最低留量为50克。

4.1.2.8 样品的盛装、标识和运送

样品的盛装：应采用容量、规格适宜的容器或包装袋盛装抽取的样品并封存，根据样品特性在适当条件下保存。应防止任何外来杂质污染样品，并防止日晒、雨淋。

样品的标识：抽取的样品应及时加贴唯一的标签，标签内容应包括样品编号、货物名称、品种或批号、抽样时间、抽样人及其他任何必要的信息；与样品直接接触的标签必须防潮，书写的内容应使不可擦除的，以免有关信息丢失。

样品运送：实验室样品应在尽可能短的时间内传递和运送，运送的环境条件应根据样品性质确定。对有特殊要求的样品（如需冷藏的样品），必须控制相应的环境条件以避免样品发生物理和化学变化。对于无特殊要求的样品，也应在避光、干燥条件下保存和运送。

4.1.2.9 抽样报告

抽样报告应真实地反映现场抽样工作过程和货物状况，抽样报告中至少应包括以下内容：货物名称；货物包装形式和包装状况，标记情况；交付批数量或质量；分批方法及批量；抽样方法，包括抽样件数或个数、份样量等；样品编号；抽样时间；抽样现场的环境状态及现场检验情况；抽样人的标识；任何发现的异常情况。必要时，抽样报告中还应附以实物、样本、照片或有关方面的书面认证材料。

4.1.2.10 存查样品

存查样品的保存条件：存查样品的保存条件应依据样品特性确定，为避免样品发生理化变化以及交叉污染，一般将存查样品密封保存于4℃或－20℃的环境。

存查样品的保存期限：存查样品妥善保存6个月，如检测为含有转基因成分，则样品保存期为1年，以备复验、谈判和仲裁。保存期满后需经无害化处理。

存查样品的处理：存查样品应经适当处理后才能丢弃。对于检查为阳性的植物种子和苗木必须使其灭活后销毁，以免泄露而污染生态环境。

以上抽样制样方法均来自国标方法，NY/T672－2003《转基因植物及其产品检测通用要求》中要用将易腐烂的样品在分析前应根据需要在4℃、－20℃或－80℃的环境储存，如有特殊要求应在无氧条件下储存；存查样品应妥善保存3个月，检测为转基因成分样品应妥善保存6个月，以备复验。SN/T1194－2003《植物及其产品转基因成分检测 抽样和制样方法》基本与国标一致。YC/T 339－2010《烟草及烟草制品 转基因测定的取样方法》对烟草及其制品的抽样进行了细化，将其分为原烟、片烟、烟草棵重等品类，并介绍了田间取样的技术要点。

4.1.3 我国转基因生物安全检测标准化程序

转基因产品检测的工作流程为：实验室样品到样验收（确定是否具备检验的具备条件）、混样、获取测试样品的制备（待检状态）、核酸和/或蛋白等目标物质的提取、PCR实验（包括扩增和产物分析）和/或蛋白质检测、结果判定、结果表述，出具检验报告。

现行有效的转基因食品检测标准主要包括国家标准（含原农业部公告）、出入境检验检疫行业标准、地方标准及企业标准等，各种标准参差不齐、高低不一，目前被广泛认可和应用的检测标准主要为国家标准（含原农业部公告）、出入境检验检疫行业标准及少量农业标准。这些标准具体涵盖了国内外大部分以商业化或具有商业化前景的转基因大豆、玉米、水稻、油菜、番茄、木瓜、青椒、小麦、甜菜等作物及其加工产品的筛选基因、结果特异性基因及品系特异性基因的检测方法。出入境检验检疫行业标准还专门针对蜂蜜、油脂、调味品等食品制定了转基因成分检测方法。绝大多数标准中采用的主要方法为PCR及实时荧光PCR方法。

4.1.3.1 转基因实验室要求

1. 实验室用水

实验室用水根据GB/T 6682－2008《分析实验室用水规格和试验方法》采用一级水（用于有严格要求的分析试验，包括对颗粒有要求的试验，如高效液相色谱分析用水，可用二级水经过石英设备蒸馏或离子交换混合床处理后，再经0.2μm微孔滤来制取）。

2. 实验室区域划分

转基因成分检测实验室应符合GB/T 19495.2－2004《转基因产品检测通用要求和定义》的规定。

转基因产品检测所接收的待检样品应置于原始包装袋（或容器）中，不能接收从其他检测、检验等分出来的样品，以避免样品间交叉污染。转基因产品检测实验室应参加由实验室认可主管部门组织的水平测试且结果合格，并获得国家实验室认可主管部门授权从事动物、植物、微生物及它们加工产品中转基因成分的检测资格。用于核酸检验的转基因产品检测实验室，有条件的宜在所分隔的各工作区域设置缓冲间，缓冲间的压力为负压（或上设抽风装置），与其相连的工作间为正压，工作间与缓冲间之间宜安装磁性联锁装置。受实验场所限制无条件设置缓冲间的实验室，在对检测区域进行功能划分后，应根据规定设置实验室的压力。非实验室人员不应进入各实验工作区。不同功能的核酸检验工作区应是分隔独立的工作室，并有明显的标志，各区间不能直通。各区之间如果紧密相连，需安装物品传递舱。每个工作区域的定部应安装紫外灯，紫外灯的波长为254 nm，安装数量为每20 m² 安装一支40W的紫外灯，灯与地面距离不宜超过2.0m±0.1m。所有实验操作应在规定的区域进行，待检样品的流动应遵照转基因产品检测工作流程的顺序，严格按单一方向进行。

（1）核酸实验室工作区域的设置及要求。

核酸检验区：试剂贮存和准备区，原装试剂盒配制试剂的贮存，所有试剂的配制与分装。未设缓冲间的试剂贮存和准备区的工作区域为正压。当试剂经质检合格后，应将其分装贮存备用，贮存试剂的分装体积根据通常在实验室内一次测定所需的扩增反应数决定。用于扩增的试剂应冰冻贮存。

样品制备区：实验室样品的混样和测试样品的制备。未设缓冲间的样品制备区，工作区域为负压或减压，可安装排风系统。此区应远离其他实验操作区；粉碎样品时的器皿应单独使用，所用的器具在使用前应经过彻底清洗并高压消毒，防止交叉污染；称取的测试样品应加盖后再移至核酸制备区。

核酸制备区：核酸的提取纯化与贮存；核酸含量的测定；测试样品 DNA 的保存。未设缓冲间的核酸制备区，工作区域为负压或减压，可安装排风系统。已纯化的核酸应保存于 -20℃ 或 -80℃ 的环境，避免反复冻融；阳性和阴性标准物质 DNA 可调整至常用的使用浓度后分装并冷冻保存。

扩增区：PCR 扩增反应体系的配制和模板的加入，核酸扩增。未设缓冲间的扩增区，工作区域为负压或减压，可按装排风系统。严格限制无关人员出入，并减少在本区内走动；加样应在超净工作台（生物安全柜）内进行，超净工作台的气流方向选择垂流式；巢氏 PCR 的第二次加样必须在此区进行。

扩增产物分析区：扩增产物的测定。未设缓冲间的扩增产物区，工作区域为负压或减压，应安装排风系统。此区是最主要的扩增产物污染来源，应远离其他实验操作区；使用 PCR - ELISA 方法检测扩增产物时，应使用洗板机洗板。

注意：若实验仅采用全自动扩增检测仪（如实时荧光定量 PCR 仪），可将扩增区与扩增产物分析区合并为一个区。

（2）蛋白质检验区。

蛋白质分离纯化区：功能是用于蛋白质的分离与纯化。蛋白质纯化应具备低温工作的场地，如 4℃ 冷房和层析柜等。

蛋白质检测区用于蛋白质分析检测。

（3）其他区域。

可设置洗涤消毒室、高速/超高速离心机室、低温/超低温冰箱室等。从事人员应具备良好的分子生物学专业技术操作规范。实验室仪器设备应有专用的仪器设备，同一区域内的仪器设备、物品和工作服应有明显标记，避免与其他区域的仪器设备混用。

样品的管理：送检样品的包装应完好并有明确的标识；在对实验室样品进行混样、测试样品的制备和称量过程中应避免交叉污染。

与国标要求不同，NY/T672 - 2003《转基因植物及其产品检测通用要求》将实验室分 3 个区。

4.1.3.2 核酸提取

GB/T 19495.3 - 2004 和原农业部 1485 号公告 - 4 - 2010 均对转基因产品的核酸提取纯化方法进行了规定，两个标准均推荐了 CTAB 提取法及聚乙烯比咯烷酮（PVP）提取法，还分别推荐了酚 - 三氯甲烷法、硅土法、胍 - 三氯甲烷法及 SDS 法、试剂盒法、油脂类加工产品核酸提取方法。针对不同食物用品，可选用不同标准中的核酸提取方法，其中 GB/T 19495.3 - 2004 推荐的 CTAB 提取法可至少从 85 种食品中成功提取 DNA。

4.1.3.3 实验过程的质量控制

质量控制种类：实验室环境对照，包括阴性质控对照（核酸提取空白对照核酸提取过程中不加样品的空白管；PCR 试剂对照不含 DNA/cDNA 模板的 PCR 扩增反应液试剂；阴性目标 DNA 对照，即为内源基因对照，是不含外源目标核酸序列片段的模板。可使用阴性标准物质，并与测试样品等同处理进行核酸提取及 PCR 扩增）、阳性质控对照（弱阳性对照即指使用已知的弱阳性样品作为阳性质控样品，与测试样品等同处理进行核酸提取及 PCR 扩增；阳性目标 DNA 对照即使用含有目标 DNA/RNA 序列片段的阳性标准物质或质粒）、PCR 抑制物对照（在 PCR 反应体系中加入已知量和已知可扩增的 DNA 进行 PCR 反应，以检测 PCR 反应体系中是否存在水溶性抑制物质；当 PCR 反应无扩增结果和定量 PCR 时宜设此对照）。质量控制的设置及要求见表 4-17。

避免各类实验室污染，扩增产物污染、RNase 污染、操作规程污染，清理应按照检测流程进行。

表 4-17 转基因产品检测实验室检测质量控制的设置及要求

质量控制环节	实验室环境对照	阴性质控			阴性质控			PCR 抑制物对照
		核酸提取空白对照	PCR 扩增试剂对照	阴性目标 DNA 对照	阳性提取对照	阳性目标 DNA 对照	弱阳性目标序列对照	
抽样								
混样	↓							
核酸提取	↓	↓		↓	↓		↓	
核酸定量	↓	↓		↓	↓		↓	
PCR 扩增	↓	↓	↓	↓	↓		↓	↓
PCR 扩增产物的检测	↓	↓	↓	↓	↓	↓	↓	↓
结果判定		√	√	√	√	√	√	√
结果表述		√	√	√	√	√	√	
要求	推荐性	强制性	强制性	强制性	强制性（定期）	强制性	推荐性（当需要确定检测低限）	推荐性（但当所有的 PCR 检测结果均为阴性时则为强制性）

注：①箭头方向表示质控开始至终止的环节；
② "√" 表示在检测报告中应做描述；
③各种对照的 PCR 检测结果与测试结果判定的关系见 GB/T 19495.1 - 2004 中 9.2；
④每 10 个样品应至少设置 1 个核酸提取空白对照。

4.1.3.4 实验室试剂要求

实验室所用引物需要满足 PCR 级或 HPLC 级，探针 HPLC 级；分析过程所有实验仅用不含有 DNA 或 DNA 酶的分析纯或生化试剂；所用的水应该符合 GB/T 6682 一级水要求；

对关键试剂应在所用前进行质量测定;所配置的溶液需要高压灭菌保存,且在容器上注明试剂名称、浓度、配置时间、保存条件、失效日期及配置者姓名,不宜高压灭菌的试剂应使用超滤设备(孔径 0.22μm)除菌;商品化试剂盒应注明到货日期,且按照规定的储存条件存放;PCR 试剂应小量保存以减少污染;材料、容器及试剂的保存都应该有防污染措施;菌种、质粒、细胞组织的贮存与保管应符合 ASTME 1342-1997 的规定。使用的标准物质应由认可机构制备,具有证书,并有溯源性,或具有其他经过认证机构颁发的文件证明。

4.2 国外转基因生物安全检测监测技术及其标准化的介绍

自 1994 年全球首例转基因番茄"FLAVR SAVR"在美国正式批准商业化种植以来,转基因技术在农业生产领域得到了飞速的发展,越来越多的转基因农作物在不同国家和地区批准商业化种植,带来了巨大的经济效益。但随着转基因农作物商业化进程的加快,转基因农作物的食用安全和环境安全问题越来越被公众广泛关注和担忧,转基因农作物安全问题已成为全球关注和争论的焦点。因此,有关国家和国际组织纷纷制定了相关法律法规,大力促进转基因成分检测技术的研究和标准化工作,加强转基因生物安全管理。

4.2.1 国外转基因生物检测技术的标准化

4.2.1.1 组织机构

标准化组织机构既是检测标准制修订管理部门,也是检测技术标准化的组织保证。目前,许多国际组织纷纷在组织内部设立专门的部门负责转基因产品检测技术标准化工作,例如联合国粮农组织(FAO)、世界卫生组织(WHO)、世界贸易组织(WTO)、世界经济发展合作组织(OECD)、国际食品法典委员会(CAC)、国际标准化委员会(ISO)等等。与此同时,欧盟、日本、韩国等国家和地区也相继成立专门的机构或部门负责转基因产品检测技术标准化工作。

4.2.1.2 标准化程序

欧盟、日本、韩国等国家和地区成立的专门工作机构或部门,负责转基因产品检测标准的制订和修订,包括标准制修订立项、技术研发、方法验证、标准制定和审定发布等工作。例如,自 1997 年欧洲标准化委员会食品分析技术委员会(CEN/TC275)成立专门的工作组开展转基因生物源食品检测标准制定和标准验证工作以来,欧盟从抽样、核酸提取、基于蛋白质的检测、基于核酸的检测等方面开展了系统的研究,形成了成熟的检测技术方法和体系,建立了完善的方法验证程序和验证平台,并系统、有序地对已建立的方法技术进行了验证。

4.2.2 主要国家和地区、国际组织的标准化体系

4.2.2.1 国际标准化组织的标准化体系

国际标准化组织(International Organization for Standardization,ISO)成立于 1946 年,是一个全球性的非政府组织,是世界上最大的非政府性标准化专门机构。ISO 现有 117 个成员,包括 117 个国家和地区。中国是 ISO 的正式成员。ISO 转基因食品检测标准技术委

员会（ISO TC34/SC16），主要负责转基因国际标准的制修订工作。该技术委员会负责起草国际标准，通过一致的标准来消除现存的贸易壁垒，推进国际商品贸易和服务交流。目前，ISO 制定有 6 个转基因生物产品检测标准，分别从一般要求和定义、蛋白分析、核酸提取、核酸定性分析、核酸定性分析等几方面对转基因检测进行规定。

在抽样方面，2009 年 ISO 发布了新标准 ISO 24333，替代原有的 ISO 13690 和 ISO 6644。然而，它并不适用于外来的未经批准的转基因产品的抽样。2013 年底，负责起草 ISO 24333 的工作组最终给出了 ISO/TR 29263 的 DTR 版本，给出了起草 ISO 24333 所依据的实验及其数据，其中并没有包含转基因产品的抽样，所研究的范围也远未覆盖 ISO 24333 所给出的适用范围（表 4 - 18）。

表 4 - 18 ISO 标准号及中英文名称

序号	标准号	标准中英文名称
1	ISO 24276	食品．转基因生物和衍生产品的检测分析方法．一般要求和定义 Foodstuffs. Methods of analysis for the detection of genetically modified organisms and derived products. General requirements and definitions
2	ISO 21572	食品．分子生物标志物分析．基于蛋白质的方法 Foodstuffs. Molecular biomarker analysis. Protein-based methods
3	ISO 21571	食品．转基因生物和衍生产品的探测用分析方法．核酸提取 Foodstuffs. Methods of analysis for the detection of genetically modified organisms and derived products. Nucleic acid extraction
4	ISO 21569	食品．转基因生物和衍生产品的检测分析方法．基于定性核酸法 Foodstuffs. Methods of analysis for the detection of genetically modified organisms and derived products. Qualitative nucleic acid based methods
5	ISO 21570	食品．转基因生物和衍生物的检测分析法．基于定量核酸法 Foodstuffs. Methods of analysis for the detection of genetically modified organisms and derived products-Quantitative nucleic acid based methods
6	ISO 21098	食品．转基因生物及其衍生物的检测分析方法 ISO 21569、ISO 21570 或 ISO 21571 补充所需的内容和程序 Foodstuffs. Nucleic acid based methods of analysis for the detection of genetically modified organisms and derived products-Information to be supplied and procedure for the addition of methods to ISO 21569, ISO 21570 or ISO 21571
7	ISO 24333	谷物及谷类制品．取样 Cereals and cereal products. Sampling
8	ISO/TR 29263	谷物及谷类制品．取样研究 Cereals and cereal products. Sampling studies

4.2.2.2 国际食品法典委员会的标准化体系

国际食品法典委员会（Codex Alimentarius Commission，CAC）是联合国粮食及农业组织（FAO）和世界卫生组织（WHO）于1963年联合设立的政府间国际组织，专门负责协调政府间的食品标准，建立一套完整的食品国际标准体系。国际食品法典委员会目前有180个成员国，覆盖全球98%的人口。CAC下设秘书处、执行委员会、6个地区协调委员会，21个专业委员会和1个政府间特别工作组。所有国际食品法典标准大多在其各下属委员会中讨论和制定，然后经CAC大会审议后通过。CAC标准都是以科学为基础，并在获得所有成员国的一致同意的基础上制定出来的。CAC成员国参照和遵循这些标准，既可以避免重复性工作又可以节省大量人力和财力，而且有效地减少国际食品贸易摩擦，促进贸易的公平和公正。国际食品法典委员会已成为全球消费者、食品生产和加工者、各国食品管理机构和国际食品贸易重要的基本参照标准。国际食品法典委员会于2003年起先后通过了4个有关转基因生物食用安全性评价的标准。CAC没有专门针对转基因产品制定抽样标准，但2004年制定了通用抽样指南。

4.2.2.3 欧盟的标准化体系

欧盟主张对转基因产品采取谨慎预防的态度。欧盟坚持认为，科学存在局限性，无论研究方法如何科学，结果总具有不确定性。欧盟食品工业要经政府主管部门审批，没有得到官方授权的转基因产品不能投放到欧盟市场。欧盟是世界上转基因生物安全管理与标识管理制度较为严格和完善的地区，也是第一个提出进行阈值管理的地区。

为了保障转基因生物安全管理和标识管理，欧盟已经建立了比较完善的技术体系，包括检测信息收集、技术研究、方法验证、标准制修订、实验室水平测试与认证等，构建了完善的转基因检测网络实验室和转基因检测标准物质研制机构。自2002年起，欧盟专门成立了欧洲转基因检测网络实验室（European Network of GMO Laboratories，ENGL），由执行日常转基因检测的机构构成。除了日常检测，ENGL还对欧盟设置在欧盟联合研究中心（Joint Research Centre，JRC）下属的健康与消费者保护研究所（Institute for Health and Consumer Protection，IHCP）的欧盟转基因食物与饲料基准实验室（European Union Reference Laboratory for GM Food & Feed，EURL－GMFF）研制和提供的转基因检测方法进行验证。目前国际上研制的转基因检测标准物质和发布的转基因检测标准方法有一半以上来自欧盟。

1. 样品抽检

2004年，欧盟专家出台了抽样技术指南（Rec. 2004/787/EC）。此后几年间，欧盟又发布了多个EC决议用以限制非批准的转基因产品。2011年，欧盟发布了新的抽样计划（Reg. 619/2011），给出了集合样品不少于35 000粒和最终样品不少于10 000粒的抽样要求。

以意大利为例，目前意大利尚未批准转基因农作物的商业化种植。在转基因生物监控计划实施过程中，边境检查站、国家宪兵队和地区卫生部门等执法机构负责抽样工作，样品主要来自进口等环节；原农业部执法机构抽检样品则主要来源于种子企业的种子库，基本不对市场上销售的产品进行检测。

此外，为了随时了解转基因产品的安全状况，欧盟还规定其成员国应对流通中的转基因产品进行取样抽检。在德国，政府实验中心会对流通环节如销售点或加工点进行转基因产品随机抽检。德国政府规定，食品安全部门每年的转基因产品抽检率为千分之五。希腊根据转基因产品种类不同采取不同的抽检率：对进口转基因食品的抽检率为 50%，对转基因种子的抽检率为 10%。转基因种子，不论国产还是进口，都必须接受抽检。法国对转基因食品的抽检分为季检和年检，主要针对转基因玉米、大米、木瓜和奶制品。抽检一般由竞争、消费者事务与反欺诈总局（DGCCRF）牵头，会同实验中心及地区级项目小组执行。

2. 检测方法认定

欧盟联合研究中心（Joint Research Centre，JRC）下属的欧盟转基因食物与饲料检测基准实验室（European Union Reference Laboratory for GM Food & Feed，EURL-GMFF，简称欧盟转基因检测基准实验室）的主要任务是为欧盟的立法提供技术支持，负责检测方法的研究和验证，不从事一般的日常检测工作。依据欧盟法规，申请在欧洲释放的转基因生物，需要通过某一成员国主管当局申请。同时，申请者需向欧盟转基因检测基准实验室提交检测方法和对照材料。由欧盟转基因检测基准实验室组织 12 家欧盟转基因检测网络实验室成员，对检测方法进行循环验证。检测方法达到欧盟相关法规要求的，方可依据安全评价结果，给予授权。由于欧盟要求对转基因食品进行标识，并设置了标识阈值，因此提交给欧盟转基因检测基准实验室的转基因检测分析方法均为实时荧光定量 PCR 检测方法。欧盟对检测方法认定分为两个阶段，第一阶段为申请者提交方法文本的检查，第二阶段为检测方法的循环验证。在第一阶段，主要考察申请者提交检测方法的适用性、可操作性、特异性、动态范围、准确性、扩增效率、相关系数、重复性标准偏差、定量极限、检测极限和稳健性；在第二阶段，主要通过多实验室联合测试，确保申请者所提交方法符合欧盟要求，并且在不同实验室有同样的性能表现。考察的主要指标为动态范围、再现性标准偏差和准确性。通过验证的检测方法将会在欧盟乃至全世界范围内推广应用，或补充到 ISO 标准中而成为国际认可的检测方法。欧盟转基因检测标准一览表如表 4-19 所示。

表 4-19 欧盟转基因检测标准一览表

编号	检测品系/基因	方法
qt-eve-zm-001	maize event VCO-01981-5	定量 PCR
qt-eve-zm-002	maize event 5307	定量 PCR
qt-eve-zm-003	maize event MON87427	定量 PCR
qt-eve-zm-004	maize event DAS-40278-9	定量 PCR
qt-eve-zm-005	maize event MON87460	定量 PCR
qt-eve-zm-006	maize event Bt11	定量 PCR
qt-eve-zm-007	maize event GA21	定量 PCR
qt-eve-zm-008	maize event NK603	定量 PCR
qt-eve-zm-009	maize event MON863	定量 PCR
qt-eve-zm-010	maize event TC1507	定量 PCR
qt-eve-zm-011	maize event T25	定量 PCR

续上表

编号	检测品系/基因	方法
qt-eve-zm-012	maize event 59122	定量 PCR
qt-eve-zm-013	maize event MIR604	定量 PCR
qt-eve-zm-014	maize event GA21	定量 PCR
qt-eve-zm-015	maize event Bt11	定量 PCR
qt-eve-zm-016	maize event MON88017	定量 PCR
qt-eve-zm-017	maize event LY038	定量 PCR
qt-eve-zm-018	maize event MON89034	定量 PCR
qt-eve-zm-019	maize event 3272	定量 PCR
qt-eve-zm-020	maize event MON810	定量 PCR
qt-eve-zm-021	maize event 98140	定量 PCR
qt-eve-zm-022	maize event MIR162	定量 PCR
qt-eve-zm-023	maize event Bt176	定量 PCR
qt-eve-zm-024	maize event MON87411	定量 PCR
qt-eve-gm-001	soybean event FG72	定量 PCR
qt-eve-gm-002	soybean event MON87769	定量 PCR
qt-eve-gm-003	soybean event MON87705	定量 PCR
qt-eve-gm-004	soybean event A2704-12	定量 PCR
qt-eve-gm-005	soybean event GTS-40-3-2	定量 PCR
qt-eve-gm-006	soybean event MON89788	定量 PCR
qt-eve-gm-007	soybean event A5547-127	定量 PCR
qt-eve-gm-008	soybean event DP-305423-1	定量 PCR
qt-eve-gm-009	soybean event DP-356043-5	定量 PCR
qt-eve-gm-010	soybean event MON87701	定量 PCR
qt-eve-gm-011	soybean event CV127	定量 PCR
qt-eve-gm-012	soybean event MON87708	定量 PCR
qt-eve-gm-013	soybean event DAS-68416-4	定量 PCR
qt-eve-gm-014	soybean event DAS-81419-2	定量 PCR
qt-eve-gm-015	soybean event DAS-44406-6	定量 PCR
qt-eve-gm-016	soybean event MON87751	定量 PCR
qt-eve-gm-017	soybean event SYHT0H2	定量 PCR
qt-eve-gh-001a	cotton event 281-24-236	定量 PCR

续上表

编号	检测品系/基因	方法
qt-eve-gh-001b	cotton event 3006-210-23	定量 PCR
qt-eve-gh-002	cotton event LLCotton25	定量 PCR
qt-eve-gh-003	cotton event MON1445	定量 PCR
qt-eve-gh-004	cotton event MON531	定量 PCR
qt-eve-gh-005	cotton event MON15985	定量 PCR
qt-eve-gh-006	cotton event GHB614	定量 PCR
qt-eve-gh-007	cotton event MON88913	定量 PCR
qt-eve-gh-008	cotton event GHB119	定量 PCR
qt-eve-gh-009	cotton event T304-40	定量 PCR
qt-eve-gh-010	cotton event MON88701	定量 PCR
qt-eve-bn-001	oilseed rape event T45	定量 PCR
qt-eve-bn-002	oilseed rape event Ms8	定量 PCR
qt-eve-bn-003	oilseed rape event Rf3	定量 PCR
qt-eve-bn-004	oilseed rape event GT73	定量 PCR
qt-eve-bn-005	oilseed rape event Ms1	定量 PCR
qt-eve-bn-006	oilseed rape event RF1	定量 PCR
qt-eve-bn-007	oilseed rape event Rf2	定量 PCR
qt-eve-bn-008	oilseed rape event Topas 19/2	定量 PCR
qt-eve-bn-009	oilseed rape event 73496	定量 PCR
qt-eve-bn-010	oilseed rape event MON88302	定量 PCR
qt-eve-cp-001	papaya event Huanong N 1	定量 PCR
qt-eve-st-001	potato event EH92-527-1	定量 PCR
qt-eve-os-001	rice event Golden Rice 2	定量 PCR
qt-eve-os-002	rice event LLRICE62	定量 PCR
qt-eve-bv-001	sugar beet event H7-1	定量 PCR
qt-con-00-001	the junction between the chloroplast transit peptide and the CP4 epsps gene	定量 PCR
qt-con-00-002	the junction between the CTP sequence and the CP4 epsps gene	定量 PCR
qt-con-00-003	the junction between the CaMV35S promoter and the CTP sequence	定量 PCR

续上表

编号	检测品系/基因	方法
qt-con-00-004	the junction between the intron 1 from the maize hsp70 gene and a synthetic cry1A (b) gene	定量 PCR
qt-con-00-005	the junction between the phosphinothricin N-acetyltransferase gene and the CaMV 35S terminator	定量 PCR
qt-con-00-006	the junction between the intron 6 from maize alcohol dehydrogenase 1 gene and the synthetic cry1A (b) gene.	定量 PCR
qt-con-00-007	the junction between a synthetic cry1A (b) gene and the Phospho-enol-pyruvate Carboxylase intron N. 9	定量 PCR
qt-con-00-008	the junction between an optimized transit peptide sequence and the point mutated epsps gene from maize	定量 PCR
qt-ele-00-001	Cauliflower Mosaic Virus 35S promoter	定量 PCR
qt-ele-00-002	phosphinothricin N-acetyltransferase gene	定量 PCR
qt-ele-00-003	synthetic cry1A (b) gene	定量 PCR
qt-ele-00-004	cauliflower Mosaic Virus 35S promoter	定量 PCR
ql-eve-bn-002	oilseed rape event GT73	定性 PCR
ql-eve-cp-001	papaya event Huanong N1	定性 PCR
ql-eve-dc-001	carnation event 123-2-38	定性 PCR
ql-eve-dc-003	carnation event 25958	定性 PCR
ql-eve-dc-004	carnation event 26407	定性 PCR
ql-eve-dc-005	carnation event 27531	定性 PCR
ql-eve-dc-006	carnation event 123.8.8	定性 PCR
ql-eve-ec-001	E. coli K-12 event AG3139	定性 PCR
ql-eve-ec-002	E. coli K-12 event 19E	定性 PCR
ql-eve-os-001	rice event LLRICE601	定性 PCR
ql-eve-zm-001	maize event MON810	定性 PCR
ql-eve-zm-002	maize event Bt10	定性 PCR
ql-con-00-001	the junction between the CaMV35S promoter and the chloroplast transit peptide sequence	定性 PCR
ql-con-00-002	the junction between the polygalacturonase gene and the nos terminator	定性 PCR
ql-con-00-003	the junction between the intron 2 from the maize adh1 gene and the pat gene	定性 PCR

续上表

编号	检测品系/基因	方法
ql-con-00-004	the junction between the CDPK promoter from maize and a synthetic cry1A（b）gene	定性 PCR
ql-con-00-005	the junction between the pat gene and the CaMV35S terminator	定性 PCR
ql-con-00-006	the junction between the CaMV35S promoter and the chloroplast transit peptide sequence	定性 PCR
ql-con-00-007	the junction between a cry1A（b）/cry1A（c）fusion gene and DNA spacer sequences	定性 PCR
ql-con-00-008	the junction between the chloroplast transit peptide 2 and the CP4 epsps gene	定性 PCR
ql-con-00-009	the junction between cry1A（b）/cry1A（c）and DNA spacer sequences in the context of Commission Decision 2008/289/EC	定性 PCR
ql-con-00-010	flax event FP967	定性 PCR
ql-con-00-011	the junction between the Cauliflower Mosaic Virus 35S promoter and the pat gene	定性 PCR
ql-con-00-012	the junction between the CaMV35S promoter and the chimeric CMV/PRSV coat protein	定性 PCR
ql-con-00-013	the junction between the maize ubiquitin promoter and the modified cry1Ab/1Ac genes	定性 PCR
ql-con-00-014	the junction between the nos promoter and the neomycin phosphotransferase II gene	定性 PCR
ql-ele-00-012	cauliflower Mosaic Virus 35S promoter and nopaline synthase terminator	定性 PCR
ql-ele-00-017	cauliflower Mosaic Virus 35S promoter	定性 PCR
ql-ele-00-005	cauliflower Mosaic Virus 35S promoter	定性 PCR
ql-ele-00-001	cauliflower Mosaic Virus 35S promoter	定性 PCR
ql-ele-00-004	cauliflower Mosaic Virus 35S promoter	定性 PCR
ql-ele-00-023	T35S pCAMBIA sequences	定性 PCR
ql-ele-00-019	CP4 epsps gene	定性 PCR
ql-ele-00-029	CP4 epsps gene	定量 LAMP
ql-ele-00-016	cry1Ab/Ac gene	定性 PCR
ql-ele-00-020	cry1A（b）gene	定性 PCR

续上表

编号	检测品系/基因	方法
ql-ele-00-010	Figwort Mosaic Virus 35S promoter	定性 PCR
ql-ele-00-015	Figwort Mosaic Virus 35S promoter	定性 PCR
ql-ele-00-003	Neomycin phosphotransferase II gene	定性 PCR
ql-ele-00-002	Neomycin phosphotransferase II gene	定性 PCR
ql-ele-00-008	nopaline synthase promoter	定性 PCR
ql-ele-00-013	Cauliflower Mosaic Virus 35S promoter and nopaline synthase terminator	定性双重 PCR
ql-ele-00-011	nopaline synthase terminator	定性 PCR
ql-ele-00-018	nopaline synthase terminator	定性 PCR
ql-ele-00-009	nopaline synthase terminator	定性 PCR
ql-ele-00-013	cauliflower Mosaic Virus 35S promoter and nopaline synthase terminator	定性双重 PCR
ql-ele-00-007	nopaline synthase terminator	定性 PCR
ql-ele-00-006	nopaline synthase terminator	定性 PCR
ql-ele-00-027	phosphinothricin N-acetyltransferase (bar) gene	定性 LAMP
ql-ele-00-022	phosphinothricin N-acetyltransferase (bar) gene	定性 PCR
ql-ele-00-014	phosphinothricin N-acetyltransferase gene	定性 PCR
ql-ele-00-026	pat gene; bar gene (partim bar)	定性双重 PCR
ql-ele-00-021	phosphinothricin N-acetyltransferase (pat) gene	定性 PCR
ql-ele-00-028	phosphinothricin N-acetyltransferase (pat) gene	定性 LAMP
ql-ele-00-021	phosphinothricin N-acetyltransferase (pat) gene	定性 PCR
ql-ele-00-025	pat gene; bar gene (partim pat)	定性双重 PCR
ql-ele-00-022	phosphinothricin N-acetyltransferase (bar) gene	定性 PCR
qt-tax-sl-002	tomato LAT52	定量 PCR
qt-tax-zm-001	maize alcoholdeydrogenase 1 gene	定量 PCR
qt-tax-os-003	rice sucrose-phosphate synthase gene	定量 PCR
qt-tax-cp-001	papaya chymopapain gene	定量 PCR
qt-tax-gm-020	soybean lectin gene	定量 PCR
qt-tax-gh-018	cotton alcohol dehydrogenase C gene	定量 PCR
qt-tax-zm-003	maize alcoholdeydrogenase 1 gene	定量 PCR
qt-tax-os-017	rice Phospholipase D alpha 2 gene	定量 PCR

续上表

编号	检测品系/基因	方法
qt-tax-gh-016	putative cotton SAH7 protein gene	定量 PCR
qt-tax-gh-021	putative cotton SAH7 protein gene	定量 PCR
qt-tax-gm-001	soybean lectin gene	定量 PCR
qt-tax-gm-007	soybean lectin gene	定量 PCR
qt-tax-gm-009	soybean lectin gene	定量 PCR
qt-tax-gm-004	soybean lectin gene	定量 PCR
qt-tax-bn-002	oilseed rape cruciferin storage protein	定量 PCR
qt-tax-zm-006	maize starch synthase IIb gene	定量 PCR
qt-tax-bv-013	sugar beet glutamine synthetase GS2 gene	定量 PCR
qt-tax-gh-019	cotton alcohol dehydrogenase C gene	定量 PCR
qt-tax-zm-004	maize aldolase 1 gene	定量 PCR
qt-tax-os-002	rice phospholipase D alpha 2 gene	定量 PCR
qt-tax-st-010	potato UDP-glucose pyrophosphorylase gene	定量 PCR
qt-tax-zm-011	maize alcohol dehydrogenase 1	定量 PCR
qt-tax-zm-014	maize alcoholdeydrogenase 1 gene	定量 PCR
qt-tax-gh-015	cotton fiber-specific acyl carrier protein gene	定量 PCR
qt-tax-zm-002	maize high-mobility-group gene	定量 PCR
qt-tax-bn-001	oilseed rape acyl-ACP thioesterase gene	定量 PCR
qt-tax-bn-012	oilseed rape cruciferin A gene	定量 PCR
qt-tax-gm-002	soybean lectin gene	定量 PCR
ql-tax-gm-002	soybean lectin gene	定性 PCR
ql-tax-sl-005	tomato LAT52 gene	定性 PCR
ql-tax-sl-001	tomato polygalacturonase gene	定性 PCR
ql-tax-bn-004	oilseed rape high mobility group protein I/Y gene	定性 PCR
ql-tax-cp-001	papaya chymopapain gene	定性 PCR
ql-tax-zm-003	maize invertase gene	定性 PCR
ql-tax-ps-001	pea lectin gene	定性 PCR
ql-tax-os-006	rice sucrose-phosphate synthase gene	定性 PCR
ql-tax-gm-008	soybean lectin gene	定性 PCR
ql-tax-gm-001	soybean lectin gene	定性 PCR
ql-tax-os-002	rice Phospholipase D alpha 2 gene	定性 PCR

续上表

编号	检测品系/基因	方法
ql-tax-zm-002	maize alcoholdeydrogenase 1 gene	定性 PCR
ql-tax-bn-003	oilseed rape cruciferin A gene	定性 PCR
ql-tax-os-003	rice root-specific GOS9 gene	定性 PCR
ql-tax-dc-001	carnation anthocyanidin synthase gene	定性 PCR
ql-tax-lu-001	flax stearoyl-acyl carrier protein desaturase gene	定性 PCR
ql-pln-00-007	chloroplast tRNA-Leu intron	定性 PCR

3. 样品检测

欧盟转基因检测机构无论采用何种技术规范，参加何种体系的认证，出具的定性或定量报告，基本都采用荧光定量 PCR 进行检测。与常规 PCR 相比，荧光定量 PCR 具有检测灵敏度高、检测速度快，显著减少了 PCR 产物污染的可能性等优点。欧盟转基因食物与饲料基准实验室（European Union Reference Laboratory for GM Food & Feed，EURL-GMFF）是欧盟主要转基因检测方法的研制机构之一。欧洲转基因检测基准实验室公布的转基因检测方法都公开发布在网站并不断更新。如果成员国在检测过程中需要使用的方法欧洲基准实验室没有公布，则该国可以组织验证，并由该国国家基准实验室发布。在突发事件的检测中，立法机构可以临时发布新的检测方法，并直接授权检测机构采用。欧洲转基因检测基准实验室公布的核酸提取方法均是基于 CTAB 的方法。理论上转基因检测技术可分为通用元件筛查、目标基因检测、载体特异性检测和转化事件特异性检测 4 个水平。但绝大多数检测机构均只进行通用元件筛查和转化事件特异性检测，而且以上检测均是以通用元件筛查为基础，在通用元件筛查结果呈阳性的基础上，再根据通用元件的信息进行所有可能的转化事件的检测，如果筛查结果均为阴性，则不再进行事件特异性检测。通用元件筛查的结果是欧盟转基因检测机构判断样品是否含转基因成分的关键。

4. 标准物质的研发和生产

欧盟联合研究中心下属的标准物质与测量研究所（Institute for Reference Materials and Measurements，IRMM）自 1997 年成立以来，根据欧盟标识制度规定的阈值，陆续研发了质量比从 0%～100% 不同梯度的转基因阳性标准物质，其中包括玉米、大豆、马铃薯、甜菜和棉花在内的有证标准物质 20 余种。目前市场上可售的有证标准物质主要由 IRMM 和 AOCS（美国油脂化学家学会）生产，以基体标准物质居多，质粒标准物质较少。IRMM 研制有少量品类的质粒形态有证标准物质，主要为 ERM-AD413（检测转基因玉米 MON810）、ERM-AD415（检测转基因玉米 NK603）、ERM-AD425（检测转基因大豆 DP356043）和 ERM-AD427（检测转基因玉米 98140）。

4.2.2.4　美国的标准化体系

美国对转基因产品的监管采取宽松模式。美国有 3 家管理机构对转基因产品进行共同监控，分别为美国原农业部（USDA）、环境保护署（EPA）和食品药品管理局（FDA）。其中 FDA 主要负责管理食品与饲料的安全性与健康性。1992 年，美国食品药品管理局公布了转基因植物作为食物的政策，这一政策倾向于采取"产品方法（Product-based）"，即认为将转基因技术应用于生产并不会必然导致风险的发生,而只有当其终端产品与传统的非转基因产品有实质性差别时,才应对其进行严格规制。该政策规定转基因植物新品种及其产品不需由 FDA 作市场前评价,除非它引起新的安全问题。因此,联邦政府并没有设立专门的国家层面的转基因检测机构。但是各州政府为了更好地管理转基因农产品,出资设立了不同规模的转基因检测机构。

美国没有专门单独的转基因抽样标准。

美国油脂化学家学会(American Oil Chemists Society,AOCS)主要生产纯品形式的标准物质,包括油菜、棉花、水稻、大豆和玉米等农作物。AOCS 基体标准物质的原材料一般直接由转基因作物生产商提供,AOCS 委托第三方转基因成分检测机构和有资质的加工机构分别进行纯度鉴定和加工粉碎,最后由 AOCS 汇总数据、定值并销售。目前基因组 DNA 形态的标准物质主要由 AOCS 生产,以纯品形式存在。AOCS 生产的基因组 DNA 标准物质既有液体状,也有冷冻抽干后形成干粉状的,主要取决于标准物质的生产量和需求量。如标准物质生产后很快便被销售和使用,采用液体形式在生产和使用时较为便利;如需长期储存,则采用制备成干粉状便于保存。

4.2.2.5 日韩、沙特等其他国家的标准化体系

日本、韩国、沙特等其他国家也纷纷建立或草拟了转基因产品的相关检测技术标准、操作规范、技术流程。日本和韩国对转基因产品检测中的核酸提取、定性 PCR 检测、定量 PCR 检测、基于蛋白质的检测等方面都制定了检测操作规范和流程,并进行了详细的规定。虽然起步较晚,但作为粮食进口大国,日本已经具有成熟的检测技术和检测方法,而且建立了分布全国的检测机构并设立了体系完善的检测机制。日本的转基因检测标准物质的生产主要由日本农林水产省下属的食品综合研究所负责生产,日本食品综合研究所与 NIPPON 公司合作研发转基因标准物质,但产品只在国内使用,不对外销售,目前已制备三种基体标准物质(GTS40-3-2,MON810 和 GA21)和两类质粒标准物质(大豆和玉米)。沙特国家标准化委员会也草拟了转基因植物检测的核酸提取和纯化、蛋白质检测标准。

4.3 转基因生物安全检测技术及其标准化的发展趋势

4.3.1 转基因生物安全检测技术的发展

截至 2016 年,全球共有 40 余个国家和地区通过了转基因农作物用作粮食或饲料以及环境释放的审批。其中包括 26 种转基因农作物和 392 个基因转化体的 3768 项监管审批,有 1777 项涉及粮食用途,1238 项涉及饲料用途,753 项涉及环境释放或者培育。其中,仅在 2016 年就有 26 个国家种植了 1.851 亿公顷转基因农作物。尽管转基因农作物种植面积逐年增多,但转基因农作物的商业化种植从一开始就伴随着巨大的争议,其中支持的声音主要来自于行业内部和科研机构,反对的声音则主要来自于媒体和绿色和平等非营利机构。

由于转基因食品安全性尚未得到证实,各国转基因标识意愿、阈值设定及安全审批管理政策等的制定主要基于贸易保护、运行成本等方面的考虑。从贸易保护上讲,转基因产

品的出口国倾向于制订较为宽松的政策、较高的阈值；而进口国采用倾向于较严格的政策、较低的阈值，因此各国管理政策差异较大。目前世界范围内的超过 50 个国家对转基因作物以及产品实施标识管理，标识管理分为自愿性标识和强制性标识两类。

由于转基因作物有可能带来的潜在危害，为了对转基因作物进行有效的安全管理，不同国家、地区和组织开发出了一系列的转基因检测方法，通过使用不同的技术来检测食物/饲料样品中的转基因成分。这些方法按检测策略分为间接（基于蛋白质的方法）和直接（基于 DNA 的方法）方法。基于蛋白质的间接检测方法，虽然具有快速和简单的优点，但基于蛋白质的间接检测方法取决于靶向蛋白质的表达水平，并随植物组织和植物发育状况可变，此外，蛋白质在食品加工过程中会高度降解或变性，导致检测的灵敏度和特异性下降或检测不出。而一些经过基因改良的作物，其靶向蛋白质不被表达或在蛋白质水平不发生任何变化，从而导致无法检测。为了克服这些问题，许多基于 DNA 的方法，针对直接检测转基因整合序列，已被广泛开发应用，最典型的技术就是基于聚合酶链式反应（PCR）而发展起来的各种 PCR 技术。目前与矩阵结合的筛选方法表（也称为矩阵法）已经用于授权的与未授权的转基因生物的筛选检测。然而，由于筛选方法的非特异性，是否存在未经授权的转基因作物只能从矩阵法做间接推断。为了克服这个弱点，各种新的检测方法有被开发作为识别转基因作物的替代方法，主要包括使用差异定量 PCR、DNA 插入指纹图谱、锚定 PCR 转基因作物指纹图谱等。

尽管基于外源 DNA 检测的各种 PCR 方法具有灵活、简单、快速和较高的灵敏度，特别是检测下限低，但该种方法受以下几个因素的制约，一般一个反应只能检一个或几个靶基因：①通量较低，特别是由于转基因作物种类的增加，不断开发和使用新的标记基因及目的基因，要实现完全覆盖检测，从而使实验室工作和结果分析相当复杂和费力。②这种检验方法仅针对已知序列。因此，阴性结果仅说明测试食品/饲料样品中不存在已知的转基因生物。事实上，PCR 方法能检测转基因生物的筛选基因片段，特别是基于源自天然生物的转基因成分，如来自花椰菜病毒的 pCaMV35S 成分和来自农杆菌的 tNOS 成分。因此，PCR 方法检测筛选因基片段仅提供间接证明转基因生物在食物/饲料基质中的存在，而只能通过其转基因侧翼区的序列来证实是否是转基因生物。③要实现定量检测还需要获得通过认证的转基因标准参考物质。④抑制剂如多糖、多酚、果胶、木聚糖或脂肪酸的存在可能降低 PCR 反应的效率。因此，观察到 PCR 信号比理论上预期的低，导致低估或甚至不能扩增出测试样品中存在的转基因成分。

随着被批准的转基因农作物数量的增加，越来越多的转基因产品被引入市场，对转基因的检测面临越来越大的挑战。此外，近年在市场上一些未经授权的转基因农作物被意外检测出。未经授权的转基因农作物分为两类，一类是这些转基因农作物在一些国家被授权商业化种植，但在另外一些国家没有被批准；另一类是一些转基因农作物未在任何国家或地区授权种植，这些未经授权的转基因农作物极大地影响了国内供应和国际贸易，减少人们对相关行业及官方的信任，可能会对人类健康和环境造成重大风险。这对于实施转基因食品和饲料产品的强制性标签制度提出了新的挑战，也突显了严格监管的必要性。

然而由于缺乏关于未经授权转基因农作物的插入基因的信息，检测未经授权的转基因农作物对于检测实验室来说具有很大的困难。因此获取关于这些转基因生物的背景信息、检测方法和定量方法对于转基因产品监管是非常重要的。

如何及时准确地获得这些转基因生物背景信息从而建立相应的检测方法显得十分必要。包括靶基因的基因序列、检测方法和标准参考物质，这是开发有效检测方法从而进行日常监管的基本前提。此外，转基因作物检测方法的不一致会阻碍国际商业贸易的顺利进行，并产生具有国际法律意义的争议。根据国际公认的标准选择的适用检测方法对于确保国际贸易安全至关重要。在转基因检测手段的发展中，转基因生物数据库的开发显得非常重要。目前，已经有几个与转基因生物安全相关的数据库已经建立起来了。如环境风险评估中心（CERA）开发的转基因作物数据库（http：//www.cera-gmc.org/），改性活生物体（LMO）数据库（http：//bch.cbd.int/database/lmo-registry/）和 Agbioforum 数据库（http：//www.agbioforum.org/），欧盟的 GMO METHOD 数据库（http：//gmo-crl.jrc.ec.europa.eu/gmomethods/），作物生命国际检测方法数据库（http：//www.detection-methods.com/）等。在这些数据库中，收集了几乎所有已经开发的转基因生物检测方法，并提供用户友好的搜索服务。

在转基因生物日常检验中，PCR 仍然是检测实验室的首选方法。然而，由于基于 PCR 的方法需要预先知道转基因作物的外源基因信息，对未知转基因生物的检测遇到一些技术障碍，现在已经开发了一些新的转基因生物检测方法来解决这些困难。检测实验室可以根据转基因作物基因序列的可用信息来考虑采用合适的转基因检测策略。

在转基因作物序列信息充分了解的情况下，基于常规 PCR、实时荧光 PCR 及 LAMP 的方法绝对适用于快速检测低数量的靶基因的转基因；如同时检测几个转基因靶基因则可选用 PCR 毛细管凝胶电泳技术（PCR CGE）、微阵列技术（Microarry）和液相芯片（Luminex）方法进行检验；如需要精确定量检测目标基因且避免抑制剂的影响则选择数字 PCR 较好，它可以精确检测出转基因靶标的拷贝数。然而，当测试的基质含有只有其一部分序列已知的转基因作物时，上述方法可能产生无法解释的结果，观察到的阳性信号与已知的转基因作物无关。在靶向关键 DNA 序列（例如，在转基因植物中经常使用的元件 p35S 和 tNOS）已知的情况下，通过富集策略使用 DNA 步移（DNA walking）技术或靶向测序技术（Targeted NGS）通过侧翼区域的转基因序列和非自然结合的序列来确定转基因植物的存在。DNA 步移技术可以鉴定与任何给定基因组中已知 DNA 区域相邻的未知的核苷酸序列，通过对转基因侧翼区域的序列与作物基因组的非自然连接来鉴定未知的转基因作物。然后，由测序技术获得序列信息，最后在已知的数据库中进行比较分析。如果没有任何可用的信息，那么只有应用全基因组测序技术来鉴别这类的转基因植物。

目前的转基因检测方法还需要继续改进，要求具有检测成本低，适合现场检测、检测速度快等特点，开发更快，更便宜的测试方法，允许高通量、小型化、自动化和标准化化将是未来的趋势。另一方面，由于标签制度的不同导致不同国家的规定的阈值及检测方法差别较大，因此利用转基因作物检测的国际通用标准，是减少国内和国际贸易争端，增进信息交流和促进国际合作及减少贸易纠纷的有效手段。

4.3.2 转基因生物安全检测技术标准化的发展

为了减少因为检测方法不一致引起检测结果偏差带来的贸易纠纷，很多国家逐步意识到实施转基因产品检测方法标准化的重要性，如我国相关部门都制定了许多转基因作物的检测方法标准。目前现行有效的转基因产品检测方法类标准已经有 291 个。主要包括国家标准、出入境检验检疫行业标准、地方标准及企业标准等，各种标准参差不齐、高低不一，目前被广泛认可和应用的检测标准主要为国家标准、出入境检验检疫行业标准及农业标准。

此外，国外的一些组织也制定了转基因检测的标准，如国际标准化组织（ISO）、欧盟转基因食品和饲料参考实验室（CRL-GMFF）也为转基因作物的检测做出了重大努力。其中国际标准化组织（ISO）先后颁布了 5 个标准，这 5 个标准对转基因生物及其产品检测分析方法、核酸的提取方法以及检测过程中的基本要求和定义做成了规范。如 ISO 21569:2005 规定了用 PCR 方法对转基因生物检测方法的总体框架。ISO21570:2005 详细地规定了对转基因生物进行定性检测的过程，重点规定了 PCR 扩增方法的一般要求。ISO 21571:2004 标准规定了食品中核酸提取的方法。ISO21572:2004 标准中规定了对食品中的蛋白进行检测的方法以及相关的注意事项。ISO 24276:2006 规定了转基因检测的抽样策略以及检测试验的一般的定义、实验室设置的要求和准则、方法验证要求、描述方法和测试报告。

此外，ISO 21098 是对食品、转基因生物及其衍生物的检测分析方法 ISO 21569、ISO 21570 或 ISO 21571 所需的内容和程序进行补充。

按照欧盟委员会第 32 条第 882/2004 号条例，欧盟参考实验室（EURLs）负责对饲料和食品中转基因成分的检测，其中包括向国家参考实验室提供分析方法的详细信息。目前，欧盟 GMO METHODS 数据库包含 118 个基于 DNA 的不同的 PCR 检测方法，能够进行分析鉴定 51 个单一转基因事件和 18 个分类单元的特异性基因。它还提供用于检测 8 种不同转基因元件的筛选试验，被用于发现在已经获批的大多数转基因生物。这一举措有助于为立法执法和检查监管提供一致的检测手段，被认为是全球标准化和转基因生物检测协调一致的重要一步。此外，该数据库还收集了相关检测方法的文章和研究报告，而且对这些方法已经进行了验证。由于欧盟《转基因生物法》中没有严格界定"参考方法"的概念，因此采用以下选择标准来决定是否将某种方法纳入数据库：所有的检测方法都是基于 DNA 的检测方法，并通过根据 ISO 5275 和/或 IUPAC 协议的协同试验验证，或者已被 EU-RL GMFF 在遵守欧盟立法行为的背景下进行了验证。欧盟 CRL-GMFF 还组织了国际上多个检测实验室对一些重要的转基因作物品系建立定量的检测方法，如对转基因玉米品系 TC1507、MON863、GA21 和 MON810 的定量检测方法。

GMO METHODS 数据库代表了根据国际标准或欧盟法律所要求的最新参考方法。该数据库通过提供全球接入和国际公认的独特资源，对促进国际商业贸易的顺利发展解决法律纠纷具有重要意义。转基因方法数据库的建立是统一转基因生物分析方法的重要一步，将对于确保对饲料和食品中转基因含量的监管控制法和检验方面发挥重要作用。

4.3.3 目前转基因生物安全检测技术标准化中存在的问题及其对策

转基因食品的生产、加工、销售等环节的有效监管是转基因食品产业有序发展的可靠保障。转基因食品从研发选种、收获农作物、进行生产加工、最后到市场销售都需要一套完整的检测监管体系，而其有效的执行则需要相应完善的检测标准。一些发达国家拥有完善的转基因检测制度、详细的转基因食品标识制度、严格的进出口审批制度，而一些发展中国家还没有相关的制度及执行标准。此外不同的国家及地区对转基因食品持有不同的态度，加之转基因食品的安全性还没有定论，使得建立国际通用的转基因相关检测标准显得更为重要。

此外转基因农作物的发展速度导致了相应检测标准的相对滞后性，如何弥补这些检测标准不足，这就需要定期及时修订转基因相关检测标准，使其能够更好地应用于转基因食品的检测管理，防止信息的滞后性。

目前世界各国及一些国际组织制定的转基因检测标准比较复杂，检测标准之间存在差异，使得转基因检测难以统一协调，因此不能够高效地进行转基因监测管理。而相关检测技术有实时荧光定量PCR法、依靠凝胶电泳的普通PCR法定性筛选检测方法、基因芯片检测方法，基于蛋白的胶体金检测方法以及最新的数字PCR定量检测方法，这些方法各有优点，同时也存在不可避免的缺陷。为了统一检测标准，减少贸易纠纷，相关组织或国家应通过规定检测标准，对于相应的检测技术进行指引。应对具备资质的转基因产品专业检测机构进行认证。借鉴国际上通用的先进技术，采用国际标准组织规定的检测标准，并在各成员国建立权威的检测机构体系。保证检测结果是权威的、科学的，让生产者及经营者能够获取被国际认可的检测报告，使得检测结果具有国际通用性。避免因采用的标准不统一而导致判定结果双重标准的现象发生，从而使得消费者的合法权益得到有效保障，同时在转基因新品种的检测标准领域，尽可能囊括当前全球范围内已被批准商业化种植的转基因农作物品种。

第五章　我国转基因农食产品安全管理的现状及建议

5.1　我国转基因农食产品安全管理现状

近年来，转基因技术正向纵深拓展，越来越多的转基因生物进入到我们的视野。2016年全球转基因作物种植约1.851亿公顷，20多个国家参与相关产品的种植、生产。伴随着巨大的经济利益，对于转基因产品的争议不断。一方面有人认为转基因技术的运用无疑有着极大的益处，已经在农作物的抗虫、抗病、抗除草剂及高产出等方面产生了不少经济效益，在医药领域也取得了令人瞩目的发展。另一方面，转基因生物及其产品存在的潜在风险也引起了各国政府、公众和科学家的关注。目前，对于转基因生物安全性争论的焦点集中在两个方面：一是转基因生物的环境安全性，例如，农作物对杀虫剂的耐药性、毒性对生物及害虫种群变化的影响，植物对除草剂的耐性，除草剂对土壤与水分、对生物环境生态平衡的影响等；二是转基因产品对人类健康的安全性，如毒蛋白、草甘膦、病毒外壳蛋白、抗生素抗性等。因此，世界主要发达国家和部分发展中国家均制定了相关法律法规，以对转基因产品的安全性进行评价及监控。

目前，我国转基因安全管理体系由国务院批准的农业转基因生物安全管理部际联席会议、原农业部、县级以上地方农业行政主管部门、国家农业转基因生物安全委员会、农业转基因生物安全管理标准化技术委员会以及检测机构共同构成。

部际联席会议制度，2007年由原农业部提出，国务院批准，成立时由原农业部等12个部门组成，负责贯彻落实国务院关于农业转基因生物安全管理的决策和部署；研究农业转基因生物安全管理工作的重大政策，提出有关政策建议；修订和完善《农业转基因生物安全管理条例》及配套规章；研究协调部门间联合执法与行政监管等重大事项；研究协调农业转基因生物安全管理能力建设事项；研究协调应对农业转基因生物安全重大突发事件；制定、调整农业转基因生物标识目录以及国务院交办的其他事项。

原农业部由农业转基因生物安全管理领导小组以及农业转基因生物安全管理办公室负责全国转基因的监督管理工作。

县级以上地方农业行政主管部门负责本行政区域内监督管理工作。

国家农业转基因生物安全委员会由相关领域技术业务扎实、学术水平较高的64名专家组成，负责对转基因生物安全评价和开展转基因安全咨询工作，具有广泛的专业代表性和政府权威性。农业转基因生物安全管理标准化技术委员会是国家标准化管理委员会于2004年11月30日批准成立的技术工作组织。主要根据农业转基因生物安全管理的方针政策，提出转基因生物安全标准化的方针、政策和有关技术措施，制定转基因生物安全的标准化体系，开展转基因植物、动物、微生物及其产品的研究、试验、生产、加工、经营、进出口及与安全管理方面相关国家、行业标准制修订和标准技术复核、宣讲、咨询、调查分析工作。

我国在转基因农食产品安全管理方面取得了相当大的成果，但与一些发达国家相比，还存在一定差异。

5.2 对我国转基因农食产品安全管理的建议

5.2.1 进一步完善相关法律建设

我国转基因产品管理制度正经历一个快速变迁的发展过程。1993年，原国家科学技术委员会发布《基因工程安全管理办法》用于指导我国基因工程工作，包括实验研究、中间试验、工业化生产以及遗传工程体释放和遗传工程产品使用等。1996年，原原农业部发布《农业生物基因工程安全管理实施办法》用于管理我国农业生物基因工程的实验研究、中间试验、环境释放或商品化生产（已废止）。2000年，由国家环保总局牵头制定了《中国国家生物安全框架》，阐明了中国国家生物安全管理的政策体系框架和法规体系框架，转基因生物体及其产品风险评估和风险管理的技术准则框架，以及生物安全管理国家能力建设需求。2001年，国务院颁布《农业转基因生物安全管理条例》（以下简称《条例》），标志着我国转基因生物安全性管理正式纳入法制建设轨道。2002年，原农业部颁发《农业转基因生物安全评价管理办法》《农业转基因生物进口安全管理办法》和《农业转基因生物标识管理办法》三个配套规章，《条例》及三个配套规章的发布，标志着我国对农业转基因生物的研究、试验、生产、加工、经营和进出口活动开始实施全面管理。同年，原卫生部也颁发了《转基因食品卫生管理办法》，明文规定食品中含有转基因产物的要标注"转基因食品"或"以转基因食品为原料"等字样（已废止）。2004年，原质检总局颁布《进出境转基因产品检验检疫管理办法》以对进出境的转基因产品进行检验检疫。随着《条例》的实施，批准进入加工环节的农业转基因生物不断增多，2006年，原农业部发布了《农业转基因生物加工审批办法》对在中国境内从事农业转基因生物加工的单位和个人实行审批管理，以防止具有活性的农业转基因生物产品有意或无意进入环境，对生态环境构成危险或潜在风险。2007年，原卫生部颁布实施了《新资源食品管理办法》，其中规定"转基因食品和食品添加剂的管理依照国家有关法规执行"，并废止了《转基因食品卫生管理办法》。2013年，原卫计委颁布《新食品原料安全性审查管理办法》，明确规定"新食品原料不包括转基因食品"，标志着原卫计委正式退出对转基因产品的监管工作。2015年颁布的新《食品安全法》将转基因食品的标识问题由此前的部门规章上升到法律层面，同年修订的《种子法》对转基因植物品种的选育、试验、审定、推广及销售做出了规定。20多年来，中国在转基因法规建设方面取得了相当大的成果，但是与一些发达国家相比，中国的生物安全管理立法起步较晚，相对还不完善。

从严格意义上说，我国目前的转基因农产品相关制度仍未跳出原农业部门规章，其独立价值被严重低估，建议从国家利益、消费者权益保护方面出发，建立专门转基因农食产品法规，将其作为一项独立的法律制度加以完善，除了具体内容安排上的修改外，还需要从多方面进行深化改造。

5.2.2 进一步完善转基因农产品标识制度

近年来转基因生物安全问题越来越引起人们的关注,转基因产品的安全性争议较多,出于其可能对生物多样性、生态环境和人类健康构成不可预知的潜在危险,作为风险预防和风险管理的措施,同时为保护消费者的知情权及选择权,转基因产品标识制度应运而生。转基因标识是表明产品是否来自转基因生物或者是否含有转基因成分的一种标识,虽然国际间正致力订立一套统一的转基因产品标识制度,但由于经济、政治等因素影响,各国对于转基因产品采取何种标签管制方式存在着比较大的分歧,在实际管制中所采取的方式也大不相同,目前各国仍未达成共识。

据统计,全球有60多个国家或地区实施转基因标识管理制度(表5-1),由于文化、经济、技术等各方面的差异,各国对转基因产品是否标识、如何标识存在较大差异。一般对于转基因标识管理可以分为自愿标识和强制标识两大类,其中强制标识又可以分为基于产品的强制标识制度(终产品中没有检出转基因成分或检出含量低于标识阈值即可豁免标识,如日本、中国)与基于过程的强制标识制度(只要生产过程中使用转基因原料,且终产品检出转基因成分含量超过阈值,则必须标识,如欧盟)。

表5-1 主要国家(组织、地区)转基因标识制度

国家/组织/地区	标识管理类型	标识阈值	备注
中国大陆	强制标识	0	
中国香港	自愿标识	5%	
中国台湾	强制标识	3%	
美国	自愿标识	无	
欧盟	强制标识	0.9%	如果混入食品中的转基因成分来源于尚未被欧盟批准上市销售的转基因作物品种,阈值降低至0.5%,对有机食品中转基因的阈值规定到目前能检测的极限值0.1%
日本	强制标识	5%	
加拿大	自愿标识	无	
澳大利亚/新西兰	强制标识	1%	
泰国	强制标识	5%	
以色列	强制标识	0.9%	
沙特阿拉伯	强制标识	1%	不允许含有转基因动物成分的食品进口
印尼	强制标识	5%	
厄瓜多尔	强制标识	0.9%	

续上表

国家/组织/地区	标识管理类型	标识阈值	备注
约旦	暂无规定	无	该国 JS 9:2001 法规规定任何标注为转基因或含有转基因成分的产品不得进入该国
摩洛哥	自愿标识	无	
乌克兰	强制标识	0.9%	
智利	暂无规定	无	仅当转基因产品与传统产品存在显著差异时需要标识说明
菲律宾	暂无规定	无	至少两项有关于转基因强制标识的法案 HB3686 及 HB3810 已经提交至菲律宾众议院,但原定于 2017 年 08 月 23 日的关于 HB3686 的听证会未能如期举行
巴西	强制标识	1%	
秘鲁	暂无规定	无	2011 年 3 月颁布的《消费者保护守则》(The Consumer Defense Code)规定需要对加工产品中的转基因含量进行标注,但原定 180 天内公布的该守则的实施细则至今未公布
英国	强制标识	0.9%	
塞内加尔	强制标识	无	
印度	强制标识	无	2006 年 3 月,印度健康与家庭福利部(the Ministry of Health and Family Welfare)对 1955 年的《预防食品掺假规则》(Prevention of Food Adulteration (PFA) Rules)进行修正,扩大了对"转基因食品"的标签要求,2012 年,消费者事业部(Department of Consumer Affairs)对 2011 版《法定记录(包装食品)规则》(Legal Metrology (Packaged Commodities) Rules)进行修订,增加对转基因包装食品强制标识的要求,目前印度食品安全局(FSSAI)也在着手建立转基因食品标识制度
哥伦比亚	强制标识	无	卫生和社会保障部(Ministry of Health and Social Protection)2012 年发布了监管第 4254 号决议,确立了《现代生物技术食品标签的要求》(Labeling of Food Derived from Modern Biotechnology),要求对产品的健康和安全进行标识,如潜在过敏原等情况。2015 年 9 月 8 日法院判决国会必须在两年内起草和执行关于转基因生物强制性标识的立法,但截至 2018 年 1 月 30 日仍未完成

续上表

国家/组织/地区	标识管理类型	标识阈值	备注
新加坡	自愿标识	无	
埃及	暂无规定	无	
马来西亚	强制标识	3%	
越南	强制标识	5%	
南非	强制标识	5%	
阿联酋	强制标识	无	

我国采用的转基因定性按目录强制标识制度既不会像美国采用的自愿标识制度那样宽松，也不会如欧盟采用的以过程为基础的强制标识制度那样严苛，而是较为符合我国监管体系正逐步完善、社会诚信及行业自律意识不断加强的国情现状，既在一定程度上保护了消费者的知情权，也缓和了我国转基因检测技术水平稍有滞后的矛盾，协调了多方利益，但是同传统转基因强国相比，还存在多方面的不足。

5.2.2.1 转基因标识目录范围狭窄

根据ISAAA（农业生物技术应用国际服务组织）网站公布的数据显示（数据截至2018年1月26日），目前已经研发的转基因农产品涉及甜菜、大豆、紫花苜蓿、番茄、小麦、苹果、油菜、康乃馨、棉花、剪股颖、茄子、桉树、亚麻、玉米、木瓜、马铃薯、水稻、烟草、菜豆、香瓜、菊苣、矮牵牛、李子、芜菁、杨树、月季、南瓜、甘蔗、甜椒等29种。同时我国原农业部审批允许作为加工原料进口的涉及大豆、玉米、油菜、棉花、甜菜等5类产品，审批允许用于生产应用的涉及重组大肠杆菌、重组杆状病毒等72种转基因微生物，涉及玉米、水稻、棉花、木瓜等4类农产品（截至2018年1月26日且仍在审批有效期内的）。2015年11月19日，美国FDA批准全球首例转基因食用动物——转基因三文鱼上市，这标志着转基因食用动物踏上了历史的舞台。

目前已面世的转基因产品原料繁多，但我国自2002年原农业部在发布第一批实施标识管理的农业转基因生物目录后，目录至今再未更新，仅涉及大豆种子、大豆、大豆粉、大豆油、豆粕、玉米种子、玉米、玉米油、玉米粉、油菜种子、油菜籽、油菜籽油、油菜籽粕、棉花种子、番茄种子、鲜番茄、番茄酱5大类17种产品，目录范围过于狭窄，已经不能完全满足当前现状及公众知情权要求。

从转基因发展现况以及消费者知情权保护角度考虑，建议由现阶段的目录定性强制标识制度过渡为目录定量管理标识制度，对于目录产品中含转基因成分的做强制标识要求，比如原料为转基因大豆的豆腐、豆浆等含蛋白成分的豆制品；对于终产品中已经不含转基因成分的，比如油脂类产品实行自愿标识。这也是大部分国家和地区采取的方式，同时也符合我国现阶段的国情。由于目前对动物的转基因研究也越来越多，虽然我国暂未批准相关产品的生产及进口，但也很有必要考虑将动物纳入目录产品内管理。

5.2.2.2 缺乏转基因成分标识阈值的设置

转基因成分标识阈值是指要求标识的最低转基因成分含量。不同国家（地区）对阈值的概念截然不同。一种是基于样品重量，即某一食品成分中转基因成分占该产品的重量百分比；一种是基于样品中某成分重量，即某一食品成分中转基因成分占该产品该成分的重量百分比；一种是基于转基因成分拷贝数，即食品 DNA 中某一成分中转基因成分的外源基因拷贝数与该食品成分内源参照基因拷贝数的比值。

随着世界范围内转基因作物种植面积的扩大，转基因原料数量的增加，生产过程中非故意添加的转基因低含量混杂情况越来越难以避免。目前，国际上绝大多数实行转基因强制标识的国家和地区，甚至是个别实行转基因食品强制标识制度的国家，均对转基因产品标识实行阈值管理。但目前我国对转基因产品并没有设定标识阈值，因此理论上只要有检出指定的转基因成分就必须强制标识，过于严苛且与现实脱节。

设置合理阈值有利于转基因食品市场的健康发展。目前转基因产业发展十分迅猛，已经形成了全球范围内的转基因与非转基因食品共存的局面。食品原料在种植、运输、加工、流通环境很容易因为基因漂移、自然因素造成终产品含有转基因成分。转基因检测方法日新月异，某些新方法灵敏度是传统方法的十倍、百倍，检测成本差距甚大，某种方法无法检出并不意味确定着该产品不含转基因成分，这很容易导致生产企业进退两难，若执行标识规定，采用最严苛的检测方法，必然导致成本升高，影响销售。若规避制度，一方面可能存在被监管部门处罚的风险，另一方面也不利于企业的诚信经营，故而定性强制标识制度在执行上面临诸多困境。因此设定转基因标识阈值，可以有效地确保标识既具有真实性，又具有可执行性，可以有效地降低经营者的风险，有利于促进转基因食品市场的健康发展。

5.2.2.3　缺乏转基因阴性标识的设置

目前，市面上充斥着大量标榜自己为"非转基因"的产品，这些产品一般存在两种情况：一种是不存在转基因原料的产品标注阴性标识，如花生油，目前花生暂无商业化的转基因品种，但市面上部分花生油均堂而皇之地打着"非转基因"的旗号，使转基因阴性标识沦为了一种营销手段，存在不正当竞争之嫌；另一种是使用的原料已存在转基因产品，厂家使用非转基因原料生产的产品进行阴性标识，同时目前转基因原料数量大量增加，生产过程中的非故意添加的转基因低含量混杂情况越来越难以避免，但是由于目前我国暂无阈值设定，同时对厂家阴性标识缺乏具体要求，因此厂家和监管部门均存在着一定的风险。

转基因标识相关规定主要涉及一部法律《中华人民共和国食品安全法》，一部行政法规《农业转基因生物安全管理条例》，三部部门规章《农业转基因生物标识管理办法》《进出境转基因产品检验检疫管理办法》《食品标识管理规定》，一条国家标准 GB7718《预包装食品标签通则》以及一条原农业部公告《农业转基因生物标签的标识》（原农业部 869 号公告 - 1 - 2007）。其中新《中华人民共和国食品安全法》规定生产经营转基因产品应当按照规定显著标识。《农业转基因生物安全管理条例》《进出境转基因产品检验检疫管理办法》规定在国内销售列入农业转基因生物目录的农业转基因生物，应当有明显的标识。GB7718 - 2011《预包装食品标签通则》对转基因标识无具体规定，仅概括性地要求其符合相关法律法规的规定。《农业转基因生物标识管理办法》及《农业转基因生物标签的标识》对标识的标注方法有了较为详细的说明，但却缺乏对阴性标识的规定。

目前对阴性标识的管理仅能依据《中华人民共和国广告法》第四条规定："广告不得含有虚假内容，不得欺骗和误导消费者"。第十条规定："广告使用……引用语、应当真实、准确,并表明出处"。《中华人民共和国反不正当竞争法》第五条规定:"经营者不得采用下列不正当手段从事市场交易,损害竞争对手……对商品质量作引人误解的虚假表示"。第九条规定:"经营者不得利用广告或者其他办法,对商品的质量、制作成分、性能……等作引人误解的虚假宣传"。对阴性标人的管理缺乏专门的法律规章对其限制。

2016年,原国家食药监总局起草的《中华人民共和国食品安全法实施条例(修订草案送审稿)》中第八十条明确规定"对于国家尚未批准的转基因食品和原料,不得标注'非转基因'字样等"。但正式颁布的《中华人民共和国食品安全法实施条例》中却删除了该条款。导致目前转基因阴性标识监管无法可依,市面上各类转基因阴性标识混乱。

建议在相关法律法规中明确对转基因阴性标识的管理,对于目前尚无转基因应用的原料的产品,不得标识为"非转基因";对于有相应转基因产品上市的传统产品,结合标识阈值设定,应经严格的认证或检验后,可以自愿标识为"非转基因",并建立配套的非转基因原料的管理程序,这方面可以参考日本的 IP 管理(identity preserved)① 制度,同时加强监管机构检测能力建设,加强监管,避免虚假标识的情况。

5.2.3 进一步完善检测技术体系建设

转基因生物安全管理技术性强,只有建立起配套完善的技术支撑体系作为后盾,才能保证法律法规和管理制度的顺利实施。我国政府十分重视转基因生物安全管理工作,目前,我国转基因生物安全管理技术支撑体系建设已经取得了显著成效,以国家农业转基因生物安全委员会委员为核心的专家咨询体系、以全国农业转基因生物安全管理标准化技术委员会委员为核心的标准体系和以农业农村部转基因生物安全监督检验测试中心为核心的监测体系已经初具规模。但由于我国转基因生物安全管理起步较晚,检测技术研究和标准化工作与发达国家相比还有一定的差距,急需加强研究、积蓄力量、储备技术和提高能力。

截至 2018 年 1 月 31 日,我国现行的与转基因产品、生物安全管理相关标准涉及国家标准 12 项,原农业部发布标准 17 项,原农业部公告 146 项,检验检疫行业标准 78 项,地方标准 41 项。同一品系的检测标准由不同部门不同组织重复制定现象严重。同时,还存在标准老旧现象,如 9 项国家标准中的 8 项自 2004 制定发布以来再未更新,部分已经不能满足现状要求。

同时我国转基因标准制定还存在滞后现象。由于世界转基因研发、应用及审批速度不均衡,目前存在很多在国外已经合法商业种植,但因为我国尚未审批而不得进入我国的转基因品系,我们一般称之为非法品系。以转基因大豆为例,截至 2018 年 1 月 31 日,ISAAA 网站数显示,全球范围内已有 37 个转基因大豆品系通过审批,其中单一品系 25 种,复合品系 12 种。我国原农业部通过审批允许进口用作加工原料且仍在有效期内的有 13 种,目前中国已建立检测标准涉及的有 15 种品系,其中 11 种是我国已经通过审批允许进口的大豆品系(另外两种通过审批的转基因大豆为复合品系大豆,可通过已有标准

---

① "IP 管理"指为防止在食品、饲料和种子生产中潜在的转基因成分的污染,从非转基因作物种子的播种到农产品的田间管理、收获、运输、出口、加工的整个生产供应链中通过严格的控制、检测、可追踪性信息的建立等措施,确保非转基因产品"身份"的纯粹性,并提高产品价值的生产和质量保证体系。

进行检测）。目前仍有 11 种转基因大豆非法品种我国没有相应检测标准（其中复合品系大豆 1 种）。与我国现行的转基因大豆检测相关的近 40 项标准存在鲜明的对比。

因此，建议由相关部门对转基因相关检测标准进行统一梳理。一是将同类标准合并，统一检测方法，避免"多龙治水"的情况发生；二是对已经不符合现状要求的老旧标准及时更新或清理，避免误用；第三紧跟转基因研发步伐，及时制定新标准。

随着国家对转基因技术的重视程度提高，对转基因检测领域投入逐年增长。经在政府采购查询，2017 年，仅仅涉及 PCR 的中标信息就达 190 条，还不包括相关配套设备的招投标。但同时也存在多方面的问题。一方面检测人员缺乏，有些基层单位虽然购置了尖端设备，但由于缺乏专业检测人员，无人能用，没人会使，存在设备闲置情况。另一方面新型设备缺乏，目前部分基层部门仍在使用普通定性 PCR 对转基因成分进行检测：一是普通 PCR 灵敏度低，对于一些输欧产品的检测力有未逮；二是如果将来我国推行转基因标识阈值管理，普通 PCR 由于较难进行定量检测，不利于政策推行后的监管；三是普通定性 PCR 检测方法缺乏标准支撑，目前大部分检测方法均采用实时荧光检测或复核。

因此，建议进一步加大转基因检测方面的投入：一是要进一步加强设备投入，更新老旧设备，投入尖端设备，以保障新制度的顺利实施；二是要进一步加强人员的投入，一方面应提高检测人员待遇，鼓励和吸纳优秀专业人才，另一方面加大人员培训力度，积极参与高校、国际组织之间的合作，培养一支专业的技术队伍。

附录：全球转基因农作物品系研发及批准情况

序号	种类	品系名	商业特性	外源基因	批准国家/地区/国际组织及用途
1	苜蓿	J101	除草剂耐受性	cp4 epsps (aroA: CP4)	澳大利亚[1]，加拿大[123]，日本[123]，墨西哥[13]，新西兰[123]，菲律宾[12]，新加坡[2]，韩国[12]，美国[123]
2	苜蓿	J101×J163	除草剂耐受性	cp4 epsps (aroA: CP4)	日本[123]，墨西哥[1]，韩国[12]
3	苜蓿	J163	除草剂耐受性	cp4 epsps (aroA: CP4)	澳大利亚[1]，加拿大[123]，日本[123]，墨西哥[13]，新西兰[123]，菲律宾[12]，新加坡[2]，韩国[12]，美国[123]
4	苜蓿	KK179	改进产品质量	ccomt (inverted repeat), nptII	澳大利亚[1]，加拿大[123]，日本[1]，墨西哥[1]，新西兰[1]，韩国[12]，美国[123]
5	苜蓿	KK179×J101	除草剂耐受性，改进产品质量	cp4 epsps (aroA: CP4), ccomt (inverted repeat), nptII	日本[123]，墨西哥[1]，韩国[2]
6	苹果	GD743	改进产品质量	PGAS PPO suppression gene, nptII	加拿大[123]，美国[123]
7	苹果	GS784	改进产品质量	PGAS PPO suppression gene, nptII	加拿大[123]，美国[123]
8	苹果	NF872	改进产品质量	PGAS PPO suppression gene, nptII	美国[123]
9	阿根廷油菜	23-18-17 (Event 18)	改进产品质量	te, nptII	加拿大[123]，美国[123]
10	阿根廷油菜	23-198 (Event 23)	改进产品质量	te, nptII	加拿大[123]，美国[23]
11	阿根廷油菜	61061	除草剂耐受性	gat4621	加拿大[123]

续上表

序号	种类	品系名	商业特性	外源基因	批准国家/地区/国际组织及用途
12	阿根廷油菜	73496	除草剂耐受性	gat4601	澳大利亚[123]，加拿大[123]，日本[13]，墨西哥[1]，新西兰[123]，南非[12]，韩国[12]，中国台湾地区[1]，美国[123]
13	阿根廷油菜	73496 × RF3	除草剂耐受性，授粉控制	gat4601，bar，barstar	韩国[1]
14	阿根廷油菜	GT200（RT200）	除草剂耐受性	cp4 epsps（aroA：CP4），goxv247	加拿大[123]，智利[3]，日本[13]，美国[123]
15	阿根廷油菜	GT73（RT73）	除草剂耐受性	cp4 epsps（aroA：CP4），goxv247	澳大利亚[13]，加拿大[123]，日本[123]，墨西哥[1]，新西兰[123]，菲律宾[12]，美国[123]
16	阿根廷油菜	HCN10（Topas 19/2）	除草剂耐受性	bar，nptII	中国[12]，日本[123]，美国[123]
17	阿根廷油菜	HCN28（T45）	除草剂耐受性	pat（syn）	澳大利亚[123]，加拿大[123]，中国[12]，欧盟[12]，日本[123]，墨西哥[1]，新西兰[123]，韩国[12]，美国[123]
18	阿根廷油菜	HCN28 × MON88302	除草剂耐受性	pat（syn），cp4 epsps（aroA：CP4）	澳大利亚[123]
19	阿根廷油菜	HCN92（Topas 19/2）	除草剂耐受性	bar，nptII	澳大利亚[123]，加拿大[123]，中国[12]，欧盟[12]，日本[123]，墨西哥[1]，新西兰[123]，南非[12]，韩国[12]，美国[13]
20	阿根廷油菜	HCN92 × MON88302	除草剂耐受性	bar，nptII，cp4 epsps（aroA：CP4）	澳大利亚[123]

续上表

序号	种类	品系名	商业特性	外源基因	批准国家/地区/国际组织及用途
21	阿根廷油菜	MON88302	除草剂耐受性	cp4 epsps (aroA: CP4)	澳大利亚[123]，加拿大[123]，日本[123]，墨西哥[1]，新西兰[123]，菲律宾[12]，韩国[2]，美国[123]，欧盟[12]
22	阿根廷油菜	MON88302 × MS8 × RF3	除草剂耐受性，授粉控制	cp4 epsps (aroA: CP4), bar, barnase, barstar	日本[123]，墨西哥[12]，韩国[1]
23	阿根廷油菜	MON88302 × RF3	除草剂耐受性，授粉控制	cp4 epsps(aroA: CP4), bar, barstar	澳大利亚[123]，日本[123]，墨西哥[1]，韩国[1]
24	阿根廷油菜	MPS961	改进产品质量	nptII, phyA	美国[12]
25	阿根廷油菜	MPS962	改进产品质量	nptII, phyA	美国[12]
26	阿根廷油菜	MPS963	改进产品质量	nptII, phyA	美国[123]
27	阿根廷油菜	MPS964	改进产品质量	nptII, phyA	美国[12]
28	阿根廷油菜	MPS965	改进产品质量	nptII, phyA	美国[12]
29	阿根廷油菜	MS1（B91-4）	除草剂耐受性，授粉控制	bar, barnase, nptII	澳大利亚[13]，加拿大[123]，中国[12]，欧盟[12]，墨西哥[1]，新西兰[123]，美国[123]

附录
全球转基因农作物品系研发及批准情况

续上表

序号	种类	品系名	商业特性	外源基因	批准国家/地区/国际组织及用途
30	阿根廷油菜	MS1×MON88302	除草剂耐受性，授粉控制	cp4 epsps（aroA: CP4），bar，barnase，nptII	澳大利亚[123]
31	阿根廷油菜	MS1×RF1（PGS1）	除草剂耐受性，授粉控制	bar，barnase，barstar，nptII	澳大利亚[13]，加拿大[123]，中国[12]，欧盟[12]，日本[123]，墨西哥[1]，新西兰[123]，南非[12]，韩国[12]
32	阿根廷油菜	MS1×RF2（PGS2）	除草剂耐受性，授粉控制	bar，barnase，barstar，nptII	澳大利亚[13]，加拿大[123]，中国[12]，欧盟[12]，日本[123]，新西兰[123]，南非[12]，韩国[12]
33	阿根廷油菜	MS1×RF3	除草剂耐受性，授粉控制	bar，barnase，barstar，nptII	中国[12]
34	阿根廷油菜	MS8	除草剂耐受性，授粉控制	bar，barnase	澳大利亚[13]，加拿大[123]，欧盟[12]，日本[123]，新西兰[123]，中国台湾地区[12]，美国[123]
35	阿根廷油菜	MS8×MON88302	除草剂耐受性，授粉控制	cp4 epsps（aroA: CP4），bar，barnase	澳大利亚[123]
36	阿根廷油菜	MS8×RF3	除草剂耐受性，授粉控制	bar，barnase，barstar	澳大利亚[13]，加拿大[123]，中国[12]，欧盟[12]，日本[123]，马来西亚[12]，墨西哥[1]，新西兰[123]，南非[12]，韩国[12]
37	阿根廷油菜	MS8×RF3×GT73（RT73）	除草剂耐受性，授粉控制	bar，barnase，barstar，cp4 epsps（aroA: CP4），goxv247	日本[123]，墨西哥[1]，韩国[12]，中国台湾地区[1]
38	阿根廷油菜	OXY-235	除草剂耐受性	bxn	澳大利亚[123]，加拿大[123]，中国[12]，日本[123]，新西兰[1]，美国[1]

续上表

序号	种类	品系名	商业特性	外源基因	批准国家/地区/国际组织及用途
39	阿根廷油菜	PHY14	除草剂耐受性，授粉控制	bar, barnase, barstar	日本[12]
40	阿根廷油菜	PHY23	除草剂耐受性，授粉控制	bar, barnase, barstar	日本[12]
41	阿根廷油菜	PHY35	除草剂耐受性，授粉控制	bar, barnase, barstar	日本[12]
42	阿根廷油菜	PHY36	除草剂耐受性，授粉控制	bar, barnase, barstar	日本[12]
43	阿根廷油菜	RF1（B93-101）	除草剂耐受性，授粉控制	bar, barstar, nptII	澳大利亚[13]，加拿大[123]，中国[12]，欧盟[12]，墨西哥[1]，美国[123]
44	阿根廷油菜	RF1×MON88302	除草剂耐受性，授粉控制	cp4 epsps (aroA; CP4), bar, barstar, nptII	澳大利亚[123]
45	阿根廷油菜	RF2（B94-2）	除草剂耐受性，授粉控制	bar, barstar, nptII	澳大利亚[13]，加拿大[123]，中国[12]，欧盟[12]，新西兰[1]，美国[123]
46	阿根廷油菜	RF2×MON88302	除草剂耐受性，授粉控制	cp4 epsps (aroA; CP4), bar, barstar, nptII	澳大利亚[123]
47	阿根廷油菜	RF3	除草剂耐受性，授粉控制	bar, barstar	澳大利亚[13]，加拿大[123]，欧盟[12]，韩国[1]，中国台湾地区[12]，日本[123]，美国[123]
48	菜豆	EMBRAPA 5.1	抗病性	ac1 (sense and antisense)	巴西[123]
49	康乃馨	11（7442）	改进产品质量	dfr, hfl (f3'5'h), surB	澳大利亚[3]，日本[3]，挪威[3]

续上表

序号	种类	品系名	商业特性	外源基因	批准国家/地区/国际组织及用途
50	康乃馨	11363 (1363A)	改进产品质量	dfr, bp40 (f3'5'h), surB	澳大利亚[3], 欧盟[3], 日本[3], 挪威[3]
51	康乃馨	1226A (11226)	改进产品质量	dfr, bp40 (f3'5'h), surB	哥伦比亚[3], 欧盟[3], 挪威[3]
52	康乃馨	123.2.2 (40619)	改进产品质量	dfr, hfl (f3'5'h), surB	澳大利亚[3], 日本[3], 马来西亚[3]
53	康乃馨	123.2.38 (40644)	改进产品质量	dfr, bp40 (f3'5'h), surB	澳大利亚[3], 欧盟[3], 日本[3], 马来西亚[3]
54	康乃馨	123.8.12	改进产品质量	dfr, hfl (f3'5'h), surB	澳大利亚[3], 日本[3], 马来西亚[3]
55	康乃馨	123.8.8 (40685)	改进产品质量	dfr, bp40 (f3'5'h), surB	澳大利亚[3], 日本[3], 马来西亚[3]
56	康乃馨	1351A (11351)	改进产品质量	dfr, hfl (f3'5'h), surB	哥伦比亚[3], 挪威[3]
57	康乃馨	1400A (11400)	改进产品质量	dfr, bp40 (f3'5'h), surB	哥伦比亚[3], 挪威[3]
58	康乃馨	15	改进产品质量	dfr, hfl (f3'5'h), surB	澳大利亚[3], 挪威[3]
59	康乃馨	16	改进产品质量	dfr, hfl (f3'5'h), surB	澳大利亚[3], 挪威[3]
60	康乃馨	1990/7	除草剂耐受性, 改进产品质量	dfr, bp40 (f3'5'h), sfl (f3'5'h), surB	哥伦比亚[3], 马来西亚[3]
61	康乃馨	25947	除草剂耐受性, 改进产品质量	bp40 (f3'5'h), dfr, dfr-diaca, surB	哥伦比亚[3], 马来西亚[3]
62	康乃馨	25958	除草剂耐受性, 改进产品质量	bp40 (f3'5'h), dfr, dfr-diaca, surB	澳大利亚[3], 哥伦比亚[3], 欧盟[3], 马来西亚[3]
63	康乃馨	26407	除草剂耐受性, 改进产品质量	hfl (f3'5'h), cytb5, surB	澳大利亚[3], 哥伦比亚[3], 欧盟[3], 马来西亚[3]
64	康乃馨	4	改进产品质量	dfr, hfl (f3'5'h), surB	澳大利亚[3], 挪威[3]
65	康乃馨	66	改进产品质量	surB, acc (truncated)	澳大利亚[3], 挪威[3]

续上表

序号	种类	品系名	商业特性	外源基因	批准国家/地区/国际组织及用途
66	康乃馨	959A (11959)	改进产品质量	dfr, bp40 (f3'5'h), surB	哥伦比亚[3], 欧盟[3], 挪威[3]
67	康乃馨	988A (11988)	改进产品质量	dfr, bp40 (f3'5'h), surB	欧盟[3], 挪威[3]
68	菊苣	RM3-3	除草剂耐受性, 授粉控制	bar, barnase, nptII	美国[123]
69	菊苣	RM3-4	除草剂耐受性, 授粉控制	bar, barnase, nptII	美国[123]
70	菊苣	RM3-6	除草剂耐受性, 授粉控制	bar, barnase, nptII	美国[123]
71	棉花	19-51a	除草剂耐受性	S4-HrA	美国[123]
72	棉花	281-24-236	抗虫性	pat (syn), cry1F	加拿大[12], 哥伦比亚[1], 日本[12], 墨西哥[123], 中国台湾地区[1], 美国[123]
73	棉花	281-24-236 × 3006-210-23 (MXB-13)	抗虫性	cry1F, cry1Ac, pat (syn)	澳大利亚[13], 巴西[123], 哥斯达黎加[3], 欧盟[12], 日本[12], 墨西哥[123], 新西兰[1], 韩国[12]
74	棉花	281-24-236 × 3006-210-23 × COT102 × 81910	除草剂耐受性, 抗虫性	cry1F, cry1Ac, pat (syn), vip3A (a), aph4 (hpt), aad-[12], pat	日本[123]
75	棉花	3006-210-23	抗虫性	pat (syn), cry1Ac	加拿大[12], 哥伦比亚[1], 日本[12], 墨西哥[123], 中国台湾地区[1], 美国[123]
76	棉花	3006-210-23 × 281-24-236 × MON1445	除草剂耐受性, 抗虫性	cp4 epsps (aroA; CP4), cry1F, cry1Ac, bar, nptII, aad	日本[123], 墨西哥[123], 韩国[1]

续上表

序号	种类	品系名	商业特性	外源基因	批准国家/地区/国际组织及用途
77	棉花	3006-210-23 × 281-24-236 × MON88913	除草剂耐受性，抗虫性	cp4 epsps（aroA: CP4），cry1F，cry1Ac，bar	哥斯达黎加[3]，日本[123]，墨西哥[1]，韩国[12]
78	棉花	3006-210-23 × 281-24-236 × MON88913 × COT102	除草剂耐受性，抗虫性	cry1Ac，vip3A（a），cry1F，aph4（hpt），cp4 epsps（aroA: CP4），pat	日本[13]，墨西哥[1]，韩国[12]
79	棉花	31707	除草剂耐受性，抗虫性	cry1Ac，nptII	美国[12]
80	棉花	31803	除草剂耐受性，抗虫性	bxn，cry1Ac，nptII	美国[12]
81	棉花	31807 × 31808	除草剂耐受性，抗虫性	bxn，cry1Ac	加拿大[1]
82	棉花	31807	除草剂耐受性，抗虫性	bxn，cry1Ac，nptII	加拿大[1]，日本[123]，美国[123]
83	棉花	31808	除草剂耐受性，抗虫性	bxn，cry1Ac，nptII	加拿大[1]，日本[123]，美国[123]
84	棉花	42317	除草剂耐受性，抗虫性	bxn，cry1Ac，nptII	美国[12]
85	棉花	81910	除草剂耐受性	aad-12，pat	澳大利亚[1]，加拿大[12]，日本[123]，墨西哥[1]，新西兰[1]，韩国[12]，中国台湾地区[1]，美国[123]
86	棉花	BNLA-601	抗虫性	cry1Ac	印度[3]
87	棉花	BXN10211（10211）	除草剂耐受性	bxn，nptII	澳大利亚[1]，日本[12]，墨西哥[1]，新西兰[1]，美国[123]
88	棉花	BXN10215（10215）	除草剂耐受性	bxn，nptII	加拿大[12]，日本[12]，墨西哥[1]，美国[123]
89	棉花	BXN10222（10222）	除草剂耐受性	bxn，nptII	澳大利亚[12]，加拿大[12]，日本[12]，墨西哥[1]，新西兰[1]，美国[123]
90	棉花	BXN10224（10224）	除草剂耐受性	bxn，nptII	加拿大[12]，墨西哥[1]，美国[123]

续上表

序号	种类	品系名	商业特性	外源基因	批准国家/地区/国际组织及用途
91	棉花	COT102（IR102）	抗虫性	vip3A（a），aph4（hpt）	澳大利亚[1]，日本[12]，加拿大[12]，中国[12]，哥伦比亚[12]，韩国[13]，墨西哥[123]，新西兰[123]，菲律宾[12]，美国[13]
92	棉花	COT102 × COT67B	抗虫性	cry1Ab, vip3A（a），aph4（hpt）	哥斯达黎加[3]
93	棉花	COT102 × COT67B × MON88913	除草剂耐受性、抗虫性	cp4 epsps（aroA: CP4），cry1Ab，aph4（hpt）	哥斯达黎加[3]
94	棉花	COT102 × MON15985	抗虫性	vip3A（a），aph4（hpt），cry1Ac，cry2Ab2，nptII，aad，uidA	澳大利亚[123]，日本[1]，墨西哥[3]
95	棉花	COT102 × MON15985 × MON88913	除草剂耐受性、抗虫性	cp4 epsps（aroA: CP4），vip3A（a），aph4（hpt），cry1Ac，cry2Ab2，nptII，aad，uidA	澳大利亚[123]，巴西[123]，日本[12]，韩国[1]，中国台湾地区[1]
96	棉花	COT102 × MON15985 × MON88913 × MON88701	除草剂耐受性、抗虫性	cp4 epsps（aroA: CP4），vip3A（a），aph4（hpt），cry1Ac，cry2Ab2，nptII，aad，uidA，dmo，bar	澳大利亚[123]，日本[12]，韩国[12]
97	棉花	COT67B（IR67B）	抗虫性	cry1Ab	澳大利亚[1]，加拿大[12]，日本[1]，墨西哥[1]，新西兰[2]，韩国[2]，美国[123]
98	棉花	Event1	抗虫性	cry1Ac, nptII	印度[3]
99	棉花	GFM Cry1A	抗虫性	cry1Ab-Ac, nptII, uidA	印度[3]，巴基斯坦[3]
100	棉花	GHB119	除草剂耐受性、抗虫性	bar, cry2Ae	澳大利亚[1]，日本[123]，加拿大[12]，中国[12]，哥伦比亚[12]，新西兰[12]，韩国[123]，马来西亚[12]，美国[123]

· 212 ·

续上表

序号	种类	品系名	商业特性	外源基因	批准国家/地区/国际组织及用途
101	棉花	GHB614	除草剂耐受性	2mepsps	阿根廷[12], 澳大利亚[123], 巴西[123], 加拿大[12], 中国[12], 哥伦比亚[123], 哥斯达黎加[3], 日本[123], 马来西亚[12], 墨西哥[1], 欧盟[12], 韩国[2], 新西兰[1], 美国[23]
102	棉花	GHB614×LL棉花25	除草剂耐受性	2mepsps, bar	阿根廷[123], 巴西[123], 哥伦比亚[123], 欧盟[12], 日本[123], 墨西哥[12], 韩国[12], 中国台湾地区[1]
103	棉花	GHB614×LL棉花25×MON15985	除草剂耐受性, 抗虫性	cry1Ac, cry2Ab2, bar, 2mepsps, nptII, aad, uidA	日本[123], 墨西哥[1], 韩国[2], 中国台湾地区[1]
104	棉花	GHB614×MON15985	除草剂耐受性, 抗虫性	2mepsps, cry2Ab2, cry1Ac	/
105	棉花	GHB614×T304-40×GHB119	除草剂耐受性, 抗虫性	2mepsps, cry1Ab, cry2Ae, bar	巴西[123], 墨西哥[1], 韩国[1], 中国台湾地区[1]
106	棉花	GHB614×T304-40×GHB119×COT102	除草剂耐受性, 抗虫性	2mepsps, cry1Ab, cry2Ae, bar, vip3A(a), aph4(hpt)	澳大利亚[123], 巴西[123], 日本[123], 韩国[1], 中国台湾地区[1]
107	棉花	GK12	抗虫性	cry1Ab-Ac	中国[3]
108	棉花	LL棉花25	除草剂耐受性	bar	阿根廷[12], 澳大利亚[23], 巴西[123], 加拿大[12], 中国[12], 哥伦比亚[123], 哥斯达黎加[3], 日本[123], 马来西亚[12], 墨西哥[12], 欧盟[12], 新西兰[1], 南非[2], 韩国[2], 美国[123]
109	棉花	LL棉花25×MON15985	除草剂耐受性, 抗虫性	bar, cry1Ac, cry2Ab2, nptII, uidA, aad	澳大利亚[123], 日本[123], 墨西哥[1], 韩国[12], 中国台湾地区[1]
110	棉花	MLS 9124	抗虫性	cry1C, nptII	印度[3]

续上表

序号	种类	品系名	商业特性	外源基因	批准国家/地区/国际组织及用途
111	棉花	MON1076	抗虫性	cry1Ac, nptII, aad	澳大利亚[1], 加拿大[2], 新西兰[123], 南非[123], 美国[123]
112	棉花	MON1445	除草剂耐受性	cp4 epsps (aroA: CP4), nptII, aad	阿根廷[123], 澳大利亚[13], 巴西[123], 加拿大[12], 中国[2], 哥伦比亚[123], 哥斯达黎加[3], 欧盟[123], 日本[12], 墨西哥[13], 新西兰[123], 巴拉圭[123], 菲律宾[12], 新加坡[12], 南非[123], 韩国[123], 美国[123]
113	棉花	MON15985	抗虫性	cry1Ac, nptII, aad, uidA, cry2Ab2	澳大利亚[13], 巴西[123], 布吉纳法索[123], 加拿大[12], 中国[12], 哥伦比亚[123], 哥斯达黎加[3], 欧盟[123], 印度[3], 日本[123], 墨西哥[13], 新西兰[13], 菲律宾[12], 新加坡[12], 南非[3], 韩国[12], 美国[13]
114	棉花	MON15985×MON1445	除草剂耐受性, 抗虫性	cp4 epsps (aroA: CP4), cry2Ab2, cry1Ac, uidA, nptII, aad	澳大利亚[12], 加拿大[3], 哥斯达黎加[3], 欧盟[12], 日本[123], 墨西哥[12], 新西兰[123], 菲律宾[12], 韩国[12]
115	棉花	MON1698	除草剂耐受性	cp4 epsps (aroA: CP4), nptII, aad	加拿大[3], 墨西哥[13], 南非[123], 美国[123]
116	棉花	MON531	抗虫性	cry1Ac, nptII, aad	阿根廷[123], 澳大利亚[13], 巴西[123], 加拿大[12], 中国[12], 哥伦比亚[123], 哥斯达黎加[13], 日本[123], 印度[3], 墨西哥[12], 新西兰[123], 欧盟[12], 巴基斯坦[3], 菲律宾[123], 新加坡[3], 南非[12], 韩国[123], Sudan[3], 美国[123]

续上表

序号	种类	品系名	商业特性	外源基因	批准国家/地区/国际组织及用途
117	棉花	MON531 × MON1445	除草剂耐受性，抗虫性	cp4 epsps（aroA：CP4），cry1Ac，nptII，aad	阿根廷[123]，澳大利亚[123]，巴西[123]，哥伦比亚[123]，哥斯达黎加[123]，欧盟[3]，日本[123]，菲律宾[123]，墨西哥[13]，新西兰[123]，巴拉圭[123]，南非[3]，韩国[12]，中国台湾地区[1]
118	棉花	MON757	抗虫性	cry1Ac，nptII，aad	澳大利亚[1]，加拿大[12]，日本[123]，新西兰[1]，南非[123]，韩国[12]，美国[123]
119	棉花	MON88701	除草剂耐受性	dmo，bar	澳大利亚[1]，巴西[123]，加拿大[12]，哥伦比亚[123]，日本[123]，墨西哥[123]，新西兰[1]，韩国[123]，中国台湾地区[1]，美国[123]
120	棉花	MON88701 × MON88913	除草剂耐受性	dmo，bar，cp4 epsps（aroA：CP4）	澳大利亚[123]，日本[123]，墨西哥[1]，韩国[123]
121	棉花	MON88701 × MON88913 × MON15985	除草剂耐受性，抗虫性	dmo，bar，cp4 epsps（aroA：CP4），cry1Ac，nptII，aad，uidA，cry2Ab2	日本[123]，墨西哥[1]，韩国[12]
122	棉花	MON88913	除草剂耐受性	cp4 epsps（aroA：CP4）	澳大利亚[12]，巴西[123]，加拿大[12]，中国[12]，哥伦比亚[12]，哥斯达黎加[13]，欧盟[12]，日本[123]，墨西哥[1]，新西兰[1]，菲律宾[123]，新加坡[1]，南非[3]，韩国[123]，美国[123]
123	棉花	MON88913 × MON15985	除草剂耐受性，抗虫性	cp4 epsps（aroA：CP4），cry2Ab2，cry1Ac，nptII，uidA，aad	澳大利亚[3]，巴西[123]，哥伦比亚[123]，哥斯达黎加[123]，日本[123]，墨西哥[13]，新西兰[123]，菲律宾[12]，南非[3]，韩国[12]，中国台湾地区[1]
124	棉花	Ngwe Chi 6 Bt	抗虫性	notprovided	缅甸[3]

续上表

序号	种类	品系名	商业特性	外源基因	批准国家/地区/国际组织及用途
125	棉花	SGK321	抗虫性	cry1A, CpTI	中国[3]
126	棉花	T303-3	除草剂耐受性, 抗虫性	cry1Ab, bar	美国[3]
127	棉花	T304-40	除草剂耐受性, 抗虫性	cry1Ab, bar	澳大利亚[1], 加拿大[12], 中国[12], 欧盟[12], 日本[3], 马来西亚[12], 新西兰[1], 美国[123]
128	棉花	T304-40 × GHB119	除草剂耐受性, 抗虫性	cry1Ab, cry2Ae, bar	阿根廷[3], 巴西[123], 加拿大[2], 韩国[12]
129	蒴胶颖	ASR-368	除草剂耐受性	cp4 epsps (aroA: CP4)	美国[123]
130	茄子	Bt Brinjal Event EE1	抗虫性	cry1Ac, nptII, aad	孟加拉国[13]
131	桉树	H421	改变生长/产量	cel1, nptII	巴西[123]
132	亚麻	FP967 (CDC Triffid)	除草剂耐受性	als, nos, nptII, bla, spc	加拿大[123]
133	玉米	32138	授粉控制	ms45, zm-aa1, dsRed2	巴西[123], 美国[3]
134	玉米	3272	改进产品质量	amy797E, pmi	澳大利亚[1], 巴西[123], 加拿大[123], 中国[12], 哥伦比亚[1], 印度尼西亚[1], 日本[123], 马来西亚[12], 墨西哥[1], 新西兰[1], 菲律宾[12], 俄罗斯[1], 韩国[12], 美国[123]
135	玉米	3272 × Bt11	除草剂耐受性, 抗虫性, 改进产品质量	cry1Ab, pat, amy797E, pmi	日本[12]
136	玉米	3272 × Bt11 × GA21	除草剂耐受性, 抗虫性, 改进产品质量	amy797E, pmi, pat, cry1Ab, mepsps	日本[12]
137	玉米	3272 × Bt11 × MIR604	除草剂耐受性, 抗虫性, 改进产品质量	amy797E, pmi, pat, cry1Ab, mcry3A	日本[12]

续上表

序号	种类	品系名	商业特性	外源基因	批准国家/地区/国际组织及用途
138	玉米	3272 × BT11 × MIR604 × GA21	除草剂耐受性，抗虫性，改进产品质量	cry1Ab, pat, mcry3A, pmi, mepsps, amy797E	哥伦比亚[1]，日本[123]，墨西哥[1]，菲律宾[12]，韩国[12]，中国台湾地区[1]
139	玉米	3272 × Bt11 × MIR604 × TC1507 × 5307 × GA21	除草剂耐受性，抗虫性，改进产品质量	amy797E, pmi, ecry3.1Ab, mcry3A, cry1Fa2, cry1Ab, pat, mepsps	日本[123]，韩国[1]，中国台湾地区[1]
140	玉米	3272 × GA21	除草剂耐受性，改进产品质量	amy797E, pmi, mepsps	日本[12]
141	玉米	3272 × MIR604	抗虫性，改进产品质量	amy797E, mcry3A, pmi	日本[12]
142	玉米	3272 × MIR604 × GA21	除草剂耐受性，抗虫性，改进产品质量	amy797E, pmi, mcry3A, mepsps	日本[12]
143	玉米	33121	除草剂耐受性，抗虫性	cry2Ae, cry1A, cry1F, vip3Aa20, pat	/
144	玉米	4114		cry1F, cry34Ab1, cry35Ab1, pat	澳大利亚[13]，加拿大[123]，哥伦比亚[1]，日本[1]，墨西哥[1]，新西兰[123]，南非[12]，韩国[2]，中国台湾地区[1]，美国[123]
145	玉米	5307	抗虫性	pmi, ecry3.1Ab	澳大利亚[123]，加拿大[123]，日本[123]，马来西亚[12]，墨西哥[1]，新西兰[123]，俄罗斯[12]，韩国[2]，中国台湾地区[1]，美国[123]，越南[12]
146	玉米	5307 × GA21	除草剂耐受性，抗虫性	mepsps, ecry3.1Ab	日本[1]
147	玉米	5307 × MIR604 × Bt11 × TC1507 × GA21	除草剂耐受性，抗虫性	ecry3.1Ab, mcry3A, cry1Ab, pat, cry1Fa2, mepsps, pmi	加拿大[3]，日本[12]，墨西哥[1]，南非[12]，中国台湾地区[1]
148	玉米	5307 × MIR604 × Bt11 × TC1507 × GA21 × MIR162	除草剂耐受性，抗虫性	ecry3.1Ab, mcry3A, cry1Ab, pat, cry1Fa2, mepsps, vip3Aa20, pmi	巴西[123]，加拿大[3]，哥伦比亚[1]，日本[123]，墨西哥[1]，南非[12]，中国台湾地区[1]

续上表

序号	种类	品系名	商业特性	外源基因	批准国家/地区/国际组织及用途
149	玉米	59122	除草剂耐受性，抗虫性	pat, cry34Ab1, cry35Ab1	澳大利亚[1]，加拿大[1,2,3]，中国[1,2]，哥伦比亚[1,2]，欧盟[1,2]，日本[1,2,3]，马来西亚[1,2]，墨西哥[1]，新西兰[1,2]，菲律宾[1,2]，新加坡[1]，南非[1,2]，韩国[1,2]，土耳其[2]，美国[1,2,3]
150	玉米	59122×DAS40278	除草剂耐受性，抗虫性	pat, cry34Ab1, cry35Ab1, aad-1	日本[1]
151	玉米	59122×GA21	除草剂耐受性，抗虫性	pat, cry34Ab1, cry35Ab1, mepsps	日本[1,2]
152	玉米	59122×MIR604	除草剂耐受性，抗虫性	pat, cry34Ab1, cry35Ab1, mcry3A, pmi	日本[1,2]
153	玉米	59122×MIR604×GA21	除草剂耐受性，抗虫性	pat, cry34Ab1, cry35Ab1, mcry3A, pmi, mepsps	日本[1,2]
154	玉米	59122×MIR604×TC1507	除草剂耐受性，抗虫性	pat, cry34Ab1, cry35Ab1, mcry3A, pmi, cry1Fa2	日本[1,2]
155	玉米	59122×MIR604×TC1507×GA21	除草剂耐受性，抗虫性	pat, cry34Ab1, cry35Ab1, mcry3A, pmi, cry1Fa2, mepsps	日本[1,2]
156	玉米	59122×MON810	除草剂耐受性，抗虫性	pat, cry34Ab1, cry35Ab1, cry1Ab	日本[1,2]
157	玉米	59122×MON810×MIR604	除草剂耐受性，抗虫性	pat, cry34Ab1, cry35Ab1, cry1Ab, mcry3A	日本[1]
158	玉米	59122 × MON810 × NK603	除草剂耐受性，抗虫性	pat, cry34Ab1, cry35Ab1, cry1Ab, cp4 epsps（aroA：CP4）	日本[1,2]
159	玉米	59122 × MON810 × NK603×MIR604	除草剂耐受性，抗虫性	pat, cry34Ab1, cry35Ab1, cry1Ab, cp4 epsps（aroA：CP4），mcry3A	日本[1]

续上表

序号	种类	品系名	商业特性	外源基因	批准国家/地区/国际组织及用途
160	玉米	59122 × MON88017	除草剂耐受性，抗虫性	cry34Ab1, cry35Ab1, cry3Bb1, pat, cp4 epsps (aroA: CP4)	欧盟[1,2]，日本[1,2]
161	玉米	59122 × MON88017 × DAS40278	除草剂耐受性，抗虫性，非生物胁迫耐受性	cry34Ab1, cry35Ab1, cry3Bb1, pat, cp4 epsps (aroA: CP4), aad-1	日本[1]
162	玉米	59122 × NK603	除草剂耐受性，抗虫性	cp4 epsps (aroA: CP4), cry34Ab1, cry35Ab1, pat	加拿大[3]，欧盟[1,2]，日本[1,2,3]，墨西哥[1]，韩国[1,2]，南非[1,2]，中国台湾地区[1]，菲律宾[2]，土耳其[2]
163	玉米	59122 × NK603 × MIR604	除草剂耐受性，抗虫性	cp4 epsps (aroA: CP4), cry34Ab1, cry35Ab1, pat, mcry3A	日本[1]
164	玉米	59122 × TC1507 × GA21	除草剂耐受性，抗虫性	pat, cry34Ab1, cry35Ab1, cry1Fa2, mepsps	日本[1,2]
165	玉米	676	除草剂耐受性，授粉控制	pat, dam	美国[1,2,3]
166	玉米	678	除草剂耐受性，授粉控制	pat, dam	美国[1,2,3]
167	玉米	680	除草剂耐受性，授粉控制	pat, dam	美国[1,2,3]
168	玉米	98140	除草剂耐受性	zm-hra, gat4621	阿根廷[1,2,3]，澳大利亚[1]，加拿大[1,2,3]，墨西哥[1]，新西兰[1]，韩国[2]，美国[1,2,3]

续上表

序号	种类	品系名	商业特性	外源基因	批准国家/地区/国际组织及用途
169	玉米	98140×59122	除草剂耐受性，抗虫性	zm-hra, gat4621, pat, cry34Ab1, cry 35Ab1	墨西哥[1]
170	玉米	98140×TC1507	除草剂耐受性，抗虫性	zm-hra, gat4621, cry1Fa2, pat	墨西哥[1]
171	玉米	98140×TC1507×59122	除草剂耐受性，抗虫性	zm-hra, gat4621, cry1Fa2, pat, cry34Ab1, cry35Ab1	墨西哥[1]
172	玉米	Bt10	抗虫性	cry1Ab, pat, bla	韩国[1]
173	玉米	Bt11（X4334CBR, X4734CBR）	除草剂耐受性，抗虫性	pat, cry1Ab	阿根廷[1,2,3]，澳大利亚[1]，巴西[1,2,3]，加拿大[1,2,3]，中国[1,2]，哥伦比亚[1,2]，欧盟[1,2]，印度尼西亚[1]，日本[1,2,3]，马来西亚[1,2]，墨西哥[1,2]，新西兰[1]，巴拉圭[1,2,3]，菲律宾[1,2,3]，俄罗斯[1,2]，南非[1,2,3]，韩国[1,2]，瑞士[1,2]，泰国[1]，土耳其[1,2]，美国[1,2,3]，乌拉圭[1,2,3]，越南[1,2]
174	玉米	Bt11×5307	除草剂耐受性，抗虫性	pat, cry1Ab, ecry3.1Ab	日本[1]
175	玉米	Bt11×5307×GA21	除草剂耐受性，抗虫性	pat, cry1Ab, ecry3.1Ab, mepsps	日本[1]
176	玉米	Bt11×59122	除草剂耐受性，抗虫性	pat, cry1Ab, cry34Ab1, cry35Ab1	日本[1,2]
177	玉米	Bt11×59122×GA21	除草剂耐受性，抗虫性	pat, cry1Ab, cry34Ab1, cry35Ab1, mepsps	日本[1,2]
178	玉米	Bt11×59122×MIR604	除草剂耐受性，抗虫性	pat, cry1Ab, cry34Ab1, cry35Ab1, mcry3A, pmi	日本[1,2]
179	玉米	Bt11×59122×MIR604×GA21	除草剂耐受性，抗虫性	pat, cry1Ab, cry34Ab1, cry35Ab1, mcry3A, mepsps, pmi	日本[1,2]

续上表

序号	种类	品系名	商业特性	外源基因	批准国家/地区/国际组织及用途
180	玉米	Bt11 × 59122 × MIR604 × TC1507	除草剂耐受性，抗虫性	pat, cry1Ab, cry34Ab1, cry35Ab1, mcry3A, cry1Fa2, pmi	日本[12]
181	玉米	BT11 × 59122 × MIR604 × TC1507 × GA21	除草剂耐受性，抗虫性	cry1Ab, cry1Fa2, pat, mepsps, pmi, mcry3A, cry34Ab1, cry35Ab1	加拿大[3]，哥伦比亚[1]，日本[123]，菲律宾[12]，南非[12]，韩国[12]，墨西哥[1]，中国台湾地区[1]
182	玉米	Bt11 × 59122 × TC1507	除草剂耐受性，抗虫性	pat, cry1Ab, cry34Ab1, cry35Ab1, cry1Fa2	日本[12]
183	玉米	Bt11 × 59122 × TC1507 × GA21	除草剂耐受性，抗虫性	pat, cry1Ab, cry34Ab1, cry35Ab1, cry1Fa2, mepsps	日本[12]
184	玉米	Bt11 × GA21	除草剂耐受性，抗虫性	cry1Ab, pat, mepsps	阿根廷[123]，巴西[123]，加拿大[3]，中国[12]，哥伦比亚[12]，欧盟[12]，日本[123]，墨西哥[1]，菲律宾[123]，南非[123]，韩国[12]，泰国[123]，土耳其[2]，乌拉圭[123]，越南[123]
185	玉米	Bt11 × MIR162	除草剂耐受性，抗虫性	pat, cry1Ab (truncated), vip3Aa20, pmi	阿根廷[123]，欧盟[12]，日本[123]，菲律宾[12]，韩国[12]，中国台湾地区[1]
186	玉米	Bt11 × MIR162 × 5307	除草剂耐受性，抗虫性	pat, cry1Ab, vip3Aa20, ecry3.1Ab	日本[1]
187	玉米	Bt11 × MIR162 × 5307 × GA21	除草剂耐受性，抗虫性	pat, cry1Ab (truncated), vip3Aa20, mepsps, ecry3.1Ab, ecry3.1Ab	日本[1]
188	玉米	Bt11 × MIR162 × GA21	除草剂耐受性，抗虫性	cry1Ab, vip3Aa20, pat, pmi, mepsps	阿根廷[123]，巴西[123]，加拿大[3]，哥伦比亚[123]，菲律宾[12]，欧盟[12]，日本[123]，墨西哥[1]，韩国[12]，中国台湾地区[12]，南非[12]，乌拉圭[13]

续上表

序号	种类	品系名	商业特性	外源基因	批准国家/地区/国际组织及用途
189	玉米	BT11 × MIR162 × MIR604	除草剂耐受性，抗虫性	cry1Ab, pat, mcry3A, pmi, vip3Aa20	欧盟[1,2]，日本[1,2,3]
190	玉米	BT11 × MIR162 × MIR604 ×5307	除草剂耐受性，抗虫性	cry1Ab, pat, mcry3A, vip3Aa20, ecry3.1Ab	日本[1]
191	玉米	Bt11 × MIR162 × MIR604 ×5307 × GA21	除草剂耐受性，抗虫性	cry1Ab, pat, mcry3A, vip3A, mepsps, ecry3.1Ab	日本[1]
192	玉米	Bt11 × MIR162 × MIR604 × GA21	除草剂耐受性，抗虫性	cry1Ab, pat, mcry3A, pmi, vip3Aa20, mepsps	阿根廷[1,2,3]，巴西[1,2,3]，加拿大[3]，哥伦比亚[1]，欧盟[1,2]，日本[1,2,3]，墨西哥[1,2,3]，菲律宾[1,2]，南非[1,2]，韩国[1,2]，中国台湾地区[1]
193	玉米	Bt11 × MIR162 × MIR604 × MON89034 × 5307 × GA21	除草剂耐受性，抗虫性	cry1Ab, pat, mcry3A, vip3Aa20, mepsps, cry2Ab2, cry1A.105, ecry3.1Ab	日本[1,2,3]
194	玉米	BT11 × MIR162 × MIR604 ×TC1507	除草剂耐受性，抗虫性	cry1Ab, pat, mcry3A, vip3Aa20, cry1Fa2	日本[1]
195	玉米	BT11 × MIR162 × MIR604 × TC1507 × 5307	除草剂耐受性，抗虫性	cry1Ab, pat, mcry3A (a), vip3A (a), ecry3.1Ab	日本[1]
196	玉米	Bt11 × MIR162 × MIR604 × TC1507 × GA21	除草剂耐受性，抗虫性	cry1Ab, pat, mcry3A, vip3A (a), mepsps, cry1Fa2	日本[1]
197	玉米	Bt11 × MIR162 × MON89034	除草剂耐受性，抗虫性	cry1Ab, vip3Aa20, pat, pmi, cry2Ab2, cry1A.105	阿根廷[1,2,3]

续上表

序号	种类	品系名	商业特性	外源基因	批准国家/地区/国际组织及用途
198	玉米	Bt11×MIR162×MON89Ø34×GA21	除草剂耐受性，抗虫性	cry1Ab, pat, pmi, vip3Aa20, mepsps, cry2Ab2, cry1A.105	阿根廷[1,2,3]，韩国[1]
199	玉米	Bt11×MIR162×TC1507	除草剂耐受性，抗虫性	cry1Ab, vip3Aa20, cry1Fa2, pat, pmi	阿根廷[1,2,3]，日本[1,2]
200	玉米	Bt11×MIR162×TC1507×5307	除草剂耐受性，抗虫性	cry1Ab, vip3Aa20, cry1Fa2, pat, ecry3.1Ab	日本[1]
201	玉米	Bt11×MIR162×TC1507×5307×GA21	除草剂耐受性，抗虫性	cry1Ab, vip3A(a), cry1Fa2, mepsps, ecry3.1Ab	日本[1]
202	玉米	Bt11×MIR162×TC1507×GA21	除草剂耐受性，抗虫性	cry1Ab, vip3Aa20, cry1Fa2, pat, mepsps, pmi	阿根廷[1,2,3]，哥伦比亚[1]，欧盟[1,2]，日本[1,2,3]，加拿大[3]，哥伦比亚[1,2]，菲律宾[1,2]，南非[1,2]，韩国[1,2]，中国[1,2]，墨西哥[1]，菲律宾[1,2]，南非[1,2]，泰国[1]，土耳其[2]，中国台湾地区[1]
203	玉米	Bt11×MIR604	除草剂耐受性，抗虫性	cry1Ab, pat, mcry3A, pmi	加拿大[3]，哥伦比亚[1,2]，菲律宾[1,2]，南非[1,2]，韩国[1,2]，中国[1,2]，墨西哥[1]，土耳其[2]，日本[1,2,3]，中国台湾地区[1]
204	玉米	Bt11×MIR604×5307	除草剂耐受性，抗虫性	cry1Ab, pat, mcry3A, ecry3.1Ab	日本[1]
205	玉米	Bt11×MIR604×5307×GA21	除草剂耐受性，抗虫性	cry1Ab, pat, mcry3A, mepsps, ecry3.1Ab	日本[1]
206	玉米	BT11×MIR604×GA21	除草剂耐受性，抗虫性	cry1Ab, pat, mcry3A, pmi, mepsps	加拿大[3]，哥伦比亚[1,2]，欧盟[1,2]，日本[1,2,3]，菲律宾[1,2]，南非[1,2]，韩国[1,2]，中国[1,2]，墨西哥[1]，中国台湾地区[1]

续上表

序号	种类	品系名	商业特性	外源基因	批准国家/地区/国际组织及用途
207	玉米	Bt11 × MIR604 × TC1507	除草剂耐受性、抗虫性	pat, cry1Ab, mcry3A, cry1Fa2, pmi	日本[12]
208	玉米	Bt11 × MIR604 × TC1507 × 5307	除草剂耐受性、抗虫性	pat, cry1Ab, mcry3A, cry1Fa2, ecry3.1Ab	日本[1]
209	玉米	Bt11 × MIR604 × TC1507 × GA21	除草剂耐受性、抗虫性	pat, cry1Ab, mcry3A, cry1Fa2, mepsps	日本[1]
210	玉米	Bt11 × MON89Ø34	除草剂耐受性、抗虫性	pat, cry1Ab	/
211	玉米	Bt11 × MON89Ø34 × GA21	除草剂耐受性、抗虫性	cry1Ab, pat, mepsps, cry2Ab2, cry1A.105	阿根廷[123]
212	玉米	Bt11 × TC1507	除草剂耐受性、抗虫性	cry1Ab, cry1Fa2, pat	阿根廷[123], 日本[12]
213	玉米	Bt11 × TC1507 × 5307	除草剂耐受性、抗虫性	cry1Ab, cry1Fa2, pat, ecry3.1Ab	日本[1]
214	玉米	Bt11 × TC1507 × 5307 × GA21	除草剂耐受性、抗虫性	cry1Ab, cry1Fa2, pat, mepsps	/
215	玉米	Bt11 × TC1507 × GA21	除草剂耐受性、抗虫性	cry1Ab, cry1Fa2, pat, mepsps	阿根廷[123], 日本[12], 菲律宾[12], 韩国[12], 中国台湾地区[1]
216	玉米	Bt176 (176)	除草剂耐受性、抗虫性	cry1Ab, bar, bla	阿根廷[123], 澳大利亚[123], 加拿大[123], 中国[12], 欧盟[12], 日本[123], 新西兰[1], 菲律宾[123], 南非[12], 韩国[12], 瑞士[12], 美国[123]
217	玉米	BVLA430101	改进产品质量	phyA2	中国[3]
218	玉米	CBH-351	除草剂耐受性、抗虫性	bar, cry9C, bla	美国[23]

续上表

序号	种类	品系名	商业特性	外源基因	批准国家/地区/国际组织及用途
219	玉米	DAS40278	除草剂耐受性	aad-1	澳大利亚[1,2], 巴西[1,2,3], 加拿大[1,2,3], 哥伦比亚[1,2], 日本[1,2], 墨西哥[1], 新西兰[1,2,3], 韩国[1,2], 中国台湾地区[1,2], 美国[1,2,3]
220	玉米	DAS40278 × NK603	除草剂耐受性	aad-1, cp4 epsps (aroA: CP4)	巴西[1,2,3], 加拿大[3], 日本[1,2], 墨西哥[1], 韩国[1], 中国台湾地区[1]
221	玉米	DBT418	除草剂耐受性, 抗虫性	cry1Ac, bar, pinII, bla	澳大利亚[1,2,3], 加拿大[1,2,3], 日本[1,2,3], 新西兰[1], 菲律宾[1,2], 韩国[1], 中国台湾地区[1,2,3]
222	玉米	DLL25 (B16)	除草剂耐受性	bar, bla	加拿大[1,2,3], 日本[1,2,3], 韩国[1], 中国台湾地区[1], 美国[1,2,3]
223	玉米	GA21	除草剂耐受性	mepsps	阿根廷[1,2,3], 澳大利亚[1,2,3], 巴西[1,2,3], 加拿大[1,2,3], 中国[1,2], 哥伦比亚[1,2], 欧盟[1,2], 印度尼西亚[1], 日本[1,2,3], 马来西亚[1,2], 墨西哥[1], 新西兰[1], 菲律宾[1,2,3], 俄罗斯[1,2], 南非[1,2,3], 韩国[1,2,3], 泰国[2], 土耳其[1], 美国[1,2,3], 乌拉圭[1,2,3], 越南[1,2,3]
224	玉米	GA21 × MON810	除草剂耐受性, 抗虫性	mepsps, cry1Ab	欧盟[1,2], 日本[1,2,3], 菲律宾[1,2], 南非[1,2], 韩国[1]
225	玉米	GA21 × T25	除草剂耐受性	pat (syn), bla, mepsps	日本[1,2,3], 墨西哥[1], 菲律宾[1,2], 韩国[1,2], 中国台湾地区[1]
226	玉米	HCEM485	除草剂耐受性	2mepsps	加拿大[1,2,3], 美国[1,2,3]
227	玉米	LY038	改进产品质量	cordapA	澳大利亚[1,2,3], 加拿大[1,2,3], 墨西哥[1], 新西兰[1,2,3], 哥伦比亚[1,2], 日本[1,2,3], 中国台湾地区[1,2,3], 美国[1,2,3]

续上表

序号	种类	品系名	商业特性	外源基因	批准国家/地区/国际组织及用途
228	玉米	LY038 × MON810	抗虫性, 改进产品质量	cordapA, cry1Ab	日本[1,2,3], 墨西哥[1]
229	玉米	MIR162	抗虫性	vip3Aa20, pmi	阿根廷[1,2,3], 澳大利亚[1], 巴西[1,2,3], 加拿大[1,2,3], 中国[1,2], 哥伦比亚[1,2,3], 欧盟[1,2], 印度尼西亚[1,2,3], 日本[1,2,3], 马来西亚[1,2,3], 墨西哥[1], 新西兰[1], 巴拉圭[3], 菲律宾[1,2], 俄罗斯[1,2], 南非[1,2], 韩国[1,2], 土耳其[2], 美国[1,2,3], 越南[1,2]
230	玉米	MIR162 × 5307	抗虫性	ecry3.1Ab, vip3Aa20	日本[1]
231	玉米	MIR162 × 5307 × GA21	除草剂耐受性, 抗虫性	ecry3.1Ab, vip3Aa20, mepsps	日本[1]
232	玉米	MIR162 × GA21	除草剂耐受性, 抗虫性	vip3Aa20, pmi, mepsps	阿根廷[1,2,3], 欧盟[1,2], 日本[1,2], 巴拉圭[3]
233	玉米	MIR162 × MIR604	抗虫性	vip3Aa20, mcry3A, pmi	欧盟[1,2]
234	玉米	MIR162 × MIR604 × 5307	抗虫性	vip3Aa20, mcry3A, ecry3.1Ab	日本[1]
235	玉米	MIR162 × MIR604 × 5307 × GA21	除草剂耐受性, 抗虫性	vip3Aa20, mcry3A, mepsps, ecry3.1Ab	日本[1]
236	玉米	MIR162 × MIR604 × GA21	除草剂耐受性, 抗虫性	vip3Aa20, mcry3A, mepsps, pmi	欧盟[1,2]
237	玉米	MIR162 × MIR604 × TC1507 × 5307	除草剂耐受性, 抗虫性	vip3Aa20, mcry3A, cry1Fa2, pat, ecry3.1Ab	日本[1,2]
238	玉米	MIR162 × MIR604 × TC1507 × 5307 × GA21	除草剂耐受性, 抗虫性	mcry3A, vip3Aa20, mepsps, ecry3.1Ab, cry1Fa2, pat	日本[1]
239	玉米	MIR162 × MIR604 × TC1507 × GA21	除草剂耐受性, 抗虫性	vip3Aa20, mcry3A, cry1Fa2, pat, mepsps	日本[1,2]

续上表

序号	种类	品系名	商业特性	外源基因	批准国家/地区/国际组织及用途
240	玉米	MIR162 × MON89034	抗虫性	vip3Aa20, pmi, cry2Ab2, cry1A.105	阿根廷[123]
241	玉米	MIR162 × MON89034 × GA21	除草剂耐受性，抗虫性	vip3Aa20, cry2Ab2, cry1A.105, mepsps	阿根廷[123]
242	玉米	MIR162 × NK603	除草剂耐受性	vip3Aa20, cp4 epsps (aroA: CP4), pmi	阿根廷[123]，巴西[123]，日本[1]
243	玉米	MIR162 × TC1507	除草剂耐受性，抗虫性	vip3Aa20, cry1Fa2, pat, pmi	阿根廷[123]，巴西[123]，日本[12]
244	玉米	MIR162 × TC1507 × 5307	除草剂耐受性，抗虫性	vip3Aa20, cry1Fa2, pat, ecry3.1Ab	日本[1]
245	玉米	MIR162 × TC1507 × 5307 × GA21	除草剂耐受性，抗虫性	vip3Aa20, cry1Fa2, pat, mepsps, ecry3.1Ab	日本[12]
246	玉米	MIR162 × TC1507 × GA21	除草剂耐受性，抗虫性	vip3Aa20, cry1Fa2, pat, mepsps, pmi	阿根廷[123]，日本[12]
247	玉米	MIR604		mcry3A, pmi	阿根廷[123]，澳大利亚[1]，巴西[123]，加拿大[123]，中国[12]，欧盟[12]，印度尼西亚[12]，日本[123]，马来西亚[12]，墨西哥[1]，新西兰[1]，菲律宾[12]，俄罗斯[12]，南非[12]，韩国[12]，泰国[1]，土耳其[2]，美国[123]，越南[12]
248	玉米	MIR604 × 5307	抗虫性	mcry3A, ecry3.1Ab	日本[1]
249	玉米	MIR604 × 5307 × GA21	除草剂耐受性，抗虫性	mcry3A, mepsps, ecry3.1Ab	日本[1]
250	玉米	MIR604 × GA21	除草剂耐受性，抗虫性	mcry3A, pmi, mepsps	哥伦比亚[12]，欧盟[12]，日本[123]，墨西哥[1]，菲律宾[12]，南非[12]，韩国[12]，中国台湾地区[1]，泰国[1]，土耳其[2]

续上表

序号	种类	品系名	商业特性	外源基因	批准国家/地区/国际组织及用途
251	玉米	MIR604×NK603	除草剂耐受性，抗虫性	mcry3A, pmi, cp4 epsps (aroA: CP4)	日本[12]
252	玉米	MIR604×TC1507	除草剂耐受性，抗虫性	mcry3A, pmi, cry1Fa2, pat	日本[12]
253	玉米	MIR604×TC1507×5307	除草剂耐受性，抗虫性	mcry3A, pmi, cry1Fa2, pat, ecry3.1Ab	日本[1]
254	玉米	MIR604×TC1507×5307×GA21	除草剂耐受性，抗虫性	cry1Fa2, pat, mcry3A, mepsps, ecry-3.1Ab	日本[1]
255	玉米	MIR604 × TC1507 × GA21	除草剂耐受性，抗虫性	cry1Fa2, pat, mcry3A, mepsps	日本[1]
256	玉米	MON801（MON80100）	抗虫性	cry1Ab, nptII, cp4 epsps (aroA: CP4), goxv247	美国[123]
257	玉米	MON802	抗虫性	cry1Ab, nptII, cp4 epsps (aroA: CP4), goxv247	加拿大[123]，美国[123]
258	玉米	MON809	抗虫性	cry1Ab, nptII, cp4 epsps (aroA: CP4), goxv247	加拿大[123]，美国[123]
259	玉米	MON810	抗虫性	cry1Ab, nptII	阿根廷[123]，澳大利亚[123]，巴西[123]，加拿大[1]，智利[3]，中国[12]，哥伦比亚[123]，埃及[3]，欧盟[123]，洪都拉斯[3]，日本[123]，马来西亚[12]，墨西哥[3]，新西兰[1]，巴拉圭[123]，菲律宾[123]，俄罗斯[12]，新加坡[1]，南非[3]，韩国[12]，瑞士[12]，土耳其[3]，美国[123]，乌拉圭[123]，越南[12]
260	玉米	MON810×MIR162	抗虫性	cry1Ab, vip3Aa20, pmi	阿根廷[123]，巴西[123]，日本[123]

续上表

序号	种类	品系名	商业特性	外源基因	批准国家/地区/国际组织及用途
261	玉米	MON810 × MIR162 × NK603	除草剂耐受性，抗虫性	cry1Ab, vip3Aa20, cp4 epsps (aroA: CP4), pmi	阿根廷[1,2,3]，日本[1]
262	玉米	MON810 × MIR604	抗虫性	cry1Ab, mcry3A	日本[1]
263	玉米	MON810 × MON88017	除草剂耐受性，抗虫性	cp4 epsps (aroA: CP4), cry1Ab, cry3Bb1	加拿大[3]，哥伦比亚[1,2]，欧盟[1,2]，日本[1,2,3]，墨西哥[1]，菲律宾[1,2]，南非[1,2]，韩国[1,2]，中国台湾地区[1]，土耳其[2]
264	玉米	MON810 × NK603 × MIR604	除草剂耐受性，抗虫性	cry1Ab, cp4 epsps (aroA: CP4), mcry3A	日本[1]
265	玉米	MON832	除草剂耐受性	goxv247, cp4 epsps (aroA: CP4), nptII	加拿大[1]，美国[1]
266	玉米	MON863	抗虫性	cry3Bb1, nptII	澳大利亚[3]，加拿大[1,2,3]，中国[1,2]，哥伦比亚[1,2]，欧盟[1,2]，日本[1,2,3]，马来西亚[1,2]，墨西哥[1]，新西兰[1]，菲律宾[1,2]，俄罗斯[1,2]，新加坡[1]，南非[1,2]，韩国[1,2]，泰国[1]，土耳其[2]，美国[1,2,3]
267	玉米	MON863 × MON810	抗虫性	cry3Bb1, cry1Ab, nptII	欧盟[1,2]，日本[1,2,3]，墨西哥[1]，菲律宾[1,2]，南非[1,2]，韩国[1,2]，土耳其[2]
268	玉米	MON863 × MON810 × NK603	除草剂耐受性，抗虫性	cry1Ab, cry3Bb1, cp4 epsps (aroA: CP4), nptII	加拿大[3]，哥伦比亚[1,2]，欧盟[1,2]，日本[1,2,3]，墨西哥[1]，菲律宾[1,2]，南非[1,2]，韩国[1,2]，中国台湾地区[1]
269	玉米	MON863 × NK603	除草剂耐受性，抗虫性	cp4 epsps (aroA: CP4), cry3Bb1, nptII	欧盟[1,2]，日本[1,2,3]，墨西哥[1]，菲律宾[1,2]，中国台湾地区[1,2]，土耳其[2]，韩国[1,2]

续上表

序号	种类	品系名	商业特性	外源基因	批准国家/地区/国际组织及用途
270	玉米	MON87403	改变生长/产量	athb17	澳大利亚[1], 加拿大[1,2,3], 新西兰[1,2,3], 韩国[2], 美国[1,2,3]
271	玉米	MON87411	除草剂耐受性, 抗虫性	cry3Bb1, cp4 epsps（aroA: CP4）, dvsnf7	澳大利亚[1], 巴西[1,2,3], 加拿大[1,2,3], 日本[1,2,3], 新西兰[1], 韩国[1,2], 中国台湾地区[1,2,3], 美国[1,2,3]
272	玉米	MON87419	除草剂耐受性	dmo, pat	澳大利亚[1,2,3], 加拿大[1,2,3], 日本[1], 新西兰[1], 韩国[1,2], 美国[1,2,3]
273	玉米	MON87427	除草剂耐受性	cp4 epsps (aroA: CP4)	澳大利亚[1], 巴西[1,2,3], 加拿大[1,2,3], 哥伦比亚[1], 印度尼西亚[1], 日本[1,2], 墨西哥[1], 新西兰[1], 菲律宾[1], 新加坡[1], 韩国[1], 中国台湾地区[1,2,3], 美国[1,2,3], 越南[1,2]
274	玉米	MON87427 × 59122	除草剂耐受性, 抗虫性	cp4 epsps (aroA: CP4), pat, cry34Ab1, cry35Ab1	日本[1]
275	玉米	MON87427 × MON88017	除草剂耐受性, 抗虫性	cp4 epsps (aroA: CP4), cry3Bb1	日本[1]
276	玉米	MON87427 × MON88017 × 59122	除草剂耐受性, 抗虫性	cp4 epsps (aroA: CP4), cry3Bb1, pat, cry34Ab1, cry35Ab1	日本[1]
277	玉米	MON87427 × MON89034	除草剂耐受性, 抗虫性	cp4 epsps (aroA: CP4), cry2Ab2, cry1A.105	日本[1]
278	玉米	MON87427 × MON89034 × 59122	除草剂耐受性, 抗虫性	cp4 epsps (aroA: CP4), cry2Ab2, cry1A.105, cry34Ab1, cry35Ab1, pat	日本[1]

续上表

序号	种类	品系名	商业特性	外源基因	批准国家/地区/国际组织及用途
279	玉米	MON87427 × MON89034 × MON88017	除草剂耐受性，抗虫性	cp4 epsps (aroA; CP4), cry2Ab2, cry1A.105, cry3Bb1	日本[1,2,3]，墨西哥[1]，韩国[1,2]，中国台湾地区[1]
280	玉米	MON87427 × MON89034 × MON88017 × 59122	除草剂耐受性，抗虫性	cp4 epsps (aroA; CP4), cry2Ab2, cry1A.105, cry3Bb 1, pat, cry34Ab 1, cry35Ab1	日本[1]
281	玉米	MON87427 × MON89034 × NK603	除草剂耐受性，抗虫性	cp4 epsps (aroA; CP4), cry2Ab2, cry1A.105	日本[1,2,3]，墨西哥[1]，韩国[1,2]，中国台湾地区[1]
282	玉米	MON87427 × MON89034 × TC1507	除草剂耐受性，抗虫性	cp4 epsps (aroA; CP4), cry2Ab2, cry1A.105, cry1Fa2, pat	日本[1]
283	玉米	MON87427 × MON89034 × TC1507 × 59122	除草剂耐受性，抗虫性	cp4 epsps (aroA; CP4), cry2Ab2, cry1A.105, cry1F, pat, cry34Ab1, cry35Ab1	日本[1]
284	玉米	MON87427 × MON89034 × TC1507 × MON87411 × 59122	除草剂耐受性，抗虫性	cp4 epsps (aroA; CP4), cry2Ab2, cry1A.105, cry1F, cry3Bb1, cry34Ab1, cry35Ab1, pat, dvsnf7	韩国[1]
285	玉米	MON87427 × MON89034 × TC1507 × MON88017	除草剂耐受性，抗虫性	cp4 epsps (aroA; CP4), cry2Ab2, cry1A.105, cry3Bb1, cry1Fa2, pat	日本[1]
286	玉米	MON87427 × MON89034 × MIR162 × NK603	除草剂耐受性，抗虫性	cp4 epsps (aroA; CP4), cry2Ab2, cry1A.105, vip3Aa20, pmi	日本[1,2,3]，韩国[1,2]，中国台湾地区[1]

续上表

序号	种类	品系名	商业特性	外源基因	批准国家/地区/国际组织及用途
287	玉米	MON87427 × MON89034 × TC1507 × MON88017 × 59122	除草剂耐受性，抗虫性	cp4 epsps (aroA: CP4), cry34Ab1, cry35Ab1, cry1Fa2, pat, cry2Ab2	日本[1]，墨西哥[1]，韩国[12]，中国台湾地区[1]
288	玉米	MON87427 × MON89034 × TC1507 × MON87411 × 59122 × DAS40278	除草剂耐受性，抗虫性	cp4 epsps (aroA: CP4), cry1A.105, cry1F, pat, cry34Ab1, cry35Ab1, cry3Bb1, dvsnf7, aad-1	加拿大[123]
289	玉米	MON87427 × NK603	除草剂耐受性	cp4 epsps (aroA: CP4)	日本[1]
290	玉米	MON87427 × TC1507	除草剂耐受性，抗虫性	cp4 epsps (aroA: CP4), cry1Fa2, pat	日本[1]
291	玉米	MON87427 × TC1507 × 59122	除草剂耐受性，抗虫性	cp4 epsps (aroA: CP4), cry1F, pat, cry34Ab1, cry35Ab1	日本[1]
292	玉米	MON87427 × TC1507 × MON88017	除草剂耐受性，抗虫性	cp4 epsps (aroA: CP4), cry1Fa2, cry3Bb1	日本[1]
293	玉米	MON87427 × TC1507 × MON88017 ×59122	除草剂耐受性，抗虫性	cp4 epsps (aroA: CP4), cry1Fa2, cry34Ab1, cry3Bb1, pat	日本[1]
294	玉米	MON87460	非生物胁迫耐受性	cspB, nptII	澳大利亚[1]，巴西[123]，加拿大[123]，中国[12]，哥伦比亚[12]，欧盟[12]，日本[12]，墨西哥[1]，新西兰[1]，菲律宾[12]，新加坡[1]，韩国[12]，美国[123]，越南[12]，泰国[1]
295	玉米	MON87460 × MON88017	除草剂耐受性，抗虫性，非生物胁迫耐受性	cspB, cp4 epsps (aroA: CP4), cry3Bb1	日本[1]

附录　全球转基因农作物品系研发及批准情况

续上表

序号	种类	品系名	商业特性	外源基因	批准国家/地区/国际组织及用途
296	玉米	MON87460 × MON89034 × MON88017	除草剂耐受性，抗虫性，非生物胁迫耐受性	cspB, cry1A.105, cry2Ab2, cry3Bb1, cp4 epsps (aroA: CP4), nptII	哥伦比亚[1]，日本[1,2,3]，墨西哥[1]，菲律宾[1]，韩国[1,2]，中国台湾地区[1]
297	玉米	MON87460 × MON89034 × NK603	除草剂耐受性，抗虫性，非生物胁迫耐受性	cp4 epsps (aroA: CP4), cry2Ab2, cry1A.105, cspB, nptII	哥伦比亚[1]，日本[1]，墨西哥[1]，菲律宾[1]，韩国[1,2]，中国台湾地区[1]
298	玉米	MON87460 × NK603	除草剂耐受性，非生物胁迫耐受性	cp4 epsps (aroA: CP4), cspB, nptII	哥伦比亚[1]，日本[1,2,3]，墨西哥[1]，韩国[1,2]，中国台湾地区[1]
299	玉米	MON88017	除草剂耐受性，抗虫性	cp4 epsps (aroA: CP4), cry3Bb1	阿根廷[1,2,3]，澳大利亚[1]，巴西[1]，加拿大[1,2,3]，中国[1]，哥伦比亚[1,2]，欧盟[1,2]，洪都拉斯[1]，日本[1,2,3]，马来西亚[1,2]，墨西哥[1,2]，俄罗斯[1,2]，新加坡[1,2,3]，南非[1,2,3]，韩国[1,2]，菲律宾[1,2]，泰国[1,2]，土耳其[1,2]，美国[1,2,3]，越南[1,2]
300	玉米	MON88017 × DAS40278	除草剂耐受性，抗虫性	cp4 epsps (aroA: CP4), cry3Bb1, aad-1	日本[1]
301	玉米	MON89034	抗虫性	cry2Ab2, cry1A.105	阿根廷[1,2,3]，澳大利亚[1]，巴西[1,2,3]，加拿大[1,2,3]，中国[1,2]，哥伦比亚[1,2]，欧盟[1,2]，洪都拉斯[1]，印度尼西亚[1,2]，日本[1,2,3]，马来西亚[1,2,3]，墨西哥[1,2]，新西兰[1]，巴拉圭[1]，菲律宾[1,2]，俄罗斯[1,2]，新加坡[1,2]，南非[1,2,3]，韩国[1,2,3]，泰国[1,2]，土耳其[1,2]，美国[1,2,3]，越南[1,2,3]
302	玉米	MON89034 × 59122	除草剂耐受性，抗虫性	cry2Ab2, cry1A.105, cry34Ab1, cry35Ab1, pat	欧盟[1,2]，日本[1,2]

续上表

序号	种类	品系名	商业特性	外源基因	批准国家/地区/国际组织及用途
303	玉米	MON89034 × 59122 × DAS40278	除草剂耐受性，抗虫性	cry2Ab2, cry1A.105, cry34Ab1, cry35Ab1, pat, aad-1	日本[1]
304	玉米	MON89034 × 59122 × MON88017	除草剂耐受性，抗虫性	cry2Ab2, cry1A.105, cry34Ab1, cry35Ab1, cry3Bb1, pat, cp4 epsps (aroA: CP4)	欧盟[1,2]，日本[1,2]
305	玉米	MON89034 × 59122 × MON88017 × DAS40278	除草剂耐受性，抗虫性，非生物胁迫耐受性	cry2Ab2, cry1A.105, cry34Ab1, cry35Ab1, cry3Bb1, pat, cp4 epsps (aroA: CP4), aad-1	日本[1]
306	玉米	MON89034 × DAS40278	除草剂耐受性，抗虫性	cry2Ab2, cry1A.105, aad-1	日本[1]
307	玉米	MON89034 × MON87460	抗虫性，非生物胁迫耐受性	cry2Ab2, cry1A.105, cspB	日本[1]
308	玉米	MON89034 × MON88017	除草剂耐受性，抗虫性	cp4 epsps (aroA: CP4), cry1A.105, cry2Ab2, cry3Bb1	阿根廷[1,2,3]，欧盟[1,2]，巴西[1,2,3]，加拿大[3]，哥伦比亚[1,2]，洪都拉斯[1]，日本[1,2,3]，墨西哥[1,2]，巴拉圭[1,2,3]，菲律宾[1,2]，南非[1,2]，韩国[1,2]，中国台湾地区[1]，土耳其[2]
309	玉米	MON89034 × MON88017 × DAS40278	除草剂耐受性，抗虫性	cp4 epsps (aroA: CP4), cry1A.105, cry2Ab2, cry3Bb1, aad-1	日本[1]
310	玉米	MON89034 × NK603	除草剂耐受性，抗虫性	cp4 epsps (aroA: CP4), cry1A.105, cry2Ab2	阿根廷[1,2,3]，欧盟[1,2]，巴西[1,2,3]，加拿大[3]，哥伦比亚[1,2]，日本[1,2,3]，墨西哥[1,2]，中国台湾地区[1]，菲律宾[1,2]，南非[1,2]，韩国[1,2]，泰国[1,2,3]，土耳其[2]
311	玉米	MON89034 × NK603 × DAS40278	除草剂耐受性，抗虫性	cp4 epsps (aroA: CP4), cry1A.105, cry2Ab2, aad-1	日本[1]

续上表

序号	种类	品系名	商业特性	外源基因	批准国家/地区/国际组织及用途
312	玉米	MON89034×TC1507	除草剂耐受性，抗虫性	cry2Ab2, cry1A.105, cry1Fa2, pat	欧盟[12]，日本[12]
313	玉米	MON89034×TC1507×59122	除草剂耐受性，抗虫性	cry1A.105, cry2Ab2, cry1Fa2, pat, cry34Ab1, cry35Ab1	欧盟[12]，日本[12]，菲律宾[12]
314	玉米	MON89034×TC1507×59122×DAS40278	除草剂耐受性，抗虫性，非生物胁迫耐受性	cry1A.105, cry2Ab2, cry1Fa2, pat, cry34Ab1, cry35Ab1, aad-1	日本[1]
315	玉米	MON89034×TC1507×DAS40278	除草剂耐受性，抗虫性	cry2Ab2, cry1A.105, cry1Fa2, pat, aad-1	日本[1]
316	玉米	MON89034×TC1507×MON88017	除草剂耐受性，抗虫性	cry2Ab2, cry1A.105, cry1Fa2, cry3Bb1, pat, cp4 epsps (aroA: CP4)	欧盟[12]，日本[12]
317	玉米	MON89034×TC1507×MON88017×59122	除草剂耐受性，抗虫性	cp4 epsps (aroA: CP4), cry1Fa2, cry2Ab2, cry35Ab1, cry34Ab1, cry3Bb1, cry1A.105, pat	巴西[123]，加拿大[3]，哥伦比亚[12]，日本[123]，墨西哥[12]，菲律宾[12]，韩国[12]，中国台湾地区[1]
318	玉米	MON89034×MON88017×59122×DAS40278	除草剂耐受性，抗虫性	cp4 epsps (aroA: CP4), cry1Fa2, cry2Ab2, cry35Ab1, cry34Ab1, cry3Bb1, cry1A.105, pat, aad-1	加拿大[3]，日本[1]，墨西哥[1]，韩国[12]，中国台湾地区[1]
319	玉米	MON89034×MON88017×DAS40278	除草剂耐受性，抗虫性	cry2Ab2, cry1A.105, cry1Fa2, cry3Bb1, pat, cp4 epsps (aroA: CP4), aad-1	日本[12]

续上表

序号	种类	品系名	商业特性	外源基因	批准国家/地区/国际组织及用途
320	玉米	MON89034 × TC1507 × NK603	除草剂耐受性，抗虫性	cry1Fa2, cp4 epsps (aroA: CP4), pat, cry2Ab2, cry1A.105	阿根廷[123]，巴西[123]，哥伦比亚[123]，欧盟[12]，日本[12]，墨西哥[1]，菲律宾[12]，南非[12]，韩国[12]，中国台湾地区[1]，乌拉圭[13]
321	玉米	MON89034 × TC1507 × NK603 × DAS40278	除草剂耐受性，抗虫性	cry1Fa2, cp4 epsps (aroA: CP4), pat, cry2Ab2, cry1A.105, aad-1	巴西[123]，加拿大[3]，日本[123]，墨西哥[1]，韩国[123]，中国台湾地区[1]
322	玉米	MON89034 × TC1507 × NK603 × MIR162	除草剂耐受性，抗虫性	cry1Fa2, cp4 epsps (aroA: CP4), pat, cry2Ab2, vip3Aa20, pmi	阿根廷[123]
323	玉米	MON89034 × TC1507 × NK603 × MIR162 × DAS40278	除草剂耐受性，抗虫性	cry1Fa2, cp4 epsps (aroA: CP4), pat, cry2Ab2, aad-1, vip3Aa20, pmi	日本[123]
324	玉米	MON89034 × GA21	除草剂耐受性，抗虫性	cry1A.105, cry2Ab2, mepsps	阿根廷[123]
325	玉米	MS3	授粉控制	bar, barnase, bla	加拿大[123]，美国[123]
326	玉米	MS6	授粉控制	bar, barnase, bla	美国[123]
327	玉米	MZHG0JG	除草剂耐受性	2mepsps, pat	澳大利亚[1]，加拿大[123]，新西兰[1]，美国[123]
328	玉米	MZIR098	除草剂耐受性，抗虫性	ecry3.1Ab, mcry3A, pat	澳大利亚[1]，加拿大[123]，新西兰[1]，美国[123]
329	玉米	NK603	除草剂耐受性	cp4 epsps (aroA: CP4)	阿根廷[123]，澳大利亚[123]，巴西[123]，加拿大[123]，中国[12]，哥伦比亚[123]，古巴[3]，欧盟[12]，洪都拉斯[3]，印度尼西亚[12]，日本[123]，马来西亚[12]，墨西哥[1]，新西兰[1]，巴拉圭[123]，菲律宾[123]，俄罗斯[12]，新加坡[1]，南非[123]，韩国[123]，泰国[123]，土耳其[2]，美国[123]，乌拉圭[1]，越南[123]

续上表

序号	种类	品系名	商业特性	外源基因	批准国家/地区/国际组织及用途
330	玉米	NK603×MON810×4114×MIR604	除草剂耐受性，抗虫性	cp4 epsps（aroA：CP4），cry1Ab，cry1F，cry34Ab1，cry35Ab1，pat，goxv247，nptII，pmi	加拿大[3]，哥伦比亚[1]，日本[123]，韩国[1]，中国台湾地区[1]
331	玉米	NK603×MON810	除草剂耐受性，抗虫性	cp4 epsps（aroA：CP4），cry1Ab	阿根廷[123]，巴西[123]，加拿大[3]，哥伦比亚[1]，欧盟[12]，日本[123]，墨西哥[1]，菲律宾[1]，南非[123]，韩国[12]，中国台湾地区[1]，土耳其[123]
332	玉米	NK603×T25	除草剂耐受性	pat（syn），cp4 epsps（aroA：CP4），bla	巴西[123]，加拿大[3]，哥伦比亚[1]，欧盟[12]，日本[123]，墨西哥[1]，菲律宾[12]，南非[12]，韩国[12]，中国台湾地区[1]
333	玉米	T14	除草剂耐受性	pat（syn），bla	加拿大[123]，南非[12]，美国[123]
334	玉米	T25	除草剂耐受性	pat（syn），bla	阿根廷[123]，澳大利亚[1]，巴西[123]，加拿大[123]，中国[12]，哥伦比亚[12]，欧盟[123]，日本[123]，马来西亚[12]，墨西哥[1]，新西兰[1]，菲律宾[12]，俄罗斯[12]，新加坡[1]，南非[123]，韩国[12]，土耳其[123]，美国[123]，越南[12]
335	玉米	T25×MON810	除草剂耐受性，抗虫性	pat（syn），bla，cry1Ab	哥伦比亚[123]，日本[123]
336	玉米	TC1507	除草剂耐受性，抗虫性	cry1Fa2，pat	阿根廷[123]，澳大利亚[1]，巴西[123]，加拿大[123]，中国[12]，哥伦比亚[123]，欧盟[123]，洪都拉斯[3]，印度尼西亚[12]，日本[123]，马来西亚[12]，墨西哥[1]，新西兰[1]，巴拿马[13]，巴西[123]，菲律宾[123]，新加坡[1]，南非[123]，韩国[12]，土耳其[123]，乌拉圭[123]，美国[123]，越南[12]

续上表

序号	种类	品系名	商业特性	外源基因	批准国家/地区/国际组织及用途
337	玉米	TC1507×59122×MON810×MIR604×NK603	除草剂耐受性，抗虫性	cry1Fa2, cp4 epsps（aroA：CP4），pat, cry34Ab1, cry35Ab1, cry1Ab, mcry3A, pmi	加拿大[3]，日本[123]，墨西哥[1]，菲律宾[12]，韩国[12]，中国台湾地区[12]
338	玉米	TC1507×MON810×MIR604×NK603	除草剂耐受性，抗虫性	mcry3A, cp4 epsps（aroA：CP4），cry1Fa2, cry1Ab, pmi, pat, nptII, goxv247	墨西哥[1]，韩国[12]，中国台湾地区[1]
339	玉米	TC1507×5307	除草剂耐受性，抗虫性	cry1Fa2, pat, ecry3.1Ab	日本[1]
340	玉米	TC1507×5307×GA21	除草剂耐受性，抗虫性	cry1Fa2, pat, mepsps, ecry3.1Ab	日本[1]
341	玉米	TC1507×59122	除草剂耐受性，抗虫性	cry1F, pat, cry34Ab1, cry35Ab1	巴西[123]，加拿大[3]，欧盟[12]，日本[123]，菲律宾[12]，南非[12]，韩国[12]，中国台湾地区[12]，土耳其[2]
342	玉米	TC1507×59122×DAS40278	除草剂耐受性，抗虫性	cry1F, pat, cry34Ab1, cry35Ab1, aad-1	日本[1]
343	玉米	TC1507×59122×MON810	除草剂耐受性，抗虫性	cry1Fa2, pat, cry34Ab1, cry35Ab1, cry1Ab	日本[12]
344	玉米	TC1507×59122×MON810×MIR604	除草剂耐受性，抗虫性	cry1Fa2, pat, cry34Ab1, cry35Ab1, cry1Ab, mcry3A	日本[1]
345	玉米	TC1507×59122×MON810×NK603	除草剂耐受性，抗虫性	cry1Fa2, cp4 epsps（aroA：CP4），pat, cry34Ab1, cry35Ab1, cry1Ab	加拿大[3]，日本[123]，墨西哥[2]，韩国[2]，中国台湾地区[1]

续上表

序号	种类	品系名	商业特性	外源基因	批准国家/地区/国际组织及用途
346	玉米	TC1507 × 59122 × MON 88017	除草剂耐受性，抗虫性	cry1Fa2, cry34Ab1, cry35Ab1, cry-3Bb1, pat, cp4 epsps (aroA: CP4)	欧盟[12]，日本[12]
347	玉米	TC1507 × 59122 × MON 88017 × DAS40278	除草剂耐受性，抗虫性	cry1Fa2, cry34Ab1, cry35Ab1, cry3Bb1, pat, cp4 epsps (aroA: CP4), aad-1	日本[1]
348	玉米	TC1507 × 59122 × NK603	除草剂耐受性，抗虫性	cry1Fa2, cp4 epsps (aroA: CP4), pat, cry34Ab1, cry35Ab1	加拿大[3]，哥伦比亚[12]，欧盟[12]，墨西哥[1]，菲律宾[12]，南非[12]，韩国[12]，中国台湾地区[1]，土耳其[2]
349	玉米	TC1507 × 59122 × NK603 × MIR604	除草剂耐受性，抗虫性	cry1Fa2, cp4 epsps (aroA: CP4), pat, cry34Ab1, cry35Ab1, mcry3A	日本[1]
350	玉米	TC1507 × DAS40278	除草剂耐受性，抗虫性	cry1Fa2, pat, aad-1	日本[1]
351	玉米	TC1507 × GA21	除草剂耐受性，抗虫性	cry1Fa2, pat, mepsps	日本[12]
352	玉米	TC1507 × MIR162 × NK603	除草剂耐受性，抗虫性	cry1F, pat, vip3Aa20, pmi, cp4-epsps (aroA: CP4)	阿根廷[123]，巴西[123]，日本[1]，墨西哥[1]
353	玉米	TC1507 × MIR604 × NK603	除草剂耐受性，抗虫性	cry1Fa2, cp4 epsps (aroA: CP4), pat, mcry3A, pmi	加拿大[3]，日本[123]，墨西哥[1]，中国台湾地区[1]
354	玉米	TC1507 × MON810	除草剂耐受性，抗虫性	cry1Fa2, cry1Ab, pat	阿根廷[123]，巴西[123]，哥伦比亚[12]，日本[12]，墨西哥[1]，巴拉圭[1]，菲律宾[123]，南非[123]，韩国[12]，中国台湾地区[1]

· 239 ·

续上表

序号	种类	品系名	商业特性	外源基因	批准国家/地区/国际组织及用途
355	玉米	TC1507 × MON810 × MIR162	除草剂耐受性，抗虫性	cry1Fa2, pat, cry1Ab, cp4 epsps（aroA: CP4）, vip3Aa20, pmi	阿根廷[1,2,3]，巴西[1,2,3]，哥伦比亚[1,2]，日本[1,2,3]，墨西哥[1]，韩国[1,2]，中国台湾地区[1]
356	玉米	TC1507 × MON810 × MIR 162 × NK603	除草剂耐受性，抗虫性	cry1Fa2, cry1Ab, pat, vip3Aa20, cp4 epsps（aroA: CP4）, pmi	阿根廷[1,2,3]，巴西[1,2,3]，日本[1,2]，墨西哥[1]，韩国[1,2]，菲律宾[1,2]，中国台湾地区[1]
357	玉米	TC1507 × MON810 × MIR 604	除草剂耐受性，抗虫性	cry1Fa2, cry1Ab, pat, mcry3A	日本[1]
358	玉米	TC1507 × MON810 × NK 603	除草剂耐受性，抗虫性	cry1Fa2, cry1Ab, pat, cp4 epsps（aroA: CP4）	阿根廷[1,2,3]，巴西[1,2,3]，加拿大[3]，哥伦比亚[1,2]，日本[1,2,3]，墨西哥[1]，巴拉圭[1,2,3]，南非[1,2,3]，韩国[2]，菲律宾[1,2,3]，中国台湾地区[1]
359	玉米	TC1507 × MON810 × NK 603 × MIR604	除草剂耐受性，抗虫性	cry1Fa2, cry1Ab, pat, cp4 epsps（aroA: CP4）, mcry3A	日本[1]
360	玉米	TC1507 × MON88017	除草剂耐受性，抗虫性	cry1Fa2, cry3Bb1, pat, cp4 epsps（aroA: CP4）	欧盟[1,2]，日本[1,2]
361	玉米	TC1507 × MON88017 × DAS 40278	除草剂耐受性，抗虫性	cry1Fa2, cry3Bb1, pat, cp4 epsps（aroA: CP4）, aad-1	日本[1]
362	玉米	TC1507 × NK603	除草剂耐受性，抗虫性	cry1Fa2, cp4 epsps（aroA: CP4）, pat	阿根廷[1,2,3]，巴西[1,2,3]，加拿大[3]，哥伦比亚[1,2]，墨西哥[1]，欧盟[1,2]，洪都拉斯[1,2]，日本[1,2,3]，菲律宾[1,2,3]，南非[1,2,3]，韩国[1,2]，中国[1,2]，中国台湾地区[1]，土耳其[2]，乌拉圭[3]

续上表

序号	种类	品系名	商业特性	外源基因	批准国家/地区/国际组织及用途
363	玉米	TC1507 × NK603 × DAS40278	除草剂耐受性，抗虫性	cry1Fa2, cp4 epsps (aroA:CP4), pat, aad-1	日本[1]
364	玉米	TC6275	除草剂耐受性，抗虫性	bar, mocry1F	加拿大[123]，日本[123]，美国[123]
365	玉米	VCO-Ø1981-5	除草剂耐受性	epspsgrg23ace5	加拿大[123]，美国[123]
366	甜瓜	Melon A	改进产品质量	sam-k, nptII	美国[1]
367	甜瓜	Melon B	改进产品质量	sam-k, nptII	美国[1]
368	木瓜	55-1	抗病性	prsv_cp, nptII, uidA	加拿大[1]，日本[13]，美国[123]
369	木瓜	63-1	抗病性	prsv_cp, nptII, uidA	美国[3]
370	木瓜	Huanong No. 1	抗病性	prsv_rep	中国[3]
371	木瓜	X17-2	抗病性	nptII, prsv_cp	美国[123]
372	矮牵牛	Petunia-CHS	not provided	not provided	中国[3]
373	李子	C-5	抗病性	ppv_cp, nptII, uidA	美国[123]
374	波兰油菜	HCR-1	除草剂耐受性	pat	加拿大[23]
375	波兰油菜	ZSR500	除草剂耐受性	cp4 epsps (aroA:CP4), goxv247	加拿大[23]
376	波兰油菜	ZSR502	除草剂耐受性	cp4 epsps (aroA:CP4), goxv247	加拿大[23]
377	波兰油菜	ZSR503	除草剂耐受性	cp4 epsps (aroA:CP4), goxv247	加拿大[23]

续上表

序号	种类	品系名	商业特性	外源基因	批准国家/地区/国际组织及用途
378	白杨	Bt poplar, poplar 12 (Populus nigra)	抗虫性	cry1Ac	中国[3]
379	白杨	Hybrid poplar clone 741	抗虫性	cry1Ac, API, nptII	中国[3]
380	马铃薯	1210 amk	抗虫性	nptII, cry3A	俄罗斯[1]
381	马铃薯	2904/1 kgs	抗虫性	nptII, cry3A	俄罗斯[1]
382	马铃薯	AM04-1020	改进产品质量	gbss（antisensefragment）	美国[12]
383	马铃薯	ATBT04-27	抗虫性	cry3A, nptII	加拿大[123]，墨西哥[1]，美国[123]
384	马铃薯	ATBT04-30	抗虫性	cry3A, nptII	加拿大[123]，墨西哥[1]，美国[123]
385	马铃薯	ATBT04-31	抗虫性	cry3A, nptII	加拿大[123]，墨西哥[1]，美国[123]
386	马铃薯	ATBT04-36	抗虫性	cry3A, nptII	澳大利亚[1]，加拿大[123]，墨西哥[1]，新西兰[12]，美国[123]
387	马铃薯	ATBT04-6	抗虫性	cry3A, nptII	澳大利亚[1]，加拿大[123]，墨西哥[1]，新西兰[12]，美国[123]
388	马铃薯	BT06	抗虫性	cry3A, nptII	澳大利亚[1]，加拿大[123]，日本[1]，新西兰[12]，菲律宾[1]，韩国[1]，美国[123]
389	马铃薯	BT10	抗虫性	cry3A, nptII	加拿大[123]，美国[123]
390	马铃薯	BT12	抗虫性	cry3A, nptII	加拿大[123]，美国[123]
391	马铃薯	BT16	抗虫性	cry3A, nptII	加拿大[123]，美国[123]
392	马铃薯	BT17	抗虫性	cry3A, nptII	加拿大[123]，美国[123]
393	马铃薯	BT18	抗虫性	cry3A, nptII	加拿大[123]，美国[123]

续上表

序号	种类	品系名	商业特性	外源基因	批准国家/地区/国际组织及用途
394	马铃薯	BT23	抗虫性	cry3A, nptII	加拿大[123], 美国[123]
395	马铃薯	E12	改进产品质量	asn1, ppo5, pPhL, pR1	澳大利亚[1], 加拿大[123], 新西兰[2], 韩国[2], 美国[123]
396	马铃薯	E24	改进产品质量	asn1, ppo5, pPhL, pR1	美国[123]
397	马铃薯	EH92-527-1	改进产品质量	gbss (antisensefragment), nptII	欧盟[123]
398	马铃薯	F10	改进产品质量	asn1, ppo5, pPhL, pR1	加拿大[123], 美国[123]
399	马铃薯	F37	改进产品质量	asn1, ppo5, pPhL, pR1	美国[123]
400	马铃薯	G11	改进产品质量	asn1, ppo5	美国[123]
401	马铃薯	H37	改进产品质量	asn1, ppo5, pPhL, pR1	美国[123]
402	马铃薯	H50	改进产品质量	asn1, ppo5, pPhL, pR1	美国[123]
403	马铃薯	HLMT15-15	抗虫性，抗病性	cry3A, pvy_cp, nptII, aad	美国[12]
404	马铃薯	HLMT15-3	抗虫性，抗病性	cry3A, pvy_cp, nptII, aad	美国[12]
405	马铃薯	HLMT15-46	抗虫性，抗病性	cry3A, pvy_cp, nptII, aad	美国[12]
406	马铃薯	J3	改进产品质量	asn1, ppo5, pPhL, pR1	加拿大[123], 美国[123]
407	马铃薯	J55	改进产品质量	asn1, ppo5, pPhL, pR1	加拿大[123], 美国[123]
408	马铃薯	J78	改进产品质量	asn1, ppo5	美国[123]
409	马铃薯	RBMT15-101	抗虫性，抗病性	cry3A, nptII, aad, pvy_cp	澳大利亚[1], 加拿大[123], 日本[1], 墨西哥[1], 新西兰[1], 菲律宾[12], 韩国[2], 美国[123]
410	马铃薯	RBMT21-129	抗虫性，抗病性	cry3A, nptII, aad, plrv_orf1, plrv_orf2	澳大利亚[1], 加拿大[123], 日本[1], 墨西哥[1], 新西兰[1], 菲律宾[12], 韩国[2], 美国[123]

续上表

序号	种类	品系名	商业特性	外源基因	批准国家/地区/国际组织及用途
411	马铃薯	RBMT21-152	抗虫性, 抗病性	cry3A, nptII, plrv_orf1, plrv_orf2	美国[12]
412	马铃薯	RBMT21-350	抗虫性, 抗病性	cry3A, nptII, plrv_orf1, plrv_orf2	澳大利亚[1], 加拿大[123], 日本[1], 墨西哥[1], 新西兰, 菲律宾[12], 韩国[123], 美国[123]
413	马铃薯	RBMT22-082	除草剂耐受性, 抗虫性, 抗病性	cry3A, cp4 epsps (aroA: CP4), plrv_orf1, plrv_orf2	澳大利亚[1], 加拿大[123], 日本[1], 墨西哥[1], 新西兰, 菲律宾[12], 韩国[1], 美国[123]
414	马铃薯	RBMT22-186	除草剂耐受性, 抗虫性, 抗病性	cry3A, cp4 epsps (aroA: CP4), plrv_orf1, plrv_orf2	美国[12]
415	马铃薯	RBMT22-238	除草剂耐受性, 抗虫性, 抗病性	cry3A, cp4 epsps (aroA: CP4), plrv_orf1, plrv_orf2	美国[12]
416	马铃薯	RBMT22-262	除草剂耐受性, 抗虫性, 抗病性	cry3A, cp4 epsps (aroA: CP4), plrv_orf1, plrv_orf2	美国[12]
417	马铃薯	SEMT15-02	抗虫性, 抗病性	cry3A, pvy_cp, nptII, aad	澳大利亚[1], 加拿大[123], 日本[1], 墨西哥[1], 新西兰, 菲律宾[12], 韩国[12], 美国[123]
418	马铃薯	SEMT15-07	抗虫性, 抗病性	cry3A, pvy_cp, nptII, aad	美国[12]
419	马铃薯	SEMT15-15	抗虫性, 抗病性	cry3A, pvy_cp, nptII, aad	澳大利亚[1], 加拿大[123], 日本[1], 墨西哥[1], 新西兰, 菲律宾[12], 韩国[12], 美国[123]
420	马铃薯	SPBT02-5	抗虫性	cry3A, nptII	澳大利亚[1], 加拿大[12], 日本[1], 墨西哥[1], 新西兰, 菲律宾[12], 韩国[1], 美国[123]
421	马铃薯	SPBT02-7	抗虫性	cry3A, nptII	加拿大[1], 墨西哥[1], 美国[123]
422	马铃薯	TIC-AR233-5	抗病性	pvy_cp	/

续上表

序号	种类	品系名	商业特性	外源基因	批准国家/地区/国际组织及用途
423	马铃薯	V11	改进产品质量	asn1, ppo5, pPhL, pR1	美国[123]
424	马铃薯	W8	抗病性, 改进产品质量	asn1, ppo5, pPhL, pR1, Rpi-vnt1	美国[123]
425	马铃薯	X17	抗病性, 改进产品质量	asn1, ppo5, pPhL, pR1, Rpi-vnt1	美国[123]
426	马铃薯	Y9	抗病性, 改进产品质量	asn1, ppo5, pPhL, pR1, Rpi-vnt1	美国[123]
427	水稻	7Crp#10	改进产品质量	7crp, aph4 (hpt)	日本[3]
428	水稻	GM Shanyou 63	抗虫性	cry1Ab, cry1Ac	中国[123]
429	水稻	Huahui-1/TT51-1	抗虫性	cry1Ab, cry1Ac	中国[3]
430	水稻	LLRICE06	除草剂耐受性	bar	美国[123]
431	水稻	LLRICE601	除草剂耐受性	bar	哥伦比亚[1], 美国[13]
432	水稻	LLRICE62	除草剂耐受性	bar	澳大利亚[1], 加拿大[12], 哥伦比亚[1], 洪都拉斯[1], 墨西哥[1], 新西兰[12], 菲律宾[12], 俄罗斯[1], 南非[12], 美国[123]
433	水稻	Tarom molaii + cry1Ab	抗虫性	aph4 (hpt), cry1Ab (truncated)	伊朗[123]
434	玫瑰	WKS82/130-4-1	改进产品质量	5AT, bp40 (f3'5'h)	澳大利亚[3], 哥伦比亚[3], 日本[3], 美国[3]
435	玫瑰	WKS92/130-9-1	改进产品质量	5AT, bp40 (f3'5'h)	哥伦比亚[3], 日本[3], 美国[3]
436	大豆	260-05 (G94-1, G94-19, G168)	改进产品质量	gm-fad2-1 (silencing locus), bla, uidA	澳大利亚[123], 加拿大[123], 日本[123], 新西兰[123], 美国[123]

续上表

序号	种类	品系名	商业特性	外源基因	批准国家/地区/国际组织及用途
437	大豆	A2704-12	除草剂耐受性	pat	阿根廷[1,2,3]，澳大利亚[1]，巴西[1,2,3]，加拿大[1,2,3]，中国[1,2]，哥伦比亚[1,2]，欧盟[1,2]，日本[1,2,3]，马来西亚[1,2]，墨西哥[1]，新西兰[1,2]，俄罗斯[1,2]，新加坡[1]，南非[1,2]，韩国[1,2]，泰国[1]，土耳其[2]，美国[1,2,3]，乌拉圭[3]，越南[1,2]
438	大豆	A2704-21	除草剂耐受性	pat	日本[1,2,3]，南非[3]，美国[3]
439	大豆	A5547-127	除草剂耐受性	pat	阿根廷[1,2,3]，澳大利亚[1]，巴西[1,2,3]，加拿大[1,2,3]，中国[1,2]，哥伦比亚[1,2]，欧盟[1,2]，日本[1,2,3]，马来西亚[1,2]，墨西哥[1]，新西兰[1,2]，俄罗斯[1,2]，新加坡[1]，南非[1,2]，韩国[1,2]，土耳其[2]，美国[1,2,3]，乌拉圭[3]，越南[1,2]
440	大豆	A5547-35	除草剂耐受性	pat	日本[1,2,3]，南非[3]，美国[3]
441	大豆	CV127	除草剂耐受性	csr1-2	阿根廷[1,2,3]，澳大利亚[1]，巴西[1,2,3]，加拿大[1,2,3]，中国[1,2]，哥伦比亚[1,2]，欧盟[1,2]，日本[1,2,3]，马来西亚[1,2]，墨西哥[1,2]，新西兰[1,2]，菲律宾[1,2]，俄罗斯[1,2]，南非[1,2]，韩国[1,2]，巴拉圭[3]，美国[1,2,3]，乌拉圭[3]
442	大豆	DAS44406-6	除草剂耐受性	aad-12, 2mepsps, pat	阿根廷[1,2,3]，澳大利亚[1]，巴西[1,2,3]，加拿大[1,2,3]，哥伦比亚[1,2]，日本[1,2,3]，墨西哥[1,2]，新西兰[1,2]，韩国[1,2]，中国台湾地区[1]，南非[2]，美国[1,2,3]

续上表

序号	种类	品系名	商业特性	外源基因	批准国家/地区/国际组织及用途
443	大豆	DAS68416-4	除草剂耐受性	aad-12, pat	澳大利亚[1], 巴西[123], 加拿大[123], 哥伦比亚[1], 日本[123], 墨西哥[1], 新西兰[1], 韩国[2], 中国台湾地区[1], 美国[123]
444	大豆	DAS68416-4 × MON89788	除草剂耐受性	aad-12, cp4 epsps (aroA: CP4), pat	加拿大[3], 日本[3], 墨西哥[1], 韩国[12], 中国台湾地区[1]
445	大豆	DAS81419	抗虫性	cry1Ac, cry1F, pat	阿根廷[123], 澳大利亚[1], 巴西[123], 加拿大[123], 日本[123], 墨西哥[1], 新西兰[1], 韩国[12], 中国台湾地区[1], 美国[123]
446	大豆	DAS81419 × DAS44406-6		aad-12, 2mepsps, pat, cry1Ac, cry1F	阿根廷, 中国台湾地区[1]
447	大豆	DP305423	改进产品质量	gm-hra, gm-fad2-1 (partial sequence)	澳大利亚[1], 加拿大[123], 中国[12], 欧盟[12], 日本[123], 墨西哥[1], 新西兰[1], 菲律宾[12], 南非[1], 韩国[12], 美国[123]
448	大豆	DP305423 × GTS 40-3-2	除草剂耐受性, 改进产品质量	gm-hra, gm-fad2-1 (partial sequence), cp4 epsps (aroA: CP4)	阿根廷[123], 加拿大[3], 中国[12], 日本[123], 墨西哥[1], 菲律宾[12], 南非[12], 韩国[12]
449	大豆	DP356043	除草剂耐受性	gm-hra, gat4601	澳大利亚[1], 加拿大[123], 中国[12], 哥伦比亚[1], 欧盟[12], 日本[123], 墨西哥[1], 新西兰[1], 菲律宾[12], 新加坡[1], 南非[1], 韩国[12], 土耳其[2], 美国[123]

续上表

序号	种类	品系名	商业特性	外源基因	批准国家/地区/国际组织及用途
450	大豆	FG72（FG072-2, FG072-3）	除草剂耐受性	2mepsps, hppdPF W336	澳大利亚[1]，巴西[123]，加拿大[123]，哥伦比亚[1]，欧盟[12]，日本[12]，马来西亚[12]，墨西哥[1]，新西兰[1]，菲律宾[12]，韩国[12]，中国台湾地区[123]，美国[123]
451	大豆	FG72 × A5547-127	除草剂耐受性	2mepsps, hppdPF W336, pat	巴西[123]，日本[123]，韩国[123]，中国台湾地区[1]
452	大豆	GTS 40-3-2（40-3-2）	除草剂耐受性	cp4 epsps（aroA：CP4）	阿根廷[123]，澳大利亚[1]，玻利维亚[123]，巴西[123]，加拿大[123]，中国[123]，哥伦比亚[12]，哥斯达黎加[3]，欧盟[12]，印度尼西亚[12]，日本[123]，马来西亚[12]，墨西哥[13]，新西兰[1]，巴拉圭[3]，菲律宾[123]，俄罗斯[12]，新加坡[1]，南非[3]，韩国[12]，瑞士[12]，土耳其[2]，美国[123]，越南[12]
453	大豆	GU262	除草剂耐受性	pat, bla	美国[123]
454	大豆	IND-Ø410-5	非生物胁迫耐受性	Hahb-4	阿根廷[123]
455	大豆	MON87701	抗虫性	cry1Ac	阿根廷[123]，加拿大[123]，中国[12]，欧盟[12]，印度尼西亚[1]，日本[3]，墨西哥[1]，菲律宾[12]，俄罗斯[1]，新加坡[1]，泰国[12]，土耳其[2]，美国[123]，越南[12]
456	大豆	MON87701 × MON89788	除草剂耐受性，抗虫性	cry1Ac, cp4 epsps（aroA：CP4）	阿根廷[123]，巴西[123]，中国[12]，哥伦比亚[123]，欧盟[12]，印度[1]，日本[12]，墨西哥[1]，巴拉圭[12]，菲律宾[13]，南非[12]，韩国[12]，土耳其[2]，乌拉圭[123]

续上表

序号	种类	品系名	商业特性	外源基因	批准国家/地区/国际组织及用途
457	大豆	MON87705	除草剂耐受性，改进产品质量	fatb1-A (sense and antisense segments), fad2-1A (sense and antisense), cp4 epsps (aroA: CP4)	澳大利亚[1]，加拿大[123]，哥伦比亚[12]，欧盟[12]，印度尼西亚[12]，日本[12]，墨西哥[12]，新西兰[12]，菲律宾[12]，新加坡[1]，韩国[12]，中国台湾地区[1]，美国[123]，越南[12]
458	大豆	MON87705 × MON87708	除草剂耐受性，改进产品质量	fad2-1A (sense and antisense), fatb1-A (sense and antisense segments), dmo	日本[1]
459	大豆	MON87705 × MON87708 × MON89788	除草剂耐受性，改进产品质量	fad2-1A (sense and antisense), fatb1-A (sense and antisense segments), cp4 epsps (aroA: CP4), dmo	加拿大[123]，日本[1]，韩国[12]
460	大豆	MON87705 × MON89788	除草剂耐受性，改进产品质量	cp4 epsps (aroA: CP4), fatb1-A (sense and antisense segments), fad2-1A (sense and antisense)	欧盟[12]，日本[123]，墨西哥[12]，韩国[12]，中国台湾地区[1]
461	大豆	MON87708	除草剂耐受性	dmo, cp4 epsps (aroA: CP4)	澳大利亚[123]，加拿大[123]，中国[12]，欧盟[12]，印度尼西亚[12]，日本[3]，墨西哥[12]，新西兰[12]，菲律宾[2]，韩国[123]，美国[123]，越南[12]
462	大豆	MON87708 × MON89788	除草剂耐受性	dmo, cp4 epsps (aroA: CP4)	巴西[12]，哥伦比亚[12]，欧盟[12]，日本[123]，墨西哥[12]，韩国[12]，乌拉圭[3]
463	大豆	MON87712	改变生长/产量	cp4 epsps (aroA: CP4), bbx32	美国[123]
464	大豆	MON87751	抗虫性	cry1A.105, cry2Ab2	澳大利亚[123]，加拿大[123]，日本[123]，新西兰[1]，韩国[12]，中国台湾地区[1]，美国[123]

续上表

序号	种类	品系名	商业特性	外源基因	批准国家/地区/国际组织及用途
465	大豆	MON87751 × MON87701 × MON87708 × MON89788	除草剂耐受性，抗虫性	cry1A.105, cry2Ab2, cry1Ac, dmo, cp4 epsps（aroA：CP4）	韩国[12]
466	大豆	MON87769	改进产品质量	Pj.D6D, Nc.Fad3, cp4 epsps（aroA：CP4）	澳大利亚[12]，加拿大[123]，中国[12]，哥伦比亚[12]，欧盟[12]，印度尼西亚[12]，日本[13]，墨西哥[12]，新西兰[12]，韩国[12]，菲律宾[12]，美国[123]，越南[12]
467	大豆	MON87769 × MON89788	除草剂耐受性，改进产品质量	Pj.D6D, Nc.Fad3, cp4 epsps（aroA：CP4）	日本[13]，墨西哥[12]，韩国[12]，中国台湾地区[1]，越南[1]
468	大豆	MON89788	除草剂耐受性	cp4 epsps（aroA：CP4）	阿根廷[12]，澳大利亚[12]，加拿大[123]，中国[12]，哥伦比亚[12]，哥斯达黎加[123]，欧盟[12]，印度[12]，印度尼西亚[12]，日本[12]，马来西亚[12]，墨西哥[12]，新西兰[12]，菲律宾[12]，俄罗斯[12]，新加坡[1]，南非[12]，韩国[12]，泰国[12]，土耳其[2]，美国[123]，乌拉圭[1]，越南[1]
469	大豆	SYHT0H2	除草剂耐受性	pat, avhppd-03	澳大利亚[12]，加拿大[123]，日本[123]，马来西亚[12]，墨西哥[1]，新西兰[1]，俄罗斯[2]，南非[12]，韩国[12]，中国台湾地区[1]，美国[123]
470	大豆	W62	除草剂耐受性	bar	美国[3]
471	大豆	W98	除草剂耐受性	bar	美国[3]
472	南瓜	CZW3	抗病性	cmv_cp, zymv_cp, wmv_cp, nptII	加拿大[1]，美国[123]
473	南瓜	ZW20	抗病性	zymv_cp, wmv_cp	美国[123]

附录
全球转基因农作物品系研发及批准情况

续上表

序号	种类	品系名	商业特性	外源基因	批准国家/地区/国际组织及用途
474	甜菜	GTSB77 (T9100152)	除草剂耐受性	cp4 epsps (aroA: CP4), goxv247, uidA	澳大利亚[1], 日本[12], 新西兰[1], 美国[123]
475	甜菜	H7-1	除草剂耐受性	cp4 epsps (aroA: CP4)	澳大利亚[123], 加拿大[123], 中国[12], 哥伦比亚[1], 欧盟[12], 日本[123], 墨西哥[1], 新西兰[1], 菲律宾[12], 俄罗斯[1], 新加坡[1], 韩国[1], 美国[123]
476	甜菜	T120-7	除草剂耐受性	pat, nptII	加拿大[123], 日本[12], 美国[123]
477	甘蔗	CTB141175/01-A	抗虫性	cry1Ab	巴西[123]
478	甘蔗	NXI-1T	非生物胁迫耐受性	EcBetA, nptII, aph4 (hpt)	印度尼西亚[13]
479	甘蔗	NXI-4T	非生物胁迫耐受性	RmBetA	印度尼西亚[13]
480	甘蔗	NXI-6T	非生物胁迫耐受性	RmBetA	印度尼西亚[13]
481	甜椒	PK-SP01	抗病性	cmv_cp	中国[13]
482	烟草	C/F/93/08-02	除草剂耐受性	bxn	/
483	烟草	Vector 21-41	改进产品质量	NtQPT1 (antisense), nptII	美国[3]
484	番茄	1345-4	改进产品质量	acc (truncated), nptII	加拿大[1], 墨西哥[1], 美国[123]
485	番茄	35-1-N	改进产品质量	sam-knptII	美国[123]
486	番茄	5345	抗虫性	cry1Ac, nptII	加拿大[1], 美国[123]
487	番茄	8338	改进产品质量	accd, nptII	美国[123]
488	番茄	B	改进产品质量	pg (sense or antisense), nptII	墨西哥[1], 美国[123]
489	番茄	Da	改进产品质量	pg (sense or antisense), nptII	墨西哥[1], 美国[123]
490	番茄	Da Dong No 9	改进产品质量	not provided	中国[123]

续上表

序号	种类	品系名	商业特性	外源基因	批准国家/地区/国际组织及用途
491	番茄	F (1401F, h38F, 11013F, 7913F)	改进产品质量	pg (sense or antisense), nptII	加拿大[1], 墨西哥[1], 美国[1,2,3]
492	番茄	FLAVR SAVR™	改进产品质量	pg (sense or antisense), nptII	加拿大[1], 墨西哥[1], 美国[1,2,3]
493	番茄	Huafan No 1	改进产品质量	anti-efe	中国[1,2,3]
494	番茄	PK-TM8805R (8805R)	抗病性	cmv_cp	中国[1,2,3]
495	小麦	MON71800	除草剂耐受性	cp4 epsps (aroA: CP4)	澳大利亚[1], 哥伦比亚[1], 新西兰[1], 美国[1,2]

注：1 表示食用或食品加工；2 表示饲养或饲料加工；3 表示环境释放或培育。

参 考 文 献

[1] Kim Y G, Cha J, Chandrasegaran S. Hybrid restriction enzymes: zinc finger fusions to Fok I cleavage domain [J]. Proceedings of the National Academy of Sciences, 1996, 93 (3): 1156 – 1160.

[2] Bibikova M, Beumer K, Trautman J K, et al. Enhancing gene targeting with designed zinc finger nucleases [J]. Science, 2003, 300 (5620): 764 – 764.

[3] Durai S, Mani M, Kandavelou K, et al. Zinc finger nucleases: custom-designed molecular scissors for genome engineering of plant and mammalian cells [J]. Nucleic acids research, 2005, 33 (18): 5978 – 5990.

[4] Zhang F, Cong L, Lodato S, et al. Efficient construction of sequence-specific TAL effectors for modulating mammalian transcription [J]. Nat Biotechnol, 2011, 29 (2): 149 – 153.

[5] Weinthal DM, Taylor RA, Tzfi ra T. Nonhomologous and joining-mediated gene replacement in plant cells [J]. Plant Physiol, 2013, 162: 1390 – 1400

[6] Townsend J A, Wright D A, Winfrey R J, et al. High-frequency modification of plant genes using engineered zinc-finger nucleases [J]. Nature, 2009, 459 (7245): 442 – 445.

[7] Cai CQ, Doyon Y, Ainley WM, et al. Targeted transgene integration in plant cells using designed zinc finger nucleases [J]. Plant Mol Biol, 2009, 69 (6): 699 – 709

[8] Marton I, Zuker A, Shklarman E, et al. Non-transgenic genome modification in plant cells [J]. Plant Physiol, 2010, 154 (3): 1079 – 1087

[9] Shukla V K, Doyon Y, Miller J C, et al. Precise genome modification in the crop species Zea mays using zinc-finger nucleases [J]. Nature, 2009, 459 (7245): 437 – 441.

[10] Curtin SJ, Zhang F, Sander JD, et al. Targeted mutagenesis of duplicated genes in soybean with zinc-finger nucleases breakthrough technologies [J]. Plant Physiol, 2011, 156 (2): 466 – 473

[11] Sizova I, Greiner A, Awasthi M, et al. Nuclear gene targeting in Chlamydomonas using engineered zinc finger nucleases [J]. Plant J, 2012, 73 (5): 873 – 882

[12] Shukla V K, Doyon Y, Miller J C, et al. Precise genome modification in the crop species Zea mays using zinc-finger nucleases [J]. Nature, 2009, 459 (7245): 437 – 441.

[13] Boch J. TALEs of genome targeting [J]. Nature biotechnology, 2011, 29 (2): 135 – 136.

[14] Li T, Liu B, Spalding M H, et al. High-efficiency TALEN-based gene editing produces disease-resistant rice [J]. Nature biotechnology, 2012, 30 (5): 390 – 392.

[15] Shan Q W, Zhang Y, Chen K L, et al. Creation of fragrant rice by targeted knockout of the OsBADH2 gene using TALEN technology [J]. Plant Biotechnology Journal. 2015, 13 (6): 791 – 800.

[16] Haun W, Coffman A, Clasen B M, et al. Improved soybean oil quality by targeted mutagenesis of the fatty acid desaturase 2 gene family [J]. Plant biotechnology journal, 2014, 12 (7): 934 – 940.

[17] 陈荣荣. 利用 TALEN 技术对拟南芥 EPSPS 和 SnRK2.2/2.3 基因进行基因打靶的初步研究 [D]. 中国农业科学院, 2014.

[18] Cermak T, Doyle EL, Christian M, et al. Efficient design and assembly of custom TALEN and other TAL effector-based constructs for DNA targeting [J]. Nucleic Acids Res, 2011, 39 (12): e82

[19] Wang Y, Cheng X, Shan Q, et al. Simultaneous editing of three homoeoalleles in hexaploid bread wheat confers heritable resistance to powdery mildew [J]. Nature biotechnology, 2014, 32 (9): 947 – 951.

[20] Mahfouz MM, Li L, Shamimuzzaman M, et al. De novo-engineered transcription activator-like effector (TALE) hybrid nuclease with novel DNA binding speci city creates double-strand breaks [J]. Proc Natl

Acad Sci USA, 2011, 108 (6): 2623 - 2628

[21] Zhang Y, Zhang F, Li X, et al. Transcription activator-like effector nucleases enable effi cient plant genome engineering [J]. Plant Physiol, 2013, 161 (1): 20 - 27

[22] Shan Q, Wang Y, Chen K, et al. Rapid and efficient gene modification in rice and Brachypodium using TALENs [J]. 2013, Mol Plant, doi: 10. 1093/mp/sss162

[23] Jinek M, Chylinski K, Fonfara I, et al. A programmable dual-RNA - guided DNA endonuclease in adaptive bacterial immunity [J]. Science, 2012, 337 (6096): 816 - 821.

[24] Xu R, Li H, Qin R, et al. Gene targeting using the Agrobacterium tumefaciens-mediated CRISPR-Cas system in rice [J]. Rice, 2014, 7 (1): 5.

[25] Liang Z, Zhang K, Chen K, et al. Targeted mutagenesis in Zea mays using TALENs and the CRISPR/Cas system [J]. Journal of Genetics and Genomics, 2014, 41 (2): 63 - 68.

[26] Shan Q, Wang Y, Li J, et al. Targeted genome modification of crop plants using a CRISPR-Cas system [J]. Nature biotechnology, 2013, 31 (8): 686 - 688.

[27] Sun X, Hu Z, Chen R, et al. Targeted mutagenesis in soybean using the CRISPR-Cas9 system [J]. Scientific Reports, 2015, 5: 10342.

[28] Jiang W, Zhou H, Bi H, et al. Demonstration of CRISPR/Cas9/sgRNA-mediated targeted gene modification in Arabidopsis, tobacco, sorghum and rice [J]. Nucleic acids research, 2013, 41 (20): e188.

[29] Li J F, Norville J E, Aach J, et al. Multiplex and homologous recombination-mediated genome editing in Arabidopsis and Nicotiana benthamiana using guide RNA and Cas9 [J]. Nature biotechnology, 2013, 31 (8): 688 - 691.

[30] Jia H, Wang N. Targeted genome editing of sweet orange using Cas9/sgRNA [J]. PLoS One, 2014, 9 (4): e93806.

[31] 孟志刚, 王艳玲, 孟钊红, 等. 利用 CRISPR/Cas9 系统定向诱变棉花精氨酸酶基因 [J]. 中国棉花学会. 2015 年全国棉花青年学术研讨会论文汇编. 安阳:《棉花学报》编辑部, 2015.

[32] Schiml S, Fauser F, Puchta H. The CRISPR/Cas system can be used as nuclease for in planta gene targeting and as paired nickases for directed mutagenesis in Arabidopsis resulting in heritable progeny [J]. The Plant Journal, 2014, 80 (6): 1139 - 1150.

[33] Araki M, Ishii T. Towards social acceptance of plant breeding by genome editing [J]. Trends in plant science, 2015, 20 (3): 145 - 149.

[34] Camacho A, Van Deynze A, Chi-Ham C, et al. Genetically engineered crops that fly under the US regulatory radar [J]. Nature biotechnology, 2014, 32 (11): 1087 - 1091.

[35] 陈可. 美国转基因食品标识制度研究及其对我国的借鉴 [J]. 法制博览, 2016 (33): 21 - 23.

[36] 陈童, 孟彦辰. 比较法视野下我国转基因食品标识制度研究（上）[J]. 中国卫生法制, 2017, 25 (01): 7 - 10.

[37] 陈童, 孟彦辰. 比较法视野下我国转基因食品标识制度研究（下）[J]. 中国卫生法制, 2017, 25 (02): 14 - 18.

[38] 付文佚. 转基因食品标识的比较法研究 [M]. 昆明: 云南人民出版社, 2011.

[39] 江华. 食品安全法 [M]. 北京: 对外经济贸易大学出版社, 2010.

[40] 李娜. 我国转基因产品标识法律制度研究 [D]. 长春: 吉林大学, 2017.

[41] 刘信, 宋贵文, 沈平, 等. 国外转基因植物检测技术及其标准化研究综述 [J]. 农业科技管理, 2007 (04): 3 - 7.

[42] 刘旭霞, 张楠. 美国国家生物工程食品信息披露标准法案评析 [J]. 中国生物工程杂志, 2016, 36 (11): 131 - 138.

[43] 刘银良. 美国生物技术的法律治理研究 [J]. 中外法学, 2016, 28 (02): 462 – 485.

[44] 孟彦辰, 周超. 我国转基因产品标识制度相关法律问题研究 [J]. 医学与社会, 2017, 30 (01): 66 – 69.

[45] 阚占文. 香港转基因产品标签制度剖析 [J]. 特区经济, 2011 (07): 261 – 263.

[46] 沈孝宙. 转基因之争 [M]. 北京: 化学工业出版社, 2008.

[47] 王明远. 转基因生物安全法研究 [M]. 北京: 北京大学出版社, 2010.

[48] 温文. 澳大利亚转基因产品标识法律制度对我国的借鉴 [J]. 法制与经济, 2017 (10): 123 – 125.

[49] 吴艳. 欧盟转基因产品标识法律制度研究及其对我国的启示 [D]. 青岛: 中国海洋大学, 2013.

[50] 薛达元. 转基因生物风险与管理 [M]. 北京: 中国环境科学出版社, 2005.

[51] 徐琳杰, 刘培磊, 熊鹂, 等. 国际上主要国家和地区农业转基因产品的标识制度 [J]. 生物安全学报, 2014, 23 (04): 301 – 304.

[52] 曾北危. 转基因生物安全 [M]. 北京: 北京化学工业出版社, 2004.

[53] 张秀明. 论基因食品安全性的法律规范 [M]. 北京: 北京法律出版社, 2001.

[54] 张忠民. 欧盟转基因产品标识制度浅析 [J]. 世界经济与政治论坛, 2007 (06): 80 – 83.

[55] 张忠民. 我国台湾地区转基因产品标识制度变革浅析 [J]. 食品工业科技, 2015, 36 (23): 24 – 27.

[56] Alessandro N, Alberto M, Fabio V, et al. An overview of the last 10 years of genetically engineered crop safety research [J]. Critical Reviews in Biotechnology, 2014, 34 (1): 77 – 88.

[57] 刘信, 宋贵文, 沈平. 国外转基因植物检测技术及其标准化研究综述 [J]. 农业科技管理, 2007, 26 (4): 3 – 7.

[58] 蔡军, 李慧, 胡梦龙. 转基因成分分析检测技术研究进展 [J]. 食品安全质量检测学报, 2016, 7 (2): 706 – 714.

[59] 曹际娟, 张琳, 赵禹. 农产品中转基因检测抽样研究——第 1 部分: 转基因农产品抽样标准国际现状及理论研究 [J]. 食品安全质量检测学报, 2016, 7 (4): 1497 – 1503.

[60] 韩永明, 翟广谦, 徐俊锋. 欧盟转基因生物管理法规体系的演变及对我国的启示 [J]. 浙江农业科学, 2013, 1 (11): 1482 – 1485.

[61] 佘丽娜, 李志明, 潘荣翠. 美国与欧盟的转基因食品安全性政策演变比对 [J]. 生物技术通报, 2011, (10): 1 – 6.

[62] 孙彩霞, 刘信, 徐俊锋. 欧盟转基因食品溯源管理体系 [J]. 浙江农业学报, 2009, 21 (6): 645 – 648.

[63] Barbau-Piednoir E, Stragier P, Roosens N, et al. Inter-laboratory Testing of GMO Detection by Combinatory SYBR ® Green PCR Screening (CoSYPS) [J]. Food Analytical Methods, 2014, 7 (8): 1719 – 1728.

[64] Angers-Loustau A, Petrillo M, Bonfini L, et al. JRC GMO-Matrix: a web application to support Genetically Modified Organisms detection strategies [J]. BMC Bioinformatics, 2014, 15: 417.

[65] 吴刚, 金芜军, 谢家建, 等. 欧盟转基因生物安全检测技术现状及启示 [J]. 生物技术通报, 2015, 31 (12): 1 – 7.

[66] 牛玉清. 欧盟管理转基因产品经验及借鉴 [J]. 技术经济与管理研究, 2012, (9): 75 – 78.

[67] 陈锐, 朱珠, 兰青阔, 等. 转基因检测技术与标准物质研究概述 [J]. 天津农业科学, 2014, 20 (3): 10 – 14, 31.

[68] 张丽, 吴刚, 武玉花, 等. 转基因产品检测标准物质的定值和不确定度研究进展 [J]. 农业生物技术学报, 2014, 22 (3): 362 – 371.

[69] 徐瑾. 国外转基因农产品安全保障立法的借鉴 [J]. 世界农业, 2017, (3): 85-90.

[70] 路贵敏. 我国转基因食品安全监管法律规制研究 [M]. 兰州商学院, 2015: 6.

[71] 朱鹏宇, 商颖, 许文涛, 等. 转基因作物检测和监测技术发展概况 [J]. 农业生物技术学报, 2013, 21 (12): 1488-1497.

[72] kuiper H A, Knig A, Kleter G A, et al. Safety assessment, detection and traceability, and societal aspects of genetically modified foods. European Network on Safety Assessment of Genetically Modified Food Crops (ENTRANSFOOD). Concluding remarks [J]. Food and Chemical Toxicology, 2004, 42 (7): 1195-1202.

[73] Kang Qing, Vahl Christopher I. Statistical analysis in the safety evaluation of genetically-modified crops: equivalence tests [J]. Crop Science, 2014, 54 (5): 2183-2200.

[74] Vahl C I, Kang Q. Equivalence criteria for the safety evaluation of a genetically modified crop: a statistical perspective [J]. Journal of Agriculture Science, 2016, 154 (3): 383-406.

[75] Steijven Karin, Steffan-Dewenter Ingolf, Haertel Stephan. Testing dose-dependent effects of stacked Bt maize pollen on in vitro-reared honey bee larvae [J]. Apidologie, 2016, 47 (2): 216-226.

[76] Huang Yao, Li Jikun, Qiang Sheng, et al. Transgenic restorer rice line T1c-19 with stacked cry1C*/bar genes has low weediness potential without selection pressure [J]. Journal of Integrative Agriculture, 2016, 15 (5): 1046-1058.

[77] Ladics GS, Bartholomaeus A, Bregitzer P, et al. Genetic basis and detection of unintended effects in genetically modified crop plants [J]. Transgenic Research, 2015, 24 (4): 587-603.

[78] 刘柳, 向钱, 李宁, 等. 复合性状转基因植物安全性评价 [J]. 中国食品卫生杂志, 2011, 23 (2): 177-180.

[79] Batholomaeus A, Parrott W, Bondy G, Walker K. The use of whole food animal studies in the safety assessment of genetically modified crops: limitations and recommendations [J]. Critical Reviews in Toxicology, 2013, 43 (2): 1-24.

[80] Snell C, Bernheim A, Bergé J B, et al. Assessment of the health impact of GM plant diets in long-term and multigenerational animal feeding trials: A literature review [J]. Food & Chemical Toxicology, 2012, 50 (3-4): 1134-1148.